山西省情智库丛书
A SERIES OF RESEARCH REPORTS
ON PROVINCIAL CONDITIONS OF SHANXI

山西省情报告

(2015)

ANNUAL REPORT ON PROVINCIAL CONDITIONS OF SHANXI (2015)

主　编／李茂盛　李劲民

社会科学文献出版社
SOCIAL SCIENCES ACADEMIC PRESS (CHINA)

《山西省情报告（2015）》
编委会

主编简介

李茂盛　研究员，山西省地方志办公室主任、党组书记，《山西省志》总主编，山西大学经济学博士生导师，国务院特殊津贴专家。著有《华北抗日根据地经济研究》《华北抗战史》《阎锡山大传》等十余部专著，发表《国史研究的几个问题》《山西产业结构变动分析》等近百篇论文，主编出版《山西改革发展30年》（1－14卷）、《当代山西概览》《21世纪的辉煌》《光辉的历程》等数十部。近年来，又组织编写了多卷本《山西通史》。

李劲民　研究员，山西省人民政府发展研究中心主任、党组书记，曾在美国、加拿大做访问学者。著有《市场经济下的社会保障》《德国鲁尔区经济结构调整》《欧美国家煤炭产业政策析读》等专著，主编出版“山西发展研究”系列丛书等。近年来，主持的研究课题主要有“煤炭资源整合和煤矿兼并重组研究”“推进山西煤炭产业循环发展研究”“山西装备制造业发展战略研究”“山西就业和社会保障问题研究”等。研究成果多次荣获山西省社会科学优秀成果、山西省科技进步和国务院发展研究奖等。

前 言

山西地处中部内陆黄河流域，位居华北南端，山河表里、物华天宝，历史久远、人文荟萃。新中国成立后，特别是改革开放以来，山西是国家现代化建设的重要能源基地和工业基地，是国家资源型经济转型发展的试验区，为全国建设做出了重大贡献，也不断书写了区域发展的新篇章。

正确认识发展变化的山西省情状况，是不断创新发展思路和进行科学决策的重要前提，也是不断推进发展的重要基础。

山西省情状况是地理历史与现实经济、政治、文化、社会等方面的综合反映。地理是历史与现实的基础，历史是现实的累进，现实是历史的发展。

山西省情是不断发展变化的，是动态的，认识山西省情需要在不断比较、分析、研究和提炼中深化。基于此，也基于省情研究的比较优势，省地方志办公室牵头，联合省政府发展研究中心、省社科院、省发改委宏观研究院、省统计局和各市有关部门的专家、专业工作者，于2014年启动了按年度序列研究省情的“创新工程”，研创出版山西省情智库丛书《山西省情报告》，旨在从发展变化的角度不断深化对省情的研究，及时为人们认识省情提供参考读物。《山西省情报告》以上年度为单元，以年度经济社会发展变化的现实状况及地理历史发展变化的累进基础为研究对象，是年度序列动态研究山西省情状况的开拓性的重大课题。2014年，成功研创出版了智库丛书第一部《山西省情报告（2014）》，不仅迈出了创新省情研究的艰难步伐，而且初步构架起按年度序列、动态研究省情的基本框架和范式。

在2014年研创工作基础上，2015年经课题组进一步合作和攻关，推出了智库丛书第二部《山西省情报告（2015）》。该报告多角度、多层次对上年度山西省情状况做了较为全面系统的梳理和分析。第一篇“地理历史”，凝练概括了截至2014年末山西省情发展变化的地理和历史的累进基础状况，包括政区地理、自然环境、历史文化等。第二篇“发展现状”，全面系统地展述和分析了2014年度山西经济建设、政治建设、文化建设、社会建设、生态建设和居民生活发展变化的基本状况。第三篇“发展比较”，对2014年度山西经济社会的发展与全国、周边省区、中部地区省份的发展，作了全面的比较分析。第四篇“区域发展”，展述和分析了2014年度山西11个地级市经济社会发展变化的基本状况。第五篇“大事纪要”，较为翔实地记述了2014年度山西经济、政治、文化、社会、生态等各个方面发展变化的大事要事。其中，第二、四、五篇是多角度对山西年度性经济社会发展变化省情的研究和展述；第三篇是对山西在全国大局、周边省区和中部地区的区域格局中发展状况及所处方位的研究和审视。

《山西省情报告（2015）》的有关数据，涉及山西全省及11个地级市的，大多采用统计公报数据，部分来源于部门统计数据及《山西统计年鉴（2015）》；涉及全国及周边省区、中部其他省的，绝大部分采用统计公报数据，个别来源于《中国统计年鉴（2015）》及其他资料。考虑到山西的部分数据之间存在统计口径的差异，因而特地附录了“2014年山西省国民经济和社会发展统计公报”，供读者查阅参考。

《山西省情报告（2015）》对省情的研究是主线主题式的，有的方面未涉及，加之资料和研究者水平有限，缺陷和不足在所难免，敬请读者批评指正，以便在下一步的研究中改进和提高。

希望智库丛书第二部《山西省情报告（2015）》的出版，能为有关部门和广大读者提供有益的帮助。

课题组

2015年11月

目 录

第一篇 地理历史

一 政区地理 …… 001
1. 区域方位 …… 001
2. 行政区划 …… 002
3. 人口民族 …… 004
二 自然环境 …… 005
1. 地形地貌 …… 005
2. 河流水系 …… 005
3. 气候气象 …… 006
4. 资源物产 …… 007
三 历史文化 …… 011
1. 沿革变迁 …… 011
2. 文化遗存 …… 019
3. 历史人物 …… 023

第二篇 发展现状

一 经济建设 …… 028
1. 经济运行 …… 028
2. 综改试验 …… 034

3. 结构调整 …… 039
4. 重点工程 …… 044
5. 城乡建设 …… 046
6. 创新驱动 …… 052
7. 经济特区 …… 057
二　政治建设 …… 060
1. 党的建设 …… 060
2. 民主法制 …… 068
3. 政治协商 …… 071
4. 政府改革 …… 073
5. 基层民主 …… 079
6. 法治建设 …… 084
三　文化建设 …… 088
1. 核心价值 …… 089
2. 公共文化 …… 093
3. 文化事业 …… 097
4. 文化产业 …… 102
5. 文化交流 …… 105
四　社会建设 …… 109
1. 教育发展 …… 110
2. 城乡就业 …… 114
3. 社会保障 …… 117
4. 医疗卫生 …… 121
5. 基层治理 …… 125
6. 公共安全 …… 130
五　生态建设 …… 134
1. 资源节约 …… 134
2. 生态保护 …… 140
3. 环境治理 …… 145

六 居民生活 …… 149
1. 就业状况 …… 150
2. 收入状况 …… 152
3. 消费状况 …… 157
4. 物价状况 …… 160
5. 居住状况 …… 161

第三篇 发展比较

一 全国比较 …… 165
1. 生产总值 …… 165
2. 公共财政 …… 166
3. 工业农业 …… 166
4. 固定投资 …… 167
5. 内外贸易 …… 168
6. 交通运输 …… 169
7. 邮电旅游 …… 169
8. 文化建设 …… 170
9. 医疗卫生 …… 171
10. 人口发展 …… 171
11. 人民生活 …… 172
12. 社会保障 …… 173
二 周边比较 …… 174
1. 生产总值 …… 174
2. 公共财政 …… 175
3. 工业农业 …… 175
4. 固定投资 …… 176
5. 内外贸易 …… 177
6. 交通运输 …… 178

7. 邮电旅游 …… 178
8. 文化建设 …… 180
9. 医疗卫生 …… 180
10. 人口发展 …… 181
11. 人民生活 …… 182
12. 社会保障 …… 183
三 中部比较 …… 184
1. 生产总值 …… 184
2. 公共财政 …… 185
3. 工业农业 …… 185
4. 固定投资 …… 186
5. 内外贸易 …… 187
6. 交通运输 …… 188
7. 邮电旅游 …… 189
8. 文化建设 …… 190
9. 医疗卫生 …… 191
10. 人口发展 …… 192
11. 人民生活 …… 193
12. 社会保障 …… 194

第四篇 区域发展

一 太原市 …… 196
1. 发展思路 …… 197
2. 经济运行 …… 197
3. 产业发展 …… 198
4. 转型综改 …… 202
5. 城乡建设 …… 204
6. 民生社会 …… 206

7. 经济特区 …… 208
8. 县域经济 …… 211
二 大同市 …… 212
1. 发展思路 …… 213
2. 经济运行 …… 213
3. 产业发展 …… 214
4. 转型综改 …… 217
5. 城乡建设 …… 218
6. 民生社会 …… 221
7. 经济特区 …… 222
8. 县域经济 …… 223
三 朔州市 …… 224
1. 发展思路 …… 225
2. 经济运行 …… 225
3. 产业发展 …… 226
4. 转型综改 …… 229
5. 重点工程 …… 230
6. 城乡建设 …… 231
7. 民生社会 …… 233
8. 经济特区 …… 234
9. 县域经济 …… 235
四 忻州市 …… 236
1. 发展思路 …… 237
2. 经济运行 …… 237
3. 产业发展 …… 238
4. 转型综改 …… 240
5. 重点工程 …… 242
6. 城乡建设 …… 244
7. 民生社会 …… 246

8. 经济特区 …… 247
9. 县域经济 …… 248
五　阳泉市 …… 250
1. 发展思路 …… 250
2. 经济运行 …… 250
3. 产业发展 …… 252
4. 转型综改 …… 254
5. 重点工程 …… 255
6. 城乡建设 …… 257
7. 民生社会 …… 259
8. 经济特区 …… 260
9. 县域经济 …… 261
六　吕梁市 …… 262
1. 发展思路 …… 262
2. 经济运行 …… 263
3. 产业发展 …… 264
4. 转型综改 …… 267
5. 城乡建设 …… 268
6. 民生社会 …… 269
7. 经济特区 …… 270
8. 县域经济 …… 272
七　晋中市 …… 274
1. 发展思路 …… 274
2. 经济运行 …… 275
3. 产业发展 …… 276
4. 转型综改 …… 279
5. 城乡建设 …… 281
6. 民生社会 …… 283
7. 经济特区 …… 285

8. 县域经济 …………………………………………………………………… 287
八 长治市 …………………………………………………………………… 288
1. 发展思路 …………………………………………………………………… 289
2. 经济运行 …………………………………………………………………… 289
3. 产业发展 …………………………………………………………………… 290
4. 转型综改 …………………………………………………………………… 292
5. 重点工程 …………………………………………………………………… 294
6. 城乡建设 …………………………………………………………………… 295
7. 民生社会 …………………………………………………………………… 297
8. 经济特区 …………………………………………………………………… 298
9. 县域经济 …………………………………………………………………… 299
九 晋城市 …………………………………………………………………… 301
1. 发展思路 …………………………………………………………………… 301
2. 经济运行 …………………………………………………………………… 301
3. 产业发展 …………………………………………………………………… 302
4. 转型综改 …………………………………………………………………… 305
5. 重点工程 …………………………………………………………………… 306
6. 城乡建设 …………………………………………………………………… 307
7. 民生社会 …………………………………………………………………… 309
8. 经济特区 …………………………………………………………………… 310
9. 县域经济 …………………………………………………………………… 311
十 临汾市 …………………………………………………………………… 313
1. 发展思路 …………………………………………………………………… 313
2. 经济运行 …………………………………………………………………… 313
3. 产业发展 …………………………………………………………………… 315
4. 转型综改 …………………………………………………………………… 317
5. 重点工程 …………………………………………………………………… 318
6. 城乡建设 …………………………………………………………………… 320
7. 民生社会 …………………………………………………………………… 322

8. 经济特区 …… 323
9. 县域经济 …… 326
十一 运城市 …… 328
1. 发展思路 …… 328
2. 经济运行 …… 329
3. 产业发展 …… 330
4. 转型综改 …… 332
5. 城乡建设 …… 334
6. 民生社会 …… 335
7. 经济特区 …… 337
8. 县域经济 …… 339

第五篇 大事纪要

一月 …… 342
二月 …… 347
三月 …… 350
四月 …… 354
五月 …… 359
六月 …… 366
七月 …… 372
八月 …… 380
九月 …… 387
十月 …… 396
十一月 …… 403
十二月 …… 409

附 录 2014年山西省国民经济和社会发展统计公报 …… 419
后 记 …… 428

第一篇

地理历史

山西省情是地理历史与现实的综合反映，地理是历史与现实的基础，历史是现实的累进，现实是历史的发展。研究和认识山西省情，首先要从研究和认识山西区域地理状况和历史发展变化开始，它是山西省情发展变化之现状的来源与基础。

一　政区地理

1. 区域方位

山西省是中华人民共和国省级行政区之一。山西因居太行山之西而得名。但是在古代很长一段历史时期，“山西”概念并非指今山西这一特定区域，直到辽金时期，燕山及太行山脉之西雁门关以北区域才统称“山西”。元代承袭并调整区域而建河东山西道，山西作为国家政区概念即始于此；明代改元代河东山西道为山西行中书省，清代及今山西省即源于此。春秋时期，山西大部分地区为晋国所有，所以简称“晋”；战国初期，韩、赵、魏三家分晋，史称“三晋”，“三晋”历久便成了山西的又一代称。秦代在黄河以东的今山西临汾、运城地域置河东郡，唐代在黄河以东的今山西全部及河北西北部地域置河东道，后来一直到元代称今山西为“河东”。因山西地理位置在地图上为太行山的右方，明代、清代和民国时期，山西还别称“山右”。

山西省地理坐标，南北介于北纬34°34. 8′～40°43. 4′，东西介于东经110°14. 6′～114°33. 4′。境域南北长682公里，最南端在运城芮城县南张村南，最北端在大同天镇县远头村北；东西宽 385 公里，最东端在大同广灵县南坑村东，最西端在运城永济市长旺村西。全省总面积 15.6 万平方千米，占全国总面积的 1.6%，在 34 个省级行政区中居第 19 位。

在我国政区版图上，山西省属华北地区和中部地区，地处内陆腹地，东以太行山脉与河北、河南两省接壤，西以黄河、吕梁山脉与陕西相望，北以黄河、古长城与内蒙古相邻，南以黄河、中条山与河南为界。在我国区域经济板块中，山西是中部地区唯一一个与东部以京津塘为核心的环渤海经济圈地区和西部大开发地区毗邻的省份，具有承东启西、连贯南北的独特区位优势。

以省会太原市为中心，山西直线距离北方东部沿海地区北京、天津、济南、青岛、大连等经济发达城市 400 ~ 800 公里，直线距离西部地区省会（首府）城市西安、呼和浩特、银川、兰州、西宁 300 ~ 1000 公里，直线距离中部地区省会城市郑州、合肥、武汉、长沙、南昌 300 ~ 1100 公里，直线距离长江三角洲地区南京、上海、杭州、宁波等经济发达城市 800 ~ 1200 公里，区位优势明显。

2. 行政区划

至 2014 年底，山西省共辖 11 个地级市。省会太原市居省境中部，其余 10 个市从北到南分别是：大同、朔州、忻州、阳泉、吕梁、晋中、长治、晋城、临汾、运城。11 个地级市共辖 119 个县、市、区（23 个市辖区、11 个县级市、85 个县）。

太原市，位于省境中央腹地，辖区面积 6959 平方公里，辖 6 区 3 县 1 市，包括小店区、迎泽区、杏花岭区、尖草坪区、万柏林区、晋源区、清徐县、阳曲县、娄烦县、古交市。区（县、市）共辖街道 53 个、镇 21 个、乡 31 个，合计 105 个。

大同市，位于省境最北端，辖区面积 14176 平方公里，辖 4 区 7 县，包括城区、矿区、南郊区、新荣区、阳高县、天镇县、广灵县、灵丘县、浑源县、左云县、大同县。区（县）共辖街道 40 个、镇 33 个、乡 66 个，合计 139 个。

朔州市，位于省境西北部，辖区面积 10662 平方公里，辖 2 区 4 县，包括朔城区、平鲁区、山阴县、应县、右玉县、怀仁县。区（县）共辖街道 4 个、镇 19 个、乡 50 个，合计 73 个。

忻州市，位于省境北中部，辖区面积 25180 平方公里，辖 1 区 12 县 1 市，包括忻府区、定襄县、五台县、代县、繁峙县、宁武县、静乐县、神池县、五寨县、岢岚县、河曲县、保德县、偏关县、原平市。区（县、市）共辖街道 6 个、镇 59 个、乡 126 个，合计 191 个。

阳泉市，位于省境中部东侧，辖区面积 4451 平方公里，辖 3 区 2 县，包括城区、矿区、郊区、平定县、盂县。区（县）共辖街道 12 个、镇 20 个、乡 12 个，合计 44 个。

吕梁市，位于省境中部西侧，辖区面积 21143 平方公里，辖 1 区 10 县 2 市，包括离石区、文水县、交城县、兴县、临县、柳林县、石楼县、岚县、方山县、中阳县、交口县、孝义市、汾阳市。区（县、市）共辖街道 13 个、镇 81 个、乡 67 个，合计 161 个。

晋中市，位于省境中东部，辖区面积 16408 平方公里，辖 1 区 9 县 1 市，包括榆次区、榆社县、左权县、和顺县、昔阳县、寿阳县、太谷县、祁县、平遥县、灵石县、介休市。区（县、市）共辖街道 17 个、镇 59 个、乡 59 个，合计 135 个。

长治市，位于省境东南部，辖区面积 13864 平方公里，辖 2 区 10 县 1 市，包括城区、郊区、长治县、襄垣县、屯留县、平顺县、黎城县、壶关县、长子县、武乡县、沁县、沁源县、潞城市。区（县、市）共辖街道 14 个、镇 68 个、乡 64 个，合计 146 个。

晋城市，位于省境东南端，辖区面积 9484 平方公里，辖 1 区 4 县 1 市，包括城区、沁水县、阳城县、陵川县、泽州县、高平市。区（县、市）共辖街道 10 个、镇 48 个、乡 26 个，合计 84 个。

临汾市，位于省境西南部，辖区面积 20589 平方公里，辖 1 区 14 县 2 市，包括尧都区、曲沃县、翼城县、襄汾县、洪洞县、古县、安泽县、浮山县、吉县、乡宁县、大宁县、隰县、永和县、蒲县、汾西县、侯马市、霍州市。区（县、市）共辖街道 20 个、镇 75 个、乡 76 个，合计 171 个。

运城市，位于省境西南端，辖区面积 14106 平方公里，辖 1 区 10 县 2 市，包括盐湖区、临猗县、万荣县、闻喜县、稷山县、新绛县、绛县、垣曲县、夏县、平陆县、芮城县、永济市、河津市。区（县、市）共辖街道 13 个、镇

81 个、乡 55 个，合计 149 个。

全省 11 个地级市，辖区最大的是忻州市，最小的是阳泉市；119 个县（市、区），辖区面积最大县、市、区分别是吕梁兴县、忻州原平市、朔州平鲁区，最小的县、市、区是临汾曲沃县、临汾侯马市、阳泉矿区。

全省 119 个县（市、区），共辖 1398 个镇、乡、街道（564 个镇、632 个乡、202 个街道），乡镇（街道）共辖建制村 28079 个。

3. 人口民族

据 2014 年人口抽样调查，到年末山西省常住人口为 3647.96 万人，比 2013 年末增加 18.16 万人，增长率为 0.50%。全年全省出生人口 39.7 万人，人口出生率 10.92‰，增长 0.11‰；死亡人口 21.6 万人，死亡率 5.93‰，增长 0.36‰；自然增长率 4.99‰，下降 0.25‰。

全省常住人口中，男性为 1872.97 万人，占常住人口的 51.34%；女性为 1774.99 万人，占常住人口的 48.66%；性别比为 105.52，下降 0.2。

全省共有家庭户 1166.40 万户，增加 19.55 万户；家庭户人口为 3580.84 万人，增加 37.06 万人；家庭户人口为常住人口的 98.16%，增长 0.53%；平均每个家庭户人口为 3.07 人，减少 0.02 人。

全省常住人口中，居住在城镇的人口为 1962.32 万人，增加 54.4 万人，居住在城镇的人口为常住人口的 53.79%，增长 1.23%；居住在乡村的人口为 1685.64 万人，减少 36.24 万人，居住在乡村的人口为常住人口的 46.21%，下降 1.23%。

全省 11 个地级市，常住人口最多的是运城市，最少的是阳泉市。各市常住人口分布情况是：太原市 4298900 人、大同市 3391947 人、朔州市 1753943 人、忻州市 3128460 人、阳泉市 1392674 人、吕梁市 3813133 人、晋中市 3320308 人、长治市 3404434 人、晋城市 2308946 人、临汾市 4414596 人、运城市 5252258 人。

山西是民族种类较多的省份。2010 年山西省人口普查，全省共有 54 个民族。除汉族是主体民族外，山西还有 53 个少数民族。山西少数民族人口很少，但分布很广，每个县（市、区）都有少数民族人口，属散杂居分布。少数民族人口在万人以上的有回族、满族。山西没有自治县、民族乡，只有 42 个少数民族聚居村，分布在大同、晋城、运城、长治、临汾、阳泉 6 市的 22 个县。

二　自然环境

1. 地形地貌

山西省地处华北西部的黄土高原东翼，地貌从总体来看是一个被黄土广泛覆盖的山地高原，整个轮廓略呈由东北斜向西南的平行四边形。地貌类型复杂多样，有山地、丘陵、高原、盆地、台地等，其中山地、丘陵占 80%，高原、盆地、台地等平川河谷占 20%。大部分地区海拔在 1000 米以上，与其东部华北大平原相对比，呈现为强烈的隆起形势。最高处为东北部的五台山叶头峰，海拔达 3058 米，是华北最高峰；最低处为南部边缘运城垣曲县东南西阳河入黄河处，海拔仅 180 米。境域地势高低起伏异常显著。

山西境内山峦叠嶂，丘陵起伏，沟壑纵横，总的地势是“两山夹一川”，东西两侧为山地和丘陵隆起，中部为一列串珠式盆地沉陷，平原分布其间。东部是以太行山为主脉形成的块状山地，由北往南主要有恒山、五台山、系舟山、太行山、太岳山和中条山等，其山势挺拔雄伟，海拔在 1500 米以上。西部是以吕梁山为主干的黄土高原，自北向南分布有七峰山、洪涛山和吕梁山脉所属的管涔山、芦芽山、云中山、黑茶山、关帝山、紫荆山、龙门山等主要山峰，海拔多在 1500 米以上，关帝山海拔最高达 2831 米。中部由北而南珠串着彼此相隔的大同、忻州、太原、临汾、运城等“多”字形断陷盆地，东南部还有较为独特的长治高原断陷盆地。全省主体轮廓很像一个“凹”字形。

境内中部及东南部的大同、忻州、太原、临汾、运城、长治盆地，以及分布在东西太行吕梁山两山之间的中小盆地及河流谷地，为省内人口密集和经济发达的地区。

2. 河流水系

山西省境内河流众多，共有大小河流 1000 余条，分属黄河、海河两大水系。我国第二大河流黄河，沿山西西界流程 965 公里。黄河流域在山西境内的面积有 97138 平方公里，占全省总面积的 62%；海河流域在山西境内的面积为 59133 平方公里，占全省总面积的 38%。属于黄河水系的较大河流主要有汾河、沁河、涑水河、昕水河和三川河等；属于海河水系的较大河流主要有桑干河、滹沱河和漳河等。汾河是省内最大河流，全长695公里，由北向南纵贯省境中部。河流基本上属于自产外流型，且以季节性河流为主。

河流是重要的水资源，也是洪涝灾害易发地区。新中国成立以来，山西因地制宜，不断对河流进行治理和开发，修建了一大批水库工程和水利设施。近年来，大力推进山西大水网建设，又新开工推进了多项大型水利设施建设，水资源开发利用进一步增强。到2014年，山西境内实有水库600座，其中大型水库12座，中型水库68座，小型水库520座，总库容达69.3亿立方米。大型水库主要有黄河万家寨水库、黄河龙口水库、汾河水库、汾河二库、桑干河册田水库、浊漳河南源漳泽水库、浊漳河北源关河水库、浊漳河西源后湾水库、文峪河水库、文峪河柏叶口水库、沁河张峰水库、松塔河松塔水库等。这些散布在全省各个河流流域内的数百处大大小小的水库，是治理流域内下游地区洪涝灾害和保护上游地区生态环境的重要基础设施，也是流域内地区工农业生产、城镇居民和周边农村人畜饮水的重要水源保障基地。

3. 气候气象

山西省地处中纬度地带的内陆，东距海洋400～500公里，大气环流的季节性变化明显，属温带大陆性季风气候。由于地形南北狭长及境内山脉起伏连绵、沟壑纵横、高低悬殊，气候南北差异和垂直变化显著。境内气候，按冷暖程度分，北部属中温带气候，南部属暖温带气候，北南之间是中温带向暖温带过渡的准暖温带气候；按干湿度分，大部分地区属半干旱气候，仅中高山区和晋东南地区属半湿润气候。

年平均气温介于4℃～14℃。气温地区分布总趋向是自南向北、自平川向山地递减。北部和中部山地，年平均温度一般在5℃～7℃，五台山最低，仅－4℃。西部黄河谷地、太原盆地和晋东南的大部分地区年平均温度在8℃～10℃，临汾、运城盆地年均温达12℃～14℃。全省1月份最冷，平均气温介于－16℃～－2℃；7月份最热，平均气温介于19.5℃～27.5℃。

常年降水量在400～650毫米，各地区分布不均，由东南向西北递减，山区较多，盆地较少。多雨中心是：中条山东段、太行山中南段、太岳山、五台山及吕梁山较高山区，年降雨量为600～700毫米；少雨区是：大同盆地、忻州盆地及晋西北地区，年降雨量为350～450毫米。降水量主要分布在夏季，占全年降水量的60%以上。冬季降水量仅占2%～3%。

总的气候特点是：冬季较长，寒冷干燥；春季气候多变，风沙较大；夏季高温多雨；秋季短暂，天气温和。

特殊的气候特征和地形条件，使得山西气象灾害频发。境内主要气象灾害有干旱、暴雨洪涝、冰雹、寒潮、霜冻、大风等。气象灾害造成的损失占所有自然灾害损失的70%以上。

2014 年，全省年平均气温为 10.5℃，较常年偏高 0.7℃，较 2013 年偏低 0.3℃。年平均气温空间分布为由北向南逐渐升高，且中部盆地高于同纬度东西两侧山区。大同市、朔州市和忻州市的部分地区平均气温在 8℃以下；运城市以及临汾中南部气温较高，在 12℃以上；其余大部分地区平均气温在8℃～12℃。各季节平均气温的主要特点为：夏季气温偏低，冬、春、秋季气温偏高。年平均降水量为 532.3 毫米，较常年值偏多 64.0 毫米，偏多 14%，较 2013 年偏少 33.2 毫米。全年降水量在近 10 年中为第三多，介于 277.4～779.9 毫米。大同大部、朔州大部和忻州部分地区降水量在 400 毫米以下；运城、临汾、晋城大部和长治部分地区降水量在 600 毫米以上；其余大部分地区年降水量介于 400～600 毫米。全省降水资源量为 830.1 亿立方米，较累年值偏多 100.4 亿立方米，较 2013 年偏少 51.7 亿立方米。根据降水资源及丰枯标准，降水资源总量属丰水年份。全省发生的气象灾害有暴雨、冰雹、霜冻、连阴雨、干旱、高温、寒潮等，给农业生产造成的影响较为严重。据统计，2014 年全省以气象灾害为主的各类自然灾害造成直接经济损失 51.1 亿元，比 2013 年减少 66.5%；农作物受灾面积 72.0 万公顷，比 2013 年减少 60.4%，其中，绝收面积 11.4 万公顷，比 2013 年减少 55.4%。

4. 资源物产

山西省自然资源丰富，尤以能源、矿产、生物、旅游资源得天独厚，最具特色。

山西能源资源富集，主要由煤炭、煤层气及风力、水力资源组成。山西已探明煤炭资源储量长期居全国首位，40% 的国土面积富含煤炭资源，全省 119 个县（市、区）中产煤县（市、区）有 90 多个。2007 年和 2012 年山西已探明煤炭资源储量先后被内蒙古、新疆两地超越，退居全国第三。2013 年，全国产煤百强县山西有 33 县上榜，为全国第一。到 2014 年，已探明煤炭资源储量，内蒙古超过 8000 亿吨，新疆为 3800 多亿吨，山西为 2800 多亿吨，山西居全国第三位。与煤炭资源相伴，山西煤层气资源也十分富集，总量达10万亿立方米，约占全国的1/3，居全国首位。风能资源，山西在全国仅次于东南沿海、内蒙古、甘肃河西走廊、东北和西北地区，总储量达5800万千瓦，可开发的风能资源近1000万千瓦。水能资源，山西的理论蕴藏量为511.45万千瓦，占全国的0.8%；可开发的水能资源量为263.98万千瓦，占全国的0.6%；理论蕴藏量和可开发量均排华北地区第一、中部地区第四、全国第十八。

山西矿产资源丰富，已发现120多种矿产，其中查明资源储量的矿产60余种。除上述能源矿产煤和煤层气外，具有资源优势并在经济社会发展中占有重要地位的矿产有铝土、铁、铜、金红石、冶金用白云岩、耐火黏土、水泥用灰岩、熔剂用灰岩、芒硝、石膏、硫铁等11种；具有开发利用前景的矿产有锰、银、金、石墨、膨润土、高岭岩、石英岩（优质硅石）、含钾岩石、花岗岩、沸石等10种。铝土、耐火黏土、铁矾土、含钾岩石4种矿产资源储量居全国第一位，铁矿资源储量居全国第四位。

山西是北方地区生物资源较为丰富的省份之一。植物资源包括森林、草地、野生经济植物、珍稀植物等。山西森林资源较为贫乏，2014年森林覆盖率上升到18%，但还低于全国21.6%的水平。天然林地主要集中分布在管涔山、关帝山、太岳山、中条山、五台山、吕梁山、太行山、黑茶山八大山地林区，占全省天然林地面积的80%以上。山西草地资源较为丰富，天然草地面积占国土面积的23.7%，是北方农区草地面积较大的省份之一。草地主要分布在东西两侧的中高山、低山、丘陵及河流的两岸。在森林、草地等地，生长着高等植物（除苔藓外）有160多科、3000多种，其中草本植物约占2/3、木本植物约占1/3。这其中，野生经济植物（除苔藓外）有2600多种，包括野生绿化观赏植物500多种，野生药用植物1000多种，野生油脂植物200多种，野生果树植物130多种，野生蜜源植物160多种，野生淀粉植物50多种，野生纤维植物140多种，野生鞣料植物80多种，野生芳香油植物70多种等。在全省众多的野生植物中，有中国特有属植物22种，国家一级保护植物有南方红豆杉，国家二级保护植物有连香树、翅果油树、水曲柳、核桃楸、紫椴等。山西野生动物以陆栖类为主，有439种，属于国家重点保护的珍稀动物有71种，其中一级保护动物有褐马鸡、金钱豹等17种、二级保护动物有 54 种。褐马鸡为我国特有珍禽，是山西的省鸟。为了保护特殊生态系统和生物资源，山西先后开辟建设了 46 处自然保护区、48 处湿地公园，其中国家级自然保护区有庞泉沟、历山、芦芽山、蟒河、五鹿山、黑茶山、灵空山 7 处森林生态自然保护区和五台山 1 处草地自然保护区，国家湿地公园有垣曲古城、沁县千泉湖、祁县昌源、襄汾双龙湖、文水文峪河、介休汾河、浑源神溪、沁源沁河、长子精卫湖、稷山汾河、孝义孝河、静乐汾河川 12 处。自然保护区面积 116 万公顷，占全省面积的 7.4%（1740 万亩）。全省湿地总面积 15.19 万公顷（227.85 万亩），有约 40.5% 的湿地纳入了自然保护区和湿地公园范围。同时，为了保护培育森林风景资源、自然文化资源和重点生物多样性区域，山西先后开辟和建设了 70 处省级以上森林公园，其中国家级森林公园 19 处、省级森林公园 51 处，此外县级森林公园 57 处，面积 56.77 万公顷（851.55 万亩），占全省面积的 3.64%。19 处国家森林公园从北到南分别为大同云岗、大同恒山、忻州赵杲观、忻州五台山、忻州管涔山、忻州禹王洞、太原天龙山、吕梁关帝山、吕梁交城山、晋中方山、晋中乌金山、晋中龙泉、晋中长治临汾太岳山、长治太行峡谷、长治老顶山、长治黄崖洞、晋城棋子山、运城中条山、运城五老峰。其中，太岳山国家森林公园为山西最大的国家级森林公园。

山西自然旅游资源之丰富位列全国前列。山西边界山环水秀，境内高山峻岭、黄土丘陵纵横交错，复杂多变的地貌造就了许多名山大川、溶洞怪石、清泉湖泊、激流瀑布、珍贵生物等丰富多彩且特征突出的自然景观。据专家考证，山西的山、水、林、洞四项综合指标水平居全国前列，山西的国家森林公园、国家级风景名胜区、国家级自然保护区、国家湿地公园的数量也居全国前列。山西除了海洋、沙漠以外，几乎拥有所有的自然景观。山西是全国唯一一个拥有“五岳”之一北岳恒山、“五镇”之一中镇霍山（今太岳山）和“四大佛教名山”之首五台山的省份。此外，从北到南较有名的山，东部太行山脉有支脉藏山、翠枫山、天脊山、王莽岭、珏山、棋子山等，中部太岳山脉有支脉绵山、石膏山、霍山等，西部吕梁山脉有支脉管涔山、芦芽山、关帝山、北武当山、天龙山、五鹿山、姑射山等，南部中条山脉有支脉历山、五老峰等。这些山脉山峰，境内峰峦叠嶂、山势雄秀，沟壑纵横、沟谷幽深，溶洞众多、奇形多姿，植被良好、种类丰富，泉涌溪流、河湖遍布，风光别具。晋陕黄河峡谷两岸秀峰林立，形态万千，是“中国十大最美峡谷”之一，其间由北而南分布着黄河入晋第一湾——老牛湾、黄河第一岛——娘娘滩、天下黄河第一湾——乾坤湾、我国的第二大瀑布——黄河壶口瀑布等“黄河奇观”。晋西北黄土高原丘陵区和晋西黄土高原区千沟万壑、波澜起伏，造型奇特、气象万千、气势雄伟。大自然鬼斧神工般的造化，使山西山川大地犹如一幅幅美不胜收的画卷，形成多处风光宝地，成为取之不竭、用之不尽的旅游资源。除上述山西已有的国家级自然保护区、国家湿地公园、国家森林公园外，到2014年，山西还有国家级风景名胜区6处，省级风景名胜区43处；国家级地质公园9处，省级地质公园多处。其中，国家级风景名胜区是：五台山风景名胜区、黄河壶口瀑布风景名胜区、恒山风景名胜区、北武当山风景名胜区、五老峰风景名胜区、碛口风景名胜区。国家级地质公园是：黄河壶口瀑布地质公园、五台山地质公园、壶关太行山大峡谷地质公园、宁武冰洞地质公园、陵川王莽岭地质公园、大同火山群地质公园、平顺天脊山地质公园、永和黄河蛇曲地质公园、榆社古生物化石地质公园。

山西物产丰富，在历史传承与现代科技进步中，特色农林牧业、农产品加工业、传统手工业不断革新发展，富有地域特色和品牌的土特产品愈加丰富。知名的有小杂粮、鲜干果、中药材、食醋、酒类、果汁饮料、奶肉等系列农牧林土产品和加工特产品，以及陶瓷、纺织、雕刻、金属等传统手工特产品系列。山西杂粮在全国乃至世界都享有极高的美誉度，有“小杂粮王国”之称，主要作物有豆、麦、粟、薯、黍等小杂粮20多种，其中谷子、荞麦、燕麦、马铃薯总产量分别居全国第二、三、四、五位。山西已成为我国北方果品主要生产基地，水果种类多、品质优，主要有苹果、梨、红枣、核桃、葡萄、桃、柿子、杏、李、沙棘果、海红、山楂等。其中，苹果、梨、红枣、核桃种植面积、产量均居全国前列。自古以来山西是我国多种中药材的主要产出地，黄芪、黄芩、党参、柴胡、远志、地黄、连翘等有较大产量和知名度，龟龄集、定坤丹是知名的中成药特产。山西老陈醋是我国四大名醋之一，其质量居全国食用陈醋系列首位，素有“天下第一醋”的盛誉，以色、香、醇、浓、酸五大特征著称于世。中国白酒源于山西，根在汾酒。汾酒是我国清香型白酒的典型代表，竹叶青酒是古老的传统保健名酒，还有潞酒、梨花春、汾阳王等数十款地方历史名酒。新兴的饮品有果汁类、葡萄酒类、蜂蜜类等，果汁饮品有梨、苹果、红枣、核桃、沙棘、海红果等，葡萄酒有干红、白葡萄酒、红葡萄酒等系列，蜂蜜有枣蜜、荆条蜜、槐蜜等。山西地处我国农牧业交汇地带，羊牛肉、牛奶等畜牧产品区域特色明显。此外，富有地域特色的传统手工特产品，如陶瓷、纺织、雕刻、金属等产品，也适应时代的发展，展现出新的面貌。至 2014 年，山西先后有 20 多个土特产品成为“国家地理标志保护产品”，涉及老陈醋、小米、苦荞、芦笋、黄芪、连翘、核桃、红枣、酥梨、牛肉、羊肉、豆腐干、胡油、葡萄酒、蚕茧等；有 80 多个土特农产品成为“国家农产品地理标志保护产品”，数量居全国前列，产品主要涉及苹果、红枣、葡萄、杏仁、核桃、山楂、柿子、鲜桃、桑葚、翅果、大米、小米、胡麻、糯玉米、苦荞、绿豆、驴肉、羊肉、莲藕、大葱、木耳、辣椒、长山药、百合、蜂蜜等；有生铁冶铸、推光漆、琉璃烧制、羊皮鞣制、响铜乐器、澄泥砚、铜器、砂器、潞绸织、桃木雕等 30 多种地域传统手工特产品技艺，入选国家非物质文化遗产保护名录。

三　历史文化

1. 沿革变迁

山西是人类和华夏文明发祥的最早起源地和中心区域之一。考古表明，远古时代，山西南部是人类初曙的起源地。运城垣曲县“世纪曙猿”化石的发现，把类人猿出现的时间向前推进了 1000 万年。考古还表明：最早约在 180 万年以前的旧石器时代早期，原始人群就在山西晋南地区繁衍生息，其中运城芮城县西侯度文化遗址发现的火烧骨，把我国范围内发现的人类用火历史向前推进了 100 万年；在 10 万 ~2 万年以前的旧石器时代中期，在山西汾河两岸和大同、朔州一带，已经出现了比较集中的原始人群和村落。进入新石器时代，约在 7000 年前的新石器时代中期，山西南部的农业、畜牧业和手工业已达到相当发达的水平；约在 4500 年前的新石器时代晚期，山西南部已经成为当时诸多邦国的中心。史传“尧都平阳（今临汾尧都区），舜都蒲坂（今运城永济市西南），禹都安邑（今运城夏县西北）”，记载的是新石器时代晚期中华民族最早的英雄们在汾河下游创业建都的历史。今临汾市尧都区南部有尧庙、东部有尧陵，运城市盐湖区北中部有舜帝陵庙。《禹贡》载夏禹治水“导河积石，至于龙门”，龙门又叫禹门口，在今山西河津市西北和陕西韩城市东北一带。近年来，对临汾襄汾县陶寺遗址新的发现和研究成果表明，这里是帝尧都城所在地，也是最早的中国所在区域。这使在距今4500年前后我国史前传说的尧舜禹时代由传说成为信史，中华5000年文明史由此得到证实。

约公元前2070年，禹去世后，其子启继位，建立了中国历史上第一个世袭的氏族奴隶制的夏王朝。它的建立标志着中国古代原始公社的解体和奴隶社会的开始，开启了中华文明发展的新纪元。夏朝早期的统治中心在今山西晋南夏县一带，后随着地域扩大，统治中心才转入河南豫西一带。今夏县东下冯遗址是重要的夏墟。

商朝时，山西南部在其“邦畿千里”之内，其余地方则散布着十几个方国部落。今运城垣曲县古城南关和夏县东下冯等地发现有商代前期完整城址，以及运城平陆县和长治长子县等地出土的商代早期青铜重器，表明这里是商王朝的经略要地。

西周初期大规模分封诸侯，山西中南部为十余个诸侯的领地，其中主要诸侯国是晋国。春秋时期，晋国发展强大，逐步兼并了周边小国，成为春秋五霸之一。晋国极盛时期的疆域，大约包括今山西中南部、河北西南部、河南西北部和陕西东部，设置有50余县，其中山西境内有10余县。晋国前期国都在翼（今临汾翼城县东南），后期迁都于新田（今临汾侯马市）。晋国是郡县制的起源地，后来秦将这种制度推广到全国。在今临汾曲沃县建有晋国博物馆，陈展着考古发掘的晋国“曲村—天马遗址”的文化历史；在今临汾侯马市建有晋国古都博物馆，陈展着晋都新田考古发掘的文物及其文化历史。

公元前453年，晋国卿族赵、魏、韩三家三分晋国，史称“三家分晋”。赵、魏、韩三分晋国，成为实际上的三家诸侯国。在山西，赵国辖中部、东北部、东南部少部，魏国辖西南部、东南部少部，韩国辖东南部大部和西南部少部。起初，赵国的都城在晋阳（今太原晋源区东北），韩国的都城在平阳（今临汾尧都区），魏国的都城在安邑（今运城夏县北），后来随着疆域的扩大移向河南、河北。公元前403年，东周天子正式承认赵、魏、韩三家为诸侯，中国历史由此开始进入封建社会的战国时期。齐、楚、燕、韩、赵、魏、秦为战国七雄，山西分属赵、魏、韩三国领地。

公元前221年，秦统一六国后，定都咸阳（今陕西咸阳东北），建立了中央集权制度，地方实行郡县制，把全国划分为36郡，后又不断增设到40余郡。今山西及周边河北、内蒙古一带为河东、太原、上党、雁门、代、云中6郡分辖，其中代、云中2郡治所不在山西，山西境内置有70余县。汉代时基本沿袭秦代郡县制，地方实行州郡县制。西汉（都长安，今陕西西安西北）版图极盛时，全国划分为13州。今山西及周边陕西、河北、内蒙古一带为并州、幽州、司隶州（京畿长安范围）3州领属，并归太原、上党、雁门、西河、代、河东6郡分辖，其中西河、代2郡治所不在山西，山西境内置有90余县。东汉（都洛阳，今河南洛阳东）地方建制基本沿袭西汉。西汉末东汉时期，北方少数民族匈奴、羌、鲜卑逐步内迁进入山西，并发展强盛起来。到东汉中期，山西北部、中部、西部成为多民族聚居地区。

魏晋南北朝初期的三国时期，今山西全境属魏国（都洛阳，今河南洛阳东），境内匈奴人散居分布在并州兹氏（今吕梁汾阳市）、祁（今晋中祁县）、蒲子（今临汾隰县）、新兴（今忻州忻府区）、大陵（今吕梁文水县）等地。此外，在山西境内今长治武乡县还居住着羯族，今忻州代县和大同还居住着鲜卑族拓跋部。山西境内的三个少数民族与居住在陕、甘一带的氐、羌族，史称“五胡”。西晋（都洛阳，今河南洛阳东）末年，公元304年匈奴酋长刘渊起兵左国城（今吕梁离石区）建国“汉”，不久迁都平阳（今临汾尧都区），建立北方第一个少数民族政权。随后其子刘聪打下长安（今陕西西安西北）灭西晋，由此开始中国历史上一百多年的“五胡十六国”割据一方的局面。“十六国”，包括前凉、后凉、南凉、西凉、北凉、前赵、后赵、前秦、后秦、西秦、前燕、后燕、南燕、北燕、夏国、成汉等。在此期间，山西境域为刘渊族侄刘曜创建的前赵（先都平阳、今临汾尧都区，后迁都长安、今陕西西安西北）、羯族首领石勒创建的后赵（先都襄国、今河北邢台，后迁邺、今河北临漳西南）、鲜卑族首领慕容皝创建的前燕（先都龙城、今辽宁朝阳，后迁都蓟、今北京城西南，后再迁邺、今河北临漳县西）、氐族首领苻洪创建的前秦（都长安，今陕西西安西北）、氐族贵族姚苌创建的后秦（都长安，今西安西北）、鲜卑族首领慕容泓创建的西燕（先都长安、今陕西西安西北，后迁都长子、今山西长治长子西）、鲜卑族首领慕容垂创建的后燕（先都中山、今河北定州，后迁都龙城、今辽宁朝阳）、匈奴部族首领赫连勃勃建立的夏国（都统万城，今陕西靖边县东北）、鲜卑族首领拓跋珪创建的北魏（先都盛乐、今内蒙古和林格尔北，后迁都平成、今大同市）等国的领地。公元439年，北魏统一黄河流域，结束了北方四分五裂的局面。公元494年，北魏孝文帝把都城由平城迁到洛阳（今河南洛阳东）。公元534年，北魏分裂为东魏（都邺，今河北临漳县西）、西魏（都长安，今陕西西安西北），山西绝大部分为东魏领地，南部余部为西魏领地。后来，北齐取代了东魏，北周取代了西魏。公元577年北周灭北齐，山西统一为北周领地。从刘渊起兵一直到北周灭北齐的270多年间，山西境内平阳（今临汾尧都区）、平城（今大同市）、晋阳（今太原市晋源区东北）都是全国很重要的政治军事中心。其中，平阳为“汉”国、前赵的都城，平城为北魏的都城，晋阳为东魏和北齐的“别都”“陪都”。

隋朝建立和统一全国后，起初在地方取消了郡一级建制，在要冲诸州设总管府，以州刺史兼总管，统领邻近数州。山西境内并、代、隰、朔4州设总管府。后来隋又改州为郡，地方实行郡县两级制，最多时全国置190郡。山西及周边河北、内蒙古一带为太原、定襄、马邑、雁门、娄烦、西河、离石、上党、长平、临汾、龙泉、文城、河东、正平14郡分辖，其中14郡治所均在山西，山西境内置有90余县。隋代，曾于北魏时期兴起于蒙古高原的突厥汗国其疆域已抵今山西与内蒙古交界地带，并数次入侵山西雁门关以北地区。

公元617年，在太原郡留守的李渊乘隋末各地反隋大乱于晋阳城起兵，于公元618年建立唐朝。“唐”之国号，源于太原郡治所晋阳县为古“唐”国领地之称。在李渊起兵反隋的同时，马邑郡（今朔州市等地）将领刘武周也起兵反隋，在突厥汗国出兵的支持下称帝，并率部占据了山西大部。公元620年，秦王李世民率军征伐，刘武周兵败，双方在山西境内持续几年的争夺战才得以结束。此后一段时期，山西北部地区是唐出兵征讨突厥的重要基地。唐初地方实行州（府）、县两级建制，后又改为道、州（府）、县三级建制。山西境域除南部少部分为河南道（先治洛阳，今河南洛阳东北）所领外，其余山西境域及周边内蒙古、河北一带为河东道（治河东县，今永济西）统领。其中，河东道统领山西境域，归太原、河中2府和晋、绛、慈、隰、汾、沁、辽、岚、宪、石、忻、代、云、朔、蔚、潞、泽17州分辖，府州治所均在山西，山西境内置有 103 县；河南道统领山西境域，为陕州 1 州所辖，州治所不在山西，山西境内置有 3 县。唐代，太原府晋阳城（今太原晋源区东）被定为“北都”“北京”，是黄河流域仅次于长安、洛阳的第三大政治中心。唐中后期“安史之乱”期间，山西是叛军进军都城长安和唐军抵抗的重要阵地。

“安史之乱”后，地方上形成了藩镇割据的局面，中央集权受到严重削弱，唐王朝走向衰落。公元 895 年，坐镇太原府统兵的唐河东节度使沙陀族首领李克用率部占领山西大部地区后，以太原为中心进爵晋王，建立了唐末时代的割据政权晋国（都晋阳，今太原晋源区东）。公元 907 年，坐镇开封的唐宣武节度使朱温篡唐建立后梁（先都汴州、今河南开封，后迁都洛阳、今河南洛阳东），历史进入“五代十国”时期（“五代”，即北方后梁、后唐、后晋、后汉与后周依次更替的 5 个政权，“十国”即北方的北汉 1 个割据政权和南方前蜀、后蜀、吴、南唐、吴越、闽、楚、南汉、南平 9 个割据政权）。后梁建立，晋国自立，成为北方最大的割据政权。923 年，李克用之子李存勖在魏州（今河北大名县）称帝，改国号唐，史称后唐，同年底灭后梁，定都洛阳。公元 936 年，坐镇太原府统兵的后唐河东节度使的沙陀族人石敬瑭勾结“契丹”国，在晋阳城称帝，国号为晋，史称后晋，后灭后唐，定都洛阳（后迁东京，今河南开封）。公元 947 年，契丹军攻陷后晋国都开封，后晋灭亡。公元 948 年初，契丹主耶律德光称帝于开封，改国号辽，同时后晋大将沙陀族人刘知远也在太原府晋阳城称帝，后出兵攻克开封并定都于此，国号汉，史称后汉。公元 951 年，后汉将领郭威篡汉建立后周。同年，后汉高祖刘知远的弟弟、镇守太原府统兵的河东节度使刘崇在晋阳建立北汉。“五代十国”时期，五个政权中，后唐、后晋、后汉三个政权都是由沙陀人以山西为根据地而建立的；十国中唯一的北方之国北汉，也是由沙陀人据山西而建的。在此期间，随着政权的更迭，山西境域先后为后唐全领，后晋统领除北部少部分之外的绝大部分，后汉统领除南部少部分之外的绝大部分，后周与北汉南北分割属领，北部少部分地区为契丹国（辽国）领地。此间，太原府晋阳城为后唐“北都”、后晋“北京”、北汉国都，是各方势力角逐的中心。

公元 960 年，北周大将赵匡胤发动兵变，建立宋朝（都汴京，今河南开封），史称北宋。北宋初年，山西境内的北汉与其长期对峙。宋太祖赵匡胤曾两次派大军攻打割据山西的北汉，两次兵临晋阳城下，但都未成功。直到公元979年其弟赵光义宋太宗亲征，才攻下晋阳，灭了北汉。千年晋阳古城，在宋军的火烧水灌之下，毁于一旦。北宋时期，今山西北部为辽国领地，其余大部为北宋属领。北宋在地方实行路、州（府、军）、县三级建制，其山西领地及周边陕西、河南一带为河东路（治阳曲县，今太原市老城区）、永兴军路（治京兆府，今陕西西安）统领。其中，河东路统辖山西中北部境域，归太原、隆德、平阳3府和降、泽、代、忻、汾、宪、辽、岚、石、隰、慈11州及庆祚、威胜、平定、岢岚、宁化、火山、保德、晋宁8军分辖，府州军治所均在山西，山西境内置有79县。辽国在地方实行道、府（州）、县三级建制，其今山西北部领地为西京道统领，并归大同府1府和蔚、应、朔3州分辖，其中蔚州治所不在山西，山西境内置有15县。大同府是辽国五个都城（上京临璜府、今内蒙古巴林左旗东南波罗城，中京大定府、今内蒙古宁城西大明城，东京辽阳府、今辽宁辽阳市，南京幽都府、今北京市，西京大同府，今山西大同市）之一。

北宋中后期，山西是北宋抵御契丹辽国入侵的前沿阵地，也是今东北地区女真族兴起建立的金国（先都上京会宁府、今黑龙江省哈尔滨市阿城区，后迁都中都燕京、今北京市，再迁都汴梁、今河南开封市）入侵中原灭宋的重要通道和基地。

公元1125年金灭辽，1127年灭北宋，山西全境为金所统辖。金代地方实行路、州（府、军）、县三级建制。今山西及周边内蒙古、河北、陕西、河南一带为西京路（治大同，今大同市城区）、河东北路（治阳曲县，今太原市老城区）、河东南路（治临汾县，今临汾市尧都区）统领。其中，西京路统领山西北部境域，归大同府1府和朔、应、蔚3州分辖，蔚州治所不在山西，山西境内置有6县；河东北路统领山西中北境域，归太原府1府和晋、忻、平定、汾、石、代、隩、宁化、岢岚、保德、管11州分辖，府州治所均在山西，山西境内置有34县；河东南路统领山西南部境域，归河平阳、河中2府和隰、吉、绛、解、泽、潞、辽、沁8州分辖，府州治所均在山西，山西境内置有60县。金朝末年，地处蒙古高原的蒙古族兴起，统一了漠北，建立了大蒙古国，并不断南下攻金。1212年蒙古国军队进入山西北部。此后，山西成为蒙古国和金国双方争夺的重要战场，也成为蒙古国军队南下中原、西出陕西的重要通道和基地。1271年，大蒙古国可汗忽必烈改国号为大元，建立元朝（都大都，今北京）。1233 年，元与南宋联兵灭金。

1279 年元灭南宋，统一中国。元代地方实行省、路、府（州）、县四级制。山西、山东、河北及内蒙古部分地区是元朝的腹里地区，统归中书省直辖。山西境域在中书省统领之下，又归冀宁路（治阳曲县，今太原市老城区）、晋宁路（治临汾县，今临汾市尧都区）及上都路（治开平府，今内蒙古正蓝旗境内）、大同路（治大同县，今大同市城区）分领。其中，冀宁路统辖山西中北部境域，置直辖县 10 个，下辖汾、石、忻、平定、临、保德、崞、管、代、台、兴、坚、岚、盂 14 州，其中汾、石、忻、平定 4 州分辖置有 9 县。晋宁路统辖山西南部境域，置直辖县 6 个，下辖河中府 1 府和绛、潞、泽、解、霍、隰、沁、辽、吉 9 州，分辖置有 45 县。上都路统辖山西、河北、北京和内蒙古一带境域，其中山西境域为顺宁府（治今河北宣化）蔚州（治今河北蔚县）所领，置有 2 县。大同路统辖山西北部及周边内蒙古、河北一带，其中山西境域置有直辖 3 县，下辖浑源、应、朔、武 4 州，应、朔 2 州分辖置有 4 县。

公元 1368 年，朱元璋在应天（今南京）称帝，建立明朝。同年明军攻占元都大都，元朝退出中原。当年，北伐的明军进入山西，从南到北消灭了元朝在山西的主要势力。此后，明洪武初起，明军在晋北、晋西与元朝残余势力进行了近 20 年的较量，才最终消灭之。明初地方沿袭元行省制，后改行省为承宣布政使司，在稳定的统治区域设“两京（北直隶北京、南直隶南京）十三布政司”。十三布政司地域实行布政使司、州（府）、县三级建制。布政司下辖府、直隶州，府下辖属州、县，属州大多还下辖有县。山西是明代十三布政司之一，辖区为今山西全境及周边内蒙古、河北一带。山西布政使司（治阳曲县，今太原市老城区）辖太原、汾州、潞安、平阳、大同 5 府和泽、沁、辽 3 直隶州，5 府之下辖平定、忻、代、岢岚、保德、永宁、蒲、解、绛、霍、吉、隰、浑源、应、朔、蔚 16 属州，其中除蔚州治所不在山西外，其余府、直隶州、属州治所均在山西，山西境内置有 79 县。

金元以来尤其是元末明初，由于所受战争创伤较小，山西成为华北地区经济发达、人口稠密的地区。明王朝以平阳府洪洞县广济寺为山西各地移民的重要集散地，先后 18 次从山西移民，人口约百万以上，分布于全国今河南、山东、河北、北京、天津、陕西、甘肃、宁夏、安徽、江苏、湖北、湖南、广西、内蒙古、山西、辽宁、吉林、黑龙江等18个省、市、区的600余县（市），是中国历史上规模最大的移民活动。迄今600多年来，反映明代山西移民的“问我祖先来何处，山西洪洞大槐树”的民谣，广为海内外移民和后裔世代传颂。明代洪洞移民遗址今兴建有“大槐树寻根祭祖园”。

明代，山西是明王朝防御北元（元朝后在漠北草原存在的地方性蒙古族政权）南下侵扰和出征讨伐北元的重要地区。明朝在沿长城一线所设的九个军事重镇（辽东镇、蓟州镇、宣府镇、大同镇、山西镇、延绥镇、宁夏镇、固原镇、甘肃镇），山西有其二。明政府为了为驻边塞的军士筹集粮食，实行“开中法”，即政府利用食盐专卖，鼓励商人输运粮食到边塞换取盐引，商人再凭盐引到指定的盐场和地区贩盐获利。此间，山西商人得天时地利，晋商崛起，此后雄霸国内商界500年之久，创造了不朽的辉煌，成为重要的历史现象。

明末清初，山西是明军与起义军对抗作战的主要战场，也是抗清斗争的重要战场。1644年（明崇祯十七年）1月，农民起义首领李自成在陕西西安府称帝，建国号“大顺”。同年2月中旬，李自成即率领大顺军渡过黄河，在山西境内由南向北一路攻城略地，向明王朝都城北京进军，4月初即抵大同。4月24日占领明都北京，灭明。清军入关后，李自成又率军经山西返回陕西。清军进占北京后，随即又向山西进军，于11月占据全境，但反清力量直到1671年（清康熙十年）才被平息。

清代改明布政司为行省，简称省，在全国地方政区先置18省，后增为23省。省下辖府和直隶州，府、直隶州下辖县、散州；在新开发地区或者具有特殊地位的地区设厅，分为直隶厅和散厅。山西是清代最初置的省区之一，辖区最大时包括今山西全境及周边内蒙古、河北一带，由太原、汾州、潞安、平阳、泽州、蒲州、大同、宁武、朔平9府和平定、沁、辽、绛、解、霍、隰、忻、代、保德10直隶州及12直隶厅分辖，其中12直隶厅尽在内蒙古境内，其余府州治所均在山西，山西境内置有6散州86县。清代，山西晋商进一步发展兴盛，其中晋商创造的经营汇兑业的“山西票号”影响甚广，在清代后期基本上控制了全国金融。山西的票商在清代是同盐商、行商（广东十三行）齐名的全国最富有的商人。清末，山西是太平天国北伐部队进军的重要区域，是义和团活动兴起和发展的中心区域。

1911 年 10 月 10 日，武昌起义，辛亥革命爆发，揭开了推翻了清王朝统治的序幕。山西是继武昌起义后全国最早起义的省份之一，也是北方地区最早起义的省份。1912 年，中华民国建立。民国初年，地方政区废除府，改州为县，省下辖道，由道辖县，为三级建制。山西境内设雁门道（治大同县，今大同市城区）、冀宁道（治阳曲县，今太原市老城区）、河东道（治运城县，今运城盐湖区）3 道，分辖北部、中部和东南部、南部地区，共辖 105 县。清代时归山西省的今内蒙古一带地区，脱离山西，归绥远特别区。1927 年，撤道建制，县直辖于省。民国期间，阎锡山统治山西 38 年，山西曾一度是全国关注的“模范省”。在中国共产党初创和开展革命的进程中，山西是传播马克思主义较早的省份之一，也是建立团组织和党组织较早的省份之一。抗日战争时期、解放战争时期，山西省内地方政区有所变化，但保持了基本总体格局。抗日战争时期，山西是中国共产党领导全民族抗战的战略要地，是华北敌后抗战的主阵地、前线指挥中心和主战场之一，为抗日战争胜利做出了重大贡献和巨大牺牲。

1949 年 10 月，中华人民共和国成立，开辟了中国历史的新纪元。新中国成立时，雁北地区划归察哈尔省，其余归山西省辖。后来，雁北地区又划归山西省。新中国成立至今，山西省内政区曾多次调整，形成 11 个市、119 个县（市、区）的现状。社会主义革命和建设时期，山西是全国农业合作化运动的主要发兴之地，是国家工业化战略的重要实施基地，是全国农业学大寨运动的起源之地。改革开放以来，山西是国家实施现代化建设战略的重要能源基地和资源型经济转型发展的试验区。新中国成立 60 多年来，在社会主义革命、建设和改革的各个时期，山西为全国建设做出了重大贡献，也绘就了区域发展的新的历史画卷。

2. 文化遗存

山西是中华民族的重要发祥地，历史悠久。在迄今几千年的历史发展长河中，山西积累沉淀下信息丰富和价值丰厚的历史文化遗存，有物质文化遗产和非物质文化遗产，物质文化遗产又有不可移动文物、可移动文物、历史文化名城（街区、村镇）、古村落。这些文化遗存是当代山西人民的宝贵财富，也是中华民族、中华文明的瑰宝。

2007 年到 2011 年，国家开展了历时 5 年的第三次全国文物普查。这次全国文物普查，是新中国成立后国家最大规模的一次不可移动文物资源普查。通过普查，摸清了全国不可移动文物的家底，全国共登记不可移动文物近 77 万处。山西登记不可移动文物总数量 5.3 万多处，有各级各类文物保护单位 6780 余处。山西登记不可移动文物总数量，排浙江、河南、四川之后，居全国第四。

在山西众多的不可移动文物中，全国重点文物保护单位数量不仅多年来居全国第一，而且旧石器文化遗址、古代建筑、古代戏剧舞台数量更是冠居全国，古代民居、古长城关隘、红色革命遗址十分独特。旧石器文化遗址（年代最早的是芮城县西侯度遗址）已发现 460 多处，数量居全国第一，而且早中晚自成序列，为全国仅有，在中国考古文化编年序列中占有突出位置。各类古建筑现存 2.8 万余处，是中国现存古建筑最多的省份。古建筑上起魏晋，下至民国，时代连续、品类齐全，构成中国古建筑史上独一无二的标本体系，特别是宋辽金以前的木构建筑占全国同期同类建筑的 75% 以上。其中，中国现存最早的唐代建筑是五台山南禅寺大殿、佛光寺东大殿，最古老最高大的木构塔式建筑是应县木塔。古代戏剧舞台保存有 2888 座，数量居全国之冠，其中 1 座金代戏台（高平市王报村二郎庙戏台）、8 座元代戏台（规模最大的是翼城县南梁镇武池村乔泽庙戏台），为全国仅有。这些戏台和反映金、元时期的壁画、陶俑、砖雕等戏曲文物，是研究中国戏曲历史及当时的社会、经济、文化、艺术等的重要实物资料。古代民居保存有 11134 处，其中高平市中庄村元代姬氏民居是中国现存最早的民居实例；襄汾丁村、灵石王家、祁县乔家、太谷曹家等晋商大院及定襄阎锡山旧居等，集中反映了中国明、清和民国时期北方民居的建筑布局、装饰特点和文化。山西境内长城关隘连绵不断，是中国保存长城朝代跨度最大的省份。现存战国至清代长城 2500 多公里，涉及战国、汉、东魏、北齐、隋、宋、元、明、清等 9 个朝代，其中特别是东魏、北齐、隋、宋 4 个朝代的长城，为山西省独有。山西是重要的革命老区，留下了许多重要的红色革命遗迹遗址，普查统计有 3490 处。其中，全国重点文物保护单位有 10 多处，第一批国家级抗战纪念设施、遗址 5 处，具有独特的历史价值，是非常珍贵的文化资源。

到 2014 年，在全国数量众多的不可移动文物中，全国重点文物保护单位总数为 4295 处。各省（市、区）拥有全国重点文物保护单位，数量排全国前五的，分别为山西、河南、河北、陕西、四川。山西有全国重点文物保护单位多达452处，占全国总数的10.5%，以绝对多数居全国第一。

在山西众多的不可移动文物中，先后有平遥古城（1997年）、云冈石窟（2001年）、五台山（2009年）3处集群性的重要文化遗产入选世界文化遗产名录，成为世界性的文化遗产。平遥古城迄今已有2700多年的历史，仍完好地保留着明清时期县城的基本风貌，是中国境内汉民族地区保存最为完整的一座古代县城，承载非同寻常的文化、社会、经济及宗教发展的历史信息。云冈石窟，开凿于公元5世纪至6世纪，有窟龛252个、造像51000余尊，其雕刻艺术具有中国传统特色又吸取和融合印度犍陀罗艺术及波斯艺术的精华，代表了当时中国杰出的佛教石窟艺术。其中的昙曜五窟，布局设计严谨统一，是中国佛教艺术第一个巅峰时期的经典杰作。五台山是中国四大佛教名山（山西五台山、四川峨眉山、安徽九华山、浙江普陀山）之一，且居首位。山上保存有从公元4世纪到19世纪（北魏、唐、宋、元、明、清）的佛教建筑及独特的圣山环境景观，荟萃了各个时期建筑、彩塑、壁画等艺术的杰出成就和特点，展现了悠久的佛教文化传统以及人与自然的和谐统一。其中，南禅寺是世界上现存最古老的木结构建筑，被誉为中华瑰宝；佛光寺被世人誉为东方古建筑明珠、亚洲佛光。

历史文化名城（名镇、名村）和传统村落（古村落）是重要的物质文化遗产。历史文化名城是保存文物特别丰富，具有重大历史文化价值和革命意义的城市。历史文化名镇名村是保存文物特别丰富，且具有重大历史价值或纪念意义的，能较完整地反映一些历史时期传统风貌和地方民族特色的镇和村。传统村落是指聚居年代久远，具有历史、文化、科学、艺术、社会、经济价值的历史村落。到2014年，山西境内有省级以上历史文化名城12座，其中太原市、大同市、平遥县、新绛县、代县、祁县6座城市（县城）为国家级历史文化名城，浑源县、太谷县、孝义市、介休市、左云县、汾阳市6座县城（城市）为省级历史文化名城；有省级以上历史文化名镇名村101个，省级以上传统村落286个，其中灵石县静升镇、临县碛口镇、襄汾县汾城镇、平定县娘子关镇、泽州县大阳镇、天镇县新平堡镇、阳城县润城镇8个为国家级历史文化名镇，临县碛口镇西湾村、阳城县北留镇皇城村、介休市龙凤镇张壁村、沁水县土沃乡西文兴村等32个为国家级历史文化名村，太原市晋源区晋源街道店头村、大同市天镇县新平堡镇新平堡村、临汾市襄汾县陶寺乡陶寺村等129个为国家级传统村落。山西国家级历史文化名镇、名村的总数（40个），排浙江（48个）、福建（42个）之后，位居全国第三；国家级传统村落总数，排云南（502个）、贵州（426个）、浙江（176个）之后，居全国第四。

非物质文化遗产是山西历史文化遗存的重要组成部分。非物质文化遗产，是指各种以非物质形态存在的与群众生活密切相关、世代相承的传统文化表现形式，包括口头传统、传统表演艺术、民俗活动和礼仪与节庆、有关自然界和宇宙的民间传统知识和实践、传统手工艺技能等以及与上述传统文化表现形式相关的文化空间。到2014年，山西有省级以上非物质文化遗产保护名录项目509项，其中国家级非物质文化遗产保护名录项目157项（2006年第一批32个项目、2008年第二批64个项目、2011年第三批40个项目、2014年第四批21个项目），包括民间文学、传统音乐、传统舞蹈、传统戏剧、曲艺、传统体育游艺杂技、传统美术、传统手工技艺、传统医药、民俗等类别。山西入选国家级非物质文化遗产保护名录项目总数占全国1219个项目总数的12.8%，数量居全国前列。山西国家级非物质文化遗产中，民间文学有董永传说、民间传唱史诗《杨家将》、赵氏孤儿传说等10项，传统音乐有左权开花调、五台山佛乐、晋南威风锣鼓等16项，传统舞蹈有襄汾狮舞、稷山走兽高跷、原平凤秧歌等9项，传统戏剧有晋剧、蒲州梆子、皮影戏等32项，曲艺有潞安大鼓、阳泉评说、沁州三弦书等9项，传统体育杂技有忻州挠羊赛、晋中（形）意拳6项，传统美术有广灵染色剪纸、平阳木版画、山西面塑艺术等17项，传统手工技艺有阳城生铁冶铸技艺、平遥推光漆器髹饰技艺、杏花村汾酒酿制技艺、山西老陈醋传统酿制技艺等27项，传统医药有傅山养生健身术、龟龄集酒药传统制作工艺9项，民俗有潞城民间社火、关公文化、寒食节、洪洞大槐树根祖文化等22项。2009年，山西省广灵剪纸，作为中国剪纸子项目，入选“人类非物质文化遗产代表作名录”。2011年，山西孝义碗碗腔皮影戏，作为中国皮影戏子项目，入选“人类非物质文化遗产代表作名录”。

可移动文物同不可移动文物一样，也是山西历史文化的重要遗产。山西作为文物大省，可移动文物为各级各类文物、博物、图书、档案等机关和部门保存，种类丰富、数量庞大。历代留存下来的各类古志、典籍，是山西历史文化传承的重要载体。其中，明代嘉靖年间编纂的《山西通志》是留存最古的山西省级旧志；民国年间编纂留存的《山右丛书初编》是反映自唐迄清历代山西学人学术成果的大型古籍丛书。2013 年，根据国家的统一部署，山西启动第一次全省可移动文物普查，到 2014 年调查统计，全省国有单位保存可移动文物有 30 多万件（套），其中有不少重要文物是首次发现。如，在运城稷山县青龙寺发现佛教大藏经系统中非常重要的一部明代藏经《永乐南藏》，有 800 ~ 900 册。该藏经内容较宋元藏经多近一倍，国内收藏十部左右，其珍稀程度仅次于宋元藏经。

丰富而厚重的历史文化遗产，是山西发展文化旅游产业的重要资源宝藏。经过多年发掘和开发建设，许多重要文化遗产地已成为闻名中外的文化旅游景区，如平遥古城、五台山、大同云冈石窟、介休绵山、晋中晋商大院、皇城相府、临县碛口古镇、平定娘子关镇等。此外，还有很多历史文化资源有待进一步发掘其价值，展现其魅力。

3. 历史人物

山西表里山河，地灵人杰。从远古人类徙居生息到有文字记载的沧桑历史进程中，山西这块热土孕育出无数杰出的历史人物，他们对三晋文化的塑造、对整个中华文化的发展都产生了深远的影响。留存在三晋大地上的诸多历史名人遗迹和传说，是山西历史文化的重要组成部分。

传说中的华夏人文始祖女娲、伏羲，民族先祖炎帝、黄帝，在山西境内都留下了丰富的踪迹和大量美丽的传说。今晋城泽州县有女娲补天的“娲皇窟”传说，临汾洪洞县有规模宏大的“女娲陵”遗迹，临汾吉县有“伏羲故宫”传说和遗迹，晋城高平市有神农的故迹和“炎帝陵”遗迹。传说今运城盐湖区盐池源于“黄帝擒蚩尤”的血化的卤水，黄帝的元妃嫘祖传说养蚕于今运城夏县。新石器时代晚期黄河流域部落联盟的杰出首领尧、舜、禹，曾在山西晋南地区建都，史载“尧都平阳（今临汾），舜都蒲坂（今永济），禹都安邑（今夏县）”。今临汾尧都区有尧庙尧陵，运城盐湖区有舜帝陵庙，运城夏县有禹王城遗址。夏商周三代，辅佐商王武丁开创商代后期“武丁中兴”的名臣傅说，是中国历史上最早具有“圣人”称号的杰出人物；西周时期以“桐叶封侯”的唐叔虞，是晋国立国创业的始祖和三晋文化的创始人。

春秋战国时期，诸侯纷争。著名君主有开创晋国霸业的晋文公，先行变法的魏文侯，推行“胡服骑射”的赵武灵王。名臣有辅佐晋文公“割股奉君”的介子推、“不失德义”的赵衰，有辅佐秦穆公称霸的“五羖大夫”百里奚，有“完璧归赵”美誉的赵国上卿蔺相如。名将有被尊称为“中国第一位战神、兵法祖师爷”的晋国卿大夫先轸，有“尚能饭否”的赵国名将廉颇，有力抗匈奴的杰出军事家李牧。思想文化艺术领域，有被尊称为“后圣”的儒家先贤荀子，有开国史秉笔直书先河的晋国太史董狐，有创造五音六律、被尊称为“乐圣”的晋国乐师师旷。程婴是保护赵氏孤儿的“救孤义士”，其义举广为世人称颂。猗顿是战国时期由布衣而成富商巨贾的著名大商人，是“晋商鼻祖”，与范蠡并称“中华商圣”。

秦汉以降，国家大一统。西汉时期，名臣有因“治盗有方”而被称为“三辅第一贤能”的尹翁归，切谏废黜荒淫无度小皇帝昌邑王刘贺的张敞，执法无私的“酷吏”郅都，辅佐君王营造西汉“昭宣中兴”的政治家霍光；名将有横扫匈奴的大将军卫青，远征匈奴而“封狼居胥”的青年将领霍去病，威慑西域的宿将冯奉世。东汉时期，名士有被尊为“有道先生”“东国人伦”的郭泰；名将有被后世神化、尊称“武圣”的关羽，有被称为曹魏“五子良将”的张辽。班婕妤是西汉著名女辞赋家，名著《三国演义》中的美女貂蝉、大将吕布传说也是山西人。

魏晋南北朝时期，民族政权风起云涌。著名的帝王有匈奴汉国开国君主刘渊，推行鲜卑族汉化改革的北魏孝文帝拓跋宏，前赵国的开国君主刘曜，从奴隶到皇帝的后赵国的建立者石勒。名臣有西晋开国权臣贾充，魏晋“名公”、地图学家裴秀，被誉为“栋梁之材”的东晋政治家温峤。佛学高僧有净土宗之始祖、东晋著名佛学家慧远，中国第一位到海外取经求法的大师、东晋高僧法显。此外，郭璞是东晋著名的文学家、训诂学家，东晋卫夫人被誉为“中国历史上第一位有成就有影响的女书法家”。

隋唐五代十国时期，盛世离乱相继。唐代基业肇始晋地，李渊太原起兵成就帝业，唐太宗李世民开创“贞观盛世”，武则天成为中国历史上唯一的女皇帝。五代十国，李克用割据晋地，其子李存勖改国号建后唐；石敬瑭建后晋，刘知远建后汉，刘崇建北汉。名臣数不胜数，隋朝有政治家裴蕴、裴矩，唐代有名相温彦博、政治家裴行检、狄仁杰、裴度，后唐有重臣郭崇韬。唐代名将有被尊为“中华门神”的尉迟敬德、远征高丽的薛仁贵、戍边大将张守圭、“汾阳王”郭子仪。文学艺术领域，有“初唐四杰”之冠的王勃、“诗佛”王维、唐宋八大家之一的柳宗元、善写花间词的温庭筠，有边塞诗人王之涣、王昌龄、王翰，有“诗魔”和“诗王”之称的大诗人和文学家白居易，有“文中子”美誉的儒学大才王通。此外，还有“三千宠爱集一身”的绝代贵妃杨玉环。

宋辽金元时期，区域抗衡激荡。名臣有北宋政治家、书法家文彦博，廉臣毕世（士）安，开创编年通史体例的著名史学家司马光；有南宋政治家、词人赵鼎；有元初辅佐忽必烈南征北战的政治家、名儒郝经。名将有北宋大将杨业、呼延赞、狄青；有南宋大将杨沂中、王彦。文化艺术领域，有北宋著名书画家米芾、郭若虚、高克明、王诜等名流，古代韵律宫调的发明者北宋艺人孔三传，金末元初被尊为“北方文雄”“一代文宗”的著名大诗人和历史学家、文坛盟主元好问，元代“元曲四大家”之三的关汉卿、白朴、郑光祖。此外，孙复是北宋初年理学的奠基人之一，王溥是北宋初年五代典章史《五代会要》编著者，许国祯是元代著名宫廷医士。

明清时期，民族大一统。明代名臣有享有“三孤三辅”美誉的权臣王琼，辅助张居正改革的重臣王国光。清代名臣有编修《康熙字典》的帝师陈廷敬，“天下第一廉吏”于成龙，“三代帝师”“四朝文臣”祁寯藻，直谏第一人孙嘉淦，著有《瀛寰志略》、中国近代开眼看世界的先驱徐继畬。名将有明代守边将领王崇古、“第一良将”曹文诏。思想文化领域，有明初程朱理学的代表人物、河东学派创始人薛瑄，明清易代之际的思想家、文学家、医学家、书画家傅山，被誉为“理学宗盟”的清初大儒白胤谦，清初考据学家阎若璩，编著《弟子规》的教育家李毓秀。文学艺术领域，有明代小说家、戏曲家、中国章回小说的鼻祖罗贯中，著名的书法家杨笃。商贸领域，晋商崛起，雷履泰是晋商票号的创始人，渠本翘是晋商中的著名实业家，常万达、曹三喜是晋商中著名外贸家。此外，杨深秀是晚清著名的“戊戌六君子”之一。

民国时期，社会动荡，民族觉醒。重要政治人物阎锡山统治山西长达38年，孔祥熙曾长期任民国政府要职。知名的军事将领，姚以价、张培梅参与领导太原辛亥首义，续范亭中山陵剖腹明志，傅作义指挥绥远抗战、率部北平起义，徐永昌代表中国政府于密苏里号军舰上接受日本政府投降。此外，郭象升是著名学者和教育家。

从古代到近代民国时期，在中国历史曾发挥过重大作用的历史人物，诸如中国封建帝王中有特殊影响力的秦皇、汉武、唐宗、宋祖，近代中国民主革命的先驱孙中山，都在山西留下了他们的文治武功。

在中国共产党领导人民进行新民主主义革命的历史进程中，山西是全国重要的革命老区。新中国的开国领袖、开国元勋、开国将帅等老一辈无产阶级革命家曾长期在山西这片热血土地上从事革命斗争事业，留下了光辉的足迹。1936 年，毛泽东、彭德怀率中央红军东征山西，转战山西 50 余县。其间，中共中央曾随军行动，中央政治局还在山西晋西地区召开了著名的晋西会议，毛泽东、张闻天、周恩来、彭德怀、叶剑英、杨尚昆等参加会议。抗日战争期间，周恩来、刘少奇、朱德、彭德怀、任弼时、杨尚昆、左权、刘伯承、邓小平、贺龙、关向应、聂荣臻、徐向前、罗荣桓、彭真、薄一波等在山西指挥华北抗战。解放战争时期，周恩来飞抵太原调停国共双方军事冲突，彭德怀、刘伯承、邓小平、贺龙、聂荣臻、徐向前、陈赓、罗瑞卿等在山西指挥解放区军民抗击国民党军的进犯并解放山西。其间，1947 年 3 月，刘少奇、朱德、董必武等率中央工委由陕北路经山西转赴西柏坡；同时以叶剑英为书记，杨尚昆、李维汉、李克农、邓颖超为常委的中共中央后方工作委员会开始进驻临县，之后驻扎长达一年之久。1948 年 3 月至 4 月间，毛泽东、周恩来、任弼时也由陕北路经山西转赴西柏坡。毛泽东在晋绥干部会议上的讲话中首次完整地提出了党的新民主主义革命的总路线和总政策，即：无产阶级领导的，人民大众的，反对帝国主义、封建主义和官僚资本主义的革命。新中国成立后，1955 年至 1965 年授衔的将帅中，10 位元帅的全部、10 位大将中的 9 位、57 位上将中的 42 位、177 位中将中的 103 位、1360 位少将中的 838 位都曾长期在山西战斗、工作和生活过。开国领袖、开国元勋、开国将帅等老一辈无产阶级革命家为中国革命的胜利和建立新中国而在山西进行革命的历史，是近现代山西历史特别厚重和闪耀的一部分。它所承载、所积累的深厚历史信息和丰富历史经验，是山西人民十分宝贵的精神财富。

作为重要的革命老区，山西人民为革命胜利做出了卓越的贡献和巨大牺牲，也涌现出许多杰出的时代人物。高君宇、贺昌、刘胡兰、彭真、徐向前、薄一波、赵尔陆、董其武等是其中的杰出代表。高君宇是中国共产党早期著名的政治活动家、理论家，是中共北方党团组织的主要负责人和山西党团组织的主要创始人。贺昌是中国共产党早期著名的政治活动家、中央红军的重要领导人，是山西党团组织的创始人之一。刘胡兰是著名的革命烈士。彭真、徐向前、薄一波是在革命中锻炼成长起来的为革命的胜利做出重要贡献的老一辈革命家，徐向前还是新中国成立后授衔的十大元帅之一。赵尔陆、董其武入选新中国成立后授衔的 57 位上将之中。此外，在新中国成立后授衔 177 位中将中有 1 位、1360 位少将中有 43 位，为山西籍将军。

第二篇
发展现状

2014年，是山西发展历史上极其不平凡的一年。全年全省经济、政治、文化、社会、生态和民生发展变化的状况，是反映和体现山西省情发展现状的最集中、最丰富之处。研究和梳理这一发展变化的状况，是认识和把握当前正在发展变化的省情的中心内容。

一　经济建设

2014年，面对错综复杂的经济社会形势，山西省委、省政府深入学习贯彻习近平总书记系列重要讲话精神和中央对山西工作的重要指示要求，深入贯彻党的十八大和十八届二中、三中、四中全会精神，坚持稳中求进和改革创新，主动适应经济发展新常态，科学决策部署，积极宏观调控经济运行，大力激发微观经济活力，经济在下行中保持了总体平稳发展，取得新成效。

1. 经济运行

2014年，在宏观经济形势严峻复杂的环境下，全省经济在下行中保持了总体平稳发展的态势。全年全省实现地区生产总值12759.4亿元，增长4.9%；固定资产完成投资（不含跨省、农户）11977.0亿元，增长11.5%；公共财政收入完成1820.1亿元，增长7.0%；社会消费品零售实现总额5549.9亿元，增长11.3%；规模以上工业企业实现主营业务收入17119.9亿元、下降6.1%，全部工业实现增加值5068.7亿元、下降6.6%；粮食产量达1330.8万吨，增加18.0万吨，增产1.4%，实现“五连增”。

2014 年，面对严峻复杂的经济形势，全省各级各有关部门采取了一系列措施，积极调控宏观经济运行，大力激发微观经济活力，较好地应对了经济发展不断下行的压力。

充分发挥投资的关键作用和积极优化投资结构。2014 年，在年初确定在重大基础设施、产业、城镇化和生态环保、民生社会事业四大领域投资 1.17 万亿元盘子的基础上，5 月 26 日省政府第 46 次常务会议研究决定，进一步扩大投资规模，切实发挥投资对经济增长的关键作用。其中，在交通、水利、新能源及民生领域增加投资计划 365 亿元，比年初计划增加 3.1%。这其中新增铁路项目投资计划 35 亿元、水利项目投资计划 112.5 亿元、改善农村人居环境工程投资计划 142 亿元、新能源项目投资计划 45 亿元、百企千村产业扶贫开发工程投资计划 30 亿元。8 月，省政府又作出决定，在公路、铁路、轨道交通、民航、输气管道和城市综合管廊领域首批推出 40 个项目，鼓励和吸引社会资本特别是民间投资以合资、独资等方式参与建设及营运。在政府扩大投资计划规模和鼓励民间投资基础设施建设政策的推动下，全年全省社会固定资产投资 12354.5 亿元，其中固定资产投资（不含跨省、农户）11977.0 亿元，增长 11.5%。其中，民间投资完成 6977.5 亿元，增长 20.5%，占固定资产投资的 58.3%，同比提高 4.4 个百分点。在 2013 年投资超万亿元的基础上，2014 年投资总量再次突破万亿元。在扩大投资的同时，进一步优化投资结构和提高投资效益。2014 年，全省投资结构优化呈现三大特点。一是重大基础设施投资增强。全年全省铁路、公路、机场、水利四类重大基础设施建设，完成投资 792.38 亿元，占固定资产投资的 6.6%。二是重点民生工程投资加强。全年全省保障性住房、农村人居环境改善、农村“五件实事”、百企千村产业扶贫四项重大民生工程，完成投资 427.7 亿元，占固定资产投资的 3.6%。三是战略性新兴产业投资加快。全年全省在节能环保产业、信息产业、新能源汽车、特色潜力产业（主要包括新材料、新能源、医药生物、轻工纺织等）等战略性新兴产业方面的投资，完成 5825.6 亿元，增长 10.3%，占固定资产投资的 48.6%。全年全省工业完成投资 5054.0 亿元，增长 7.5%。其中，煤炭工业投资 1088.1 亿元，下降 6.0%，非煤产业投资 3965.8 亿元，增长 12.0%；传统产业（煤炭、焦炭、冶金、电力）投资合计 2303.9 亿元，增长 4.0%，非传统产业投资合计 2750.1 亿元，增长 10.6%。非传统产业投资占工业投资的比重达54.4%，同比提高1.5个百分点。投资规模的扩大和结构的优化，在拉动全省经济增长、提升经济发展质量方面发挥了重要作用。

充分发挥消费的基础性作用和促进扩大消费。一是积极推进城乡商贸流通网络的建设。在推动电子商务建设方面，贡天下特产网一跃成为全国最大的土特产商城，全年实现网络零售额达4.7亿元；侯马电子商务示范基地网络零售额突破亿元；太原市建成“一网两平台”，实现了六城区和近郊商品配送全覆盖，新增社会配送网点10000余家，城区统一配送连锁店达1000家，乡镇协同配送农家店达13000家。在健全城乡商贸流通体系方面，推进大晋中农产品现代流通综合示范区建设，兴建了晋中、太原和吕梁22个县区的农产品批发市场、农贸市场、物流配送中心、乡镇商贸中心、产地集配中心，促进大晋中农产品现代流通综合示范区成功入选国家跨区域农产品流通基础设施建设试点，打造了60条农产品流通链条；提升农家店信息化水平，建设改造了22个农村物流配送中心，为5000个农家店配备POS机，搭建信息管理平台，实现了连锁企业、配送中心和农家店联网，增加了农家店刷卡消费、移动业务办理、信息发布及代办业务功能，方便了农民消费；全面推进“15分钟便民商圈”建设，将便民商圈建设纳入生活服务网络体系，升级改造了36个“15分钟便民商圈”，大幅提升了社区消费生活便利化水平。二是大力开展促销营销活动。在全国的促销活动，继2013年之后，2014年继续开展了“山西品牌中华行”和“晋善晋美·美丽山西休闲游”推介促销活动。其中，“山西品牌中华行”推介促销活动先后在南京、天津、西安、昆明、香港、澳门、南宁、福州、海口9地举行，现场销售近1000万元，签订供货合同突破10亿元；“晋善晋美·美丽山西休闲游”推介促销活动先后在济南、南京、杭州、福州、南宁、长沙6地举行，进一步提升了山西文化旅游的知名度和美誉度。在省内的促销活动，组织开展了“骏马迎春、福惠万家”活动、“全国消费促进月山西活动”、全省汽车行业“便捷服务、放心消费”促销活动、“大众美食”促销活动以及“幸福暖家”社区行、老区行、矿区行等大型活动。三是继续实施旅游促销政策。2013年5月15日，省政府出台实施推动“美丽山西休闲游”的重大措施。其核心条款是全省国有及国有控股的49个A级景区实行头道门票打折优惠，并不设期限，其优惠幅度旺季为20%，淡季为40%。后来，又有35家集体、民营及集体、民营控股的A级景区响应，加入美丽山西休闲游活动。2014 年，84 家景区“美丽山西休闲游”优惠活动持续开展，在吸引游客方面成效十分显著。全年全省接待入境过夜游客 56.5 万人次，接待国内游 3.0 亿人次，分别增长 4.9% 和 21.7%；旅游外汇收入 2.8 亿美元，国内旅游收入 2829.3 亿元，旅游总收入 2846.5 亿元，分别增长 5.1%、25.5% 和 23.5%。四是新出台促进扩大消费的多项政策措施。这些新的政策措施主要包括 2014 年 5 月省政府办公厅印发的《山西省促进信息消费实施方案》，6 月省政府印发的《关于加快发展养老服务业的意见》和《山西省加快推进健康服务业发展的实施方案》，11 月省政府印发的《关于加快发展现代保险服务业的实施意见》。这几个新政策的出台实施，促进了这些领域产业的发展和消费的扩张。

努力稳定外贸和扩大区域经济合作。一是出台实施《关于支持外贸稳定增长的实施意见》和积极发挥太原武宿综合保税区的作用。《意见》于 2014 年 7 月 18 日由省政府办公厅印发，提出了提高贸易便利化水平、降低企业经营成本、促进加工贸易转型升级、增强外贸企业竞争力 4 个方面 16 条具体措施。太原武宿综合保税区于 2013 年 12 月底建成运行，打开了山西发展外向型经济的新窗口。通过各方面的努力，全年全省海关进出口总额 162.5 亿美元，增长 2.9%。其中，进口额 73.1 亿美元，下降 6.3%；出口额 89.4 亿美元，增长 11.8%。出口产品中，富士康手机和太钢等企业钢材出口占全省出口总值的 61.2%。欧盟、美国、澳大利亚、东盟和韩国是山西省前五大贸易伙伴。其中，通过太原武宿保税区进出口货物价值 1437 万元人民币。全年全省新设立外商直接投资企业 50 家；按全口径统计实际使用外商直接投资金额 29.5 亿美元，增长 5.2%。二是创新区域经济发展和扩大区域经济合作。国务院于 2014 年 3 月 31 日批复《晋陕豫黄河金三角区域合作规划》，山西运城市、临汾市和陕西渭南市、河南三门峡 4 个市的区域合作上升为国家战略。加强推进与环渤海及京津冀地区的经济协作，天津股权交易所山西运营中心于 2014 年 4 月 17 日在晋中成立，开辟了山西中小企业融资的市场化的新途径；省政府于 5 月 9 日至 14 日组织各市政府、省直有关部门、企业组成的代表团，与天津和北京相关部门举行了产业协同发展对接会，取得了达成 41 个合作意向和 18 个合作协议、总金额超过 250 亿元的成果。

积极发挥财政引领发展的调控作用。一是清理规范涉煤收费和改革煤焦公路销售体制，帮扶煤炭产业和困难企业发展。在全国率先清理规范涉煤收费项目，取消了省级设立的专门面向煤炭的所有行政事业性收费，规范了保留项目（全部为中央批准设立）的征收行为，取缔了各种违规收费项目，为企业减轻负担108亿元；继续停收矿山环境恢复治理保证金和煤矿转产发展资金，为企业减负145亿元；实施了煤炭资源税从价计征改革，税率按8%从低确定，再为企业减负70亿元。上述三项措施共减轻企业负担323亿元，吨煤可降低成本40元。改革煤焦公路销售体制，财政出资20亿元用于企业三年过渡未安置职工生活及社会保障补助，出资20亿元注入企业资本金用于转岗分流项目建设。二是落实结构性减税政策，帮扶困难企业发展。扩大“营改增”试点，减轻企业税负50多亿元；扩大小型微利企业减半征收企业所得税政策实施范围，暂免征收部分小微企业增值税和营业税，近40万户小微企业得到实惠，减轻企业税负9亿多元。三是设立产业投资基金支持实体经济发展。新设立了战略新兴产业、文化产业和旅游文化体育产业三支投资基金。首期投入政府引导资金12亿元，其中战略新兴产业资金10亿元、文化产业和旅游文化体育产业资金各1亿元，规划募集基金总规模达60亿元以上，重点用于优化产业结构、支持实体经济发展。四是积极帮扶企业缓解融资难融资贵问题。按照国库现金管理规定，从国库存款中拿出200亿元，以定存招投的方式激励各商业银行扩大贷款规模，促进经济发展；筹措资金2亿元，采取以奖代补方式，支持47个市、县搭建“政银企”融资合作平台，撬动银行贷款10亿元。实施金融富民扶贫工程，为58个贫困县注入风险补偿金2.33亿元，推动发展特色产业。五是强化对企业转型升级的扶助。安排专项资金1.73亿元，对全省物流、电子商务、稀土、有色金属、茧丝绸、散装水泥等六大产业重点项目和全省节电改造项目给予支持，推动了企业发展方式的转变。

积极发挥金融支持发展的保障作用。一是出台实施《关于缓解企业融资成本高问题的措施》。该《措施》于2014年9月由人行太原中心支行、山西银监局、山西证监局、山西保监局联合印发，从落实国家有关金融政策、保持融资规模稳步增长、大力发展直接融资、提高贷款审批效率、清理整顿不合理收费、加大金融财税政策引导、积极发挥保险担保作用、规范发展民间融资、完善地方金融体系、全面加强风险防范等方面，提出10条具体措施。

二是组织开展“政银企对接月活动”和金融支持山西经济转型升级座谈会。5月至6月，在全省各市组织开展了“政银企对接月活动”。其间，省内43家、省外7家金融机构积极参加，达成融资合作意向千余项，364家企业现场签署融资协议。8月29日，组织召开金融支持山西经济转型升级座谈会，全国17家金融机构与山西213个项目成功对接，达成授信意向2834.03亿元，其中现场签约21个重点项目，签约金额972.72亿元。全年全省实现各类融资总额4241.08亿元，同比增加61.07亿元，超额完成全年融资目标（4200亿元）。其中，新增贷款1487.95亿元，债券融资1329.08亿元，新增表外融资1401.24亿元，股票市场再融资22.81亿元，分别占融资总额的35.08%、31.34%、33.04%、0.54%，实体经济的融资需求基本得到满足。

大力招商引资和积极承接产业转移。招商引资，承接产业转移，是推进经济发展和增强经济活力的重要举措。2014年，在省内组织举办了一系列全省及全国性的大型招商引资活动，主要有4月间举办的“山西—美国投资合作对接会”、第十三届（2014）太原煤炭工业技术装备展览会，6月间举办的“跨国公司进山西”系列专题对接会，7月间举办的第四届山西省节能减排、低碳发展博览会，9月间举办的第五届中国（太原）国际能源产业博览会，10月间举办的中国（太原）国际煤炭工业博览会、山西省军民融合成果展示暨推进会，12月间举办的2015年度中国（太原）煤炭交易大会等。此外，还多次组团参加了省外举办全国性的交易会、博览会等，各市县也开展了形式多样的招商引资活动。全省招商引资活动的广泛开展，为企业融资、产业发展和引进大项目、好项目创造了条件。全年全省签约招商引资项目2064个，到位资金6903亿元。

力保工业稳增长运行和积极促进农业发展。一是强化保障和促进工业运行。出台专门措施，加强对重点行业、重点企业、重要要素、重点地区、重点产品的运行监测分析，建立经济运行综合协调、联合协调机制，增强生产要素对全省经济工业经济运行的保障作用；同时对规模以上工业重点困难企业，实施“一企一策”等政策，帮扶渡难关。其中，强化要素协调保障，推进煤电一体化发展，全省省调20万千瓦及以上主力火电企业中，有30户实现煤电联营，装机容量2716万千瓦，占比达到75%，未实现联营的企业全部与省内煤企签订了长协合同；进一步扩大大用户直供电试点，全年交易电量

180 亿千瓦时，降低企业用电成本 7.5 亿元。深入开展企业帮扶，推进重点项目投产达效，全省 184 个预增产值亿元以上的项目，有 159 个项目投产或部分投产，新增产值 660.3 亿元。积极支持中小微工业企业集群发展，全年新创办小微企业 6 万户以上，新增加培育“小升规”（一定规模的小微企业升级为规模以上企业）企业 200 户以上，新增加培育“小巨人”（业绩良好、极具发展潜力和培育价值处于成长初期的小企业）企业 100 户以上。经过各方面努力，全年全省煤炭、冶金、化工工业增加值分别增长 3.4%、1.3% 和 1.9%，合计拉动全省工业增长 2.2 个百分点；焦炭、电力工业增加值分别下降 0.6% 和 1.1%，负拉动全省工业增长 0.1 个百分点；新兴产业中，装备、医药行业增加值分别增长 13.6% 和 16.2%，拉动全省工业增长 1.1 个百分点。全年全省煤炭产量 9.76 亿吨、增长 1.5%，其中出省外送 6.63 亿吨、增长 7.6%；发电量 2642.8 亿度、增长 0.7%，其中出省外送电 820.2 亿度、增长 3.4%；焦炭 8722.3 万吨，下降 3.5%；生铁 4052 万吨，下降 5%；粗钢 4325.4 万吨，下降 7.4%；钢材产量 4701 万吨，增长 4.8%；氧化铝 903 万吨，增长 15.1%；原铝 82.7 万吨，下降 20.6%；化肥（折纯）461.3 万吨，增长 1%；水泥 4537.9 万吨，下降 7.7%。全省主要工业品产量中，煤炭、发电、钢材、氧化铝、化肥产量处增长态势，焦炭、生铁、粗钢、水泥、电解铝、水泥产量均呈负增长态势。二是出台实施强农惠农富农政策促农业发展。在 2009 年以来连续 5 年出台强农惠农新政策的基础上，2014 年 3 月省政府印发了《关于 2014 年新实施强农惠农富农补贴政策的通知》，决定在继续执行中央及山西已有各项强农惠农富农政策的基础上，新实施 10 项强农惠农富农政策，包括对粮食种植、畜牧业、特色产业、农业综合生产能力等补贴。多年来，各项强农惠农富农政策的实施，调动了农民种粮的积极性，也夯实了农业基础。全年全省粮食产量 1330.8 万吨，增加 18.0 万吨，增产 1.4%；蔬菜总产量达 2227 万吨、总产值 392 亿元，分别增长 6% 和 3.1%；猪牛羊肉总产量 76.7 万吨，增长 5.6%；牛奶产量 96.2 万吨，增长 11.6%；禽蛋产量 83.7 万吨，增长 4.8%。

2. 综改试验

综改试验，是“十二五”以来山西按照国家的部署，在全省域进行“国家资源型经济转型综合配套改革试验区”建设的通称。国务院于 2010 年 12

月批复设立“山西省国家资源型经济转型综合配套改革试验区”后，省委、省政府在决策部署开展先行试点的同时，研究制定的《山西省国家资源型经济转型综合配套改革试验总体方案》于2012年8月经国务院批复。该《总体方案》明确了到2015年的第一阶段目标和到2020年的第二阶段目标，展望了未来20~30年的目标，是推进转型综改试验区建设的总纲领。其基本精神是：以加快转变经济发展方式为主线，进一步深化改革开放，大力推进科技创新，围绕产业转型、生态修复、城乡统筹、民生改善，探索建立促进资源型经济转型的体制机制，为全国其他资源型地区加快转变经济发展方式、实现科学发展发挥示范作用。根据《总体方案》的精神，2013年山西综改试验区建设全面启动，出台了《山西省国家资源型经济转型综合配套改革试验实施方案（2013—2015年)》，实施了《山西省国家资源型经济转型综合配套改革试验2013年行动计划》，围绕产业转型、生态修复、城乡统筹、民生改善四大任务，推进“1235”（10项重大改革、20项重大事项、30个重大项目和5个重大课题）目标任务的落实，取得积极成效。

在2013年综改试验全面启动并取得成效的基础上，2014年全省综改试验进一步推进。省委、省政府决策部署将2014年确定为全省“转型综改攻坚年”。2014年1月16日，省委印发了2013年12月底召开的省委十届五次全会审议通过的《关于深入贯彻党的十八届三中全会精神加快推进转型综改试验区建设的若干意见》，从12个方面，对以转型综改试验区建设为统领和切入点推进全面深化改革作出总体部署，进一步明确了改革发展的努力方向和重大举措。主要包括：大力推进政府职能转变，发挥市场配置资源的决定性作用，深化国有企业改革和大力发展混合所有制经济，健全科技创新体制机制，深化财税体制改革，构建统筹城乡发展新机制，创新区域经济发展和对外开放管理体制，推进文化体制机制创新，创新民生建设和社会治理体制机制，创新资源型地区生态文明建设体制机制等。1月22日，省政府办公厅印发《山西省国家资源型经济转型综合配套改革试验2014年行动计划》，提出了全省实施30项重大改革、60项重大事项、70项重大项目、5个重大课题的“3675”改革发展任务，并明确了11个市、27个省级试点县（市、区)、12户省级试点企业转型综改试验的任务。2月8日，省委省政府召开全省综改攻坚、创新驱动、项目见效工作大会，对推进工作进行了动员部署。

2014年，全省综改试验紧紧围绕年度《行动计划》确立的各项改革发展任务予以推进。30项重大改革，包括推进煤炭资源市场化配置改革，深化煤炭、煤层气管理体制改革，深化国有企业股权制度改革，推进国有企业信息公开，探索建立国有资本收益全民共享机制，创新园区管理体制，推进工商注册制度便利化改革，深化科技投融资体制改革，建立企业研发费用提取积累机制，进一步建立生态环境保护与恢复治理补偿机制，构建生态环境保护修复多元投入机制等。60项重大事项，包括抓好国家赋权的低热值煤发电审批、煤炭及煤层气矿权审批和动力煤期货交易三项重大改革事项，防范和化解产能过剩，推进山西综合能源基地建设，加快晋电外送通道建设，推进科技资源开放共享，加强科技创新平台建设，山西科技创新城比照享受“中关村”政策，实施人才引进和“千人百县”服务工程，大力发展煤层气产业，加快高端装备制造产业发展，加快煤化工基地建设，大力发展节能环保产业，构建现代能源交易市场体系等。70项重大项目，包括2013年结转的25个和45个新增的经济社会发展的重大工程建设项目，以产业发展项目为主，还包括部分重大基础设施建设项目，项目总投资6780亿元，年度计划投资820多亿元。

综改试验，重大改革是核心，重大事项是支撑，重大项目是抓手。通过各级各方面的努力，2014年全省综改试验年度行动计划确定的重点任务全面完成。其中，30项重大改革形成60项制度性成果文件，60项重大事项出台了86个推进举措文件，70个重大项目超计划完成投资850亿元、25个项目建成或部分建成投产（16个项目全部建成）。其中，一些重点领域和关键环节改革取得新进展和新突破。一是统筹推进煤炭管理体制改革。在全国率先清理规范涉煤收费项目，并加快推进煤炭资源税从价计征改革，为煤炭企业减负178.5亿元。大力推进煤炭焦炭公路销售体制改革，全部取消了对相关企业的煤炭、焦炭公路运销管理行政授权，全部取消煤焦公路运销9种票据，全部撤销全省1487个各类煤焦公路检查站点，存续了31年的山西公路煤焦管理站点彻底退出历史舞台。进一步促进现代煤炭交易体系建设，全省煤炭销售全部实现在中国（太原）煤炭交易中心网上平台交易，全年网上完成煤炭现货交易量13.13亿吨，交易金额6524.55亿元。中国太原煤炭交易价格指数已成为全国煤炭市场的“风向标”。二是深入推进国家赋权的低热值煤发电审批、煤炭及煤层气矿权审批和动力煤期货交易三项重大改革。这三项重大改革是国家于2013年赋予山西省政府的。其中，低热值煤发电审批改革取得重大进展，其他两项改革推进顺利。至2014年末，全省有24个低热值煤发电项目建设取得“路条”，发电装机容量达2104万千瓦。三是全面启动国资国企改革。2014年6月，省政府印发《关于深化国资国企改革的实施意见》，省政府办公厅印发《2014年省属国资国企改革工作计划》。其中《意见》从全面完成国有企业公司制改革、进一步完善现代企业制度、以管资本为主加强国有资产监管等方面提出要求，明确了深化产权改革、发展混合所有制企业、完善法人治理结构、深化企业内部改革、加强管理创新、推行信息公开、探索国企分类监管、成立投资（运营）公司等改革的主要内容和重点任务。《工作计划》提出了探索推进省属国有企业股权多元化改革、探索国有企业分类监管和分类考核、探索改组（组建）国有资本投资（运营）公司、推进省属国有企业信息公开、国有企业薪酬分配制度改革、完善现代企业制度建设等年度重点任务。至年末，省属国企股权多元化改革、改组（组建）国有资本投资（运营）公司、省属国有企业信息公开、国企薪酬分配制度改革、国有企业资本收益共享机制改革、现代企业制度建设、省直机关直属企业脱钩改革、国有企业分类监管和分类考核等8项任务全部启动。其中，12月3日省政府印发《山西省省属国有企业财务等重大信息公开办法（试行）》，决定从2015年1月1日起，省属国企面向社会公开财务、企业生产经营情况、企业年度大额支出，公开董事等高管年薪、员工收入水平，公开企业领导公务用车配备、车贴发放等。这在全国省级行政区域中属首创。四是积极推进地方金融改革。2014年，全省各地农村信用社改制为农村商业银行的体制改革深入推进。全年全省有晋中平遥、运城夏县、长治襄垣、运城临猗、晋中介休市等7家农信社改制为农商行挂牌开业。从2010年全省第一家股份制农村商业银行——临汾市尧都农村商业银行由原农村信用社改制成立以来，至2014年末，全省110家农信社县级法人机构，已有24家改制为农商行挂牌运营。改制后的农商行存贷款总额占到全省的30%左右，股本金占全省的55%左右，账面利润占全省的80%左右，已成为山西农信迈向现代金融企业集群的“领头雁”，起到了引领改革发展的示范作用。

创新区域经济发展和扩大对外开放，也是综改试验的重要内容。2014年，全省区域经济创新发展和扩大对外开放进一步推进。一是推进晋陕豫黄河金三角区域合作。3月31日，国务院批复《晋陕豫黄河金三角区域合作规划》，地处“黄河金三角”的山西运城市、临汾市和陕西渭南市、河南三门峡4个市的区域合作上升为国家战略。这对于山西南部运城、临汾2市依托黄河金三角区域合作，综合利用“中原经济区、关中—天水经济区和山西省国家资源型经济转型综合配套改革试验区”三大国家级经济区提供的各方面的政策优势，加快区域经济社会发展，具有重要意义。二是推进与环渤海及京津冀地区的经济协作。4月17日，天津股权交易所山西运营中心在晋中成立，拓宽了山西中小企业融资渠道，开辟了中小企业融资的又一个市场化新途径。天交所是经国务院批复天津金融改革先行先试而设立的“与A股市场、新三板市场配套补充”的跨区域场外交易市场。5月9日至14日，省政府组织各市政府、省直有关部门、企业组成的代表团，与天津和北京相关部门举行了产业协同发展对接会，取得了达成41个合作意向和18个合作协议、总金额超过250亿元的成果。三是积极打造太原武宿综合保税区对外开放的新高地。太原武宿综合保税区于2013年12月底建成运行，它以“境内关外”的特殊功能优势，架起了内陆城市太原与全球沟通的桥梁，为企业纵横国内外市场开辟了新的通道；它以先行先试的政策和制度创新，打开了山西发展外向型经济的新窗口。2014年，保税区不断优化软、硬环境，引进了30多家电子信息、新能源和生物医药等方面的企业，产业项目均处于产业链高端、有核心竞争力、产业带动性好的新兴产业项目和高新技术项目。如，纯天然椰纤维制品加工项目、太重煤机综合保税区进出口基地项目、太钢保税综合服务有限公司仓储物流基地项目等。特别值得一提的是，保税区以“园中园”形式，推进筹建的山西文化保税区，是继上海外高桥文化保税专区、北京天竺文化保税专区后的全国第三个文化保税专区。它的兴建对于建设山西新型文化业态具有重大意义。四是推进经济开发区“飞地经济”实现新发展。2013年，运城、晋城、阳泉3市开发区试点“飞地经济”。2014年，三市开发区试点“飞地经济”进一步发展。阳泉市引进的浙江“白色家电”产业园区粗具规模。运城空港引进义乌国际商贸城综合工业园一期开始营业，引进浙江高端化纤产业入驻企业200余家，建成大运重卡配套汽车产业园区，加快推进奔驰中巴车生产基地建设，山西安民集团和深圳家具行业协会共同建设的“中国北方家居产业园”开工建设。五是推进对外贸易和积极实施“走出去”战略。2014 年，全省海关进出口总额 162.5 亿美元，增长 2.9%。其中，进口额 73.1 亿美元，下降 6.3%；出口额 89.4 亿美元，增长 11.8%。出口产品中，富士康手机和太钢钢材等企业占全省出口总值的 61.2%。欧盟、美国、澳大利亚、东盟和韩国是山西省前五大贸易伙伴。全年全省新设立外商直接投资企业 50 家；按全口径统计实际使用外商直接投资金额 29.5 亿美元，增长 5.2%。

3. 结构调整

多年来，全省各级党委、政府及有关部门在发展经济过程中，坚持不懈地推进经济结构调整，成效不断显现。2014 年，在经济建设和改革发展中，全省各级各有关部门坚定不移调结构，推动了经济发展方式的转变，促进了经济增长向三次产业协同带动转变。全年全省第一产业实现增加值 788.9 亿元，增长 3.8%，占生产总值的比重为 6.2%；第二产业实现增加值 6343.3 亿元，增长 3.7%，占生产总值的比重为 49.7%；第三产业实现增加值 5628.0 亿元，增长 7.0%，占生产总值的比重为 44.1%。一、二、三产业增加值比例由 2013 年的 5.9∶52.2∶41.9 调整变化为 6.2∶49.7∶44.1，其中第一、三产业比重比 2013 年提高 0.3、2.2 个百分点，第三产业比重创 2001 年以来最高水平。全省三次产业结构实现新优化。

2014 年，全省三次产业结构实现新优化，不仅体现在简单的数字比例的变化中，也体现在各级各部门坚定不移调结构的重大举措和具体的实践中。

继续实施强农惠农富农政策和夯实农业基础。一是出台实施新 10 项强农惠农富农政策。2009 年以来，在继续执行中央及山西已有各项强农惠农富农政策的基础上，省政府每年都要出台实施多项强农惠农新政策，到 2013 年已连续出台实施 60 项强农惠农新政策，省级补贴资金规模总量超过 60 亿元。2014 年 3 月 28 日，省政府印发《关于 2014 年新实施强农惠农富农补贴政策的通知》，决定在继续执行中央及山西已有各项强农惠农富农政策的基础上，2014 年新实施 10 项强农惠农富农政策。这新 10 项强农惠农富农政策，包括对粮食种植、畜牧业、特色产业、农业综合生产能力等补贴，涉及资金 10.1 亿元。加上前 5 年出台的 60 项强农惠农富农政策，省政府出台的强农惠农富农政策累计已达 70 项。2014 年，省级强农惠农富农政策补贴资金达到 70 亿元，有效调动农民种粮务农的积极性。二是加强推进农业综合生产能力建设。

大力推进新增粮食产能、中低产田改造、重大水利设施等重大项目建设。其中，2014年全省新增农田实灌面积115.95万亩，总量达到2124.9万亩；中低产田改造50.98万亩，高标准农田建设已落实面积149.83万亩；农作物耕种收综合机械化水平达到63.7%，提高2.7个百分点，农业科技贡献率达到55%，提高1个百分点。三是加快推进现代农业发展。继续推进于2009年启动的晋中、大同、运城三大现代农业示范区建设。在2001年以来启动实施的基础上，启动了新一轮雁门关生态畜牧经济区的建设。继续推进“一村一品”、“一县一业”和七大产业振兴翻番工程。“一村一品”、“一县一业”，是2010年以来，全省推进农业产业化的重要举措。七大产业振兴翻番工程，是2013年全省启动的以“一村一品”、“一县一业”为主攻方向，实施以粮食、杂粮、畜牧、设施农业、水果、中药材、酿造业为主的产业振兴翻番工程。到2014年，全省已建设“一村一品”专业村8000多个，其中主导产业收入占农民人均收入40%以上的村超过5000个，占农民人均收入70%以上的村超过1000个。“一县一业”基地县已建设60个，涉及国土面积7万多平方公里，惠及全省近一半人口。继续推进农产品加工“513”工程。该工程于2009年启动实施，旨在围绕粮食、禽畜、乳品、果品、蔬菜、薯类、油脂、中药材八大产业链，打造30个省级、50个市级、100个县级农产品龙头企业。2014年，全省农产品加工企业实现销售收入达到1252亿元，增长18%。四是继续推进实施百企千村产业扶贫开发工程。该工程于2013年启动实施，2014年进一步深入推进。全年建设产业扶贫项目233个，完成投资200亿元。

积极调控保障工业经济平稳运行和优化内部结构。2014年，针对宏观经济增速放缓、煤炭外部需求不足、主要工业产品价格下降、经济下行压力增大等突出问题，全省各级各有关部门及时出台支持煤炭产业发展、保障工业运行等一系列重大政策措施，积极调控和保障了工业经济的平稳运行。其中，特别重大政策举措是深化煤炭管理体制改革，在全国率先推进了清理规范涉煤收费项目等改革，同时改革结束了30多年来的煤炭焦炭公路销售旧体制。在调控保障工业经济平稳运行的同时，还加快推进了工业产业结构的调整。一是加快国家综合能源基地建设。晋北（太原以北地区，包括大同市、朔州市、忻州市、太原市、娄烦县、吕梁市和岚县）、晋中（跨太原、吕梁、晋中、临汾、长治、运城6个市的31个县、市）、晋东（位于阳泉、长治、晋城和晋中等4市境内）三大煤炭基地和三大千万千瓦级外送电基地，是国家布局的综合能源基地。2014年，全面加快推进了晋北、晋中、晋东三大煤炭基地和三大千万千瓦级外送电基地建设。在三大煤炭基地建设方面，继续推进于2012年启动的现代化煤炭矿井建设，到2014年全省建成现代化矿井89座，其中产能在1000万吨及以上3座，500万到1000万吨之间16座，300万到500万吨之间13座，150万到300万吨之间37座，90万到150万吨之间20座。这些矿井占全省生产矿井总数的23.1%，占全省生产矿井核定产能的41%，占全省总产能的22%，形成了支撑全省煤炭发展的新型矿井框架体系。核准新建矿井和接续矿井建设4个（离柳矿区沙曲一矿、沙曲二矿和光明煤矿，河保偏矿区保德煤矿二期），可净增产能1040万吨/年。在三大千万千瓦级外送电基地建设方面，24个低热值煤发电项目建设取得“路条”，发电装机容量达2104万千瓦；蒙西—晋北—天津南特高压交流输变电工程、陕北榆横—晋中—潍坊特高压交流输变电工程、山西—江苏特高压直流输电工程、山西盂县电厂—河北南网输变电工程4条外送电通道建设获得“路条”，其中蒙西—晋北—天津南特高压交流输变电工程已获核准建设。二是加快发展新能源产业。在继续推进实施省政府于2013年8月印发《关于加快推进煤层气产业发展的若干意见》（通称“煤层气20条”），加快煤层气新能源产业发展的同时，2014年2月省政府又印发了《关于加快促进光伏产业健康发展的实施意见》，对加快光伏能源产业做出规划部署。2014年，全省全年地面煤层气抽采量、利用量分别达到35亿立方米、29.8亿立方米，分别增长25%、35.5%；煤矿瓦斯抽采量、利用量分别达到55亿立方米、20亿立方米，分别增长5.8%、11.1%。新增煤层气、天然气燃气管网里程1011千米，总里程达到8030公里；燃气使用人口新增306万人，累计达到1500万人。全年新增风电装机容量166.35万千瓦，增长52.6%，达到482.3万千瓦；新增光伏装机达到容量40万千瓦，增长11.4倍，达到43.5万千瓦；煤层气发电装机容量达到18.12万千瓦。到年末，煤层气、风电、光伏新能源装机容量占省调装机容量5081.8万千瓦的10.7%，实现了历史新高；加上水电、生物质发电、天然气发电等，全省新能源装机达到1013.3万千瓦，占省调装机容量5081.8万千瓦的近20%，占电网总装机容量6364.0万千瓦的15.9%。三是加快推进新兴产业发展。集中推进了现代煤化工、轨道交通装备、煤机装备、煤层气装备、电力装备、煤化工装备、新能源汽车、铝工业等八大领域重大项目的布局。其中，全面启动晋北现代煤化工基地前期工作，编制完成《晋北现代煤化工基地产业发展规划》并上报国家审批；规划布局推进了运城轨道交通装备制造业基地、太原煤层气装备制造业基地、太原轨道交通装备制造业基地、太原煤机装备制造业基地建设；规划布局推进了中部（吕梁市孝义、交口，晋中市灵石，太原市阳曲和整个阳泉市）、西部（吕梁兴县、柳林和忻州原平、保德）、南部（运城市盐湖、河津、平陆、永济）三大铝工业产业集群基地建设。运城、吕梁两个百万吨铝循环产业基地加快建设。同时，继续推进了在建多个煤化工项目。如，潞安180万吨煤制油及精细化工产品项目和焦煤集团60万吨烯烃项目、阳煤集团煤制天然气项目、晋煤集团煤制油项目、晋能集团40亿立方米煤制气项目等。四是大力推进传统产业改造升级发展。加快推进对焦化、钢铁、有色金属、水泥等传统产业的技改升级项目，全年全省技术改造投资同比增长21.5%。继续推进对焦化行业的兼并重组，2013年焦化企业由重组前2011年的223户减少到80户，2014年又减少到73户，户均产能由兼并前的70万吨提高到200万吨以上。积极化解过剩产能和淘汰落后产能，全年淘汰钢铁425万吨、水泥110.5万吨、焦炭1058万吨、电力57.4万千瓦、电石23.6万吨、铁合金8.13万吨。与此同时，省政府于1月17日出台实施《加快推进工业节能环保产业发展行动方案》及2014年推进工业节能产业、工业资源综合利用与清洁生产和工业节能环保装备制造业发展等三个行动计划，支持和鼓励推进了工业节能环保产业的发展。

加快发展现代服务业和提升发展能力。一是加快推进物流服务业发展。继2013年全省煤炭交易全部实现在中国（太原）煤炭交易中心网上平台交易后，2014年该中心煤炭交易体系进一步健全，于6月在焦枝、侯月等省际铁路交会处建成全国首家豫北煤炭现货交易交收仓库。该交收仓库以交易中心电子交易平台为载体，可为区域煤炭生产、经营、消费企业提供煤炭仓储、物流配送、金融配套支持等服务。至年末，煤炭交易中心注册交易商达到9787户，全年通过交易中心网上平台现货交易煤炭量13.13亿吨，交易金额达6524.55亿元。中国（太原）煤炭交易价格指数也成为全国煤炭市场的“风向标”。太原武宿综合保税区于2013年12月底建成运行后，2014年全年完成进出口货运量14.8万吨，进出口值达1437万元人民币，成为山西服务对外物流的新高地。二是加快推进电子商务服务业发展。电子商务平台建设取得突破，贡天下特产网一跃成为全国最大的土特产商城，龙颠商城跻身全国最大的观赏鱼交易平台，山西商品电子交易平台、山西省中小企业产业信息大数据应用服务平台、中交兴路（山西）全国货运平台、山西国盛有色金属交易中心电子商务平台、山西省中小企业公共服务平台等建成运行，太原市建成的城市共同配送“一网两平台”（物流太原网、公共信息平台、交易管理平台）实现六城区和近郊配送全覆盖。实体经济与电子商务深度融合发展，唐久与京东合作的便利店 O2O 模式在全国起到示范作用，美特好与 1 号店的战略合作加快传统企业触网转型。电子商务集聚基地建设成效凸显，太原高新区电商产业园入园企业达到 47 个，国家级侯马电子商务示范基地网络零售额突破亿元。三是加快推进城乡商贸服务业发展。兴建了晋中、太原和吕梁 22 个县区农产品批发市场、农贸市场、物流配送中心、乡镇商贸中心、产地集配中心，促进大晋中农产品现代流通综合示范区成功入选国家跨区域农产品流通基础设施建设试点，打造了 60 条农产品流通链条。提升全省农家店信息化水平，建设和改造了 22 个农村物流配送中心，为 5000 个农家店配备 POS 机，实现了连锁企业、配送中心和农家店联网。全面推进“15 分钟便民商圈”建设，将便民商圈建设纳入生活服务网络体系，升级改造了 36 个“15 分钟便民商圈”。2014 年，全省实现社会消费品零售总额 5549.9 亿元、增长 11.3%，其中城镇实现社会消费品零售总额 4600.8 亿元、增长 11.2%，乡村实现社会消费品零售总额 949.1 亿元、增长 11.7%。四是大力发展金融业服务业。2014 年，全省实现各类融资总额 4241.08 亿元，增加 61.07 亿元，其中新增贷款 1487.95 亿元，债券融资 1329.08 亿元。年末全省金融机构本外币各项存款余额 26942.9 亿元，比年初增加 675.5 亿元，比年初增长 2.6%；各项贷款余额 16559.4 亿元，比年初增加 1488.0 亿元，增长 9.9%。五是加快推进旅游服务发展。进一步落实省政府于 2013 年 5 月出台的推动“美丽山西休闲游”的重大措施，全省 84 家 A 级景区继续实行头道门票打折优惠。深入开展“晋善晋美·美丽山西休闲游”推介活动，在济南、南京、杭州、福州、南宁、长沙 6 地进行了推介，倡议成立了中国黄河旅游市场推广联盟，举办了中国山西首届国际旅行商采购大会。进一步推进旅游目的地建设，晋中市乔家大院文化园区升级为国家 5A 级旅游景区，大同市华严寺、阳泉市桃林沟、晋城市阳城天官王府、朔州市崇福寺、忻州市定襄凤凰山、朔州市怀仁金沙滩、临汾市汾河公园和东岳庙及侯马彭真故居升级为国家4A级景区。全省A级以上景区达到129个，其中5A级旅游景区达到5个，4A级景区达到73个。全年全省共接待旅游者2.99亿人次，增长21.73%；实现旅游总收入2846.51亿元，增长23.47%。六是加快推进文化产业发展。出台实施多项支持文化产业发展的重大政策措施，推动文化产业发展。其中，省政府于8月印发了《山西省推进文化创意和设计服务与相关产业融合发展行动计划》《山西省支持文化产业加快发展的若干措施》，决定设立了各10亿元的山西省文化产业发展投资基金和山西省旅游文化体育产业投资基金。筹划推进了山西文化保税区（山西省对外文化贸易区）建设。该文化保税区位于太原武宿综合保税区内，规划总占地面积127亩，总投资额约6亿元，由文化产品加工制造、文化商品保税仓储、国际文化贸易服务及研发、国际文化商品展示交流四大板块组成，涵盖艺术品加工、文化产品仓储、产品分销、艺术品展示、创意研发、国际文化贸易服务、国际新媒体开发、国际文化电子商务等项目。山西文化保税区是继上海外高桥文化保税专区、北京天竺文化保税专区后的全国第三个文化保税专区。七是加快推进信息消费服务、养老服务、健康服务、现代保险服务等新兴服务业发展。2014年5月省政府办公厅印发了《山西省促进信息消费实施方案》，6月省政府印发了《关于加快发展养老服务业的意见》和《山西省加快推进健康服务业发展的实施方案》，11月省政府印发了《关于加快发展现代保险服务业的实施意见》。

4. 重点工程

重点工程，是全省在一定时期内集中力量兴建的对国民经济和社会发展具有带动作用的重要工程。近年来，省委、省政府坚持以重点工程建设为带动，每年都要对年度重点工程作出专题部署，并大力推进重点工程建设。其中，确定2012年为“项目落地年”，2013年为“项目推进年”。2014年，省委、省政决策部署将这一年确定为“项目见效年”，并狠抓落实，取得了推进重点工程建设的新进展。

2014年1月27日，省政府办公厅发出《关于印发2014年全省重点工程项目名单的通知》，对年度全省重点工程作出规划部署，并要求各地各有关部门积极主动为重点工程创造良好的外部环境和建设条件，确保重点工程顺利建设，尽快发挥投资效益。

按照规划部署，2014 年全省省级重点工程包含重大基础设施、产业、城镇化和生态环保、民生社会事业四大类，共 842 项。其中，重大基础设施类共 64 项，涵盖铁路项目 28 项、公路项目 20 项、机场项目 2 项、水利项目 14 项；产业类共 655 项，涵盖煤炭项目 58 项、焦化项目 13 项、火电（含电网工程）项目 53 项、冶金项目 20 项、装备项目 68 项、新能源及“四气”产业项目 106 项、材料工业项目 42 项、其他工业项目 64 项、服务业项目 165 项、现代农业项目 19 项；城镇化和生态环保类共 72 项，涵盖城镇化项目 41 项、生态环保项目 31 项；民生社会事业类共 51 项，涵盖保障性住房项目 1 项、文教卫生及其他社会事业项目 50 项。这些省级重点工程年度计划投资 4370 多亿元。

在全省开展省级重点工程建设的同时，11 个市还结合实际，规划部署了市级年度重点工程建设项目。全省 11 个市级重点工程计划投资 6180 多亿元。

2 月 8 日，省委、省政府召开全省综改攻坚、创新驱动、项目见效工作大会，对推进工作进行了动员部署。为了推进省市两级各项重点工程建设，省委、省政府及有关部门按照 2013 年形成的项目储备、签约、落地、开工、建设和投产“六位一体”统筹机制，大力度推进了“项目见效年”活动的开展。为了落实任务，省委、省政府坚持和完善了有关制度机制。其中，省委常委、副省长每人联系了两项省级重点工程，各市领导班子成员每人联系了所在地域内的省级重点工程，各县领导班子成员也建立了相应的领导联系重点工程制度，形成了“一个项目、一位领导、一套班子、一抓到底”的工作机制。11 月，又启动实施了“百日百项工程”开工计划。

至年末，全年全省重点工程实施“六位一体”统筹机制，总体超额完成年度计划任务。其中，项目储备投资额 158019. 55 亿元，完成年度计划的 131. 68%；项目签约投资额 24719. 36 亿元，完成年度计划的 164. 80%；项目落地投资额 12767. 64 亿元，完成年度计划的 106. 40%；项目开工投资额 10819. 39 亿元，完成年度计划的 108. 19%；省市两级重点工程建设投资额 11244. 20 亿元，完成年度计划的 106. 48%；项目投产投资额 10846. 24 亿元，完成年度计划的 108. 46%。

全省 842 项省级重点工程，全年完成建设投资 4824. 43 亿元，完成年度计划的110.32%。其中，重大基础设施类完成投资524.94亿元，完成年度计划的82.72%；产业类项目完成投资3365.12亿元，占省重点工程完成投资的近七成，完成年度计划的117.53%；城镇化和生态环保类项目完成投资322.56亿元，完成年度计划的100.65%；民生社会事业类项目完成投资611.81亿元，完成年度计划的109.95%。

全年全省省市两级重点工程建成项目105个。其中，铁路建设成效显著，大西客专太原至西安段暨太原南站、山西中南部铁路出海通道、黄陵至韩城至侯马铁路（山西段）、太原至兴县铁路等建成通车，新增铁路运营里程1100多公里；高速公路扫尾完成了12个通车运营项目、实际新增运营里程850公里，新建改建完成国省干线700多公里；电力项目有4个火电项目和10个风电项目建成投产，新增发电装机337万千瓦；煤炭项目有7个项目投产，年新增产能1400多万吨；保障房建成21.02万套；输变电线路新增1905.22公里，水利项目110座病险水库除险加固任务基本完成。

2014年，全省省市两级重点工程建设的推进和投资的扩大，充分发挥了重点工程建设和投资促进经济发展的关键作用。

5. 城乡建设

城乡建设是经济建设的重要内容。2014年，全省以城镇化和城市（含县城）基础设施、城乡交通和水利基础设施、农村人居环境建设等为重点的城乡建设进一步推进。

加快推进"一核一圈三群"城镇框架体系的构建。"一核一圈三群"城镇框架体系，是"十二五"以来山西实施城镇化发展战略的总体布局。"一核"即由太原市区、晋中市区、清徐县城、阳曲县城构成的太原都市区；"一圈"即太原大都市圈，是以太原都市区为核心，太原盆地城镇密集区为主体，辐射阳泉、忻（州）定（襄）原（平）、离（石）柳（林）中（阳）城镇组群的大都市圈；"三群"，一是以大同、朔州为核心的晋北中部城镇群；二是以长治、晋城为核心的晋东南中部城镇群；三是以临汾、运城为核心的晋南城镇群。经过几年来的构建，"一核一圈三群"城镇板块初具形态。2013年，太原城市群被列入国家城市群发展"3+10"（"3"即京津冀、长江三角洲、珠江三角洲三大城市群；"10"即哈长、呼包鄂榆、太原、宁夏沿黄、江淮、北部湾、黔中、滇中、兰西、乌昌石10个区域性城市群）战略，成为国家重点建设的十大区域性城市群之一。2014 年，全省“一核一圈三群”城镇化的发展战略进一步加快实施，城镇框架体系构建进一步推进。其中，太原晋中同城化加快推进，在同城化涉及的道路改造、延伸等公路交通基础设施建设继续推进实施的同时，加快推进了太原轨道交通延伸晋中的建设项目，进一步推进了同城化发展的高校新区建设，启动实施了新的同城化发展重大项目——山西科技创新城建设。“1+6”上党城镇群建设（“1”即长治市主城区，“6”即长治县、屯留县、长子县、壶关县、襄垣县和潞城市 6 个县市）建设加快推进，城市路网、城市扩容、环境改善等取得新进展。临汾百里汾河经济带建设继续推进，区域内霍州、洪洞、尧都、襄汾、曲沃、侯马 6 个县（市、区）以及临汾经济开发区和侯马经济开发区城市（镇）聚集效应进一步增强。与此同时，全省 11 个中心城市扩容提质的各项建设也加快推进，取得新进展。其中，各中心城市建设控制性详规的编制和实施，覆盖率达到 70%，同比提高 20 个百分点，进一步增强了城市建设和发展的科学性、规划性。

加强推进城市（城镇）基础设施建设和提升承载力。2014 年 7 月，省政府印发《关于加强城市基础设施建设的实施意见》，从完善城市道路交通体系、加快城市管网建设改造、推进城市污水和垃圾处理设施建设、加快城市生态园林建设四个方面，对进一步加快城市基础设施建设提出了目标任务、明确了具体时间表。全年全省城市（含县城）市政基础设施建设完成投资 435 亿元，同比增长 4.9%，新建和改造城市道路 930 公里、水气热等各类市政管网 4406 公里，新增集中供热面积 6970 万平方米，改造提标 17 座城镇污水处理厂，建成 14 座生活垃圾无害化处理设施，新增绿化面积 2180 万平方米，全省城市环境面貌进一步改善，承载能力进一步提升。至年末，全省城市（含县城）人均道路面积达到 13.25 平方米，同比提高 0.07 平方米；供水普及率达到 97.4%，同比提高 0.03%；燃气普及率达到 86.2%，同比提高 0.08%；集中供热普及率达到 84.5%，同比提高 1.5%；生活污水处理率达到 86%，同比提高 0.15%；生活垃圾处理率达到 74.5%，同比提高 7.36%；建成区绿化覆盖率达到 39.3%，同比提高 0.95%；绿地率达到 32.8%，同比提高 0.53%；人均公园绿地面积达到 11.2 平方米，同比提高 0.5 平方米。临汾、运城等 13 个市、县新创建成省级园林城市（县城），全省国家级园林城市（县城）达到20个、省级达到26个。长治、繁峙等6个市、县新创建成国家卫生城市（县城），全省国家卫生城市达到3个，国家卫生县城达到21个。与此同时，进一步推进和加强小城镇建设。全年全省479个建制镇共完成市政基础设施建设投资39.3亿元，基础设施水平进一步提升。汾阳市贾家庄镇新创建成国家级园林城镇，乡宁县管头镇等8个镇新创建成省级园林城镇。临汾市古县北平镇新创建成国家卫生镇，全省国家卫生镇达到7个。

积极调控房地产开发业的发展和推进城镇保障性住房建设。房地产开发业是城市（含县城）建设和发展的重要内容。调控房地产开发业的发展，是改善城市人居环境和提升城市品质的重要举措。多年来，房地产开发业为全省城市（含县城）面貌的巨变发挥了十分重大的作用。2014年，在市场持续走低的形势下，全省各级各有关部门积极调控了房地产开发业的发展。全年全省房地产开发企业完成投资1403.6亿元，同比增长9.3%，增速下降20.2个百分点。其中，房地产开发企业住宅投资完成1010.69亿元，同比增长5.4%，增速同比下降24.9个百分点；办公楼投资完成69.2亿元，同比增长43%，增速同比下降59个百分点；商业营业房投资完成191.3亿元，同比增长4.8%，增速同比下降25.3个百分点。全年全省房地产开发项目房屋施工面积15476.9万平方米，同比增长10.2%，增速同比下降9.7个百分点，其中新开工面积3887.5万平方米，同比增长5.8%，增速同比提高17.8个百分点；房屋竣工面积2182.8万平方米，同比下降0.45%，其中住宅竣工面积1701.6万平方米，同比下降0.79%；房屋销售面积1576.3万平方米，同比下降0.4%，其中住宅销售面积1433.9万平方米，同比下降3.4%。全年全省房地产开发业的发展呈走低态势。在调控房地产开发业发展的同时，全省各级各有关部门进一步推进了城镇保障性住房建设。2014年初，国家下达山西保障性安居工程任务为新开工18万套、基本建成18万套。山西自加压力，将任务调整为新开工23万套、基本建成18万套、实现投资500亿元。与此同时，为了进一步加快全省棚户区改造工作，促进民生保障和城市人居环境改善，拉动投资和消费需求，带动相关产业发展，省政府于2014年6月27日印发了《山西省棚户区改造工作实施方案》，提出了2014～2017年全省开工改造各类棚户区70万户目标任务，并对各市任务作出分解。2014年，全省新开工城镇保障性住房23.26万套，其中棚户区17.37万套，超出国家下达任务

5.26 万套；基本建成 21.02 万套，超出国家下达任务 3.02 万套；完成投资 528.05 亿元，超出年度计划 28.05 亿元。截至 2014 年底，全省城镇保障性住房覆盖面达到 21.38%，提前实现了国家“十二五”末达到 20% 的要求。在加快推进城镇保障性住房建设的同时，全省各级各有关部门还不断加强和规范了保障性住房的管理，加快了保障房分配进度，加强了准入、分配、运营、退出等审核环节监管。特别是 2014 年全省公共租赁住房和廉租住房实施并轨运行，对于健全完善城镇住房保障体系，整合住房保障资源，提高政府资金和房源使用效率，满足中低收入住房困难家庭的基本住房需求，具有重大意义。

进一步加强和推进交通基础设施建设。一是铁路工程建设继续推进。2014 年，全省在建铁路项目主要有大同至西安客运专线、山西中南部铁路通道、朔州至准格尔铁路、太原枢纽西南环线、太原至兴县铁路、吕梁至临县铁路、侯（马）西（安）复线电气化扩能改造（山西段）、太原南站及相关工程、太原至焦作扩能铁路、大同至张家口客专铁路、保德至兴县瓦塘铁路、太原轨道交通二号线一期工程、阳泉北至大寨铁路等 20 多项，完成投资 190 多亿元。其中，大西客专太原至西安段暨太原南站、山西中南部铁路出海通道、黄陵至韩城至侯马铁路（山西段）、太原至兴县铁路建成通车，大同至张家口客专铁路获批。至年末，全省铁路营运里程达到 4980 公里，同比增加 1194 公里；每平方公里铁路平均里程达 3.2 公里，同比提高 0.8 公里。二是城乡公路建设进一步推进。2013 年 7 月，根据国家高速公路网规划调整新情况和山西转型跨越发展新要求，省政府对全省高速公路网规划作出新的调整，将全省高速公路网布局由原来的“三纵十一横十一环”调整为“三纵十二横十二环”，总里程达到 7258 公里，比原规划增加了 938 公里。新规划目标到 2020 年全面实现时，山西对外可以通过 33 个高速公路出省通道与周围的省份快速相通相连，对内 119 个县（市、区）实现县县通高速，同时实现省会到相邻省会、省会到地级市、相邻地级市之间高速公路直接连通。2014 年，全省公路建设完成投资 257 亿元，完成计划的 122.4%。高速公路建设，扫尾完成新增太原至陕西佳县黄河特大桥、朔州环城西南段和山（阴）平（鲁）、阳（泉）左（权）、天（镇）大（同）、神（池）河（曲）、岢（岚）临（县）、繁（峙）大（营）、忻州环城、阳泉西环、霍（州）永（和）12 个通车运营项目，在建吕梁环城、临县至离石、五台山至盂县、长治至邯郸拓宽改造工程4个项目800多公里。国省干线公路建设，实施路网改造工程66项1228公里，完工722公里。农村公路建设，实施新改建工程4318公里，完工2894公里。至年末，全省公路通车里程达140436公里，同比增加1002公里，其中高速公路通车里程达到5011公里。每百平方公里公路平均里程达89.9公里，同比提高0.8公里。三是民航机场建设进一步推进。2014年，机场建设完成投资8.6亿元。吕梁机场建成通航，五台山、临汾2个在建机场加快建设，朔州机场的筹建取得重大进展。年末全省建成通航的机场有太原、长治、运城、大同、吕梁5个。

深入推进山西“大水网”工程和各项重点水利工程建设。“大水网”工程，是“十二五”期间山西规划建设的一项涉及面广的重大水利建设工程。该工程将以纵贯全省南北的黄河北干流和汾河两条天然河道为主线，以建设覆盖全省六大盆地和主要经济中心区的十大骨干供水体系为骨架，并通过连通工程建设，将黄河、汾河、沁河、桑干河、滹沱河、漳河六大河流及各河流上的大中型水库相连通，形成“两纵十横、六河连通，纵贯南北、横跨东西，多源互补、保障应急，丰枯调剂、促进发展”的大水网格局。山西“大水网”工程于2011年启动实施。大水网四大骨干工程于2012年正式开工，2013年全面推进，2014年进入建设高峰。2014年全年完成隧洞掘进及输水工程202公里，为年度目标任务的101%。其中，长治平顺县溯头水电站、运城垣曲县板涧河水库、吕梁石楼县坪底水库、晋中昔阳县口上水库4座大水网调蓄水库实现大坝封顶。与大水网骨干工程配套的6市44县县域小水网规划也加快推进。与此同时，其他在建水利重点工程也加快推进。其中，昔阳县松溪供水工程枢纽和石楼县坪底供水工程枢纽工程下闸蓄水、阳泉市娘子关供水二期续建工程主体完工，沁源县永和水电站大坝、吕梁市柏叶口龙门供水工程、汾河中下游河道治理工程、滹沱河河道治理工程均按计划推进，并完成年度任务目标。继续推进水库除险加固工程，至2014年末国家规划部署的75座一般小型病险水库全部完成加固任务，山西自行组织实施的110座应急专项除险加固水库全部完成主体工程。积极推进山西百座小型水库更新建设工程，11座条件成熟的小型水库开工建设。

进一步加强和推进农村人居环境建设。一是加快推进农村危房改造和农村住房抗震改建。全省农村危房改造始于2008年，通过几年来持续推进，到2013年，全省农村危房改造完成37万多户，使120多万农村贫困人口喜迁新居。2013年，全省还在大同、朔州、忻州启动并完成了1万户农村住房抗震改建试点任务。2014年，全省农村危房改造工程和农村住房抗震改建工程继续推进。全年国家下达山西农村危房改造任务为7.2万户，山西将任务增加到15万户。同时，继续在大同、朔州、忻州开展1万户农村住房抗震改建试点。至年末，全省共完成农村危房改造15.5万户，超额完成5000户；开工1万户农村住房抗震改建试点，其中9529户竣工。二是继续推进实施“乡村清洁工程”。该项工程于2013年启动，旨在改善全省乡村人居环境、破解“垃圾围村”的现象。2013年，全省2.82万个行政村全部启动乡村清洁工程，共落实资金11.57亿元，配备清扫保洁和监管人员7.8万名、垃圾收运车辆3.59万台，初步建立起较为完备的保洁清运处置体系，农村环境面貌发生明显变化。2014年，全省各级有关部门围绕实现“人员队伍、清扫保洁、垃圾收集处理、村容整饰、长效管理机制建立”五个全覆盖，深入推进乡村清洁工程，取得显著成效。全年全省完成投资11.17亿元，超过年度计划1.17亿元；配备清扫保洁人员7.3万名、配备率达到122%，监管人员6850名、配备率达到115%；配备垃圾清运车辆3.5万台、配备率达到117%，垃圾箱（桶）19.6万个、配备率达到73%；建成垃圾中转站213座、垃圾处置点4821处，清运积存垃圾86万吨，整治残垣断壁8.2万处。全省“乡村清洁工程”的持续开展和推进，极大地改善和提升了农村的环境面貌。三是启动实施改善农村人居环境“四大工程”。2014年初，省委、省政府作出启动实施改善农村人居环境“四大工程”（完善提质工程、农民安居工程、环境整治工程和宜居示范工程）的重大决策。4月28日，省委、省政府印发《山西省改善农村人居环境规划纲要（2014—2020年）》，省政府办公厅印发《山西省改善农村人居环境2014年行动计划》，对全省实施改善农村人居环境作出规划和部署。到年末，改善农村人居环境“四大工程”完成投资超过145亿元，超额完成年度投资142亿元的计划。其中，改造县乡公路544公里，新建和改建农村饮水工程1598处，建成老年人日间照料中心1000个，完成采煤沉陷治理搬迁4.6万人。与此同时，全年还新建改建了农村幼儿园312所，易地搬迁了农村贫困人口10万人。

2014 年，全省城镇化率达 53.79%，同比提高 1.23 个百分点。与全国相比，山西城镇化率低于全国 3.91 个百分点。

6. 创新驱动

创新驱动，是指依靠自主创新，充分发挥科技对经济社会的支撑和引领作用，大幅提高科技进步对经济的贡献率。近年来，全省各级各有关部门积极实施科技创新驱动发展战略，着力发挥科技对经济社会的支撑和引领作用，推动经济发展方式转变。2014 年，全省科技创新驱动发展战略进一步实施推进，取得新进展。

出台实施创新驱动战略的多项重大政策举措。继 2013 年省委、省政府制定出台《关于深化科技体制改革加快创新体系建设的实施意见》，明确了深化科技体制改革加快创新体系建设的总体要求、主要指标、主要任务、具体举措等后，2014 年又制定出台多项重大政策举措，推进了创新驱动战略的实施。一是出台实施《国家创新驱动发展战略山西行动计划（2014—2020 年）》。该《计划》于 2014 年 2 月 25 日由省政府印发，提出了实施 3 项重大创新工程（科技创新城建设工程、低碳创新发展工程、技术转移工程）、4 个行动（重点产业创新行动、企业技术创新主体建设行动、创新体系效能提升行动、体制机制创新行动）和 4 项保障措施（加强组织领导、加大政府投入、构建创新文化环境、建立考核督查体系）的具体任务和措施。总的目标任务是：到 2020 年，创新型山西建设取得显著成效；低碳创新发展成为主导模式，煤基产业自主创新能力大幅提升；重点领域核心关键技术创新和标准制定取得突破，传统产业得到有效提升；科技供给能力有效增强，社会创新潜力更好释放，科技与经济结合更加紧密，形成创新驱动发展新格局。主要指标是：研究与试验发展（R&D）经费占地区生产总值（GDP）的比重在 2012 年 1.09% 的基础上，年均增长 10.9%，到 2020 年达到 2.5% 以上；有效发明专利拥有量在 2012 年 4383 件的基础上，年均增长 10.9%，到 2020 年达到 1 万件以上；技术合同交易总额在 2012 年 124.16 亿元的基础上，年均增长 10%，到 2020 年达到 265 亿元；高新技术产业增加值占地区生产总值（GDP）比重在 2012 年 4.7%（按照现有的高新技术产业目录统计）的基础上，到 2020 年达到全国平均水平；科技成果转化率每年达到全国平均水平；科技进步对经济增长的贡献率每年达到全国平均水平，到 2020 年达到 60% 以上。二是出台实施《山西省低碳创新行动计划》。该《计划》于2014年2月25日由省政府印发，提出了实施4大重点建设工程（山西科技创新城低碳高地建设、低碳城市试点建设、煤基低碳示范园区建设和“气化山西”重点建设工程）、4个行动（产业减碳计划、企业低碳行动、低碳科技创新行动和低碳社会建设）、7条低碳发展体制和政策（举办“中国·山西低碳发展国际论坛”、制定低碳试点示范政策、制定低碳产业发展政策、建立碳交易与节能量交易机制、建立要素倾斜配置机制、改善投融资环境、建立低碳交流合作机制）和4条保障措施（加强组织领导、建立低碳统计核算制度、加强评价监督、营造良好社会氛围）的具体任务和措施。总体目标是：到2015年，单位地区生产总值（GDP）二氧化碳排放下降率较2010年累计下降17%，到2020年较2005年累计下降45%；到2015年，单位GDP能源消耗下降率较2010年累计下降16%，到2020年完成同期国家下达指标；到2015年，煤炭消费占一次能源消费的比重由2010年90%下降至82%，到2020年下降至73%；到2015年，燃气消费占一次能源消费的比重由2010年2.1%增加至8%，到2020年增加至12%；到2015年，非化石能源消费占一次能源消费的比重由2010年0.9%增加至4%，到2020年增加至10%～12%。与此同时，重点工作初见成效，低碳产业体系基本形成，低碳科技支撑和引领能力显著增强，能源结构进一步优化。低碳发展的体制机制基本完善，政策体系基本健全。公众参与应对气候变化的意识明显提高，低碳消费和生活方式初步形成。三是出台实施《关于围绕煤炭产业清洁安全低碳高效发展重点安排的科技攻关项目指南》。该《指南》于2月25日由省政府印发，围绕煤炭安全生产、煤炭低碳利用、煤炭高效开采三大领域，提出了16个方面的科技联合攻关方向。目标任务是：通过围绕煤炭产业链部署创新链，围绕创新链完善资金链，实现煤炭产业在“清洁、安全、低碳、高效”发展领域的关键技术突破；使山西尽快实现由“煤老大”向“煤科老大”转变，显著提升煤炭产业自主创新能力、产业发展水平和经济社会效益。省委、省政府于2013年至2014年两年内相继出台实施的4个重大政策措施文件，构成了全省实施创新驱动战略的顶层设计框架体系。

强化重大产业科技联合攻关和加快推进山西科技创新城建设。一是大力推进《关于围绕煤炭产业清洁安全低碳高效发展重点安排的科技攻关项目指南》实施，围绕煤炭的清洁、安全、低碳、高效发展，以问题导向、市场导向和基础需求导向为原则，选择煤层气、煤电、煤焦化、煤化工、煤机装备、新材料和富碳农业等7个重点煤基产业领域，全面编制出产业创新链，遴选出76个重大产业科技重大攻关项目。2014年7月29日，省政府第54次常务会议研究通过全省煤基产业创新链和煤基重点科技攻关项目招标相关文件。8月1日起，在《山西日报》《科技日报》《中国煤炭报》及网络公开发布，以国内领先、国际一流的指标面向社会公开招标。后经形式审查、项目组评标（评审）、综合评标（评审）委员会审议、现场考察谈判、省政府审核等环节，最终有68个项目成功中标。通过招标，产学研合作单位达到296家（次），吸引了21家省外企业、39家省外大学、10家省外科研院所次参与煤基项目攻关，并促使中国石油集团、国家电网公司、华能集团、清华大学、北京大学、浙江大学、中国矿业大学、中国科学院有关院所、中国地质科学院、中国电力科学研究院和沈阳有色金属研究院等国内一流的高端煤基产学研机构与山西省相关单位组成了战略创新联盟。中标项目3年实施期内，省政府引导资金将投入达到15亿元，平均每年5亿元。2014年总计投入3.6亿元，撬动引导企业资金52.8亿元。二是加快推进山西科技创新城建设。建设山西科技创新城，是2013年省委、省政府为实施创新驱动发展战略、推动转型跨越发展、落实转型综改试验区总体方案而作出的一项重大决策，也是打造全省经济升级版、变资源依赖为创新驱动的重大战略。2013年8月20日，省政府召开第24次常务会议，专题研究了山西科技创新城建设事项，并原则通过《山西科技创新城建设总体方案》。在2013年启动推进建设的基础上，2014年山西科技创新城建设进一步加快推进。按照规划，山西科技创新城地处太原与晋中市榆次区之间，集聚了山西高校教育园区、榆次工业园、太原经济开发区、汾东商务区、太原高新区、晋中经济开发区、晋中国家农业科技园、新能源汽车机械装备制造园等新兴产业集群园。其中，山西科技创新城核心区地处太原市区域，规划面积约为20平方公里，由新兴产业区、成果孵化区、研究开发区、总部经济区、高新技术服务区、职业教育区等七个功能区组成。2014年10月28日，省政府第62次常务会议研究通过了山西科技创新城主体区总体规划，并要求严格规划管理，依法落实规划，高效务实推进创新城建设，努力到2030年把创新城建设成为在国内外具有较强影响力的煤基科技创新基地和科研成果转化基地，成为具有较强创新活力的城市新区。到年末，山西科技创新城项目建设，核心区起步区5平方公里控制性详细规划及核心区专项规划已完成专家评审和公示；首期完成征转土地7593亩；确定引进清华大学、中科院工程所、中海油、中煤科工等27家研发机构，入驻机构规划选址基本完成。

加强和推进科技创新基地和平台建设。一是加强和推进企业技术中心、重点实验室、院士工作站建设。新增省级企业技术中心28家，全省国家级、省级企业技术中心分别达到26家、208家。新认定46家省级中小企业技术中心，全省省级中小企业技术中心达到158个。新建省级重点实验室19家、省级工程技术研究中心15家。山西潞安集团组建“国家煤基合成工程技术研究中心”获批，实现山西在国家级工程技术研究中心领域零的突破。在高校、科研院所和企业新设立院士工作站16个、博士后科研流动站5个。二是加强和推进技术创新示范企业建设。新增晋西工业集团有限责任公司为国家技术创新示范企业，加上此前入选的太重、太钢、太原通泽重工、山西蓝天环保、振东制药5家企业，全省国家级技术创新示范企业达到6家，其中2014年太重、太钢在全国55家国家技术创新示范企业（2011）考核评价中分列第1位和第8位。省级技术创新示范企业于2013年开始认定，已有20家企业通过。新增33家企业为山西省第四批创新型试点企业，加上此前2008年首批44家、2011年第二批26家、2013年第三批37家，全省省级创新型试点企业达到140家，其中国家级创新型试点企业15家。这些试点企业已有105家于2013年12月被认定为山西省第一批创新型企业。新认定高新技术企业149家，全省高新技术企业总数达到520家。三是支持推进特色产业基地建设。太原信息安全特色产业基地升级为国家火炬计划特色产业基地。加上此前的太原煤机装备、永济电机、太原钕铁硼材料、大同医药、迎泽高端包装装备及材料、原平煤机配套装备、临猗运输配套装备7家，全省国家火炬计划特色产业基地达到8家。国家火炬计划特色产业基地，是国家级创新平台建设的有机组成部分，旨在依托一批产业特色鲜明、产业关联度较大、产业链较完整、技术水平较高以及创新能力较强的骨干企业和相关科技型中小企业建立高新技术产业基地。四是积极培育和建立产业技术创新联盟。自2012年山西首家产业技术创新联盟——山西省煤与煤层气共采产业技术创新战略联盟（试点）

成立以来，全省各级各方面培育和建立产业技术联盟的工作不断推进，2013年组建了山西省煤机装备产业技术创新战略联盟、山西省新能源锂电产业技术创新战略联盟等8家企业技术创新战略联盟。2014年，全省产业技术创新联盟培育和建立进一步推进。3月，由山西省农科院牵头组建的国家高粱产业技术创新战略联盟成立。该联盟是国家科技部于2013年10月批准第三批国家产业技术创新战略试点联盟之一，也是首个由山西科研机构牵头组建的国家级产业技术创新战略联盟。同年，阳泉市生产力促进中心牵头组建了山西省耐火材料产业技术创新战略联盟，山西振东制药集团发起组建了环太行山连翘产业协同创新联盟。特别是，依托山西科技创新城建设培育了44个煤基、低碳方面的产业技术创新战略联盟，依托产业创新链建设规划培育了22个产业技术创新战略联盟。

加强推进人才培养和增强人才对科技引领作用。一是加强和推进对高端人才的引进。从2009年开始，山西实施引进海外高层次人才“百人计划”，到2013年末已先后6批引进人才达到197人。引进的海外高层次人才除了获得省财政资助的最高100万元的生活补助费之外，还作为特聘专家进入省委联系的高级专家之列。2011年11月启动实施“三晋学者”支持计划，2012年在高等院校首批设置“三晋学者”特聘教授岗位60个，每届聘期五年。2013年，16名教授和专家成为首批“三晋学者”特聘教授（专家）。2014年，继续实施和推进引进海外高层次人才“百人计划”，引进第七批海外高层次人才61名，涉及电子商务、生命科学、工程材料、生物医疗、环境科学等领域，其中长期全职引进的达11名。至此，“百人计划”已累计引进海外人才258人。二是加强和推进学科带头人的培养。从2012年开始选拔培养山西省学术技术带头人，当年第一批有397人入选，随后2013年第二批有202人入选。2014年，193人入选第三批山西省学术技术带头人。山西省学术技术带头人，是全省经济社会发展重点领域、优势产业、特色产业学术技术方面的领军人才。入选山西省学术技术带头人的，可享受相应的人才政策支持，专项资金一次性发放特殊津贴2万元。三是加强推进对“青年拔尖人才”的培养。从2012年开始，山西启动“青年拔尖人才支持计划”，每年在自然科学、哲学社会科学和文化艺术等重点学科领域，遴选10名左右35周岁以下、一般应获得博士学位、在山西工作1年以上的青年创新人才，给予财政支持。

2013 年有 6 名优秀青年人才入选首批山西省“青年拔尖人才”。2014 年，10 名优秀青年人才新入选山西省第二批“青年拔尖人才”。四是大力扶持高端人才成长和发挥引领作用。2014 年，经推荐，山西有 5 位科研人员入选国家 2013 年创新人才推进计划，分别是：中北大学刘俊教授、太原理工大学李文英教授、中科院山西煤化所房倚天研究员、山西太钢不锈钢股份有限公司刘承志教授、汾阳市金土地生物科技有机肥有限公司郝秀海高级工程师。推荐 2 人和 2 个集体参加第五届全国杰出专业技术人才表彰大会，其中山西大学张靖教授、太原理工大学许并社教授荣获“全国杰出专业技术人才”称号，太原科技大学重型机械教育部工程研究中心、中北大学微纳光机电惯性传感器件及集成测量系统创新团队荣获“第五届全国杰出专业技术人才先进集体”称号。推荐山西中医学院吕景山教授参加第二届国医大师表彰大会，被授予“国医大师”荣誉称号，成为山西省获此殊荣的第一人。

加强管理和加大经费投入力度。一是出台实施《山西省省级财政科研项目和资金管理办法（试行）》。该《办法》由省政府于 2014 年 9 月 23 日印发，包括 9 章 42 条，涵盖了从科技计划的设立、项目立项、项目完成和项目资金监管全过程，其中对省级科技计划进行了优化整合和科研项目的分类，对科研项目立项管理、科研项目过程管理、科研项目资金管理、科研项目资金监管作出更加详细的规定。二是大幅增加研发经费。2014 年，在省级财政研发预算投入 4.5 亿元基础上，增加了 3 亿元，增长了 67%，并连续增加三年。同时，省属企业也加强了研发，全年完成投入 13.8 亿元。

7. 经济特区

经济特区，是指山西境内国家和省政府批准开辟建立的高新技术产业开发区、经济技术开发区、经济开发区、工业园区等享受特殊政策的区域。自 1991 年太原高新技术产业开发区创办以来，到 2014 年末山西境内共有国家级、省级开发区 25 个，规划面积合计 241.57 平方公里。11 个地级市每个至少拥有 1 个开发区。25 个开发区全省分布情况是：太原市 5 个，即太原高新技术产业开发区、太原经济技术开发区、太原民营经济开发区、太原不锈钢生态工业园区、清徐经济开发区；大同市 1 个，即大同经济技术开发区；朔州市 1 个，即朔州经济开发区；忻州市 1 个，即忻州经济开发区；阳泉市 1 个，即阳泉经济开发区；吕梁市 3 个，即孝义经济开发区、文水经济开发区、交城经济开发区；晋中市 3 个，即晋中经济技术开发区、榆次工业园区、祁县经济开发区；长治市 2 个，即长治高新技术产业开发区、壶关经济开发区；晋城市 1 个，即晋城经济技术开发区；临汾市 2 个，即临汾经济开发区、侯马经济开发区；运城市 5 个，即运城经济开发区、运城空港经济开发区、运城盐湖工业园区、绛县经济开发区、风陵渡经济开发区。其中，太原高新技术产业开发区、太原经济技术开发区、大同经济技术开发区、晋中经济技术开发区、晋城经济技术开发区 5 个为国家级开发区。

2013 年，25 个开发区地区生产总值 1551.22 亿元、增长 13.43%，占全省 12602.2 亿元的 12.3%；财政收入 184.27 亿元、增长 39.39%，占全省 1700.2 亿元的 10.8%；固定资产投资 960.02 亿元、增长 52.56%，占全省 11200.2 亿元的 8.5%；工业增加值 1119.75 亿元、增长 11.41%，占全省 6006.1 亿元的 18.6%；外贸进出口总额 59.97 亿美元、增长 27.11%，占全省 158.0 亿美元的 37.9%；实际利用外资 16.98 亿美元、增长 65.74%，占全省 28.1 亿美元的 60.4%。

2014 年，全省各地开发区积极推进了管理体制改革。大同、朔州、忻州、阳泉、吕梁、晋中、长治、运城 8 市理顺了开发区工作和商务工作的领导体制。其中，晋中、运城 2 市还向各开发区下放了多项管理权限，进一步增强了开发区的自主发展能力。

2014 年，全省各地开发区创新机制，以经济转型为主线，以项目推进为抓手，大力招商引资，园区建设和产业发展取得新进展。运城、晋城、阳泉 3 市开发区在 2013 年开始实施的基础上，继续推进了“飞地经济”试点。在这 3 市开发区进行“飞地经济”试点，是 2013 年省委、省政府作出的重大决策部署，主旨是对接长三角、珠三角等发达地区，承接飞出地产业转移。所谓“飞地经济”，是指两个独立、经济发展存在落差的行政地区打破原有体制限制，把“飞出地”的资金和项目放到行政上互不隶属的“飞入地”的工业基地，通过规划、建设和税收分配等合作机制进行跨空间的行政管理和经济开发，实现两地资源互补、互利共赢的经济发展模式。运城市空港经济开发区以“一区多园”的形式，创新飞地经济发展模式。到 2014 年末，先后相继签约了运城义乌国际商贸城综合工业园、运城中国北方家居产业基地、中国国际印刷包装城、空港汽配产业园、东莞华厦医药工业园、浙江化纤工业园 6

个飞地经济工业园项目，部分项目已开工建设。其中，运城中国北方家居产业基地项目是运城市改革开放以来最大的招商引资项目。晋城经济技术开发区以阳城县的演礼工业园区和高平市新能源科技创新园区为发展“飞地经济”的飞入地。到2014年末，高平米山新能源科技产业园引进的科兴LED配套产业园项目，已具备试生产条件；阳城演礼工业园区引进的北京埃夫信科技有限公司环保装备制造、汽车配件以及矿用激光修复项目，已落地投产。阳泉经济开发区以平定县、盂县、郊区为发展“飞地经济”的飞入地，其中引进在平定县建设浙江“白色家电”产业园区已粗具规模。与此同时，其他各地开发区大力推进“一区多园”建设，进一步拓展园区发展空间。其中，太原高新区启动推进了“阳曲新能源新材料产业园”“迎泽电子商务仓储物流园”“清徐工业产业园”三个园区的建设，忻州经济开发区启动推进了定襄县飞地产业园的建设，临汾经济开发区进一步推进了洪洞·甘亭工业园的建设。

至2014年末，全省25个开发区入区企业达17218家，其中“四上”（规模以上工业企业、资质等级建筑业企业、限额以上批零住餐企业、限额以上服务业企业）1859家。其中，外商投资企业134家，世界500强投资企业107家，海外投资企业4家。25个开发区有研发机构和高新技术企业数471家、占入区企业的2.7%，有高新技术企业255家、占全省的49%。

2014年，全省25个开发区各项主要经济指标继续创造历史新高，继续引领全省经济发展。25个开发区合计实现地区生产总值1655.84亿元，增长6.7%；完成固定资产投资（不含农户）1117.3亿元，增长16.4%；实现工业总产值3919.39亿元、增长7.8%，高新技术企业工业总产值占比45.6%；实现工业增加值1195.65亿元、增长6.8%，第三产业增加值470.56亿元、增长22.6%，高新技术产业增加值493.03亿元、增长13.6%；实现财政总收入210.5亿元、增长16.4%，公共财政收入68.3亿元、增长31.1%；完成进出口总额71.92亿美元，增长23.7%，其中进口额25.59亿美元、增长47.8%，出口额46.33亿美元、增长13.5%；实际利用外资12亿美元，下降29.4%。25个开发区以仅占全省1.54‰的土地面积，完成地区生产总值1655.84亿元，占全省12759.4亿元的13%；完成固定资产投资1117.3亿元，占全省12354.5亿元的9.3%；完成进出口总额71.92亿美元，占全省162.5亿美元的44.3%；实际利用外资12亿美元，占全省29.5亿美元的40.6%。

二　政治建设

2014 年，山西发生了系统性、塌方式严重腐败问题，党中央对此进行了严肃查处。在党中央的坚强领导下，山西省委、省政府高举中国特色社会主义伟大旗帜，以邓小平理论、“三个代表”重要思想、科学发展观为指导，深入学习贯彻习近平总书记系列重要讲话精神和中央对山西工作的重要指示要求，深入贯彻党的十八大和十八届二中、三中、四中全会精神，以党的建设为统领，统揽全局，统筹各方，在坚持和完善中不断推进了中国特色社会主义民主政治建设。

1. 党的建设

2014 年，在党中央的坚强领导下，山西省委按照中央的部署，坚持党要管党、从严治党的要求，不断加强和改进党的建设，着力提高党的建设科学化水平。特别是党中央对省委班子作出重大调整以后，新的省委领导集体下大力气深化和推进全省党的建设工作，开创出从严治党的新局面。

党中央严肃查处山西发生的严重腐败问题并调整省委领导班子。2 月至 8 月，中央纪委监察部网站先后发布消息，省人大常委会副主任金道铭涉嫌严重违纪违法，省委常委、副省长杜善学和省政协副主席令政策涉嫌严重违纪违法，省委常委、秘书长聂春玉和省委常委、太原市委书记陈川平涉嫌严重违纪违法，省委常委、统战部部长白云涉嫌严重违纪违法，副省长任润厚涉嫌严重违纪违法，接受组织调查。与此同时，全省还有多名厅级干部涉嫌严重违纪违法被调查或查处。短期内，山西出现了系统性、塌方式腐败问题。对此，党中央予以了严肃查处。同时，党中央针对山西政治生态存在不少问题、党风廉政建设和反腐败斗争形势严峻，对省委班子作出了重大调整。9 月 1 日，省委召开全省领导干部大会，宣布了中共中央关于山西省委主要负责同志职务调整的决定。中共中央政治局常委、中央书记处书记刘云山出席会议并作重要讲话。中共中央政治局委员、中央书记处书记、中央组织部部长赵乐际在会上宣布中央决定：王儒林同志任山西省委委员、常委、书记；袁纯清同志不再担任山西省委书记、常委、委员职务，另有任用。刘云山在讲话中要求，山西全省广大干部要用中央精神统一思想，确保省委主要领导的顺利交接和平稳过渡；要扎实推进各项工作，确保山西经济持续健康发展和社会和谐稳定，让全省人民共享改革发展成果；要下大气力抓好领导班子和干部队伍建设，牢牢把握正确的选人用人导向，坚持用党和人民需要的好干部的标准选人用人，严肃整治选人用人不正之风；要敬终如始、一鼓作气抓好第二批党的群众路线教育实践活动，切实做好整改落实、建章立制工作，推动作风建设常态化长效化；要认真总结腐败案件高发多发的教训，由表及里、举一反三，贯彻好党要管党、从严治党的要求，真正把党建工作责任落到实处；各级党委要切实负起党风廉政建设主体责任，坚决支持纪委落实好监督责任，深入推进党风廉政建设和反腐败斗争，优化山西的政治生态，从根本上保障山西的发展、改革和稳定。在此前后，党中央和省委还对省委常委、组织部长作出调整决定：盛茂林任省委常委、组织部长，汤涛不再担任山西省委常委、组织部长职务，另有任用。此前，盛茂林任湖南省政府副省长。随后不久，党中央对山西省党政班子又予以了调整补充。9 月 30 日，省委召开常委扩大会议，宣布了中央关于山西省党政班子调整补充的决定：经中央批准，黄晓薇任山西省委委员、常委、纪委书记；吴政隆、孙绍骋、王伟中、付建华任山西省委委员、常委；免去李兆前山西省委常委、省纪委书记职务；提名付建华为山西省副省长人选。同日，省政府召开党组（扩大）会，省纪委、省委办公厅、省委统战部、太原市委分别召开干部大会，宣读中央和省委常委会决定。其中，吴政隆任太原市委委员、常委、书记，孙绍骋任省委统战部长，王伟中任省委秘书长，付建华任省政府党组成员。此前，黄晓薇任中央纪委常委、监察部副部长；吴政隆任重庆市委常委、秘书长；孙绍骋任山东省副省长；王伟中任科技部副部长；付建华任国家安监总局副局长、国家煤炭安监局局长。至此，党中央对山西省委党政班子的调整全部到位。

继续深入开展党的群众路线教育实践活动并进行总结。按照中央的统一部署，从 2013 年 7 月到 2014 年 9 月，全省各级党组织自上而下分两批开展了以为民务实清廉为主要内容的党的群众路线教育实践活动。第一批教育实践活动于 2013 年 7 月至 2014 年 1 月在省级领导机关和省直部门（单位）、省管企业、省管高校展开，共有 163 个单位、1386 名厅级以上领导干部、24763 名县处级领导干部、374940 名党员参加。2014 年，全省党的群众路线教育实践活动在 2013 年的基础上，继续深入开展。1 月 24 日，省委召开全省党的群众路线教育实践活动第一批总结暨第二批部署会议，在对第一批教育实践活动进行总结的同时，对开展第二批教育实践活动进行了动员部署。此后到9月，第二批教育实践活动在全省11个市、119个县（市、区）和10个省直单位梯次启动展开。其中，市、县（区）分四个层次依次启动开展：市级领导班子；市直机关和市属企事业单位、县级领导班子；县直机关和县属企事业单位，乡镇、街道；农村、社区及其他基层组织。各级各单位的教育实践活动按照“学习教育、听取意见，查摆问题、开展批评，整改落实、建章立制”三步骤持续推进，到9月底基本结束。第二批教育实践活动，全省共有2154个县处级以上领导班子、12614名县处级以上领导干部、92153个基层党组织、1770845名党员参加。10月14日，省委召开了全省党的群众路线教育实践活动总结大会，对一年多来分批开展的教育实践活动进行了总结。一年多来，在全省分批开展的党的群众路线教育实践活动中，各级党组织认真贯彻中央部署，突出为民务实清廉主题，坚持“照镜子、正衣冠、洗洗澡、治治病”的总要求，坚持把学习教育贯穿始终，深入查找“四风”突出问题，认真组织召开专题民主、组织生活会，在正风肃纪、狠抓整改上持续用力，扎实完成了各个环节工作任务，全省上下在改进作风、反对“四风”上取得了初步成果，广大党员干部普遍经历了一次深刻的思想政治洗礼，接受了一次严格的党内政治生活锻炼，整治了一批“四风”突出问题，查处了一批侵害群众利益的突出问题，解决了一批关系群众切身利益的实际问题，联系服务群众“最后一公里”问题逐步疏通破解，基层党组织的战斗力、凝聚力和创造力进一步增强，形成了一批确保作风建设常态化、长效化的制度机制。

启动开展全省学习讨论落实活动。11月30日，省委召开全省学习讨论落实活动动员大会，对在全省各级党组织和广大党员干部中开展以“深入学习习近平总书记系列重要讲话精神，净化政治生态、实现弊革风清，重塑山西形象、促进富民强省”为主题的学习讨论落实活动进行了动员部署。12月1日，省委印发了《关于在全省深入开展学习讨论活动的实施意见》。学习讨论落实活动，从动员会起到2015年3月底，为期4个月。活动的目标任务是：深入学习习近平总书记系列重要讲话精神，净化政治生态，实现弊革风清，重塑山西形象，促进富民强省。活动的主体是全省各级党组织和广大党员干部，重点是乡镇（街道）以上领导机关、领导班子和领导干部。活动采取边学习、边讨论、边落实的方式，围绕统一思想、反思剖析、集中整治、刷新吏治、六权治本、改革发展六个方面内容，有计划、有重点、有目的地统筹协同推进。其中，统一思想的内容主要是突出重点进行学习、全面落实党风廉政建设党委主体和纪委监督的“两个责任”、开展案例警示教育、推进廉政文化建设；反思剖析的内容主要是围绕重点深入讨论、撰写反思剖析报告、制定有关文件；集中整治的主要内容是查办腐败案件、加强作风建设、打击黑恶势力犯罪、开展重点领域专项整治；刷新吏治的主要内容是严格党的政治纪律、严肃整治“为官不廉、为官不为”问题、遏制干部“带病提拔”、加强干部日常管理监督、匡正选人用人风气；六权治本的主要内容是依法确定权力、科学配置权力、制度约束权力、阳光行使权力、合力监督权力、严惩滥用权力；改革发展的主要内容是积极推进改革、抓好经济建设、切实改善民生、全力维护社会稳定。按照省委的部署和要求，全省各级党组织开展学习讨论落实活动于 12 月底前全部启动，各地各部门广大党员干部积极响应、踊跃参与，而且赢得了广大人民群众衷心拥护和热情支持，全社会形成开展学习讨论的良好氛围。全省学习讨论落实活动启动实现良好开局。

从严教育管理干部和从严加强各级领导班子建设。9 月，党中央调整省委班子后，省委下大力气狠抓从严教育管理干部和从严加强各级领导班子建设工作。一是严厉整治用人不正之风。在深入查找选人用人突出问题、深入剖析问题原因的基础上，重点开展了“一倒查六整治”。“一倒查”，即：建立干部“带病提拔”等问题实行倒查机制，对一个地方或单位落实中央和省委干部政策不力、选人用人方面问题突出、干部群众反映强烈的，严肃追究党委（党组）、一把手及有关职能部门和人员的责任。“六整治”，即：整治违反干部任用标准、程序问题，整治跑官要官、买官卖官问题，整治“三超两乱”（超职数、超规格、超范围配备干部，乱立机构名称、乱设领导职务）问题，整治干部档案造假（改年龄、改学历、改履历）问题，整治领导干部违规兼职问题，整治“裸官”问题。二是严格标准，研究制定了《关于全面贯彻好干部标准树立正确用人导向从严管理干部的决定》《关于做好甄别处理一批、调整退出一批和掌握使用一批干部工作的意见》《关于加强县委书记选拔任用和管理监督工作的意见（试行）》《省管干部动议酝酿任免议事规则》等。三是分级分批对全省领导干部特别是各级“一把手”、掌握资源审批权的副职、与煤炭等资源紧密相关的部门领导，进行廉洁考核、建立廉政档案，遏制干部“带病提拔”、撤换“带病在岗”干部。四是集中开展省管领导班子和领导干部综合分析研判。与11个市党政主要领导、部分县委书记、大部分省直厅局主要领导、部分省直机关纪检组长、中央驻晋单位主要领导、重点省直企事业单位的500多名干部进行了谈心谈话。对各市委、市政府班子，特别是对2015年上半年涉及人大、政府、政协换届的朔州、晋中、吕梁3个市、9个班子进行了逐个分析研判。

加强推进基层党组织和党员队伍建设。一是大力开展“基层组织提升年”活动。1月9日，全省开展“基层组织”提升年活动电视电话动员会召开，对全省范围内开展此项活动作出动员部署。根据部署，全省“基层组织提升年”活动的主要目标任务是：实现“五个提升”，即通过扩大组织覆盖、加强队伍建设、创新工作载体、落实党建责任等方式，进一步提升基层组织覆盖水平、提升基层干部队伍素质、提升党员队伍生机活力、提升基层党组织战斗力、提升基层党组织服务水平，实现基层党组织普遍晋位升级。全年，通过各项活动的开展，进一步规范推进了市县乡三级党委和五个省直工（党）委深入开展“联述联评联考”工作，压实党委（党组）党建工作主体责任；排查确定软弱涣散农村党组织1720个、社区党组织148个，调整不合格党组织书记257人，处置不合格党员75人；全面推进党代表工作室建设，全省119个县（市、区）建立党代表工作室2467个，入驻党代表125038人，接待群众194297人次；规范推进了农村、社区党组织换届，其中村党组织换届完成率达99.92%。二是加强和推进农村与社区基层服务型党组织建设。4月14日，省委办公厅印发《关于加强农村和社区基层服务型党组织建设的若干意见》，从明确总体要求、健全组织体系、建设骨干队伍、创新活动载体、完善制度机制、强化工作保障、加强组织领导七个方面，对加强全省农村和社区基层服务型党组织建设提出意见。主要目标任务是：力争用3年时间，使全省农村和社区基层党组织实现组织体系健全、骨干队伍过硬、活动经常有效、工作制度完善、投入保障稳定的目标，建设一大批符合中央“六有”（有坚强有力的领导班子、有本领过硬的骨干队伍、有功能实用的服务场所、有形式多样的服务载体、有健全完善的制度机制、有群众满意的服务业绩）目标的基层服务型党组织。为推进全省社区基层服务型党组织建设，各地广泛开展了在职党员到社区报到活动，利用八小时之外和节假日时间参与社区党组织安排的各项服务活动或自发开展形式多样的志愿服务活动。全年在职党员报到人数达到 34 万。三是广泛宣传基层党员先进典型。省委先后于 1 月 21 日、2 月 27 日作出《关于开展向赵迎路同志学习的决定》《关于授予段爱平同志“优秀共产党员”称号和开展向段爱平同志学习活动的决定》。

深入推进党风廉政建设和反腐败斗争。2014 年，在党中央和中央纪委的领导下，山西党风廉政建设和反腐败斗争不断推进。一是如前所述，党中央对山西发生的系统性、塌方式腐败问题进行了严肃查处，并对省委班子作出重大调整。二是严格落实党风廉政建设党委主体责任和纪委监督责任“两个责任”。12 月 8 日，省委印发了《关于落实党风廉政建设党委主体责任的意见（试行）》和《关于落实党风廉政建设纪委监督责任的意见（试行）》，对省委和省纪委领导班子的责任、主要负责人的责任、领导班子其他成员的责任作出具体规定，解决了过去以向下提要求为主、不聚焦自身的问题。在省委、省纪委的带动下，进一步推动了全省各级党委、纪委对党风廉政建设“两个责任”的落实。对履行“两个责任”不力的平定县委书记、石楼县纪委书记等 5 名领导干部的严肃责任追究，产生了较大的震慑作用。三是聚焦主业深化纪检监察机关“三转”改革。按照中央纪委和省委、省纪委的统一部署，全省各级纪检监察机关聚焦主业，进一步深化和推进“三转”改革，完成了对省市纪检监察机构改革和议事协调机构的清理。省纪委内设机构改革，增设了 5 个纪检监察室，组建了组织部、宣传部、纪检监察干部监督室，执纪监督部门数量和人员数量分别占机关内设机构和编制总数达 68.4% 和 65.1%；各市纪委监督执纪力量也大幅增加。省纪委保留或继续参与的议事协调机构从 156 个精简到 10 个，精简幅度达 93.6%；各市纪委平均保留 10.7 个，精简幅度平均达 90.8%，各县（市、区）纪委平均保留 11.8 个，精简幅度平均达 85.5%。省市县三级派驻（派出）纪检组长（纪委书记）除纪检监察业务以外的分工和兼职得到清理规范，主责主业更加聚焦。此外，还严肃查处了“灯下黑”问题。全年，全省共查处纪检监察系统违纪违法干部 189 人，其中有 66 人被清理出纪检监察干部队伍。这其中，9 月至 12 月间查处 106 人，清理 56 人。四是加强和推进省委巡视工作。全年，省委安排开展了两轮巡视。4 月至 8 月，第一轮巡视了省科学技术厅、省司法厅、省财政厅、中国（太原）煤炭交易中心、晋商银行股份有限公司、山西大医院、省人民医院等17个省直厅局、省属企事业单位。9月启动了第二轮巡视，对临汾、长治2个市和48个县以及太原师范学院等9所高校共59个单位展开了巡视。在开展第二轮巡视的同时，针对过去巡视工作中存在的问题导向意识不强、监督重点盯得不紧、成果运用不好、震慑作用不够、方法创新不足等问题，还进一步规范了巡视工作。研究制定了《山西省委巡视工作流程（试行）》，对49个环节、100多项工作进行顶层设计和规范；研究制定了《省委巡视组组长库管理办法》，实现巡视组长“一次一授权”，打破了“铁帽子”；研究制定了《山西省巡视全覆盖工作方案》和《专项巡视工作流程》，明确了工作任务和具体安排，提出了力争2016年实现全覆盖的目标。坚持常规巡视与专项巡视相结合，新组建了8个专项巡视组；调整充实巡视工作领导小组成员，厘清巡视工作领导小组、巡视办、巡视组的各自职责，强化巡视机构和纪检监察机关、组织部门的配合。2014年第二轮巡视发现问题线索1786条，比上一轮增长1.9倍；问题线索涉及省管干部、“一把手”、班子成员的人数，与党的十八大以来前4轮总数相比，分别增长3.3倍、3.7倍和3.7倍。五是落实中央八项规定和开展各方面专项整治，持续整风肃纪。整治群众反映强烈的上学难、就医难、就业难、住房难、出行难、饮水难、增收难以及社会保障、生态环境、食品安全、社会治安等问题；落实中央21项专项整治任务，整治了文山会海、评比达标、门难进脸难看事难办、办公用房、公款吃喝、公款旅游、违规用车、婚丧嫁娶借机敛财、会所中的歪风等不正之风，查处了惠民政策缩水走样、乱收费乱罚款乱摊派、拖欠群众钱款和克扣群众财物等突出问题；整治了工作秩序涣散、纪律松弛等问题；整治了节假日公款送礼等行为。全年查处违反中央八项规定和有关制度规定的问题1600多个，处理党员干部2000余人，其中给予党纪政纪处分1500多人。六是严肃查办腐败案件，特别是党中央和中央纪委对山西系统性、塌方式腐败问题的严肃查处和党中央对山西省委班子作出重大调整后，大力度推进了腐败案件的查处。全年，全省各级纪检监察机关共受理群众信访举报91870件（次），增长154.8%；初步核实处置反映问题线索13106件，增长32.1%；立案14328件，增长31.6%；结案14071件，增长29.3%；处分违纪党员干部15450人，增长30.1%，其中处分市厅级干部45人，增长73.1%；处分县处级干部545人，增长62.2%。这其中，9月至12月间，全省纪检监察机关立案6725件，占全年立案总数的46.9%，比前8个月月均增长76.9%；结案6669件，占全年结案总数的47.4%，比前8个月月均增长80.2%；处分7376人，占全年处分人数的47.7%，比前8个月月均增长82.7%，其中，受到撤职以上重处分的1622人，占全年受重处分人数的57.2%，比前8个月月均增长167.0%。除前述党中央、中央纪委查处的严重违纪违法案件外，省委、省纪检委查处的有运城市委原书记王茂设、大同市委原书记丰立祥、忻州市委原书记董洪运、省国土资源厅原厅长李建功、省煤炭厅原厅长吴永平等严重违纪违法案件。

成功召开中共山西省委十届六次全会。12月7日，中共山西省委十届六次全会在太原召开。会议出席省委委员63人、候补委员6人，省市县有关部门负责人及基层代表列席。会议全面贯彻落实党的十八届四中全会精神，审议通过了《中共山西省委关于贯彻落实党的十八届四中全会精神加快推进法治山西建设的实施意见》，部署了全省当前和今后一个时期的工作，动员全省各级党组织团结带领广大党员干部和人民群众，深入学习贯彻习近平总书记系列重要讲话精神，奋力开创“净化政治生态，实现弊革风清，重塑山西形象，促进富民强省”的新局面。会议部署的当前和今后一个时期工作任务是：加快推进法治山西建设，为全省改革发展稳定提供坚强法治保障；实施“六权治本”，深入推进反腐败斗争；全面深化改革扩大对外开放，加快资源型经济转型综改试验区建设；适应经济发展新常态，着力推进“六大发展”；认真落实新时期从严治党要求，切实加强党的建设。其中，实施“六权治本”，即实施依法确定权力、科学配置权力、制度约束权力、阳光行使权力、合力监督权力、严惩滥用权力，从源头上把制度的“笼子”织密、编牢、扎紧，努力形成不能腐的长效机制。推进“六大发展”，即推进廉洁发展、转型发展、创新发展、绿色发展、安全发展、统筹发展，其中转型发展要做好煤炭和非煤产业发展“两篇大文章”。切实加强党的建设，即严明党的政治纪律，维护中央权威；落实“两个责任”，强化党风廉政建设；严把用人标准，匡正选人用人风气；强化日常监督，从严教育管理干部；坚决刹住“四风”，持续推进作风建设；狠抓基层党的建设，不断夯实基层基础；始终坚持思想建党，不断强化思想政治工作。此外，会议还鲜明地提出了大力弘扬山西源远流长的法治文化、博大精深的廉政文化、光耀千秋的红色文化的要求。省委十届六次全会是在山西处于重要历史关头召开的一次重要会议，是中央对省委班子作出重大调整后召开的第一次省委全会，对于推进山西改革发展，对于推进山西党的建设和法治山西建设，都具有重要而深远的意义。

截至2014年底，全省共产党员总数240万名，比2013年净增2.48万名。其中，2014年共发展党员4.78万名，比2013年减少9200多名。在新发展的党员中，35岁及以下青年党员占77.52%，具有大专及以上学历党员占47.09%。全省党员结构比例是：女党员占党员总数21.44%；具有大专以上文化程度党员占38.41%；35岁以下青年党员占22.53%。党员职业分布情况是：农牧渔民党员占32.77%；企事业单位管理人员、专业技术人员和工人党员占34.11%；党政机关党员占8.88%；学生党员占1.23%；离退休党员占17.67%；其他党员占5.34%。

2. 民主法制

2014年，在山西省委的领导和支持下，省人大及其常委会围绕全省中心工作依法行使职责，民主法制建设在继承中发展、在实践中创新。

成功召开省十二届人大第二、三次会议。1月18日至23日，省十二届人大第二次会议在太原召开，会议应出席代表550人，实出席527人。会议审议并表决通过省长李小鹏关于政府工作的报告；审查并表决通过省政府关于山西省2013年国民经济和社会发展计划执行情况与2014年国民经济和社会发展计划（草案）的报告；审查并表决通过省政府关于山西省2013年全省和省本级预算执行情况与2014年全省和省本级预算（草案）的报告；审议并表决通过省人大常委会副主任李政文关于山西省人民代表大会常务委员会工作的报告；审议并表决通过省高级法院院长左世忠关于山西省高级人民法院工作的报告；审议并表决通过省检察院检察长杨司关于山西省人民检察院工作的报告。大会补选金道铭为省人大常委会副主任。此后，9月29日，省十二届人大第三次会议在太原召开，会议应出席代表534人，实出席509人。大会补选王儒林为省第十二届人民代表大会常务委员会主任。

推进立法和完善法制体系。一是制定、修改和废止全省性地方性法规34件。其中，制定3件，即：《山西省土地整治条例》（2014年10月1日起施行），《山西省建设工程抗震设防条例》（2015年1月1日起施行），《山西省电力设施保护条例》（2014 年 9 月 1 日起实施），《山西省企业工资集体协商条例》（2015 年 1 月 1 日起施行）。修改 13 件，即：《山西省人口和计划生育条例》（2014 年 5 月 30 日《山西日报》发布起施行），《山西省职工劳动权益保障条例》《山西省农民工权益保护条例》《山西省废旧金属收购业治安监督管理暂行条例》《山西省安全技术防范条例》《山西省涉及国家安全事项建设项目管理条例》《山西省水路交通管理条例》《山西省爱国卫生管理条例》《山西省公民献血条例》《山西省农业投资条例》《山西省基本农田保护条例》《山西省燃气管理条例》（2014 年 11 月 30 日《山西日报》发布施行），《山西省专利实施和保护条例》（2015 年 1 月 1 日起施行）。废止 8 件，即：《山西省市县区人民代表大会组织通则》《山西省工业劳动卫生管理条例》《山西省保护公民举报权利的规定》《山西省个体经营户和私营企业管理条例》《山西省实施〈中华人民共和国母婴保健法〉办法》《山西省行政事业性收费管理条例》《山西省预算外资金管理条例》《山西省焦化产业管理条例》（2014 年 11 月 30 日《山西日报》发布废止）。二是审查批准太原、大同 2 市地方性法规 18 件。其中太原 4 件，即《太原市古树名木保护条例》《太原市法律援助条例》《太原市森林防火条例》《太原市献血条例》；大同 14 件，即《大同市气象设施和探测环境保护条例》《大同市人民代表大会议事规则》《大同市人民代表大会常务委员会议事规则》《大同市人民代表大会常务委员会人事任免办法》《大同市人民代表大会常务委员会监督工作条例》《大同市农村公路养护管理条例》《大同市城乡规划条例》《大同市建筑安全生产监督管理条例》《大同市建筑节能条例》《大同市城市绿化条例》《大同市城市房地产交易管理条例》《大同市煤炭资源保护办法》《大同市建设项目预防性卫生监督管理办法》《大同市城市供热条例》。

加强对“一府两院”及市级人大、政府的专项监督。一是专题审议省政府及其部门、省高级人民法院、省人民检察院的工作报告。其中，包括省政府关于 2014 年上半年全省国民经济和社会发展计划执行情况的报告、关于 2013 年省本级财政决算和 2014 年上半年全省预算执行情况的报告、关于 2013 年度省本级预算执行和其他财政收支的审计工作报告、关于 2013 年省本级预算执行审计查处问题的整改报告、关于全省职业教育工作情况的报告、关于全省体育工作情况的报告、关于全省服务业发展情况的报告、关于全省资源型经济转型综合配套改革试验区建设进展情况的报告、关于全省植树造林工作情况的报告、关于全省新型农村合作医疗工作情况的报告、关于全省食品安全工作情况的报告、关于全省旅游产业发展情况的报告，省高级人民法院关于全省法院规范司法行为情况的报告，省人民检察院关于反贪污贿赂工作情况的报告。二是备案审查省政府、省政府办公厅及市级人大、政府规范性文件23件。其中，备案审查省政府规范性文件6件，即：《山西省建设用地节约集约利用考核办法》《山西省低收入家庭认定办法和山西省低收入家庭经济状况核对办法》《山西省专职消防队伍建设管理办法》《山西省行政事业性收费票据管理规定（废止）》《山西省政府信息公开规定》《山西省政府投资项目竣工验收管理办法》。备案审查省政府办公厅规范性文件14件，即：《山西省政府购买服务暂行办法》《山西省治理道路货物运输企业和货运驾驶人非法超限超载办法》《关于2014年新实施强农惠农富农补贴政策的通知》《关于印发进一步落实“煤炭20条”的若干措施的通知》《关于扶持高校毕业生创业的意见》《关于鼓励小微企业吸纳劳动者就业的意见》《于政府购买基层服务岗位吸纳高校毕业生就业的意见》《关于帮扶困难企业稳定就业岗位的通知》《关于深化国资国企改革的实施意见》《山西省政府核准的投资项目目录（2014年本）》《关于印发山西省煤基重点科技攻关项目管理办法的通知》《关于推进全省燃煤发电机组超低排放的实施意见》《山西省省级财政科研项目和资金管理办法（试行）》《山西省矿山生态环境保护与恢复治理工程竣工验收管理办法》。备案审查市级人大规范性文件1件，即：《运城市人大常委会关于促进全市主攻产业“园区化发展、集群化招商”的决议》。备案审查市级政府规范性文件2件，即：《太原市行政复议规定》《太原市电梯安全监督管理办法》。

开展专项执法检查和重大事项检查。4月至5月，省人大常委会检查组赴大同、朔州、临汾、吕梁4市，对贯彻实施《中华人民共和国未成年人保护法》和《山西省未成年人保护条例》情况进行了执法检查，并听取了省高院、省检察院10个部门的汇报。同时委托太原、晋中、忻州、阳泉、长治、晋城、运城7个市的人大常委会，对本行政区域贯彻实施《中华人民共和国未成年人保护法》和《山西省未成年人保护条例》情况进行了执法检查。5月至6月，省人大常委会执法检查组分3组，赴省高院、省检察院、省公安厅及大同、朔州、晋中、太原、运城、忻州6市，对贯彻实施《山西省信访条例》情况进行了执法检查，并听取省委省政府信访局、省财政厅、省编办等12家单位的汇报。同时，委托太原、阳泉、吕梁、临汾、晋城5市的人大常委会对本行政区域贯彻实施《山西省信访条例》情况进行了执法检查。6月18日至20日，省人大常委会执法检查组赴太原、大同、长治3市，对贯彻实施《中华人民共和国农产品质量安全法》和《山西省农产品质量安全条例》情况进行了执法检查。同时委托晋中、朔州、忻州、阳泉、吕梁、临汾、晋城、运城8个市的人大常委会，对本行政区域贯彻实施《中华人民共和国农产品质量安全法》和《山西省农产品质量安全条例》情况进行了执法检查。6月至7月，省人大常委会执法检查组分3组，赴晋中、朔州、阳泉3个市及14个县（市、区）的41个企业和项目，对贯彻实施《中华人民共和国大气污染防治法》和《山西省大气污染防治条例》情况进行了执法检查。

庆祝全国人民代表大会成立60周年暨地方人大设立常委会35周年。9月30日，中共山西省委、省人大常委会召开了庆祝全国人民代表大会成立60周年暨地方人大设立常委会35周年大会。大会学习贯彻习近平总书记在庆祝全国人民代表大会成立60周年大会上的重要讲话精神，回顾了全国人民代表大会成立60年和山西省人大设立常委会35年来走过的光辉历程和取得的丰硕成果，科学总结了人大工作的宝贵经验，提出了坚持和完善人民代表大会制度、加强和改进新形势下人大工作、促进全省经济社会发展的新要求。

3. 政治协商

2014年，在中共山西省委的领导和支持下，省政协及其常委会、省统一战线组织深入学习贯彻中共十八大，十八届三中、四中全会和习近平总书记系列重要讲话精神，紧紧围绕全省工作大局，巩固和发展统一战线，立足自身优势，积极开展了政治协商、民主监督、参政议政活动。

成功召开省政协十一届二次会议。1月17日至21日，省政协十一届二次会议在太原召开，会议应出席委员587人，开幕大会实出席536人，闭幕大会实出席506人。会议审议并表决通过薛延忠代表省政协常委会作的工作报告，审议并表决通过关于省政协十一届二次会议提案审查情况的报告、关于政协山西省委员会常务委员会工作报告的决议、政协第十一届山西省委员会第二次会议政治决议。会议期间，与会委员围绕贯彻落实中共十八届三中全会和省委省政府决策部署、推进全省各项事业发展积极建言献策，提交发言材料133篇、提案783件，反映社情民意信息148篇；列席了省人大十二届二次会议，协商讨论了政府工作报告、省高级人民法院工作报告、省人民检察院工作报告等。

认真建言献策积极参政议政。一是积极建言献策。省政协各专委会和各界别委员深入基层调查研究，提出了大力扶持实体经济、强化科技创新和金融服务、加快民营经济发展、抓好技能培训拓宽农民增收渠道、推进采煤沉陷区治理、加强生态文明建设等建议。省委、省政府及职能部门高度重视这些建议并研究采纳，一些已转化为推进改革发展、增进群众福祉的实际举措。与此同时，省各民主党派、工商联和无党派人士按照“党委出题、党派调研，政府采纳、部门落实”的工作机制，开展专题调研，形成了一批高质量的调研报告。省委、省政府专门召开全省统一战线调研成果汇报会，听取和采纳了有关意见建议。二是广泛协商咨政。省政协创新了协商民主的途径和方式，邀请省委省政府领导、职能部门负责人与界别委员、基层单位、群众代表，就加快职业教育发展、深化国有企业改革、推进农村土地流转、改善农村人居环境、加强水源地保护、保障食品安全、维护职工合法权益、促进青少年健康成长、扩大对外开放等问题，进行了专题协商、对口协商、界别协商和提案办理协商，取得良好成效。三是加强提案办理。省政协广泛组织、引导广大政协委员紧紧围绕全省改革发展稳定大局和人民群众关注的热点难点问题提案，并密切与承办单位的联系协作，完善省领导领办和分层督办、跟踪督办机制，提升了提案征集、办理的质量和效率。全年，省政协征集提案首次突破千件，达到1022件，其中立案办复864件，重点提案采纳率达100%。四是增强民主监督。省政协组织委员，围绕省委、省政府关于改进工作作风、深化行政审批制度改革、减轻企业负担等重大部署的实施情况，深入省直相关职能部门、市县政务审批服务中心和企业、农村开展调研视察，进行了民主监督，提出了针对性的意见建议，促进了改革举措在职能部门和基层单位的落实。

巩固和发展统一战线。一是巩固统一战线共同思想基础。全省统一战线以深入学习习近平总书记系列重要讲话精神为统领，广泛开展了“民主党派无党派人士坚持和发展中国特色社会主义学习实践活动”“非公经济人士开展了理想信念教育实践活动”“民族团结进步创建活动”。二是加强民主党派和党外人才队伍建设。开展教育培训，举办了全省党外中青年干部、民主党派省委会委员、民主党派中青年后备干部、优秀中青年民营企业负责人等培训班。召开全省民主党派和无党派市厅级领导干部履职交流大会，85 位市厅级党外干部就 2013 年各自的思想建设、工作作风、履行职责、合作共事及廉洁自律等情况进行经验交流。推进党外代表人士队伍建设的制度化、规范化、程序化，制定出台了省政协委员协商产生办法、省管党外领导干部任免工作程序等规章制度，制定出台了各领域党外代表人士综合评价指标和办法，制定出台了做好民主党派领导班子后备干部队伍建设工作的实施意见和民主党派市级组织后备干部队伍建设及届中调整工作的意见。三是加强与港澳台及海外的交流。召开以“促进专业交流·晋港合作共赢”为主题的晋港专业交流座谈会，推动了晋港两地在金融、股权交易、医疗卫生、法律服务、现代服务业等领域的交流合作。举办了“情系三晋——两岸文化联谊行”“华夏文明看山西——台湾大学生三晋行”“台湾基层民众山西行”“台湾记者三晋行”“大陆台商子弟山西行”活动。召开山西欧美同学会·山西留学人员联谊会第二届理事会第一次会议，选举产生了理事会领导班子及工作机构。四是保护和涵养侨务资源。首次在关公故里运城举办了世界关氏宗亲总会第十一届恳亲大会，来自美国、马来西亚、加拿大、新加坡、日本、英国、南非等 20 多个国家和地区的千余名关氏后裔代表与会寻根认亲。举办了“2014 海外华裔青少年寻根之旅——山西营”和首届“传承·励志——山西省归侨侨眷子女夏令营”活动。

庆祝人民政协成立 65 周年。9 月 26 日，中共山西省委、山西省政协隆重集会，庆祝中国人民政治协商会议成立 65 周年。大会学习贯彻习近平总书记在庆祝中国人民政治协商会议成立 65 周年大会上的重要讲话精神，回顾了山西省人民政协事业发展的光辉历程，充分肯定了全省政协组织为社会主义革命建设和改革发展所做的重要贡献，提出了进一步做好新形势下全省政协工作的新要求。

4. 政府改革

政府行政管理体制改革，是一个不断适应经济社会发展变化要求而转变职能的过程。2014 年，根据国家的部署和要求，山西政府部门行政管理体制改革在一些领域不断推进和深化，取得积极成效。

启动和推进新一轮政府机构改革。3月7日，省委、省政府印发《山西省人民政府职能转变和机构改革方案》。3月19日，省委、省政府印发《关于市县政府职能转变和机构改革方案》。按照这两个《方案》，全省省市县政府机构改革有序推进，到年末，省、市政府机构改革全部完成，县级政府机构改革基本完成。其中，省政府机构改革的主要事项是：整合原省卫生厅、省人口和计划生育委员会机构和职责，新组建省卫生和计划生育委员会；整合原省新闻出版局和省广播电影电视局机构和职责，新组建省新闻出版广电局，加挂省版权局牌子；整合原省食品药品监督管理局职责、原省卫生厅的食品安全协调职责、省质量技术监督局的生产环节食品安全监督管理职责、省工商行政管理局的流通环节的食品安全监督管理职责，重新组建省食品药品监督管理局，加挂省食品安全委员会办公室牌子；整合原省金融办公室的职责、省发展改革委的省资本市场发展办公室职责，并增加和加强职责，组建省政府金融工作办公室；省政府机关事务管理局由省政府直属机构调整为部门管理机构；省发改委加挂省国家资源型经济转型综合配套改革试验区办公室牌子；省政府外事侨务办公室加挂省政府港澳事务办公室牌子；省政府研究室、应急办公室调整为省政府办公厅内设机构；省重点工程建设办公室调整为省住房和城乡建设厅内设机构。此外，对相关部门的职能还进行了调整。通过改革，省政府设置工作部门40个。其中，包括办公厅和组成部门共计25个，直属特设机构1个，直属机构15个。此外，还设置部门管理机构6个。24个组成部门是：发改委、经信委、教育厅、科技厅、公安厅、安全厅、监察厅、民政厅、司法厅、财政厅、人社厅、国土厅、环保厅、住建厅、交通厅、水利厅、农业厅、林业厅、商务厅、文化厅、卫计委、审计厅、外侨办、煤炭厅。1个直属特设机构是：国资委。15个直属机构是：地税局、工商局、质监局、食药局、新闻出版广电局、体育局、统计局、安全生产局、旅游局、宗教局、文物局、粮食局、人防办、法制办、金融办。6个部门管理机构是：办公厅管理的机关事务管理局、发改委管理的物价局、经信委管理的国防工办和中小企业局、司法厅管理的监狱管理局、农业厅管理的扶贫办。市县政府机构改革与省政府机构改革相衔接，主要改革事项是：整合卫生和人口计生机构和职责，组建卫生和计划生育委员会（局），调整省以下工商、质监体制并实行分级管理，完善食品药品监督管理体制，巩固深化大文化管理体制改革，建立市级地方金融工作机构。总的要求是，市县政府机构统称工作部门，不设部门管理机构；上下不严格对口；大城市政府工作部门不超过 40 个，中等城市政府工作部门不超过 32 个、县级政府工作部门 22 个左右。

深化改革行政审批制度。一是出台推进行政审批制度改革的年度性实施方案。2014 年 5 月 1 日，省政府办公厅印发《2014 年山西省深化行政审批制度改革实施方案》，对省、市、县政府及部门清理整顿行政审批事项、优化审批流程、规范审批行为、强化执行监督以及相关配套改革及专项整治作出全面部署。通过改革、清理核实。2014 年 10 月 17 日省政府第 61 次常务会议决定，再取消、下放和调整了 60 项省直有关部门实施的行政审批事项。二是积极落实和衔接国务院取消和下放的行政审批事项。2014 年 4 月 22 日，省政府发出《关于落实和衔接国务院取消和下放一批行政审批项目的通知》，对国务院 2013 年 11 月 8 日《关于取消和下放一批行政审批项目的决定》和 2014 年 1 月 28 日《关于取消和下放一批行政审批项目的决定》公布取消和下放行政审批项目予以落实和衔接。其中，对国务院 2013 年 11 月 8 日《关于取消和下放一批行政审批项目的决定》公布取消的 53 项和下放管理层级的 29 项合计 82 项行政审批项目对接，省政府取消行政审批项目 10 项，承接行政审批项目 25 项；对国务院 2014 年 1 月 28 日《关于取消和下放一批行政审批项目的决定》公布取消的 59 项和下放管理层级的 23 项合计 82 项行政审批项目对接，省政府取消行政审批项目 11 项，承接行政审批项目 23 项。2014 年 7 月 22 日，国务院作出《关于取消和调整一批行政审批项目等事项的决定》，公布取消和下放 45 项行政审批项目，取消 11 项职业资格许可和认定事项，将 31 项工商登记前置审批事项改为后置审批。10 月 26 日，省政府发出《关于落实和承接国务院取消和调整一批行政审批项目等事项的通知》，根据国务院的《决定》要求，省政府取消行政审批项目 8 项，承接行政审批项目 11 项，取消职业资格许可和认定事项 6 项，改为后置审批的工商登记前置审批事项 23 项。全年，省政府承接国务院取消行政审批项目 29 项、下放行政审批项目 59 项。三是公开省政府各部门保留的行政审批事项清单。经过对省级部门行政审批事项的清理核实、下放，同时落实和衔接国务院取消和下放的行政审批事项，到 2014 年 10 月，省政府各部门共保留行政审批事项 475 项。2014

年 10 月 22 日，省政府办公厅发出《关于公开省政府各部门行政审批事项的通知》，要求省政府各部门保留的行政审批事项清单，除涉密项目外，全部在本部门门户网站按照统一格式向社会公开，接受监督。随后，按照《通知》要求，省政府各部门的行政审批事项陆续全部公开。2014 年，全省各级省政府对行政审批事项改革，进一步优化了经济社会发展环境。

政府信息公开走上法治化规范化轨道。3 月 25 日，省政府第 39 次常务会议通过《山西省政府信息公开规定》，6 月 10 日省政府令第 237 号公布，自 7 月 1 日起施行。该《规定》分总则、主动公开、依申请公开、监督和保障、附则共 5 章 42 条。除行政机关外，教育、医疗卫生、供水、供电、环保等与群众利益密切相关的公共企事业单位也纳入了《规定》的调整范围。《规定》将政府信息分为三类：第一类是主动对外公开的信息。属于此范围的政府信息，要在其形成或者变更之日起 20 个工作日内予以公开。第二类是依申请公开的信息，除行政机关主动公开的政府信息外，公民、法人或者其他组织还可以根据自身生产、生活、科研等特殊需要，向行政机关申请获取相关政府信息。原则上自收到申请之日起 15 个工作日内答复。第三类是不予公开的政府信息。主要指涉及国家秘密、商业秘密、个人隐私的政府信息。但是，经权利人同意公开，或者行政机关认为不公开可能对公共利益造成重大影响的，也可以公开。《规定》还明确了行政机关应当重点公开以下政府信息：行政审批，财政预算决算、因公出国（境）经费、公务用车购置及运行费、公务接待费，保障性安居工程建设计划、项目开工和竣工情况，保障性住房的分配和退出，食品药品安全标准、生产经营许可、专项检查整治，环境核查审批、环境状况公报和重特大突发环境事件，招标投标违法违规行为及处理情况，生产安全事故预警预防、应对处置、调查处理，农用地转为建设用地批准、征收集体土地批准、征地公告、征地补偿安置公示、集体土地征收结案，政府指导价、政府定价和行政事业性收费标准调整的项目、价格等，以及本省高校招生、财务等信息。按照《规定》，到 2014 年末，全省政府信息公开在法治化规范化轨道上迈出新步伐，取得新成效。其中，省本级公开了 2014 年财政总预算和“三公”经费支出总预算；11 个市公开了 2014 年市本级财政总预算和“三公”经费支出总预算；119 个县（市、区）中 114 个县（市、区）已公开县级财政总预算，公开率为 95.8%，91 个县（市、区）公开了本级“三公”经费支出总预算，公开率为76.5%。其他事项的信息公开范围、内容、项目均有了较大提升。

继续推进食品药品监督管理体制改革。根据国家的统一部署，山西省政府于2013年6月9日下发《全省食品药品监督管理体制改革工作方案》，启动了对全省食品药品监督管理体制改革工作。此后，又于7月11日召开了全省推进食品药品监管工作会议，7月29日印发了《山西省人民政府关于市县食品药品监督管理体制改革的实施意见》，8月19日召开了全省市县食品药品监督管理体制改革工作会议。改革的措施主要是：全省食品药品监管机构由省级以下垂直管理改为各级政府分级管理，各级食品药品监管机构作为本级政府的工作机构，负责本行政区域的食品药品监督管理；省市县三级食品药品监管机构领导班子由本级党委管理，班子成员的任免须事先征得上级业务主管部门的同意，业务上接受上级主管部门的指导；对省、市、县三级食品药品监管部门全部职能、卫生部门的食品安全综合协调职能以及工商行政管理部门、质量技术监督部门的食品安全监管和药品管理职能进行整合，组建新的食品药品监督管理机构，对本行政区域食品药品实行统一监管；县级食品药品监督管理机构按区域设立食品药品监管派出机构；在农村行政村和城镇社区设立食品药品监管协管员。通过努力，到2013年底，完成省级层面食品药品监管体制改革，组建了省食品药品监督管理局，11个市有9个市市级层面改革基本到位。2014年，在2013年改革的基础上，全省食品药品监督管理体制改革继续推进。一是进一步完善省级管理体制，理顺机构新设后的各方面关系。二是衔接推进市县食品药品监督管理体制改革。到2014年底，全省食品药品监督管理体制改革基本完成。省市县三级食品药品监督管理机构系统人员编制由原来的4063名，增加到12080名。全省设立乡镇食品药品监管站1016个，核定编制5604名，已到位3712人。行政村和社区全部配置了食品药品监管协管员，多数县都将协管员报酬纳入财政预算，统一解决，有效保障和发挥了协管员队伍的作用。全省食品药品监督管理体制，形成了全新的行政管理、监督执法、技术支撑“三位一体”监督体系，构建起省、市、县、乡、村“五级”工作体系。

调整改革省以下工商质监行政管理体制。4月11日，省政府办公厅印发《关于调整省级以下工商质监行政管理体制的通知》。5月7日，省政府召开省级以下工商质监行政管理体制调整工作会议，对此项改革工作进行了部署。改革的主要事项是：将工商、质监由省级以下垂直管理调整为地方政府分级管理，以调动市县政府积极性，落实地方政府负总责，实现监管权责一致。与体制改革相适应，对市县工商质监行政管理机构进行调整，市县（市）工商、质监局为同级政府工作部门，业务接受上级部门的指导和监督，领导干部实行双重管理、以地方管理为主。市辖区工商、质监分局仍作为市工商局、市质监局的派出机构，由市局直接管理。派驻在省级以上经济开发区、高新技术产业开发区的工商、质监局（分局）维持原管理体制不变。机构编制和人员具体划转，由各市政府按照“人随机构走”原则，按现状一次性整体接收工商、质监部门的机构编制和人员；资产债务清理划转，现有资产、债务要按“债随资产走”的原则，由省工商质监部门按现状一次性整体下划。到2014年末，全省调整改革省以下工商质监行政管理体制的工作如期完成。

工商登记制度改革由试点到全面实施。2013年12月1日起，全省32个县（市、区）正式启动了工商登记制度试点改革。试点改革实行与负面清单管理模式相匹配的认缴登记制，包括四个方面的内容。一是公司注册资本实行认缴登记制。公司登记时只登记股东认缴的出资总额或者发起人认购的股本总额（即注册资本），不再收取验资证明文件，不再登记实收资本。法律法规对公司注册资本实缴登记另有规定的，由相关许可部门或主管部门对其实收资本进行查验。二是放宽公司注册资本登记条件。除法律、法规另有规定外，取消有限责任公司最低注册资本3万元、一人有限责任公司最低注册资本10万元、股份有限公司最低注册资本500万元的限制；不再限制公司设立时股东（发起人）的首次出资比例和缴足出资的期限。三是放宽市场主体住所（经营场所）登记条件。按照方便注册和规范有序的原则，申请人提交住所（经营场所）合法使用证明即可予以登记。允许一个地址登记多个市场主体。四是年检制度改为年报制度。改企业年度检验制度为企业年度报告制度，企业按规定在山西省工商局门户网站自主申报，企业相关信息透明化。企业年报信息任何单位和个人均可查询。工商行政管理部门按照公平规范原则实施抽查。实行与负面清单管理模式相匹配的认缴登记制。在改革试点取得成效的基础上，根据国务院于2014年2月7日发布的《注册资本登记制度改革方案》的统一部署和要求，山西于3月1日起将注册资本登记制度改革由试点推向全省全面实施。但是此次改革有27种行业暂不实行注册资本认缴登记制，包括：采取募集方式设立的股份有限公司、商业银行、外资银行、金融资产管理公司、信托公司、财务公司、金融租赁公司、汽车金融公司、消费金融公司、货币经纪公司、村镇银行、贷款公司、农村信用合作联社、农村资金互助社、证券公司、期货公司、基金管理公司、保险公司、保险专业代理机构及保险经纪人、外资保险公司、直销企业、对外劳务合作企业、融资性担保公司、劳务派遣企业、典当行、保险资产管理公司、小额贷款公司。

5. 基层民主

农村村民自治，城市居民自治，企事业单位职工民主管理，是发展基层民主的重要内容。2014年，山西农村村民自治、城市居民自治、企事业单位职工民主管理在相关领域取得积极进展。

严密组织开展全省农村“两委”换届工作。2014年下半年，全省农村党组织和村民委员会迎来三年一届的换届选举。在前期准备的基础上，10月16日召开了全省农村“两委”换届工作动员会。会议贯彻省委办公厅、省政府办公厅下发的《关于认真做好第十届村民委员会换届选举工作的意见》和省委组织部下发的《关于认真做好村党组织换届工作的通知》，对全省村农党组织和第十届村民委员会换届选举工作进行了动员部署。根据安排部署，在这次全省农村“两委”换届工作中，创造性地推行了“先定事、后定人、揭榜竞选”和“先晒业绩、后绘蓝图、再选班子”的模式，明确了“十种不宜做候选人”情形、“九种贿选表现形式”。“先定事、后定人、揭榜竞选”和“先晒业绩、后绘蓝图、再选班子”的模式，即：换届选举前，乡镇（街道）党（工）委全面开展村“两委”和村干部任期承诺考核，公开晾晒上届村“两委”班子和村干部“三项承诺”兑现情况，接受群众监督；组织候选人、竞选人围绕目标和任务开展竞职承诺、创业承诺、辞职承诺等活动，引导党员群众的注意力从“选什么人当官”向“选什么人干事”转移，以防止那些对党委政府工作不支持、主要精力不在村、占着位子不干事的人当选。“十种不宜做候选人”情形是：被判处刑罚或者刑满释放（或缓刑期满）未满3年的；因嫖娼、吸毒、扰乱公共秩序等受到行政拘留未满3年的；涉黑涉恶受处理未满3年的；受到撤销党内职务以上处分未满2年的；信奉邪教、搞迷信活动、参与赌博造成恶劣影响，并被公安机关查处未满3年的；利用宗教、宗族甚至黑恶势力干预农村正常工作，被有关部门查处未满3年的；换届期间直接或指使亲友（他人）利用各种方式贿赂选民、选举工作人员，被有关部门查证的；换届期间拉帮结派干扰选举，以谣言、非法大（小）字报、暴力威胁等不正当行为干预选民正常表达选举意志，被有关部门查证的；参与非正常上访干扰正常生产和工作秩序的活动，被有关部门查处未满3年的；选举前未按规定签订杜绝贿选承诺书的。“九种贿选表现形式”是：向选举人赠送现金、存单、银行卡、会员卡、有价证券、支付凭证或实物等进行拉票的；为选举人提供吃请、旅游、休闲、健身、娱乐等消费活动进行拉票的；以慰问、帮扶名义向选举人变相赠送财物进行拉票的；以交保证金形式，许诺当选后将保证金分发给选举人进行拉票的；以许诺当选后赞助村级组织或群众团体活动经费、免除村民债务、给予选举人其他利益或好处等进行拉票的；以违反规定分发村集体资产、用集体资金为选举人交纳各种费用进行拉票的；向其他竞选人送钱送物或给予某种利益，让其退出选举的；以贿赂等手段诱使或收买选举工作人员在选举中进行舞弊活动的；其他影响选举人意愿的变相贿选行为。同时，对参选者还划出了“三有三带”的硬杠杠，即：有理想信念和奉献精神能带来希望、有经济头脑和致富本领能带领发展、有良好品行和公道之心能带出和谐作为，并对照“三有三带”要求，进一步拓宽选人渠道。主要是：从本村致富能手、复转军人、现任村干部、团组织负责人、专业合作组织带头人、农村经纪人、乡村医生教师、优秀大学生村官中提名推荐村委会成员候选人；鼓励土生土长、素质好、有见识、有本事、有业绩、对家乡有感情、愿意回乡服务的民营企业家、企业管理人员、个体工商户等外出务工经商人员参与村委会换届选举；到村任职的大学生村官，工作在一年以上的，经村民选举委员会确认，可以进行选民登记，力争使全省每个乡镇有一名大学生村官担任村“两委”主干。按照组织部署，全省农村“两委”换届工作，按照先村党组织、后村委会的换届顺序进行。选举分为3个阶段推进：10月31日之前进行准备部署，重点开展换届选举领导机构、形成选举工作方案及预案、组织任期和离任经济责任审计、加强宣传培训等工作；11月1日至12月31日进行选举，重点开展推选村民选举委员会、选民登记、一次直选或提名确定候选人、投票选举、完成村务交接等工作；2015年1月1日至1月20日进行总结。在全省省市县乡各级党委政府的严密组织部署和推动下，全省农村“两委”换届工作按期展开如期基本完成。全省28104个村党组织换届完成率为99.92%，村委会换届完成率为99.72%；剩下未完成换届的22个村党组织和79个村委会，全部列入2015年的软弱涣散村级组织整顿范围进行整顿。这次，全省农村“两委”换届工作呈现“四高四好三低”的特点。“四高”：一是参选率高。全省共有1555万余选民参加了村委会换届选举，69.4万多名党员参加了村党组织换届选举，参选率分别为87.4%和89.4%。二是文化程度高。“两委”班子成员中，大专及以上学历的有18691人。其中，村党组织书记和村委会主任分别有4021人和2441人，比上届增加572人和104人。三是大学生村官当选比例高。全省共有1845名大学生村官当选村党组织书记，比上届增加了308人；有449名当选村委会主任，比上届的比例提高了0.8%。四是妇女进入“两委”班子比例高。全省共有35707名妇女进入村“两委”班子，比上届增加了1605名。其中，1479人当选村党组织书记，比上一届增加了458人。“四好”是指换届氛围好、换届秩序好、换届风气好、社会反响好。本次换届中，全省共处理违法违纪人员362人，是上届的12.1倍，并对108名选票过半的不合格人选进行了依法依规劝退。“三低”是指平均年龄低、信访案件数量低和没有完成换届选举的重点难点村数量低。新一届村党组织书记平均年龄为45.6岁，村委会主任平均年龄为44.7岁，均较上届有所降低。其中，村党组织书记35岁及以下的有2931人，比上届增加了231人。

统一规范全省社区“两委”换届选举工作。全省各地城市社区及农村社区，是居民自我管理、自我教育、自我服务的基层群众性自治组织，也是党和政府联系群众的桥梁和纽带。近年来，全省各地社区建设不断推进，特别是社区“三有一化”（有人管事、有钱办事、有场所议事）建设和社区网格化管理等方面取得重要成效。同时也存在各地社区党组织和居委会换届选举工作不够统一规范的问题。针对此问题，结合2014年第四季度开展全省农村党组织和第十届村民委员会换届选举工作，11月13日省委组织部、省民政厅联合印发《进一步规范全省社区党组织、社区居委会换届选举工作的通知》，对推进全省社区“两委”换届选举制度化、规范化作出部署。《通知》要求，全省社区党组织和社区居委会换届选举工作，在省委、省政府统一领导下，按照先社区党组织后社区居委会换届的顺序，由各区（县、市）委、政府具体负责组织实施；在2014年第四季度组织全省农村党组织和第十届村民委员会换届选举工作的同时，同期组织开展全省社区党组织和社区居委会换届选举工作，本次换届全省统一界定为第五届社区居民委员会换届，今后各地执行全省统一的换届届期和换届时间。统一规范的具体办法是：2013年市级统一组织过本地社区“两委”换届选举工作的，不参加全省第五届社区换届，延时到下一届统一进行换届；2012年市级统一组织过本地社区“两委”换届选举工作的，原则上不参加全省第五届社区换届，也可在广泛征求当地居民代表和街道（乡镇）工（党）委意见的基础上，由市委、市政府决定是否参加全省第五届社区换届；2012年、2013年市级没有统一组织过本地社区“两委”换届选举工作的，统一参加全省第五届社区换届。《通知》还对社区“两委”换届选举方式、社区工作人员构成、社区“两委”班子成员任职条件、社区“两委”班子成员选任渠道、实施步骤、保障措施等作出具体规定。其中，社区“两委”班子成员选任渠道是：鼓励社区专职工作人员、社区民警、群团组织负责人、党政机关和企事业单位退休党员干部、社会知名人士以及具有社会学、社会工作、社区管理与服务等专业技能的人员和取得社会工作者职业水平证书的人员积极参与社区“两委”选举，经过法定程序担任“两委”成员；在社区任职一年以上，本人书面申请要求参加选举的“大学生村官”，经社区换届选举委员会确认，可以进行选民登记，参加换届选举，并力争通过社区换届工作，使符合条件的“大学生村官”全部进入社区“两委”，力争每个街道有一名“大学生村官”担任社区“两委”主干。按照部署，全省11各市除于2013年已进行社区“两委”换届的太原、阳泉2市外，其余9个市都开展了社区“两委”换届。通过这次全省统一社区换届选举届期，进一步规范了民主选举程序，为提升社区干部整体素质和民主自治能力，奠定了坚实的基础。初步统计，到2014年末，全省共有社区居民委员会2407个，社区工作人员3.16万人。其中，大专以上文化程度的1.13万人，中共党员1.16万人。

创新推进企事业单位民主管理。一是出台政府规章率先在全国推行国企信息公开。12月3日，省政府印发《山西省省属国有企业财务等重大信息公开办法（试行）》，于2015年1月1日起施行。山西这种以政府规章的形式在全省推行国企信息公开，在全国省级行政区域属首创。《办法》对企业信息公开主要内容、公开的方式和时限、监督和保障等作了明确规定。公开主要内容是：企业财务预算、财务会计报告、生产经营管理、大额度资金运作、职工权益维护、环保信息、企业领导履职待遇和业务支出情况等可能对出资人、企业和职工利益产生较大影响以及社会关注度高的信息。信息公开的方式要求：在代表省政府履行出资人职责的部门（机构）网站、企业网站以及指定的报刊、广播、电视、网站等其他媒体进行公开。信息公开的时限要求：限企业年度公开信息在每个会计年度结束之日起6 个月内公开；中期公开信息，在每个会计年度的上半年结束之日起 2 个月内公开；季度公开信息，在每个会计年度第3 个月、第9 个月结束之日起1 个月内公开；企业临时公开重大信息，自信息形成或者变更之日起 20 个工作日内予以公开。该《办法》的出台和实施，对于规范和促进企业民主管理具有重要意义。二是立法推进企业工资集体协商。企业工资集体协商，是指企业职工方与企业方或企业方面代表依法就企业工资分配等事项进行平等协商，并签订工资集体合同的行为。为全面推进山西省企业工资集体协商制度，2011 年 11 月 22 日省人社厅制定印发了《企业工资集体协商办法》。总结几年来全省企业工资集体协商的经验，为弥补法律规范不足和进一步规范企业工资集体协商行为，2014 年 9 月 20 日省十二届人大常委会第十四次会议审议通过《山西省企业工资集体协商条例》，并公布，自 2015 年 1 月 1 日起施行。《条例》从基本总则、协商代表产生、协商内容和协商程序、工资集体合同签订与生效、工资集体合同变更解除终止、争议处理、法律责任等方面，对如何开展企业工资集体协商行为作出明确规定。《条例》规定：工资集体合同期限一般为一年，即劳资双方一般每年都应当就职工工资、津贴补贴等标准和支付方式等开展集体协商，并签订工资集体合同。工资集体协商的内容，主要有工资分配办法，包括岗位工资、绩效工资、辅助工资、奖励性工资等工资标准及津贴补贴标准、工资支付方式和支付时间等；本企业或者本区域、本行业协商确定的最低工资标准；职工年度平均工资水平及调整幅度；计时工资、计件单价、劳动定额等标准，试用期和病事假以及女职工孕期、产期、哺乳期的工资待遇；拖欠工资的清偿办法；离岗职工的生活费以及双方认为应当协商的其他内容。《条例》还厘清了政府最低工资标准、劳动合同约定的工资标准和集体协商确定的工资标准这三者之间的关系，明确规定：工资集体合同中本企业或者本区域、本行业的最低工资标准不得低于省人民政府规定的最低标准；企业与职工订立的劳动合同中工资标准不得低于工资集体合同规定的标准。该《条例》的制定和实施，进一步增加了对全省企业工资集体协商行为的约束力和执行力。三是推进基层工会组织建设。建立工会组织，是机关和企事业基层单位落实民主管理的重要内容和途径。近年来，全省省市县三级总工会每年都要集中展开“工会组建月”活动，大力加强基层工会组织建设，扩大工会组织覆盖面。2014 年，全省以推进混合所有制企业、非公企业和现代农业企业建立工会组织为重点，以青年职工、农民工、劳务派遣工和新入职职工为工会会员重点发展对象，新增基层工会组织 1010 多个，基层工会覆盖法人单位新增 4290 多个，工会会员新增会员 7 万多人。2014 年末，全省工会组织发展到 5. 9 万余个，覆盖法人单位 17. 3 万多个，工会会员达 778. 7 万多人。其中，全省 16. 3 万多家企业建立了职代会制度，16. 2 万多家企业建立了厂务公开制度；全省 66 个重点产煤县（市、区）中，34 个成立了煤矿工会，组织覆盖面达到了 51. 5% 。

6. 法治建设

法治建设，是落实依法治国战略、依法治省战略的具体体现。2014 年，山西依法治省进一步加强和推进，“法治山西”建设相关工作取得新进展。

制定出台加快推进法治山西建设的实施意见。2014 年 10 月，党的十八届四中全会审议通过的《中共中央关于全面推进依法治国若干重大问题的决定》，绘就了法治中国建设的新蓝图。山西省委在学习贯彻党的十八届四中全会的基础上，研究制定了实施意见。12 月 7 日，省委十届六次全体会议审议通过了《关于贯彻落实党的十八届四中全会精神加快推进法治山西建设的实施意见》。《实施意见》从深刻认识加快推进法治山西建设的重要性和紧迫性、维护宪法法律权威和提高地方立法水平、加快法治政府建设和全面提高依法行政水平、深入推进司法体制改革和切实维护司法公正、增强全民守法意识和推进法治社会建设、加强法治工作队伍建设和强化法治人才保障、加强和改进党的领导和提高依法执政水平、扎实抓好法治山西建设各项任务的落实八个大的方面，对贯彻落实党的十八届四中全会精神和《中共中央关于全面推进依法治国若干重大问题的决定》作出部署。其中，关于推进法治山西建设的总体要求是：全面贯彻落实党的十八大和十八届三中、四中全会精神，高举中国特色社会主义伟大旗帜，以马克思列宁主义、毛泽东思想、邓小平理论、“三个代表”重要思想、科学发展观为指导，深入贯彻习近平总书记系列重要讲话精神，坚定不移走中国特色社会主义法治道路，围绕“建设中国特色社会主义法治体系，建设社会主义法治国家”的总目标，始终坚持党的领导、坚持人民主体地位、坚持法律面前人人平等、坚持法治和德治相结合、坚持从山西实际出发，坚决维护宪法法律权威，依法维护人民权益、维护社会公平正义、维护国家安全稳定，促进全省治理体系和治理能力现代化，为实现山西廉洁发展、转型发展、创新发展、绿色发展、安全发展、统筹发展，为全面深化改革、全面建成小康社会提供有力的法治保障。

完善法治山西的领导机制和工作体制。省委依法治省领导小组更名为省委法治建设领导小组，调整和充实省委法治建设领导组成员，新设立专项领导小组，将省委法治办从省司法厅调整到省委政法委。省委依法治省领导小组由省委书记担任组长，履行法治山西建设第一责任人职责，下设地方立法、依法行政、公正司法和法治社会建设三个专项领导小组，分别由省人大、省政府和省委政法委主要负责人担任组长，形成统一领导与分工负责相结合的法治建设领导格局。法治建设领导小组办公室要强化统筹协调、督查考核、调研指导职能，承担协调推进法治建设的日常职责。省委法治办发挥好沟通协调的作用。努力构建运转顺畅的工作机制。建立党委定期研究法治建设会议制度，各级党委每年召开专题会议，听取法治建设工作情况和人大党组、政府党组、政协党组、法院党组、检察院党组的工作汇报，研究解决法治建设中的重大问题。

加强和推进法律援助工作。大力开展法律援助，是推进法治山西建设特别是基层法治建设的重要途径。2014 年，全省法律援助工作得到强化和进一步推进。一是全省司法行政系统法律援助基础设施进一步改善和提高了服务水平。5 月，全省“12348”法律援助热线专线扩容增量建成运行，在省市两级共设 12 个工作平台、39 个电话接听咨询座席，形成了覆盖城乡、惠及全省的法律援助专线网络。同期，省法律援助便民服务大厅建成投入运行。该大厅是省法律援助中心设立的面向社会公众提供无偿法律服务的便民窗口，由专职法律服务人员值班，免费解答法律咨询，受理、审查法律援助申请。同时，全省各市县按照市级不少于 100 平方米、县级不少于 50 平方米的规划要求，也加快推进了法律援助便民服务大厅的修缮和建设。到年底，全省92%的市县（区）建成了法律援助便民服务大厅。通过各方面努力，全年全省办理法律援助案超过2.3万件，受援人数达26万多人，帮助群众挽回经济损失3.1亿元。其中，“12348”法律援助热线专线接听群众热线咨询30291人次，受援人满意率达到90%以上。二是全省工会系统深入开展“依法维权年”活动。主要举措是：推进“农民工有困难找工会，拿不到工资找工会”专项行动常态化长效化建设，推进全省职工法律援助维权服务体系建设。全年，全省各级工会用压缩“三公经费”的节余资金建立了9000万元农民工讨薪应急救助金；共接报工资拖欠案件616起，直接帮助6958名农民工讨回工资7153.58万元，为符合条件的农民工先行垫付工资38.8万元。到年末全省9个市、109个县总工会建立了法律援助维权服务机构。

推进司法公开。一是全省政法机关启动实施“阳光司法”工程五年规划。2014年3月28日，省委政法委印发《全省政法机关实施“阳光司法”工程五年规划（2014~2018年）》，对全省政法机关实施此项五年规划工程作出部署，明确了的目标任务、基本要求、六项主要任务等。其中，六项主要任务是：司法信息公开、司法活动公开、生效判决文书和终结性法律文书公开、司法场所公开、服务窗口公开、司法监督公开。二是全省法院系统以“三大平台建设”为核心推进司法公开。在2013年以“司法公开示范法院”建设和推进司法公开信息化建设取得成效的基础上，2014年全省法院系统以建立健全审判流程公开、裁判文书公开和执行信息公开三大平台为核心，进一步推进司法公开，确保审判权在阳光下公开运行。审判流程公开，就是各级法院对案件的立案、庭审、调解、宣判等诉讼过程，利用政务网站、“12386”电话语音系统、手机短信平台、电子公告屏和触摸屏、微博、微信等技术手段，向当事人和社会公开。裁判文书公开，就是法院裁判文书生效后7日在中国裁判文书网和本院官网上向公众公开。执行信息公开，就是通过进一步完善于2007年开通的全省三级法院执行信息公开平台，并及时公开法院执行法律文书的流程信息，供当事人凭密码获取。对于三大平台建设，省高院、各中院和长治县、河津市、孝义市、洪洞县、忻州市忻府区、大同市矿区、朔州市城区、晋城市城区、阳泉市城区、祁县和太原铁路运输法院等11个基层示范法院在2014年6月底前全部达到标准。各中院对所辖基层法院，在2014年至2016年每年有1/3的法院达到标准要求，用三年时间全部完成三大平台建设。对于生效裁判文书公开，省院、各中院和“司法公开示范法院”从2014年1月1日起全部公开外，基层法院以中院为单位逐步分批公开，到2016年底全部实现公开。为推进司法进一步公开，2014年10月，全国四级法院公布设立新闻发言人名单，公布的信息包括照片（部分）、联系电话和电子邮箱等。其中，山西三级法院有91名法院新闻发言人，分别来自省法院、9个市中院和太原铁路中院及76个基层法院。全年，全省三级法院在中国裁判文书网公开裁判文书46500余件，省高院、各中院和全省11个基层司法公开示范法院应当上网的裁判文书做到了全部上网公开。三是全省检察院系统启动实施“阳光检察”工程。在2013年启动开展了“阳光检察”活动的基础上，2014年全省检察院系统启动实施了“阳光检察”工程。“阳光检察”工程包含“争做阳光检察官”“争创阳光检察集体”“打造阳光检察业务”三个方面内容。其中，“打造阳光检察业务”的主要做法是：除依法保密的案件和事项之外，所有执法办案都要公开标准、公开制度、公开程序、公开结果，最大限度地满足人民群众的知情权、监督权；同时，规范检察业务工作，有效堵塞执法漏洞，杜绝各种形式的走样和变通，保证法律的统一正确实施。全年，全省检察院系统积极推进以检务公开为核心的“阳光检察”工程，三级检察院全部建立了“一站式”阳光检务大厅，整合直接服务群众的窗口部门，实行律师阅卷“直通车”制度，有效解决了群众“告状难”、律师“阅卷难”等问题；深入推进检务公开，建立了不立案、不逮捕、不起诉、不抗诉等终结性法律文书公开制度，完善了重大疑难复杂案件公开审查制度，公开审查案件112件次；开通门户网站、微博、微信、短信平台365个，举办检察开放日256次，最大限度地满足了人民群众的知情权、监督权。

严明公正司法。2014年，全省各级检察院、法院严明公正司法，依法严惩了各类犯罪，依法维护了人民群众的合法权益。全省各级检察院在依法行使刑事司法检察权方面，共批捕各类刑事犯罪12016件16413人，提起公诉19768件27920人，其中批捕黑社会性质犯罪1件1人，起诉3件18人。各级检察院在依法严厉打击犯罪的同时，认真贯彻宽严相济刑事政策，依法开展逮捕、羁押必要性审查，对4876人作出不批捕决定，对1667人提出变更强制措施建议；坚持少捕、慎诉原则，认真开展未成年人犯罪检察工作，对

267 人作出不批捕决定，对 113 人作出附条件不起诉决定，对 805 名未成年被告人向法院提出从轻处罚的量刑建议，对 232 名被不批捕、不起诉的未成年人落实了帮教措施。全省各级检察院在遏制和减少职务犯罪方面，以“零容忍”的态度坚决查处腐败案件，共查办职务犯罪 1419 件 1991 人，其中贪污贿赂犯罪 1001 件 1397 人，渎职侵权犯罪 418 件 594 人，追缴赃款赃物 3.2 亿元。其中，查办县处级以上干部要案 155 人（含厅级 25 人），同比上升 70.3%，立查厅级干部人数为历史最高。全省各级检察院在监督诉讼维护司法公正方面，依法监督公安机关立案 766 件、撤案 678 件，纠正漏捕 645 人，纠正漏诉 1051 人，纠正侦查活动违法 3587 件次；依法监督法院刑事审判活动，提出抗诉 477 件，法院审结 373 件，其中改判 167 件，发回重审 154 件，同时纠正审判活动中的违法行为 1104 件次；依法监督法院民事行政审判活动，提出抗诉 79 件，其中法院再审改判 42 件，撤销原判发回重审 23 件，调解 5 件，同时向法院发出再审检察建议 164 件，被采纳 127 件。全省各级法院在依法行使司法审判权方面，共受理各类刑事一审案件 23472 件，审结 21666 件，判处罪犯 25995 人，其中依法审结涉黑涉毒、涉枪涉爆、寻衅滋事、聚众扰乱社会秩序等黑恶势力犯罪案件 1652 件 2692 人，依法审结惩治贪污、贿赂、滥用职权等职务犯罪 1147 件 1662 人；共受理各类民商事一审案件 150872 件，审结 140688 件，其中审理婚姻家庭、相邻关系、财产争议、医疗工伤交通损害赔偿以及涉军维权等案件 50726 件，审理融资借贷、担保租赁、合同买卖、物资流转、不正当竞争等案件 39317 件；共受理各类行政一审案件 1663 件，审结 1552 件，其中以撤销、确认违法或无效等方式判决行政机关败诉的 259 件，以协调和解方式促成原告撤诉的 318 件。全省各级法院在依法执行司法执行权方面，多管齐下，共执结各类案件 40223 件，执结标的金额达 159.24 亿元。

三　文化建设

2014 年，山西省委、省政府及有关部门围绕建设社会主义核心价值体系和文化强省建设战略，大力实施“六大工程”（科学理论武装工程、主流舆论壮大工程、新兴媒体强化工程、核心价值培育工程、文化繁荣发展工程、人才队伍建设工程），进一步加强和推进全省文化建设，各项工作取得显著成效。

1. 核心价值

构建社会主义核心价值体系，积极倡导和培育富强民主文明和谐、自由平等公正法治、爱国敬业诚信友善的社会主义核心价值观，是社会主义文化建设的根本内容。2014 年，全省各级党委、政府及有关部门在推进文化建设的进程中，采取丰富多彩、扎实有效的措施，深入推进了社会主义核心价值体系建设和核心价值观的培育。

出台实施《关于培育和践行社会主义核心价值观的实施意见》。2013 年 12 月，中共中央办公厅印发了《关于培育和践行社会主义核心价值观的意见》，并发出通知，要求各地区各部门结合实际认真贯彻执行。2014 年 11 月 24 日省委办公厅印发《关于培育和践行社会主义核心价值观的实施意见》的通知，对贯彻落实中央精神、进一步推动全省培育和践行社会主义核心价值观提出要求、作出部署。《实施意见》在进一步明确遵循的指导思想、基本原则的同时，从七大方面对全省培育和践行社会主义核心价值观提出了要求、作出部署。一是把培育和践行社会主义核心价值观融入国民教育全过程，包括从青少年和学校抓起、拓展有效途径、打造学为人师和行为规范的教师队伍。二是党的建设要突出社会主义核心价值观的引领作用，包括贯穿党的建设的各个方面以及党员干部要做模范。三是把培育和践行社会主义核心价值观落实到经济发展和社会治理中，包括经济发展要遵循社会主义核心价值的要求、把培育和践行社会主义核心价值观落实到依法治省的实践、把培育和践行社会主义核心价值观作为社会治理的重要内容。四是不断提高社会主义核心价值观的知晓率和认同度，包括加强学习宣讲和研究阐释、发挥新闻媒体传播主渠道作用、建设网上传播阵地、强化公益广告传播功能、运用优秀文化产品育人化人。五是努力形成践行社会主义核心价值观的生动局面，包括广泛开展“德润三晋，共筑梦想”主题实践活动、深入开展学雷锋志愿服务活动、深化群众性精神文明创建活动、发挥重要节庆日传播社会主流价值观的独特优势、发挥先进典型的引领示范作用。六是发挥优秀传统文化怡情养志、涵养文明的重要作用，包括加强优秀传统文化的保护展示与普及、大力弘扬红色文化和革命传统。七是凝聚起培育和践行社会主义核心价值观的强大合力，包括各级党委政府负起政治和领导责任、全社会齐抓共管、任务落实到基层。

出台实施《山西省社会信用体系建设规划（2014—2020年）》。社会信用体系建设是社会主义核心价值观的重要内容。继2013年4月省政府制定印发《关于加快社会信用体系建设的指导意见》后，2014年12月又制定印发了《山西省社会信用体系建设规划（2014—2020年）》。《规划》从指导思想和目标原则、推进四大领域（政务诚信、商务诚信、社会诚信和司法公信）诚信建设、加快建立覆盖全社会的信用信息系统、完善社会信用体系运营机制、加强诚信教育与诚信文化建设、建立社会信用体系建设的保障体系六个方面，对全省社会信用体系建设作出顶层设计和规划部署，进一步明确了全省社会信用体系建设的整体架构。其中，《规划》对推进政务诚信、商务诚信、社会诚信和司法公信四大领域诚信建设，分领域作出更加明确具体的规划部署，并提出要求。政务诚信建设，具体包括提升政府依法行政水平、健全政府守信践诺机制、推进政府使用信用信息产品和公开政务信用信息、完善公务员诚信管理制度四个方面，其中公务员诚信管理是基础。商务诚信建设，具体包括生产、流通、金融、税务、价格、工程建设、政府采购、招标投标、交通运输、电子商务、统计、中介服务、会展和广告、企业管理14个领域信用建设，重点是食品生产加工、药品生产流通、融资担保、价格管理、建筑市场等领域。社会诚信建设，具体包括医药卫生和计划生育、社会保障、劳动用工、教育科研、文化体育旅游、知识产权、环境保护和能源节约、社会组织、自然人、互联网应用及服务等领域的信用建设，重点是医疗机构、环境保护等领域。司法公信建设，具体包括法院公信、检察公信、公共安全公信、司法行政公信、司法执法和从业人员信用、司法制度建设与民主监督6个方面。《规划》的印发，对进一步推进全省社会信用体系建设，构筑诚实守信的经济社会环境具有重要指导和引领作用。

加强和推进公民道德建设。公民道德建设，是建设社会主义核心价值体系和培育核心价值观的重要方面，又是社会主义核心价值体系和核心价值观的体现与反映。2014年，全省公民道德建设进一步推进。一是启动开展“德润三晋，共筑梦想”主题实践活动。6月14日，全省“德润三晋，共筑梦想”主题实践活动动员启动。主题实践活动包括：实施节俭养德全民节约行动、实施全民读书行动、实施道德规范制定和完善行动、实施文明礼仪培育行动、实施诚实守信创建行动、实施志愿服务进社区行动、实施德孝文化弘扬行动“七大行动”。该项主题实践活动以社会公德、职业道德、家庭美德、个人品德为基本内容，以宣传教育、实践活动、制度建设为关键环节，以扩大群众参与、形成良好道德生态为着力点，是提升全省公民道德素质和加强思想道德建设的一次探索和创新。通过广泛开展各种主题实践活动，全省大兴互助之风、诚信之风、敬业之风、孝老之风。二是大力推广建立善行义举榜。善行义举榜也叫“善行义举四德榜”，以“孝、诚、爱、仁”为主题，让善行义举上榜，为凡人善举立传，是山东省在基层弘扬社会主义核心价值观的典型经验。它是我国传统教化资源的创造性转化和创新性发展，是弘扬人间真善美、传递社会正能量的很好平台，是推动社会主义核心价值观落细、落小、落实的有效抓手。2014 年，全国开始推广山东省的这种经验。10 月 15 日，全省推进善行义举榜现场会在昔阳县大寨镇召开，会议总结推广了各地、各部门建立善行义举榜的做法和经验。三是深入开展“山西好人”、“山西道德模范”及“中国好人榜”推荐评选活动。“山西好人”评选，是从基层评选“身边好人”，包括“助人为乐好人”“见义勇为好人”“诚实守信好人”“敬业奉献好人”“孝老爱亲好人”。该项评选活动，始于 2013 年，每年第二、三、四季度评选，每季度评选出 20 人左右。2014 年全年共评选出 61 人。2014 年 3 月启动第五届山西道德模范评选，经推荐、筛选、评议、公示，于 9 月 26 日揭晓，最终有大同雷锋车队和梁香草等 24 人当选为“助人为乐、见义勇为、诚实守信、敬业奉献、孝老爱亲”五个类别的模范。同时秦同和等 24 人获第五届山西道德模范提名奖。全年全省各地还推荐 42 人入选了“助人为乐好人”“见义勇为好人”“诚实守信好人”“敬业奉献好人”“孝老爱亲好人”五个类别的“中国好人榜”。这些入选“山西好人”“山西道德模范”及“中国好人榜”的山西人物，植根于广大群众中间，受到广泛的认同和尊崇。这些评选活动的开展，较好地发挥了先进模范人物的示范和引领作用。四是继续推进城乡基层“道德讲堂”建设。2013 年开始在全省城乡基层推进“道德讲堂”建设，目标任务是到 2015 年逐步建立覆盖城乡基层的“道德讲堂”网络。“道德讲堂”硬件按“六有”统一标准建设，即：有固定的活动场所，室内正前方有统一规范的“道德讲堂”背景，四周有弘扬中华传统道德的警句格言，入口处悬挂统一规范的道德讲堂名称牌匾，配备标准的放映、音响设备，配备一定数量的桌椅座位。道德讲堂的活动以加强“四德”（社会公德、职业道德、家庭美德、个人品德）建设和宣传弘扬“五类”（助人为乐、见义勇为、诚实守信、敬业奉献、孝老爱亲）道德楷模精神为主要内容。2014 年，全省城乡基层“道德讲堂”建设继续推进，覆盖面进一步扩大。其中，一些行业部门、市县还建立了“道德讲堂总堂”。全省各地各部门“道德讲堂”“道德讲堂总堂”已成为传播身边好人道德故事、诵读中华道德经典名言、启发干部群众道德自觉、宣传和践行社会主义核心价值观的重要平台。五是《山西省志愿服务条例》的实施，推进了全省志愿服务工作组的规范化发展。志愿服务以“奉献、友爱、互助、进步”为主旨精神，是践行和弘扬公民道德的重要途径。该《条例》于 2014 年 3 月 1 日起施行，为志愿服务组织的建立、志愿服务者权益的保障提供了法制保障，促进了全省志愿服务工作规范化发展。

大力宣传先进典型人物事迹。充分发挥先进典型的示范引领作用，是推进社会主义核心价值体系和核心价值观建设的重要途径。一是在继续宣传申纪兰等先进人物事迹的同时，重点开展了宣传赵迎路、段爱平两位先进人物事迹的活动。1 月 21 日，省委作出《关于开展向赵迎路同志学习的决定》，号召全省广大党员干部群众要向赵迎路同志学习，立足本职、敬业奉献，为全省转型跨越发展做新贡献。赵迎路同志生前是山西杏花村汾酒集团教授级高级工程师。他五十年如一日，视酿酒事业如生命，将毕生心血和无穷智慧全部无私奉献给酿酒科研事业，为汾酒的传承创新做出了突出贡献。2 月 27 日，省委作出《关于授予段爱平同志“优秀共产党员”称号和开展向段爱平同志学习活动的决定》。段爱平，是襄垣县王桥镇返底村党支部书记、村委会主任，先后被评为“山西省十佳最美村官”“全国十佳最美村官”“感动中国”2013 年度人物。她在返底村任职 15 年来，甘于平凡、乐于奉献、勤勉务实、忘我工作，始终把群众的利益放在第一位，脚踏实地践行党的宗旨，模范履行了一名农村基层党员干部的职责。二是开展“山西最美乡镇干部”、年度“感动山西十大人物”及全国十大“最美村官”、全国“最美清洁工”评选和宣传活动。经群众广泛参与，最终有 10 人当选“山西最美乡镇干部”，10 人当选 2014 年度“感动山西十大人物”，昔阳县三都乡井沟村村委会主任马怀兰入选全国十大“最美村官”，太原市晋源区清运队清运女司机于荣改、阳泉市矿区环境卫生管理处清掏组赵泉祥、吕梁市柳林县城乡环境卫生管理中心环卫工张文燕3人入选全国“最美清洁工”。通过对这些人物的评选和宣传，发挥了发现感动、传递正能量、弘扬社会主旋律的积极作用。

深入推进群众性精神文明创建活动。群众性的精神文明创建活动，是建设社会主义核心价值体系和培育核心价值观的重要载体。2014年，全省各地各部门群众性精神文明创建活动深入推进、广泛开展，富有成效。一是表彰先进推进全省精神文明创建活动。经过严格评选，2014年5月30日省精神文明建设指导委员会作出决定，对2012～2013年度全省精神文明创建活动中涌现出的成绩突出、具有一定影响的11个文明城市、14个文明县城、17个工作先进县城、128个文明乡镇、261个文明村、258个文明单位标兵、910个文明单位、134个文明社区、84名先进工作者进行了表彰。11月至12月，根据中央文明委的部署，全省各地各有关部门还开展了评选推荐参加第四届全国文明城市（区）、文明村镇、文明单位评选的活动。通过开展评选先进、表彰先进活动，进一步促进了全省文明城市、文明村镇（社区）、文明行业（单位）三大创建工作的开展。二是深入开展“讲文明树新风”公益广告宣传活动。通过全省电视、网络、报纸等主流媒体刊播，通过在城市交通主干道、公交车、商业大街、建筑工地以及公园、广场、车站、商场等公共场所以及机关企事业单位、社区、乡村等处张贴、电子屏播放，公益广告宣传活动不断深入人心，较好地形成了传播先进文化、弘扬新风正气的氛围。特别值得一提的是，继2013年运城市盐湖区、大同市广灵县等组织创作的多幅剪纸作品入选全国公益广告征集作品后，2014年运城市盐湖区又承担了“图说我们的价值观”剪纸作品创作。作品以百名共产党员、时代榜样、最美人物为题材，围绕“国是家、善作魂、勤为本、俭养德、诚立身、孝当先、和为贵”七大主题，陆续问世，赢得赞誉。

2. 公共文化

公共文化服务体系建设，是发展公益性文化事业的重要内容，也是推进文化强省建设的重要举措。2014年，全省各级党委、政府及有关部门统筹规划，进一步推进了全省公共文化服务体系建设。

继续推进公共文化服务基础设施的建设。一是推进省级重点文化基础设施建设。2014 年 5 月 18 日，山西地质博物馆于国际博物馆日正式开馆。该博物馆位于太原市汾河西畔，于 2007 年 3 月 1 日奠基开工，总建筑面积约为 31000 平方米，总投资 1.5 亿元，历时 8 年建成。其建筑外观呈“天圆地方”形，下部方形建筑如自然巨石砌成的“百宝盒”，外披网格状“珠帘”，上部扁圆形展厅外形似“玉璧”横空，寓意“珠联璧合”。馆内陈展着山西的地质历史、生物演化、矿产资源禀赋和矿物岩石精华，其中的“山西鳄”化石和“华夏金蟾”狗头金展品十分著名。此外，于 2012 年奠基开工的山西广电中心工程、于 2013 年奠基开工的山西晋剧艺术中心工程的建设继续推进，同时还启动了山西省少儿图书馆和山西省古籍保护中心改建改造项目。二是推进市、县基层文化设施建设。市级博物馆、公共图书馆、文化（群众艺术）馆、科技馆、体育馆、剧院（场）“五馆一院”和县级文化馆、体育馆、图书馆、数字多厅影院“三馆一院”以及农村、乡镇、社区等基层文化设施建设进一步加强和推进。其中，大同市新博物馆、朔州市博物馆、晋城市图书馆美术馆、介休市博物馆等建成开放；新建 371 个乡（镇）全民健身广场，实现全省乡（镇）全民健身广场“全覆盖”。据统计，至 2014 年底，全省“省市县三级公益文化设施建设达标率”（主要由文化设施基础、区域服务人口及政府推进情况三方面综合评价）达到 73.4%，比 2013 年提高 4.34 个百分点。其中，省本级 66.06%，与上年持平；市本级为 68.3%，比上年增长 8.97 个百分点；县本级 79.4%，比上年度增长 3.3 个百分点。2014 年末，全省共有群众艺术馆 12 个，公共图书馆 126 个，博物馆 99 个，文化馆 119 个，文化站 1407 个（其中乡镇综合文化站 1197 个），农村文化活动场所（含农家书屋）2.83 万个（农家书屋覆盖全省所有行政村），城市数字影院 96 家、银幕 448 块。三是推进实施全省公共场所无线局域网建设工程和“宽带中国”战略工程。全省公共场所无线局域网建设工程于 2013 年底启动，“宽带中国”战略工程于 2014 年启动后，前者并入一并实施。公共场所无线局域网建设工程，以太原市为建设重点，在全省 11 个设区城市的行政服务类办事大厅、公共交通枢纽候客区、公立医院候诊区、旅游景点游客休憩区、会展中心与展览厅、文化场馆、体育场馆观众活动区以及其他用户感知度较高的重点公共场所，分类分批次完成无线局域网覆盖并开通服务。公共场所 WLAN 服务命名为“i－Shanxi”，译为“爱山西”。“宽带中国”战略工程，以提高城市和农村家庭固定宽带普及率为重点。2014 年，全省“宽带中国”战略工程取得重要进展。太原、晋中、长治等市的公共场所无线局域网建设覆盖面不断扩大；全省（固定）互联网宽带接入用户数达 571.1 万户，比上年末净增 49.8 万户。

大力实施各项文化惠民工程。一是探索建立政府购买公共演出服务机制取得新进展，2014 年 4 月制定出台了《山西省省级购买公共演出服务方案（试行）》。该《方案》首次明确山西省级购买的五类公共演出服务及购买公共演出服务的方式、价格和补贴标准。五类公共演出服务是：省委、省政府组织的深入农村、企业、高校、部队等基层单位的慰问性演出；省委、省政府安排的重要节假日惠民演出等公共演出活动；省直院团赴基层特别是贫困县开展的公益演出或惠民演出；省委、省政府举办的对外文化交流合作与推广；省委、省政府委托的其他文艺演出。首年实施该《方案》，购买演出服务 308 场，带动省直院团演出遍布全省 11 个市、60 多个县，实现了与基层群众面对面、零距离，改善了文化民生。二是持续开展“文化惠民在三晋”活动。2014 年 1 月 26 日，2014 年“文化惠民在三晋”活动在晋中太谷县启幕。该项活动贯穿 2014 年全年，以各级图书馆、群艺馆、文化馆（站）、美术馆、工艺美术专题馆、剧院、文化广场为平台，主要开展了 10 项活动，即“送欢乐下基层”文化服务活动、“中国梦·三晋情”节日纪念日文化活动、“爱心接力”关爱特殊群体服务活动、“润物无声”公共图书馆服务活动、“快乐生活”文化馆（站）服务活动、“美丽三晋”美术馆服务活动、“意·境”展示展览服务活动、“文化 e 行”数字文化工程服务活动、“幸福使者”文化企业优惠服务活动、“精彩无界”社会共建文化服务活动。全年，各地结合实际，开展了多种形式的文化惠民活动。太原市“文化精品基层行”、忻州市“周末大戏台”、晋中市“花开四季·乐享全民”、阳泉市“一年一村一场戏”、运城市“四心剧场”、临汾市“群众文化基层行”、长治市“上党文化大讲堂”，成为响亮的群众文化活动品牌。据不完全统计，全省全年完成惠民演出 1.7 万余场，公益电影放映 13 万余场，受益群众超过 2000 万人次。三是继续推进电影公共服务覆盖城乡。在城市数字影院建设方面，2014 年全省新增城市影院 15 家、银幕 66 块，总数分别达到 96 家、银幕 448 块，并实现了地级以上城市数字影院全覆盖。全年全省城市影院票房收入达到 3.91 亿元人民币，增长 36.1%，放映场次 70 万场，观影总人数 1103 万人；年末启动“全省好电影公益展映季”活动，在 90 家影院集中展映《焦裕禄》《周恩来的四个昼夜》《杨善洲》《开国大典》等全国优秀影片，及《村官段爱平》《情归陶然亭》《浴血雁门关》《韩妈妈和她的儿女们》等山西省拍摄的主旋律影片。在广大农村地区，继续贯彻“企业经营、市场运作、政府购买、农民受惠”总方针，推进全省农村电影公益服务进一步规范化、制度化、长效化，实现了全面落实一村一月放映一场数字电影。据统计，全年全省村公益电影放映工程累计完成放映场次 33.99 万场，群众观影 3191 万人次；同时，为丰富全省农村有寄宿学生的中小学校的精神文化生活，充分发挥优秀影片育人作用，放映爱国主义影片 9780 场。四是继续推进广播电视村村通工程。2014 年，全省“村村通”建设让 2232 个自然村的 40 多万群众看上了高品质的 51 套数字电视。这标志着山西“十二五”广播电视村村通建设任务提前 1 年完成。按规划，“十二五”期间（2011～2015 年），全省广播电视村村通工程主要解决 12282 个 20 户以下已通电自然村和新通电农村地区广播电视覆盖问题。至 2014 年底，实际完成 13400 个村建设任务，超额 1118 个村。全省广播电视人口综合覆盖率分别从 2011 年工程实施前的 93.12%（广播）和 97.53%（电视），提高到 2014 年的 98.04% 和 98.95%。

巩固和推进国家公共文化服务体系示范区（项目）创建。2011 年，国家文化部、财政部启动“创建国家公共文化服务体系示范区（项目）”，旨在引导各地结合当地实际，坚持公益性、基本性、均等性、便利性，在满足群众基本文化需求的基础上，积极探索如何形成网络健全、结构合理、发展均衡、运行有效、惠及全民的公共文化服务体系，进一步推动公共文化服务广覆盖、高效能，为构建基本完善的公共文化服务体系提供实践示范和制度建设经验。2011 年 6 月，长治市入围全国第一批创建国家公共文化服务体系示范区，太原市“文化精品惠民基层行”项目入围全国第一批创建国家公共文化服务体系示范项目。此后经过两年创建，长治市示范区创建、太原市示范项目创建于 2013 年 9 月通过验收，长治市创建为“国家公共文化服务体系示范区”、太原市“文化精品惠民基层行”创建为“国家公共文化服务体系示范项目”。2013 年 10 月，山西省朔州市入围全国第二批“创建国家公共文化服务体系示范区”，同时晋中市“民办文化的扶持、引导与规范管理”项目、大同市

“红领巾艺术团再建设”项目入围全国第二批创建“国家公共文化服务体系示范项目”。2014 年，长治示范区、太原示范项目成果进一步巩固扩大，朔州示范区、晋中和大同示范项目创建持续推进。

3. 文化事业

2014 年，全省各级各有关部门不断加强和推进文化事业发展，新闻出版、广播电视、文化艺术、文物和非物质文化保护、体育等事业取得长足进步。

加强和推进新闻出版、广播电视和网络传播媒体建设。到 2014 年末，全省共有大型新闻出版集团 8 家，包括山西日报报业集团、山西出版传媒集团两大龙头集团，山西新华书店集团以及非时政类报刊改革中组建成立的 5 大报纸传媒集团；图书出版社 8 家（其中副牌社 1 家），音像（电子）出版社 3 家，报纸出版单位 77 家，期刊出版单位 200 家；获得互联网出版资质单位新增 8 家，总计达 20 家。全年全省报纸出版 77 种、20.54 亿份，各类期刊出版 200 种、3215.8 万册，各类图书出版 5306 种、11909 万册。年末全省共有广播电视播出机构 112 个（省级 1 个、市级 11 个、县级 96 个、教育电视台 4 个），共开办 223 套广播电视节目（广播 108 套、电视 115 套）。其中，省级广播播出 7 套节目，省级电视国内播出 7 套节目。全省广播人口综合覆盖率达 98.04%，同比增长 1.28%；电视人口综合覆盖率达 98.95%，同比增长 0.5%；有线广播电视用户 514.85 万户。山西卫视全国覆盖人口超过 7.9 亿。全年共拍摄完成电影 11 部、电视剧 10 部、电视动画片 4 部。

加强和推进文物和物质文化遗产保护。一是继续推进山西南部早期建筑保护工程。该工程包括长治、晋城、运城、临汾 4 市的 105 处国保单位的元代及元代以前古建筑，于 2008 年启动以来，国家先后投入了 5.83 亿元。至 2014 年末，105 处项目中有 73 处完工，正在施工 32 处。2014 年 11 月 5 日，首届（2013 年度）全国十佳文物保护工程评选揭晓，高平二郎庙维修工程入选。二是继续推进世界文化遗产保护工程。2012 年以来，平遥古城城墙抢险保护及双林寺古建筑维修、云冈石窟文物保护、五台山重点寺庙抢险维修等工程持续推进。至 2014 年末，这些保护工程已取得重大进展，其中平遥古城东、西、北三面城墙修复完成，双林寺大雄宝殿得到全面维修；云冈石窟五华洞窟檐建设工程和岩体加固工程、9 窟和 10 窟壁画保护工程完工开放；五台山多座寺庙已修复完工。这些保护工程，不仅有效保护了世界文化遗产，也有力地促进了文化遗产保护与当地经济社会的协调发展。三是继续推进太原西山文化带保护工程。该工程于2013年开始被纳入全省重点文物保护工程，工程范围南起晋祠，北至窦大夫祠，涵盖沿线天龙山、龙山、太山、蒙山区域内的文物点。这些众多历史文物是太原20万年人类活动史、5000年文明史和2500多年建城史的重要鉴证。四是启动实施应县木塔加固工程和永乐宫大型维修保护工程。3月17日，永乐宫大型维修保护工程开工实施。12月4日，应县木塔抢险加固工程开工启动，标志着对木塔保护25年的世纪之争终有结果。五是启动开展国保省保集中成片传统村落整体保护利用工作。2014年，国家正式启动了国保省保集中成片传统村落整体保护利用工作，山西有国保省保单位的13个村落位列其中。其中，沁水县的窦庄村、湘峪村、西文兴村柳氏民居，介休市的张壁，阳城县的郭峪村、砥洎城村等启动实施保护维修工程。该项工程的实施，是沁河流域古村落整体保护利用的重大举措。六是专业性博物馆建设取得重大进展。10月1日，临汾曲沃县晋国博物馆建成正式开馆。该博物馆于2009年8月31日正式动工，总投资1.98亿元，是依托全国重点文物保护单位“曲村—天马遗址”兴建的山西省第一座专题性遗址类博物馆，也是我国唯一一座完整展示晋文化的平台。馆内工程主要包括晋国历史展厅、遗址发掘史展厅、遗址保护展厅、多功能厅等，三大展厅分别向世人呈现了晋国由兴至衰长达600余年的历史以及中国考古学人长达半个世纪的考古历程。11月，平顺太行三村生态博物馆（平顺太行三村豆口认知中心）建成开放。该博物馆是中国北方汉民族地区首家生态博物馆，陈展内容以第一主人公的视角，再现了豆口太行水乡的秀丽风光、历史悠久的特色古建、柿红米香的丰富物产、享誉三省交界的民俗红火。这两个专业博物馆的建成，填补了山西博物馆品类和形态的空白。七是历史文化名城（街区、镇、村）、传统村落保护进一步推进。2014年，全省有1个镇和9个村入选第六批中国历史文化名镇（村）名录，59个村落入选第三批中国传统村落名录，汾阳市新入选为省级历史文化名城，祁县古街区、孝义贾家庄街区等11个传统街区新入选为省级历史文化街区。至2014年末，全省有省级以上历史文化名城12座，其中太原市、大同市、平遥县、新绛县、代县、祁县6座城市（县城）为国家级历史文化名城，浑源县、太谷县、孝义市、介休市、左云县、汾阳市6座县城（城市）为省级历史文化名城；有省级历史文化街区 25 个；有省级以上历史文化名镇名村 101 个，省级以上传统村落 286 个，其中 8 个镇为国家级历史文化名镇，32 个村为国家级历史文化名村，129 个村落为国家级传统村落。山西国家级历史文化名镇、名村的总数，排浙江、福建之后，位居全国第三；国家级传统村落总数，排云南、贵州、浙江之后，居全国第四。

加强和推进文化艺术的繁荣发展。一是启动编纂出版《山西文华》丛书。该丛书编纂出版事项于 2014 年 12 月 2 日经省政府第 65 次常务会议研究通过，启动实施。丛书编纂以“尊重历史真实、突出山西特色、荟萃文化精华”为主旨，规划整理出版山西古籍文献 1500 种图书，分为“著述编”“史料编”“图录编”三编，分 3 期 9 年完成。丛书编纂是一项抢救、整理、传承、保护山西古籍文献的重大文化建设工程，被誉为山西的《四库全书》。二是推进山西“双百”出版工程。该项工程于 2013 年 11 月启动，规划从 2014 年到 2018 年的 5 年之内完成两大系列大型丛书《三晋百部长篇小说》和《三晋百位历史文化名人传记丛书》的编辑出版，其中“百部长篇”收入经典和原创各 50 部。三是评选揭晓了 2010—2012 年度“赵树理文学奖”，共 26 部（篇）优秀作品、2 名文学新人、3 名优秀编辑获此殊荣。“赵树理文学奖”是山西省具有最高荣誉的文学奖项，每 3 年评选一次。四是举办了第十六届山西省美术作品展、第十二届全国美术作品展雕塑作品展。两个展览分别于 7 月 2 日至 8 日、9 月 25 日至 10 月 25 日在太原美术馆举行。五是举办了“第六届戏剧奥林匹克”山西分会场、第九届中国话剧金狮奖暨第六届戏剧奥林匹克奖颁奖典礼。“戏剧奥林匹克”是唯一获准冠以“奥林匹克”殊荣的国际文化项目，是国际学术地位最高的戏剧交流活动和世界各国高水平戏剧演出、学术研讨的盛会。“第六届戏剧奥林匹克”于 11 月 1 日至 12 月 25 日在北京主会场与全国各地分会场举行，山西分会场演出了一系列丰富多彩的节目。12 月 27 日，在太原举办了第九届中国话剧金狮奖暨第六届戏剧奥林匹克奖颁奖典礼。这是金狮奖创立以来继 2012 年武汉之后第二次在京外举行。在这次颁奖典礼上，山西省话剧院共获得金狮奖 5 项大奖，话剧《立春》获得新剧目奖，话剧《美丽女孩》获戏剧奥林匹克分会场展演代表剧目奖。六是多项新创作的作品赢得好评。其中，音舞诗《晋善晋美中国梦》，由《黄河根脉》《红色情怀》《蓝天放飞》《绿叶畅想》四个篇章组成，通过音乐、舞蹈、戏曲、视频等艺术形式，形象化、艺术化地诠释和解读了中国梦、山西梦。大型航拍纪录片《飞越山西，晋善晋美》，由三集系列片《飞越山西山河》（自然地理篇）、《飞越山西岁月》（人文历史篇）、《飞越山西家园》（转型发展篇）组成，展示美丽山西、人文山西、转型山西的崭新风貌。

加强和推进非物质文化保护。一是积极推进非物质文化遗产升级保护。2014 年 12 月，国务院批准文化部确定的第四批国家级非物质文化遗产代表性项目名录和国家级非物质文化遗产代表性项目名录扩展项目名录，山西有 21 项入选，其中新入选项目 5 项，扩展项目 16 项。至此，山西有国家级非物质文化遗产保护名录项目 157 项，包括民间文学、传统音乐、传统舞蹈、传统戏剧、曲艺、传统体育游艺杂技、传统美术、传统手工技艺、传统医药、民俗等类别。山西入选国家级非物质文化遗产保护名录项目总数占全国 1219 个项目总数的 12.8%，数量居全国前列。二是继续推进“山西省非物质文化遗产地图集”课题的研究和编纂工程。该课题于 2013 年启动，2014 年进一步推进，并通过初审。该图集内容由背景、概况、代表性项目、保护和利用四个图组构成。图集充分运用形象直观的地图语言，以区域地理学的观点和地图信息传输方式，通过地图、图表、照片和文字介绍等多位一体的表现形式，科学展示全省非物质文化遗产分布的自然、社会和文化背景，揭示非物质文化遗产产生的物质和精神基础及地域分布特征，为研究非物质文化遗产的分布、传播提供了丰富的基础地理信息。三是大力推进国家级晋中文化生态保护实验区建设。文化生态保护实验区是指以保护非物质文化遗产为核心，对历史文化积淀丰厚、存续状态良好，具有重要价值和鲜明特色的文化形态进行整体性保护，并经国家文化部批准设立的特定区域。晋中文化生态保护实验区是于 2010 年经国家文化部批准建设的全国第三个国家级文化生态保护实验区。该实验区包括晋中市的 11 个县区和太原市的清徐县、阳曲县、小店区和晋源区及吕梁市的孝义市、汾阳市、交城县和文水县等 19 个县（市、区）。这个区域北接草原、南引中原，汾河、黄河文明脉络清晰，草原文化与黄土高原的农耕文化、商业文化相交融，历史文化遗存厚重而独特，是华夏传统文化的典型代表和重要组成部分，也是山西非物质文化遗产项目最集中的重点地区。2012 年，该实验区建设正式启动后，到 2014 年末，平遥县、孝义市、汾阳市、清徐县等 8 个县级综合传习中心已建成，在建 2 个，筹建 4 个。

这些综合传习中心初步显现提供非遗保护和活动场所、宣传展示、公共服务等综合效应。

加强和推进体育事业发展。一是成功举办第十四届省运会。省运会每四年举办一次。第十四届省运会于 2014 年 8 日至 18 日在太原举办，共设 16 个竞技项目、15 个群众项目。竞技项目包括：田径、游泳（含跳水）、射击、射箭、国际式摔跤（含女子摔跤）、柔道、举重、自行车、击剑、体操（含蹦床）、武术（含散打）、跆拳道、拳击、乒乓球、网球、篮球，4000 余名运动员、1500 余名裁判员及工作人员参与比赛。群众项目设有职工组、老年人组、大专院校组，有 3000 余名运动员、1000 余名裁判员和工作人员参与比赛。经过比赛，竞技体育项目共决出金牌 818 枚，3 人 3 次打破 2 项全省最高纪录，太原、大同、长治、阳泉、晋城、运城位列金牌榜前六位；群众项目赛事，长达 3 个月，产生集体一等奖 65 名、二等奖 66 名、三等奖 72 名，个人一等奖 75 名、二等奖 78 名、三等奖 96 名，体育道德风尚奖 115 个，优秀组织奖 21 个。二是成功举办第十届省残运会。省残运会四年举办一次。第十届省残运会于 2014 年 8 月 25 日至 30 日在太原举办，来自全省 11 市代表团的 400 多名运动员参加了田径、游泳、乒乓球、羽毛球等 11 个大项的比赛。共产生金牌 189 枚、银牌 88 枚、铜牌 59 枚。太原、长治、晋中、运城、临汾、阳泉代表团分列第一至六名。长治代表团以 44 金、10 银、43 铜的成绩居奖牌榜榜首，太原、晋中、运城、忻州、朔州代表团分列第二至六名。三是组团参加第 17 届亚运会并取得好成绩。第 17 届亚运会于 2014 年 9 月 19 日至 10 月 4 日在韩国仁川举行，山西组团随国家队参赛，10 名运动员参加了 9 个大项 14 个小项比赛，获 5 金、4 银、3 铜共 12 枚奖牌，金牌数、奖牌数创本省亚运参赛历史最好成绩。四是启动申办 2019 年全国青年运动会工作。经省政府提交申办报告，国家体育总局审核，被公布为第二届全国青年运动会唯一承办候选单位。全国青年运动会于 2013 年由全国城市运动会更名而来，第一届全国青年运动会于 2015 年 10 月在福州举行。

巩固扩大县乡基层文化先进创建活动成果。2014 年，国家文化部在评选 2009 年以来在文化建设中做出突出成绩的文化先进县（市、区）的同时，对 1991 年以来文化部授予的“全国文化先进县”“全国文化工作先进地区”“全国文化工作模范地区”进行了复查。经过评选和复查，山西有原平市、长子县新入选全国文化先进市（县），泽州县、临猗县、平定县、运城市盐湖区、晋中市榆次区、孝义市、清徐县、阳城县、介休市、沁源县、太原市小店区、新绛县、襄垣县、汾阳市17个县（市、区）保留了“全国文化先进县（市、区）”荣誉称号。通过层层推荐评审，2014年12月16日，文化部确定公布了442个2014—2016年度“中国民间文化艺术之乡”名单，山西有12个县（县级市）和乡镇被文化部命名，分别是太原市尖草坪区西墕乡、长治市黎城县、长治市长治县、长治市长子县、朔州市怀仁县、忻州市定襄县、忻州市原平市、吕梁市汾阳市、吕梁市中阳县、晋中市左权县、临汾市汾西县、临汾市霍州市，艺术领域涵盖表演、造型、手工、民俗活动等艺术门类。“中国民间文化艺术之乡”实行动态管理，每三年申报命名一次。

4. 文化产业

近年来，通过不断深化改革和创新发展，山西的文化产业不断发展壮大，日益成为推动社会主义文化大发展大繁荣和经济发展的重要力量。2014年，省委、省政府及有关部门强力推进全省文化产业发展，取得重要进展。

出台支持文化产业发展的多项重大政策措施。一是出台《山西省支持文化产业加快发展的若干措施》。该《若干措施》于8月23日由省政府印发，从13个方面对支持文化产业发展提出综合性政策措施。主要内容包括：放宽文化企业工商登记条件、鼓励非公有资本进入政策允许的文化产业领域、鼓励非公有资本兴办公益性或准公益性文化项目、鼓励资源型和投资型企业投资发展文化产业、加大财政资金对文化产业发展的扶持力度、鼓励设立文化产业发展投资基金、支持文化企业开展技术创新、推进文化创意和设计服务与相关产业融合发展、加快发展对外文化贸易、深入推进文化金融合作、支持符合条件的文化企业通过多层次资本市场直接融资、文化企业用地纳入城乡规划和土地利用总体规划、完善文化产业人才培养机制。其中的具体政策有48项，涉及文化产业发展的重点领域和关键环节，多项内容是具有创新性的条款。二是出台《山西省推进文化创意和设计服务与相关产业融合发展行动计划》。该《行动计划》于8月19日由省政府印发，明确提出了今后工作的重点任务、政策措施。其中，重点任务包括7个方面：提升工业设计产业创新能力和推进工业设计公共服务平台建设、加快数字内容产业发展、提升人居环境质量、提升旅游发展文化内涵、挖掘特色农业发展潜力、拓展体育产业发展空间、提升文化产业整体实力。政策措施包括 8 个方面：增强创新动力、强化人才培养、培育市场需求、引导集约发展、加大财税支持、加强金融服务、优化发展环境等。三是出台《关于深入推进文化金融合作的实施意见》。该《意见》于 2014 年 7 月 17 日由省文化厅、人民银行太原中心支行、省财政厅三部门联合印发，从 14 个方面提出措施：支持金融机构建立“文化金融特色支行”和文化金融专业服务团队、培育文化类小额贷款公司、支持民间资本依法设立中小型银行、推动成立文化产业知识产权评估和交易机构、建立完善融资性担保体系、筛选确定一批文化保险公司、筹建山西省文化金融服务中心、鼓励银行金融机构打造金融服务特色产品、建立文化金融合作会商机制、实施“文化金融扶持计划”、搭建山西省文化产业投融资服务平台、按年度编制文化产业重点融资项目目录、加大文化金融人才培训、完善文化金融服务评估机制。

深入推进文化体制改革与创新。一是积极理顺省属文化企业集团出资人管理体制。2011 年，山西出版传媒集团、山西演艺集团、山西影视集团、山西日报传媒集团、山西广电传媒集团、山西广电网络集团 6 大省属文化企业集团组建。2014 年，继续推进这 6 大文化企业集团改革发展，重点理顺了文化企业集团出资人管理体制。二是推进体育、旅游、文博、工美四大集团的组建与运行。2013 年 1 月 4 日，省政府召开第 116 次常务会议，讨论并原则通过体育、旅游、文博、工艺美术四大文化产业集团组建方案。2013 年 12 月 12 日，山西工艺美术集团有限责任公司正式注册成立。2014 年，体育、旅游、文博三大文化产业集团完成工商注册。三是设立文化产业和旅游文化体育产业两支基金。2014 年 8 月 26 日，省政府常务会议研究确定，设立山西省文化产业发展投资基金和山西省旅游文化体育产业投资基金，每支基金各 10 亿元，其中政府引导资金各 2 亿元，分两年到位。每支基金首期 5 亿元，政府资金 1 亿元。后经筹备，文化产业和旅游文化体育两支产业基金，由山西国投集团代表政府履行出资人职责于 11 月正式设立。这两支产业基金的设立，为创新文化产业投融资机制、吸引社会资金发展文化产业提供了平台。这是山西首次设立省政府主导的文化产业发展基金。四是筹划推进山西文化保税区（山西省对外文化贸易区）建设。该文化保税区位于太原武宿综合保税区内，规划总占地面积 127 亩，总建筑面积 16 万平方米，总投资额约 6 亿元人民币，由山西省投资集团所属山西省对外文化有限公司投资运营。文化保税区的主要功能是为发展对外文化贸易提供总部基地和产业协同服务平台，由文化产品加工制造、文化商品保税仓储、国际文化贸易服务及研发、国际文化商品展示交流四大板块组成，涵盖艺术品加工、文化产品仓储、产品分销、艺术品展示、创意研发、国际文化贸易服务、国际新媒体开发、国际文化电子商务等项目。企业入驻保税区后，可享受国家关于综合保税区的税收优惠、海关监管、检验检疫、外汇管理、对外贸易、金融支持等一系列优惠政策。山西文化保税区是继上海外高桥文化保税专区、北京天竺文化保税专区后的全国第三个文化保税专区。它的建设对于建设山西省新型文化业态具有重大意义。

进一步增强旅游对文化消费的促进作用。山西历史文化底蕴深厚，人文景观景点遍布全省各地。多年来，通过发掘人文旅游资源，文化旅游在促进山西文化产业发展方面发挥了极其重要的作用。2014 年，山西旅游对文化消费的促进作用进一步增强。一是继续推动“美丽山西休闲游”的重大措施。该措施是省政府于2013 年5 月15 日出台实施的，其核心条款是全省国有及国有控股的49 个 A 级景区实行头道门票打折优惠，并不设期限，其优惠幅度旺季为20%，淡季为40%。后来，又有35 家集体、民营及集体、民营控股的 A 级景区响应，加入美丽山西休闲游活动。2014 年，84 家景区“美丽山西休闲游”优惠活动持续开展，在吸引游客方面成效十分显著。二是在全国继续深入开展“晋善晋美·美丽山西休闲游”推介活动。“晋善晋美·美丽山西休闲游”推介活动于2013 年7 月启动，当年先后在河北、北京、天津、陕西、河南、内蒙古、广东及香港开展宣传推介活动。2014 年4 月至6 月，又先后在山东济南、江苏南京、浙江杭州、福建福州、广西南宁、湖南长沙开展宣传推介活动，进一步提升了山西文化旅游的知名度和美誉度。三是重大节庆活动持续举办。洪洞大槐树文化节、中国五台山国际文化旅游月、中国（大同）云冈文化旅游节、中国（太原）面食文化节、长治祈福文化旅游节、山西·右玉西口风情生态旅游文化节、运城关公文化旅游节、中国平遥国际摄影大展等大型旅游文化节庆活动的开展，进一步丰富和提升了文化旅游的魅力。其中，2014 年第14 届中国平遥国际摄影大展期间，参观人数达到3.5 万人次，古城门票收入217 万元。四是继续推进文化旅游目的地建设。继2013 年室内情境体验剧《又见平遥》演出之后，2014 年 9 月 19 日大型室内情境剧《又见五台山》在五台山景区新落成的风铃宫成功首演。这部大型室内情境剧总投资 6.3 亿元，全方位展现了五台山佛教文化的特色和精神。《又见五台山》情境剧在五台山的演出为五台山景区增添了一道亮丽的风景线。整合太行山大峡谷自然风光旅游区资源，形成了“一个品牌、一个公司、一张门票”的发展模式。垣曲历山和翼城历山资源整合进入实施阶段。运城市提出并推进了以“古中国”为标识的国际旅游目的地建设。大同市以“古都、煤都、夏都、佛都、艺都”五都为品牌推进了国际旅游目的地建设。晋中市乔家大院文化园区升级为国家 5A 级旅游景区，大同市华严寺、阳泉市桃林沟、晋城市阳城天官王府、朔州市崇福寺、忻州市定襄凤凰山、朔州市怀仁金沙滩、临汾市汾河公园和东岳庙及侯马彭真故居升级为国家 4A 级景区。至此，全省 A 级以上景区达到 129 个，其中 5A 级旅游景区达到 5 个，4A 级景区达到 73 个。2014 年，全省共接待旅游者 2.99 亿人次，同比增长 21.73%；实现旅游总收入 2846.51 亿元，同比增长 23.47%。

5. 文化交流

开展对外文化交流合作，是提升文化影响力和建设文化强省的重要内容。2014 年，山西文化对外交流合作成效显著。

组织开展多项晋台文化交流活动。一是启动晋台海峡两岸炎帝文化交流暨炎帝陵修复保护工程。该项工程于 5 月 17 日启动，位于晋城高平市神农镇庄里村，占地 70 余亩，建筑面积 6782 平方米，投资 1.4 亿元。炎帝神农在高平神农镇一带留下许多遗址遗迹、风俗习惯、历史瞻顾、碑记石刻，全国罕见。中华炎帝文化是两岸同胞共同的根，两岸同胞一道携手重修神农炎帝陵，对新时代两岸共圆“中国梦”意义重大。二是主办“情系三晋——两岸文化联谊行”活动。该项活动由文化部和国务院台办作指导，中华文化联谊会与山西省政府共同主办，在 7 月 6 日至 15 日期间开展，是山西省近年规模最大、规格最高的一次对台文化交流活动。活动期间，来自台湾文化界、教育界、新闻界和艺术界的 98 位嘉宾，与国家文化部、中华文化联谊会、山西省文化领域的专家学者，开展了三晋文化研讨会、两岸书画家交流会、两岸文化联谊座谈会等交流活动。台湾嘉宾还先后对太原、运城、临汾、晋中、忻州、大同等 6 市 20 多个文化古迹和文化单位进行了参访。通过一系列活动，台湾嘉宾增进了对山西历史文化和丰富多彩的文化形态的认识，山西文化界也加深了对台湾文化事业发展的了解，同时还促进了晋台合作。三是举办“华夏文明看山西——台湾大学生三晋行”活动。该项活动于7月22日至29日举行。其间，来自台湾21所高校的32位大学生分别与太原理工大学、山西师范大学师生进行了联谊互动，并先后到山西省高校新区、山西省博物院、太原市城市规划馆、高铁车站和抗日战争第二战区司令部旧址、祭祖圣地洪洞大槐树等单位进行了参观走访。活动的开展，增进了台湾青年学生对山西经济社会发展和历史文化的认知。四是举办“台湾基层民众山西行”活动。该项活动于8月17日至23日举行。其间，来自台湾原住民区乡镇长和基层民众40人，先后参访了平遥古城、王家大院、大槐树移民遗址、关帝庙和吉县有机苹果园、杏花村酒业产业集中发展区等文化古迹和山西有关特色产业。活动的开展，增进了台湾基层民众对山西省经济社会发展和历史文化的认识和了解。五是组织太原舞蹈团大型舞剧《千手观音》赴台湾进行文化交流与演出活动。该项活动是由台湾佛光山寺星云大师促成，于2014年9月19日至10月2日在台湾高雄市、台中市、台北市等地举行，演出五场，在台湾当地造成了轰动效应，发挥了加强两岸文化交流的积极作用。六是举办“台湾记者三晋行”专题采访活动。该项活动于9月21日至26日举行。其间，来自台湾《中国时报》《旺报》及中国台湾网、华夏经纬网等两岸媒体的18名记者，采访了忻州五台山南禅寺、佛光寺等15个寺院以及朔州应县木塔、大同云冈石窟、太原崇善寺等著名寺院。活动的开展，加深了台湾记者对山西历史文化和佛教文化的了解和认知。七是举办了山西运城关帝祖庙圣像赴台安座交流活动。该项活动于12月1日至8日举行。其间，运城关帝祖庙制作、开光的馆藏文物关帝圣像复制像，赴台开展了基层宫庙巡游、安座祈福、民众参拜等活动，在新北市土城顺圣宫和佛光山举行了隆重的“关公圣像赴台安座”仪式。活动的开展，增进了“两岸一家亲”的感情。八是举办“大陆台商子弟山西行”活动。该活动于12月14日至20日举行。其间，来自广东东莞市台商子弟学校的50位师生，与晋城市高平一中和郭台铭先生捐赠的爱物中学举行了联谊互动、文艺表演和互赠礼物等形式多样的交流活动，参观了高平市炎帝陵、太行山地质公园、平遥古城、晋祠和太原城市规划馆等文化景观古迹及城市建设。

组织文艺团队参加多项国际文化交流活动。一是组织参加“2014 年欢乐春节——中斯大联欢”演出活动。该演出活动由中国驻斯里兰卡大使馆和在斯中资企业商会共同主办，于1 月 15 日至20 日在印度洋热带岛国斯里兰卡的首都科伦坡举行。根据安排，山西省歌舞剧院“黄河情韵”演出团一行 32 人参加了演出活动。演出团在中斯友谊的象征——新竣工的班达拉耐克国际会议中心举行 3 场演出活动。演出节目类型丰富，包括热烈舞蹈《鼓舞东方》《红灯笼》、民族打击乐演奏《戏文武韵》、传统唢呐演奏《打枣》、阳刚健美的男子群舞《山铃》、神奇戏曲表演《变脸》等。3 场演出活动，节目民族特色浓郁，气氛欢腾喜庆，给当地观众带去了中国文化的精美盛宴，也彰显了中华文化的风姿魅力，发挥了促进中斯友谊的积极作用。二是组织参加 2014 年哈萨克斯坦“中国文化日”活动。该项活动由中国文化部、哈萨克斯坦文化和体育部、中国驻哈萨克斯坦大使馆联合举办，于 9 月 25 日至 10 月 14 日在哈首都阿斯塔纳等地举行。这是近年来中哈两国文化交流中规格最高的大型项目。根据国家文化部的部署，以山西艺术职业学院华晋舞剧团为班底，包括中央民族歌舞团和太原市歌舞杂技团等院团组成的中国艺术家代表团参加演出活动。其间，代表团参加了“中国文化日”的开幕式演出，后又在第二大城市阿拉木图进行了演出。其中，山西艺术职业学院华晋舞剧团表演的舞蹈《华舞飞扬》，舞剧《一把酸枣》中的《团扇舞》，舞剧《粉墨春秋》中的《水袖舞》和《髯口舞》，高难度的杂技《花盘》《抖空竹》等晋味十足的节目，表现了山西的风采，彰显了中国气派，赢得高度赞誉。三是组织参加 2014 年北京 APEC（亚太经济合作组织）峰会演出活动。2014 年 APEC 峰会于 2014 年 11 月 10 日至 11 日在北京怀柔雁栖湖举行。11 月 10 日晚，APEC 会议欢迎晚宴活动在奥林匹克公园举行，其中文艺演出在水立方上演，国家主席习近平和夫人彭丽媛以及参加“APEC 领导人非正式会议”各经济体的领导人和代表观看。整个文艺演出活动以中国传统文化和民族元素作为重要内容，结合现代手段，以世界性的舞台语言演绎魅力中国。文艺演出由 10 个节目组成，囊括了独唱、合唱、舞蹈、鼓乐及戏曲等多种不同的表演形式。而在这 10 个节目中，有来自山西的 3 个节目和 1 个片段节目，3 个节目分别是舞蹈《千手观音》、晋剧绝活椅子舞、绛州威风锣鼓，1 个片段节目是舞剧《粉墨春秋》中的经典片段“髯口功”和“跷功”。这些“山西元素”夺人眼球，成为晚会的亮点，震撼全世界。

积极组织参加全国性的文化博览会。一是组团参加第十届中国（深圳）国际文化产业博览交易会。该届博览交易会于5月14日至19日举行，山西组团参加，其中有80余家骨干文化企业的产品汇集展览和交易。主要展出传统工艺美术品、文化创意产品、现场演示、非物质文化遗产展示四大系列。展览和交易的产品数量近千种。其间，5月17日至19日公众开放日参观山西展馆人数突破20万人次，现场展品销售火爆。博览会上，大同市的银制展品“合掌露齿菩萨”获得“中国工艺美术文化创意奖”金奖，繁峙晋绣坊展品繁峙晋绣“东方雄狮”获得“中国工艺美术文化创意奖”铜奖。二是组团参加第三届中国非物质文化遗产博览会。该届博览会于10月10日至14日在山东济南市舜耕国际会展中心举行，主题是“非遗，我们的生活方式”。山西组团参展，展区由晋中文化生态保护区非遗精品展位、非遗衍生品创意设计作品展位和非遗精品项目展位三部分组成，展示了7个凸显保护区地域文化特色、历史悠长厚重、贴近群众生活的饮食养生文化的优秀非遗项目，重点宣传了晋中文化生态保护区最新成果。4天期间，莅临山西展区的游人、顾客累计达到7万余人，现场的酒、醋、饼、药等千余件展品几近售罄。博览会上，祁县红海人工吹制玻璃器皿技艺展示获“优秀非遗衍生品、非遗保护创新成果展示奖”，东湖老陈醋、龟龄集定坤丹等项目的四位代表性传承人获“优秀传承人展示奖”。

组织举办“山西艺术精品新疆行”文化援疆活动。2011年全国开始新一轮援疆以来，山西对口援助昌吉回族自治州阜康市和农六师五家渠市。2014年是新疆生产建设兵团成立60周年、新疆昌吉回族自治州成立60周年、五家渠市建市10周年。按计划，于9月11日至22日组织举办了“山西艺术精品新疆行”文化援疆活动。其间，在昌吉市、阜康市、五家渠市等地举办了大型说唱剧《解放》以及《走西口》《想亲亲》等山西经典民歌、舞蹈巡回演出活动，举办了“晋善晋美——山西省非物质文化遗产精品展”、文化交流合作等活动。这些活动的开展，将厚重悠远、特色鲜明的三晋文化传送给了援助地军民，给人们留下了直观、立体、鲜活的深刻印象，取得传播优秀文化、增进晋疆友谊的积极成效。

积极推进区域文化旅游合作。一是签署《晋陕豫黄河金三角区域文化发展战略联盟合作框架协议》。2014 年 4 月，国务院批复《晋陕豫黄河金三角区域合作规划》后，为贯彻落实《规划》精神，充分发挥文化在区域经济社会发展中的重要作用，山西、陕西、河南三省文化部门共同成立“晋陕豫黄河金三角区域文化发展战略联盟”，并建立相关机制，旨在开展多渠道、多层次、多形式的交流与合作。5 月 23 日，山西、陕西、河南三省文化部门在西安签署《晋陕豫黄河金三角区域文化发展战略联盟合作框架协议》。协议确定三省将在艺术创作、精品展演、文化产业、公共文化服务体系建设等方面开展交流合作。具体内容有：建立舞台精品剧目交流演出机制，推动地方特色优质剧目进行互访演出，互为优秀剧目巡演提供帮助和支持；提升区域文化产业创作水平，共同打造文化产品综合展示交易平台，举办美术联展或巡展，推动美术作品、非遗产品展览展销；推进公共文化服务体系建设，搭建公共图书馆等资源共享平台；大力发展文化产业，建立跨区域的文化产业交流合作平台，在文化项目和园区发展上互相支持、协作；探索交流非物质文化遗产保护利用的机制和经验，推进区域内非遗资源共享和协同保护；打造一批特色文化品牌，提升区域文化影响力，共同打造黄河金三角文化名区，联合组织对外（对港澳台）文化交流活动；建立文化市场综合管理和执法联防合作机制；加强文艺人才的交流与互动，加强艺术教育领域的交流合作；加强文化政策交流，提升区域文化管理水平，加强文化领域信息资源和改革创新成果的交流共享。二是积极发起成立中国黄河旅游市场推广联盟。黄河是中华民族的母亲河，沿黄九省（区）横跨中国东、中、西三大地带，沿线旅游资源丰富，文化底蕴深厚。着眼于黄河沿线区域旅游资源的发掘和品牌打造，山西旅游部门发起，联合黄河沿线的青海、四川、甘肃、宁夏、内蒙古、陕西、河南、山东八省（区），于 10 月 17 日在太原共同成立“中国黄河旅游市场推广联盟”。在国家的支持下，该联盟将围绕“美丽中国 · 天下黄河”主题，整合开发以黄河为纽带的适合境外游客的系列旅游产品，将黄河旅游产品打造成国际知名的旅游品牌。

四 社会建设

社会建设，是经济发展和社会和谐稳定的重要保障。2014 年，在全省经济发展不断下行的形势下，省委、省政府及有关部门坚持推进社会建设不放松，以保障和改善民生、促进社会公平正义为核心，不断推动各项社会事业的改革与发展，保持了社会和谐稳定。

1. 教育发展

2014 年，全省各级党委、政府及有关部门积极支持和推进教育的改革与发展，推动了各级各类教育事业协调发展，取得新成效。

进一步扩大学前教育资源和推进特殊教育发展。一是进一步扩大学前教育资源。2011 ~ 2013 年，全省实施“学前教育三年行动计划”，新建、改扩建标准幼儿园取得了重要成效。在此基础上，2014 年全省启动第二轮“学前教育三年行动计划”，进一步扩大公益性和普惠性学前教育资源。2014 年，以解决城镇和城乡接合部学前教育资源总量不足问题为重点，全省新建、改扩建了公办标准化幼儿园 206 所，改造了农村幼儿园 312 所。至年末，全年全省共有幼儿园 6183 所，比上年增加 301 所；在园幼儿 968237 人，比上年增加 16806 人；幼儿园专任教师 44475 人，比上年增加 3158 人。学前三年毛入园率达 86%，比上年提高 5.6 个百分点。二是加强和推进特殊教育发展。出台实施《山西省特殊教育提升计划（2014—2016 年）》。该《计划》于 2014 年 7 月 15 日由省政府办公厅印发，从总体目标、年度目标、主要任务、政策措施等方面，对全省特殊教育发展做出规划部署。提出的总体目标是：集中力量新建、改扩建一批标准化特教学校，到 2016 年，30 万人口以上的县（市、区）建成 1 所独立的特教学校，其他县（市、区）建起普通学校附设的特教班，形成以随班就读为主体、以特教学校（班）为骨干的县域残疾儿童少年义务教育网络，全省基本普及残疾儿童少年义务教育，视力、听力、智力残疾儿童少年义务教育入学率达到 90% 以上。2014 年，通过实施《计划》等政策措施，全省特殊教育进一步发展。14 个 30 万人口以上的县（区）建成了独立的特教学校，10 所已正式招生。特殊教育学校生均公用经费标准由 1000 元/生年提高到 4000 元/生年，特殊教育学校教师的补贴标准提高到本人基本工资的 50% 左右。以县为单位建立了实名登记的 0 ~ 16 岁残疾儿童少年档案，形成残疾儿童发现、报告、诊断、评估、初期安置、实施教育等完整的教育服务体系。2014 年全省共有特殊教育学校 62 所，比上年增加 6 所；在校生 8165 人，比上年增加 1019 人；专任教师达到 1432 人。

推进义务教育均衡发展和取得新突破。一是继续推进实施“农村义务教育薄弱学校改造计划”。该项计划是一项国家统一部署的行动，全国于2011年启动实施，主要包括教学装备类项目和校舍建设类项目。到2013年，山西119个县（市、区）还剩余17个县（市、区）未实施。2014年，全省剩余的17个县（市、区）启动实施“农村义务教育薄弱学校改造计划”，全省“农村义务教育薄弱学校改造计划”实现全覆盖。二是出台《关于全面改善贫困地区义务教育薄弱学校基本办学条件的实施意见》，启动全面改善贫困地区义务教育薄弱学校基本办学条件工作。该项工作的主要范围是：以全省35个国家扶贫开发工作重点县、17个省定贫困县（区）、5个插花贫困县（区）和属于连片贫困地区的大同县共58个贫困县为主，兼顾其余40个非贫困县（市）的农村学校。总体目标是：从2014年起，经过五年的努力，全省义务教育学校教学设施、生活设施都能达到省定基本办学标准和后勤装备基本标准，留守儿童学习和寄宿需要得到基本满足；村小学和教学点能够正常运转；教师配置趋于合理，数量、素质和结构基本适应教育教学需要；中小学校宽带网络全部接入，基本完成网络教学环境建设；县域内在校生辍学率小学、初中分别控制在0.6%、1.8%以下。三是义务教育均衡发展取得新突破。近年来，全省各地不断推进义务教育均衡发展，其中一些县（市、区）推进义务教育办学基本标准达标、义务教育校际间均衡、县级政府推进义务教育均衡发展力度、公众对县域义务教育均衡发展的满意度等方面不断进步。2013年，太原市迎泽区通过国家“全国义务教育发展基本均衡县（市、区）”认定。2014年，全省有大同市新荣区，阳泉市矿区、郊区、盂县，晋城市城区、高平市、阳城县，朔州市平鲁区，晋中市榆次区、介休市、榆社县、左权县、寿阳县、太谷县、灵石县，运城市永济市、临猗县、垣曲县，临汾市安泽县、浮山县，吕梁市孝义市等21个县（市、区）通过“全国义务教育发展基本均衡县（市、区）”认定。四是提高农村中小学生均公用经费标准和加强农村教师队伍建设。2014年，全省农村小学、初中生均公用经费补助标准分别由550元、750元提高到695元、895元；补充1700余名特岗教师，为21个集中特困县3万余名乡村教师每人每月发放300元生活补贴。2014年，全省共有小学6885所，在校生2245019人，小学专任教师176840人，学龄儿童净入学率99.92%；普通初中学校1919所（初级中学1446所，九年一贯制学校

473 所），在校生 1218952 人，专任教师 115922 人。

大力推进高中阶段教育发展和提升发展质量。一是积极推进普通高中教育标准化建设和发展。《山西省普通高级中学办学基本标准（试行）》于 2014 年 11 月出台实施。按照标准要求，在未来几年，要通过实施普通高中学校办学条件标准化建设，加快缩小全省普通高中区域、城乡、校际办学条件差距，促进教育公平。到 2017 年秋季开学前，全省所有普通高中办学条件达到《基本标准（试行）》，基本实现布局合理、规模适度、功能完备、教育教学设施设备基本达标、生活服务设施满足师生需求、教育教学质量稳步提升的目标。按照《标准》，2014 年对 53 所省级示范高中进行了专项复评，促进这些学校的标准化建设。年末全省共有普通高中 499 所（完全中学 218 所，高级中学 242 所，十二年一贯制学校 39 所），比上年减少 5 所；在校生 827821 人，专任教师 60931 人。二是加快推进中等职业教育改革与发展。加强和推进职业教育基础能力建设，14 个县级职教中心通过省级验收，累计建成合格县级职教中心的县（市、区）达到 76 个；完成第三轮中职学校管理星级评估认定工作，被认定为管理五、四、三和二星级的学校数量分别为 22 所、20 所、18 所和 12 所；清查 387 所中职学校办学资质，其中 346 所学校通过检查，30 所需限期整改，11 所被取消办学资质。推动中职学校办学模式和人才培养模式改革创新，启动实施“百校千企”工程，规划遴选包括中职学校在内 100 所骨干职业院校与 1000 家大中型企业的深度合作项目，以实现专业设置与产业需求对接、课程内容与职业标准对接、教学过程与生产过程对接，毕业证书与职业资格证书对接、职业教育与终生学习对接，从而提升职业教育服务产业发展的能力。2014 年，全省中等职业学校（普通中专、成人中专、职业高中、技工学校）增加 36 所，达到 543 所。全年招生增加 6324 人。达到 170977 人；中职对口升学规模由 1.8 万人扩大到 2.5 万人。

加强推进高等教育发展和提升发展质量。一是高等教育布局和结构进一步优化。太原电力高等专科学校成功并入山西大学，促进了学科优化和增强了发展实力。在原太原理工大学阳泉学院基础上新成立山西工程技术学院，填补了阳泉市没有本科层次高等院校的空白，实现全省 11 个设区市本科教育资源全覆盖。新建吕梁职业技术学院，实现了全省 11 个设区市高职教育的全覆盖。山西能源学院筹建取得重要进展，首次与太原理工大学联合招收本科生。在原山西兴华职业学院的基础上成立山西应用科技学院，成为山西第二所民办本科高校，民办高等教育实现新发展。二是大力提升本科高等教育发展质量。成立了本科院校咨询工作委员会。举办了本科院校“推动内涵发展，提升‘三个能力’（着力提升人才培养能力、科技创新能力、服务发展能力）建设”主题研讨会，进一步明确了发展方向。加强高校特色学科和急需专业建设，新增44个本科专业。新增培养研究生高校1个，总数达到11个。推进省市共建本科院校，与11个市政府签订了合作共建本科院校协议。山西农业大学入选国家第一批卓越农林人才教育培养计划试点高校，涉及8个专业的2种拔尖创新型人才培养模式改革项目。中北大学入选2014年国家级虚拟仿真实验教学中心。加强和推进高层次人才培养，遴选出2014年度山西省高等学校优秀创新团队2个，中青年拔尖创新人才4人，优秀青年学术带头人36人；继续实施高等学校“131”领军人才工程，各高校共引进院士10名，知名学者和学术技术带头人81名，培养优秀中青年拔尖创新人才156名。三是积极推进高职（高专）教育“教产融合”发展。山西建筑职业技术学院通过国家示范高职学校项目验收，3所省级示范性高等职业院校建设项目通过省级验收。支持建设了高职实训基地20个、重点专业19个、特色专业12个。如前文所述，启动实施“百校千企”工程，推进高职（高专）院校提升职业教育能力。四是稳步扩大招生规模。全年研究生和普通本、专科招生计划分别比2013年增长4%和8%。实行自主招生的高职（高专）院校增至34所，招生规模增至1.4万人。五年制高职招生计划比2013年增加0.15万人。专升本和对口升学本科招生计划分别比2013年增加25%和242%。2014年全省共有普通高校71所，本科高校23所、高职（高专）院校48所，其中民办本科高校2所、高职（高专）院校5所。本科高校中培养研究生单位11个。2014年全省研究生招生9141人（博士生487人、硕士生8654人），比上年减少243人，下降2.59%；在学研究生27962人（博士生2448人、硕士生25514人），比上年增加489人，增长1.78%；毕业研究生8492人（博士生345人、硕士生8147人），比上年增加738人，增长9.52%。全省普通高等教育本专科共招生214394人，比上年减少902人，下降0.42%，其中本科118014人，比上年增加3797人，增长3.32%，高职（专科）96380人，比上年减少4699人，下降4.65%；在校生713218人，比上年增加36401人，增长5.38%，其中本科 421926 人，比上年增加 31272 人，增长 8.01%，高职（专科）291292 人，比上年增加 5129 人，增长 1.79%；毕业生 174060 人，比上年增加 801 人，增长0.46%，其中本科 85406 人，比上年增加 9031 人，增长 11.82%，高职（专科）88654 人，比上年减少 8230 人，下降 8.49%。其中，全省民办高校普通高等教育本专科招生 14128 人，在校生 38885 人，毕业生 6948 人，分别占全省总数的 6.59%、5.45%、3.99%。2014 年，全省高等教育毛入学率达到 37%，比上年提高 3 个百分点。

进一步加大投入和提高保障水平。2014 年全省教育经费收入 703.56 亿元，较上年的 691.82 亿元增长 1.7%。其中，公共财政预算教育经费（不含教育费附加）535.93 亿元，较上年的 517.22 亿元增长 3.6%；各级政府征收用于教育的税费收入达 68.98 亿元，较上年的 52.52 亿元增长 31.34%；企业办学教育经费 1.12 亿元，较上年的 1.89 亿元下降 40.68%；民办学校中举办者投入经费 2.65 亿元，较上年的 4.83 亿元降低 45.2%；社会捐（集）资办学经费 0.25 亿元，较上年的 0.45 亿元下降 43.65%；事业收入 118.21 亿元，较上年的 104.33 亿元增长了 13.3%；其他教育经费 6.2 亿元，较上年的 10.55 亿元下降 41.19%。全省地方教育和其他部门教育经费总支出 624.96 亿元，较上年的 615.98 亿元增长 1.46%。

2. 城乡就业

2014 年，在经济下行、企业困难的新形势下，全省各级党委、政府及有关部门加强宏观调控，采取了一系列重大政策措施，促进了城乡就业。

帮扶困难企业稳定就业岗位。2014 年 5 月 16 日，省政府办公厅印发《关于帮扶困难企业稳定就业岗位的通知》，对帮扶困难企业渡过经济下行压力的难关，鼓励企业不裁员、不降低一线职工收入，提出了实施“五缓三补两协商一报备”的重大政策举措。“五缓”，即：经认定的困难企业，可以缓缴 2014 年基本养老、基本医疗、工伤、失业、生育五项社会保险费，缓缴的社会保险费不计征滞纳金。“三补”，即：使用失业保险基金，对困难企业给予社会保险补贴、岗位补贴和培训补贴。“两协商”，即：推动各类企业建立健全工资集体协商制度，国有和国有控股困难企业重点围绕工资按时支付以及稳岗增效措施等内容开展集体协商，做到不裁员，不降低一线职工收入；其他困难企业通过开展集体协商，采取灵活用工、弹性工时、弹性工资、组织培训等措施稳定就业岗位；困难企业通过与职工个人协商一致，在继续保留劳动关系的情况下，职工可以在约定的时期内到其他缺工领域劳动，约定期满劳动者返回原企业工作，继续履行原劳动合同。“一报备”，即：企业一次性裁员20人以上或者裁减不足20人但占企业职工总数10%以上的，要向人社行政部门报备。通过落实和实施这些政策措施，全年全省共有297户困难企业缓缴五项社会保险费62.8亿元，为154户困难企业支付稳岗培训补贴6.25亿元，覆盖职工38万人。与此同时，全省多数企业积极承担社会责任，与企业员工共渡难关。全年全省没有出现大规模的裁员和降薪现象，保持了就业岗位的基本稳定。

大力支持大学生创业就业。一是出台实施《关于扶持高校毕业生创业的意见》。该《意见》于2014年5月16日由省政府办公厅印发，对扶持高校毕业生创业提出了实施“七补一贷”的重大政策措施。“七补”，即：财政补助、社会保险补贴、创业实训补贴、场地租金补贴、创业就业补贴、星火项目资金扶持、创业园区建设补助。“一贷”，即：自主创业的高校毕业生可申请最高10万元的小额担保贷款，合伙创业的可将贷款额度提高到每人15万元，成功创业并带动5人以上就业的可以申请到最高50万元的贷款再扶持。通过实施这些新的扶持政策，全年全省创立大学生创业实训基地、创业园区、创业孵化基地248个，为9402个创业主体支付创业实训补贴、场租补贴、创业园区建设补助等七项创业补贴资金1210万元，发放小额担保贷款5.1亿元，至少提供就业岗位15万个以上。全年全省5373名大学生实现成功创业，占应届毕业生的3%。二是出台实施《关于政府购买基层公共服务岗位吸纳高校毕业生就业的意见》。该《意见》于2014年5月16日由省政府办公厅印发，对全省各级政府购买基层公共服务岗位吸纳高校毕业生就业，提出具体措施。其中，政府购买的范围为乡（镇）、社区的基层公共管理和社会服务领域，承接主体为具有公益性、非营利性的服务类社会组织、民办非企业单位和基金会，所需资金由省级财政承担。每个乡镇、社区开发1个公共管理岗位、1个社会服务岗位、每个岗位财政补助2.5万元。通过落实和实施这一政策措施，全年全省为11个市的乡镇（街道）、社区招聘应届高校毕业生6992名。这使新毕业大学生有了到基层锻炼创业的机会，又缓解了当期就业压力，还为基层提供了人才支持。此外，全省各级政府还积极开发各类大学生见习岗位，新开发就业见习岗位3万个。2014年，全省应届高校毕业生就业率达91.5%。其中政府提供的各类岗位接近5万个，占毕业生总量的1/4。

积极扶持小微企业增加劳动岗位和帮扶困难人员就业。一是扶持小微企业增加劳动岗位。2014年5月16日，省政府办公厅印发《关于鼓励小微企业吸纳劳动者就业的意见》，对鼓励小微企业吸纳劳动者就业，提出了实施“六补一缓”的重大政策举措。“六补”，即对吸纳就业的小微企业提供就业补助、就业岗位补贴、社会保险补贴、财政贴息支持、职业培训补贴、就业见习补贴。“一缓”，即吸纳劳动者就业的小微企业可以缓交基本养老、基本医疗、失业保险、工伤保险、生育保险五项社会保险费。全年全省共有2831户小微企业享受各项政府补贴。2014年，全省各方面创业主体新创办小微企业5.4万户，新增个体工商户13.7万户，同比增长123%。全省70%的新增就业岗位来自中小微企业，成为城镇新增就业的主渠道。二是帮扶困难人员就业。全省各级政府对零就业家庭人员、“4050”人员、生活困难的长期失业人员等就业困难群体，积极提供针对性的重点就业援助服务，通过职业指导、职业培训、政策扶持、购买公益性岗位等方式，帮助4.4万名就业困难人员实现就业。

启动和大力实施职业培训全覆盖计划。根据职业培训全覆盖计划，到2020年，要力争使全省城乡有就业要求和培训愿望新进入人力资源市场的劳动者都能得到一次相应的职业培训，培训合格率力争达到90%以上，培训后的就业率达到80%以上，基本消除无技能从业现象；使企业新录用人员都要接受相应的岗前培训，在岗职工每年接受技能提升培训的比例达到20%以上，培训合格率力争达到90%以上。使每个有培训愿望和处于创业初期的创业者都有机会参加创业培训，培训合格率力争达到80%以上，创业成功率达到50%以上。2014年，全省各级各方面大力开展面向全体劳动者的就业技能培训、岗位技能提升培训、创业培训，取得新进展。全年对未就业高校毕业生、农村转移劳动力、城镇登记失业人员和农村“两后生”进行了针对性的职业培训，实行了实名制管理，累计培训69.3万人次，有力促进了城乡就业。其中，面对农村贫困劳动力实施的“千村万人”就业培训行动计划，采取“满足需求、资金到县、就业到账”的管理办法，每培训就业一名男性贫困劳动力补助1000元，每培训就业一名女性贫困劳动力补助1200元，取得显著成效。全省4.6万名农村贫困劳动力通过培训实现稳定就业，月均务工收入达到2000元。

2014年，全年城镇新增就业人数为51.4万人；转移农村劳动力37.7万人。城镇新增就业岗位51.4万个，超额完成年度任务；城镇登记失业率3.4%，低于4.2%的控制目标，就业局势基本稳定。

3. 社会保障

2014年，全省各级党委和政府及有关部门积极推进社会保障体制改革，加强和推进城乡社会保障体系建设，推动社会保障事业实现了新发展。

出台实施《关于建立统一的城乡居民基本养老保险制度的实施意见》。该《意见》于2014年6月21日由省政府印发，提出了合并实施新农保和城居保两项制度、建立全省统一的城乡居民基本养老保险制度的政策举措。山西分别于2009年和2011年，先后启动实施新农保制度和城居保制度，并于2012年实现两项制度的全覆盖。虽然新农保和城居保的基金都是由个人缴费、政府（集体）补贴构成，并鼓励个人多缴多得，但是二者因为城乡身份的不同存在待遇上的差异。同一个地区，城镇居民每月领取的基础养老金比农村居民多十几元到几十元。《意见》的出台和实施，标志着原先的新农保和城居保两项制度正式并轨，其缴费档次、财政补助标准和养老金待遇水平全部统一。新农保和城居保两项制度并轨统一后，与原来的政策基本保持一致，养老保险基金，由个人缴费、集体补助、政府补贴构成。其中，新政策在个人缴费部分的设定上体现了三个新特点：按照社会保险制度的普遍原则，明确参加城乡居民养老保险的人员履行缴费义务是其获得基本养老保险待遇的前提，多缴可以多得；把原来新农保和城居保分别设置的100元至500元5个缴费档次和100元至1000元10个缴费档次，统一归并为100元至2000元12个档次，给予城乡居民平等的自主选择权；增设1500元、2000元两个档次，为有更高缴费意愿和能力的居民提供更多选择。政府对参保人的缴费补贴对应个人缴费的12个档次，缴得多补得多，最低补贴标准为：缴100元补30元、缴200元补35元、缴300元补40元、缴400元补50元、缴500元至600元补60元、缴700元至900元补70元、缴1000元至2000元补80元。国家规定对选择500元及以上缴费档次的补贴标准不低于每人每年60元，山西将500元及以上缴费档次的补贴由原先的最高50元，分别提高到60元、70元和80

元。其中，重度残疾人、低保户等缴费困难群体，由当地政府为其代缴最低标准的养老保险费。从7月1日起，全省城乡居民基本养老保险基础养老金最低标准由每人每月65元相应调整为每人每月80元。至2014年末，全省有1537.4万人参加城乡居民社会养老保险，较上年增加3.7万人。在提高城乡居民养老补贴标准的同时，全省企业退休人员基本养老金也进一步提高。2014年，全省企业退休人员基本养老金月人均增加219元，增幅在10%以上，月人均达到2389元。这是自2005年以来，连续第10年提高企业退休人员养老金。

继续推进社保“一卡通”覆盖工程和启动实施“全民参保登记计划”。一是继续推进社保“一卡通”覆盖工程。社会保障卡，是全国统一规划，由国家发放给城乡居民的用于人力资源和社会保障各项业务领域的集成电路（IC）卡。社会保障卡记载了持卡人基本信息，参保缴费信息、可在各社保经办机构、定点医疗机构、金融网点领取或支付养老、医疗、失业、工伤、生育等各项社会保险待遇。山西于2010年5月启动社会保障“一卡通”建设，目标任务是实现社会保障参与人“人人持卡、一卡多用、一卡通用”。至2014年末，全省已累计制作发放社保卡达2315万张，提前超额完成了国家下达山西省“十二五”末2085万张的任务。二是启动实施“全民参保登记计划”。该计划的目标任务是：全面完成所有符合条件的群体参加城乡五项基本社会保险（养老、医疗、工伤、生育和失业保险）的基本信息登记，形成统一的基础数据库和每个人唯一的社保标识，尽快实现基本社会保险制度对适用人群的全覆盖。其中，全省16周岁至60周岁的适龄人员，凡符合参保条件的，在城镇就业的要全部纳入城镇职工养老保险覆盖范围，其他人员纳入城乡居民养老保险覆盖范围；基本医疗保险要覆盖全民，在城镇就业的要纳入城镇职工基本医疗保险覆盖范围，其他人员纳入城乡居民医疗保险覆盖范围；失业、工伤和生育保险，要根据国家和山西参保政策规定的群体，将其纳入参保范围。2014年，“全民参保登记计划”开始在晋城市、朔州市试点。2014年，全省参加失业保险407.7万人，增加7.0万人；参加工伤保险563.1万人，增加14.2万人；参加生育保险454.2万人，增加8.6万人。

加强和推进全民医保体系建设。山西于2000年启动建立城镇职工基本医疗保险制度并很快实现全省全覆盖，于2003年启动建立新型农村合作医疗制度，于2007年启动建立城镇居民基本医疗保险制度，到2008年实现115个涉农县新型农村合作医疗全覆盖，到2009年实现城镇基本医疗保险制度全覆盖。至此，全省基本构建起以城镇职工基本医疗保险、新型农村合作医疗制度、城镇居民基本医疗保险为基本框架的“全民医保”的制度体系框架。近年来，在改革发展中，全省“全民医保”的制度体系框架不断完善，基本医疗保障水平不断提升，取得显著成效。2014年，全省全民医保体系建设进一步加强和推进。一是提高保障水平。城镇居民医保和新农合人均政府补助标准由280元提高到320元，个人缴费由人均70元提高到90元。城镇职工医保、城镇居民医保和新农合政策范围内住院费用支付比例分别达到86%、75%和77%。二是推进实施城乡居民大病保险。在2013年阳泉、运城2市试点的基础上，2014年全面推开大病保险工作，其中城镇居民大病保险在阳泉、运城、大同、忻州、临汾、吕梁6个市启动，新农合大病保险在阳泉、运城、忻州、晋城4个市启动，覆盖了1300余万城乡居民。三是深化医保支付制度改革。山西于2011年启动医疗保险市级统筹，2014年吕梁、忻州2市完成市级统筹，同时也实现了11市之间医保跨市就医即时报销，由此山西率先在全国实现省内异地住院费用直接结算的目标。至此，全省各市参保人员在同一个市范围内看病，将不再需要提前申请，看完病付完自己应承担的医药费即可，该医保报销的部分当场报销，不再需要垫付。同时参保人员只要在参保地办理了异地安置（包括长期在异地工作和退休后异地居住者）手续、异地转诊手续、异地急诊备案手续，都可纳入省内异地就医直接结算系统，实现直接结算。此外，山西先后于2010年与海南、2012年与天津签署异地就医结算合作协议，开展了居民出省跨省异地就医报销试点。在推进城镇居民异地就医结算支付的同时，还实施了省县新农合即时结算协议化管理，山西大医院等11所省级医院分别与10个市开展了新农合即时结算试点。四是建立健全重特大疾病保障机制。2014年4月4日，省政府办公厅印发《关于建立疾病应急救助制度的实施意见》，对疾病应急救助基金的设立与管理、疾病应急救助的对象和范围、疾病应急救助的工作机制作出明确规定。全年全省有因身份不明或无力支付费用的患者2.8万人获得救助。五是加快发展商业健康保险。2014年，全省46家保险公司发展商业健康保险，保费达24.76亿元，同比增长37.69%；医疗责任保险保费6305.47万元，覆盖90%以上二级以上医疗机构。2014 年，全省新农合参合人数2191 万人，参合率达到99.4%，基本实现应保尽保。参加城镇居民基本医疗保险 1100.7 万人，增加 14.4 万人。

加强社会救助和提高救助水平。一是出台实施《关于贯彻落实〈社会救助暂行办法〉的实施意见》。该《意见》是结合山西实际对国务院颁布的《社会救助暂行办法》而作出的，于2014 年10 月31 日由省政府印发。《社会救助暂行办法》是我国第一部统筹各项社会救助制度的行政法规，它将已有的成功社会救助做法上升为法规制度，使各项社会救助有法可依，为各级各部门履行救助职责、规范救助行为提供法律依据和法律保障。同时，也为保障受助对象基本生活、解决急难问题构建起完整严密的安全网。省政府《意见》从进一步完善最低生活保障制度、建立健全特困人员供养制度、进一步规范受灾人员救助工作、切实加强医疗救助工作、全面落实住房救助政策、切实加大就业救助工作力度、全面加强急难救助工作、引导和支持社会力量参与社会救助工作、健全完善社会救助工作机制十个方面，对贯彻实施《社会救助暂行办法》提出了27 项具体措施。二是推进实施《关于切实加强和改进最低生活保障工作的意见》《山西省低收入家庭认定办法》《山西省低收入家庭经济状况核对办法》。《意见》于2013 年9 月29 日由省政府印发，两个《办法》于2013 年11 月8 日由省政府办公厅印发。通过落实上述各项政策措施，2014 年全省社会救助工作进一步加强和推进。一是推进建立低收入家庭经济状况核对机制。2014 年，省级层面成立了山西省低收入家庭认定指导中心，太原、大同、阳泉、长治、晋城、朔州、晋中、临汾、运城9 个市成立了低收入家庭经济状况核对工作机构。二是提高城乡低保标准。城乡低保标准每人每月分别提高28 元、25 元，达379 元、206 元。全年发放城市最低保障资金26.3 亿元，保障救济72.6 万人。三是提高农村五保供养标准。农村五保对象集中供养、分散供养省级补助标准每人每年分别提高 200 元、130 元，达到2200 元、1430 元。全年农村五保供养16 万人。四是建立一级重度残疾人护理补贴和一级重度贫困残疾人生活补贴制度。该项制度于2014 年1 月1 日起施行，对未纳入城乡低保的一级重度残疾人每人每年发放护理补贴480 元，对纳入城乡低保的贫困一级重度残疾人在享受低保的基础上每人每年再给予生活补贴480 元。全年对7.8 万名重度残疾人和贫困残疾人进行补贴，对7.55 万名贫困残疾人进行康复救助。五是推进其他形式的社会救助。全年全省共下拨救助资金 54.1 亿元，230 余万困难群众的基本生活得到有效保障。其中，县（市、区）全部实行医疗救助一站式即时结算，全省共有 223.1 万名城乡困难群众得到不同形式的医疗救助；实施临时救助 9.8 万户次；救助受灾群众 310 多万人次。

出台实施《关于加快发展养老服务业的意见》。该《意见》于 2014 年 6 月 5 日由省政府印发，在加快养老服务业发展的总体要求、创新养老服务业的发展机制、实施城乡社区养老服务幸福工程、完善养老服务业的政策措施、改善养老服务业的发展环境五个方面，提出 17 项具体政策措施。发展目标是：到 2020 年，全面建成以居家为基础、社区为依托、机构为支撑的，功能完善、规模适度、覆盖城乡的养老服务体系。全省养老机构超过 1500 家，其中民办养老机构和公办民营养老机构占 70% 以上。全省养老床位达到 19.5 万张，每千名老人拥有床位达到 35 张。农村 60% 以上社区完成日间照料幸福工程，119 个县（市、区）全部建立区域性养老服务中心；城市社区全部建成日间照料机构，60% 以上社区建立居家养老服务中心。落实《意见》等政策措施，2014 年全省养老服务业进一步发展。其中，启动实施了农村老年人日间照料“十县百村”示范工程，新建农村老年人日间照料中心 1012 个，新建成 10 个县级福利服务中心；太原、大同、阳泉、长治 4 个市开展了专业化、连锁化的社会力量介入城市社区养老服务业试点。至年末，全省市级公办养老机构覆盖率超过 50%，县级公办养老机构覆盖率达 60%。

4. 医疗卫生

2014 年，全省各级党委、政府及有关部门积极推进医药卫生体制改革，加强医疗服务体系和公共卫生预防体系建设，推动了医疗卫生事业的发展和医疗卫生服务水平的提高。

出台实施《山西省加快推进健康服务业发展的实施方案》。该《方案》于 2014 年 6 月 30 日由省政府印发，从指导思想、发展目标、主要任务、政策措施等方面对全省加快推进健康服务业发展作出安排部署。其中，主要任务包括努力完善医疗卫生服务体系、加快形成多元办医格局、持续推动服务模式转变、积极推动健康管理的转变、着力推动医养融合发展、丰富健康养老内涵质量、丰富商业健康保险产品、发挥商业健康保险功能、提升中医药健康服务能力、推广中医药保健知识及产品、促进全民体育健身发展、融合发展健康文化和旅游、支持自主知识产权研发应用、加速发展医药保健产业和体育用品制造业等14项；政策措施包括加强规划引领、确保财政投入、落实税收优惠政策、放宽市场准入、简化行政审批、完善价格政策、加强宣传引导、保障土地供应、创新金融支持、强化人才支撑、推动高端引智、推进信息化建设、完善监管标准、加强诚信体系建设、建立推进机制等15项。《方案》提出，要通过完善医疗卫生服务体系，力争2020年每个设区市至少有1所三甲综合医院、1所三级中医院，各县（市、区）重点办好1所县级综合医院、1所县级中医院、1所县级妇幼保健院、1所县级疾病预防控制中心和1所县级卫生监督所；要鼓励社会资本以多种形式投资医疗服务业，力争2020年非公立医疗机构床位数和服务量占比达到20%以上。该《方案》的出台和实施，对于新形势下全省医疗卫生事业的发展和推动包括“健康山西”的全面小康社会建设，具有重要意义。

加强和推进医疗卫生服务体系建设。一是继续加强基础设施建设。2014年，全省筹资12.58亿元支持了1354个卫生计生机构基础设施建设；投资8亿元启动了省儿童医院新院区建设项目；新设置社区卫生服务机构71所。二是积极鼓励和扶持社会力量办医。2013年3月20日，省政府办公厅《关于进一步鼓励和引导社会资本举办医疗机构意见》，提出了鼓励和支持社会资本举办各类医疗机构的多项政策措施。在这些新政策的支持下，2014年，全省社会举办医疗机构快速发展，新增社会办医疗机构397所、床位4976张，其中千张以上床位机构2所，床位数较上年度增长28.3%。至2014年末，全省非公立医疗机构数达14690所，占全省医疗机构总数的36.03%。三是启动推进医疗联合体建设。医疗联合体由三级甲等医院牵头，联合一定数量的市、县（市、区）二级医院组成，开展以人员、技术、专科、信息等多方面的广泛合作，是一种新型医疗服务体系。全年全省由三级医院牵头，采取组建医疗集团、整体托管、设立分院、管理帮扶等形式，组建了省市级医疗联合体20个，覆盖了96所二级医院，创新了医疗服务体系。四是继续开展高级别医院对口支援基层医院的战略。全年有49所三级医院（含中医院和妇幼院）的护理管理和业务骨干对口支援70所县级医院，有1000余名城市医院医生对口帮扶300余所基层医疗机构，二级医院对口支援贫困县乡镇卫生院210所。同时，启动7所省级医院远程会诊建设项目。该项目将连接县级医院的远程会诊系统，通过远程医学活动，加强县级医院医疗服务能力，提高基层医疗机构疑难重症救治水平。五是推行城乡基层医疗机构医生签约服务模式。全省各地社区医生和乡村医生签约服务城乡居民574.2万人。六是加强乡村医生队伍建设。全年一揽子解决了村医留得住、能发展、有保障等问题，为全省23017名在岗村医、10716名退岗村医落实养老保险缴费补助或退养补助；给予每所村卫生室每年300元信息化运行补助；采取“村来村去”、公开招聘等形式完善村医补充机制。七是鼓励医务人员在公立和非公立医疗机构间合理流动。全年有897名医师开展了多点执业。八是加强重大医疗科研和临床学科建设。在推进已有学科建设的同时，全年重点加强了30个县级临床重点专科、14个省市共建学科的建设；申报获批国家级和省级卫生科研项目194项，其中获得千万元以上的国家级重大项目1项。年末全省共有卫生机构（含诊所、村卫生室）40744个，床位18.1万张。卫生防疫、防治机构134个，妇幼保健院（所、站）133个。全省卫生机构共有卫生技术人员21.0万人；卫生院卫生技术员2.3万人，社区卫生服务中心（站）卫生技术人员1.1万人，其中农村乡镇卫生院2.0万人；防疫、防治卫生技术员0.4万人，妇幼保健院（所、站）卫生技术人员0.6万人。

加强和推进公共卫生服务体系建设。一是加强对公共卫生服务的经费支持和提升服务质量。全省人均基本公共卫生服务经费由上年的30元提高到了35元，服务项目扩展到11大类43项。全面推广公共卫生服务“一化（基层卫生服务实行网格化管理）、两制（基本医疗服务实行‘家庭医生制’、公共卫生服务团队负责制）、三统一（基层卫生服务统一标准、统一考核、统一奖惩）”精细化管理模式。11个市的20个县开展了流动人口基本公共卫生计生服务均等化试点。二是出台实施《山西省妇女儿童健康行动计划（2014—2015年）》。该《计划》于2014年4月30日由省政府办公厅印发，提出了实施母婴安全行动、实施控制和降低出生缺陷行动、实施妇女儿童健康关爱行动、落实妇幼健康服务保障措施等重点任务。《计划》的出台和实施，进一步加强和推进了全省妇女儿童的公共卫生工作。2014年，启动开展了妇幼健康服务年活动，综合实施母婴安全行动、降低出生缺陷行动和妇儿健康关爱行动，惠及全省妇女儿童600余万人次；国家免费孕前优生健康检查项目实现所有县（市、区）全覆盖；全省儿童免疫规划疫苗报告接种率以乡（镇、街道）为单位达到98%。三是积极防治控制重大传染疾病。埃博拉出血热、结核病、艾滋病等重大传染病防控扎实有效，没有发生甲类传染病疫情。四是加强食源性疾病病例信息监测、食品污染物和有害因素监测。全省在这些方面的监测范围均超过了国家要求。五是继续推进国家和省级慢病综合示范区创建。该项创建活动，全国始于2010年，山西于2011年实施。至2014年末，全省共创建省级慢病综合示范区14个（县、市、区）；平遥县、稷山县和蒲县新创建为国家级示范区。加上此前的晋中市寿阳县、榆次区，全省国家级慢病综合示范区累计达到5个（县、区）。六是进一步推进卫生县城（镇）的创建活动。2014年12月31日，全国爱卫会发出《关于2014年国家卫生城市（区）、乡镇（县城）复审结果的通报》，山西长治市被重新确认为国家卫生城市，长治市长治县城、襄垣县城、屯留县城、长子县城和忻州市繁峙县城、临汾市古县北平镇被重新确认为国家卫生县城（镇）。至此，全省共有3个国家卫生城市、21个国家卫生县城、7个国家卫生镇。此外，全省地方病防治、卫生应急和公共卫生事件处置等也不断加强，取得积极成效。

深入推进医疗卫生体制改革。一是推进省市县三级卫生和人口计生机构改革。按照统一部署，全省省市县三级整合原卫生和人口计生机构，新组建为卫生和计划生育委员会。其中，2014年1月15日，省卫生和计划生育委员会正式挂牌成立，此后市县级的改革也陆续推进和完成。二是深化推进公立医院改革。国家于2009年启动公立医院综合改革试点，晋城高平市入选全国县级试点。山西县级公立医院改革试点于2011年在朔州平鲁区起步，2012年扩大到34个县（市、区）试点，其中33个入选全国改革试点。县级公立综合医院改革的主要任务是以破除“以药养医”机制为关键环节，统筹推进管理体制、补偿机制、人事分配、价格机制、医保支付制度、采购机制、监管机制等综合改革，探索建立维护公益性、调动积极性、保障可持续的县级医院运行新机制。2013年，全省县级公立医院改革范围由34个县（市、区）扩大到83个，占全省总县数的70%，超过国家50%的要求，太原、运城、临汾、阳泉4个设区市实现了全覆盖。2014年，全省县级公立医院改革试点的83个县（市、区）又有33个新增入选全国试点，总数达到66个县（市）。在全省推进县级公立医院改革试点的同时，2013年在省人民医院、省眼科医院、长治市第二人民医院等3所医院启动了城市公立医院改革试点，主要任务是从破除“以药补医”、创新体制机制、调动医务人员积极性三方面进行改革。2014 年，试点改革继续推进。2014 年 4 月，国家启动第二批城市公立医院综合改革试点，太原市入选。2014 年，全省落实对县级公立医院试点投入 25.49 亿元，其中，省级财政通过均衡性转移支付对试点县取消药品加成累计补偿 1.44 亿元，所有试点县对在职职工基本工资的财政负担比例均提高到 70% 以上。三是巩固完善基本药物制度。在政府办基层医疗卫生机构和村卫生室实现基本药物制度全覆盖的基础上，非政府办医疗卫生机构实施基本药物制度试点范围扩大到 269 个。基本药物实行了以省为单位的统一招标、统一采购、统一配送、统一结算、统一监管的“五统一”管理机制，并设立省级支付周转金等措施，确保了基本药物供应保障。推动了县级公立医院和城市公立医院优先使用基本药物。建立了短缺药品网上直报平台，实现了对短缺药品的动态监管。

加强和推进中医药事业的发展。一是全面实施《山西省发展中医药条例》和《关于扶持和促进中医药事业发展的意见》。《条例》于 2013 年 9 月由省十二届人大常委会第五次会议审议通过，于 2013 年 10 月 11 日起实施。《意见》于 2013 年 12 月 23 日由省政府印发。《意见》提出了做大中医药“晋”字品牌、推进中医药强省建设的战略任务；提出了完善公立中医院服务体系，市级以上中医院全部达到三级中医院水平、70% 以上的县级中医院达到二级甲等中医院水平的具体目标任务。《条例》的颁布实施，《意见》的出台和实施，为全省中医事业的发展提供了法制保障、明确了发展方向和具体政策措施，对于保障和支持中医药事业的发展具有重要意义。2014 年，在全省医药卫生体制改革和事业发展中，各级各有关方面在公立医院改革、发展社会办医、推进基本公共卫生服务均等化等方面强化对中医药特色和优势的发挥。二是深入实施基层中医药服务能力提升工程。该项工程于 2013 年初启动，主要是将通过落实基层中医药各项政策、健全基层中医药服务网络、加强基层中医药人才队伍建设等多项举措来施行。到 2014 年末，全省 90% 的社区卫生服务中心、85% 的乡镇卫生院、76% 的社区卫生服务站、64% 的村卫生室能够提供中医药服务，分别比工程启动实施时提高了 14.4、13.5、14.4、6.5 个百分点。

5. 基层治理

2014 年，全省各级党委和政府及有关部门不断推进社会体制改革，加强基层社会治理和服务体系建设，取得新成效。

组织开展全省农村“两委”换届和规范全省社区“两委”换届工作。一是严密组织开展全省农村“两委”换届。2014 年下半年，全省农村党组织和村民委员会迎来三年一届的换届选举。在前期准备的基础上，10 月 16 日召开了全省农村“两委”换届工作动员会。会议贯彻省委办公厅、省政府办公厅下发的《关于认真做好第十届村民委员会换届选举工作的意见》和省委组织部下发的《关于认真做好村党组织换届工作的通知》，对全省农村党组织和第十届村民委员会换届选举工作进行了动员部署。根据安排部署，在这次全省农村“两委”换届工作中，创造性地推行了“先定事、后定人、揭榜竞选”和“先晒业绩、后绘蓝图、再选班子”的模式，明确了“十种不宜做候选人”情形、“九种贿选表现形式”。其中“十种不宜做候选人”情形是：被判处刑罚或者刑满释放（或缓刑期满）未满 3 年的；因嫖娼、吸毒、扰乱公共秩序等受到行政拘留未满 3 年的；涉黑涉恶受处理未满 3 年的；受到撤销党内职务以上处分未满 2 年的；信奉邪教、搞迷信活动、参与赌博造成恶劣影响，并被公安机关查处未满 3 年的；利用宗教、宗族甚至黑恶势力干预农村正常工作，被有关部门查处未满 3 年的；换届期间直接或指使亲友（他人）利用各种方式贿赂选民、选举工作人员，被有关部门查证的；换届期间拉帮结派干扰选举，以谣言、非法大（小）字报、暴力威胁等不正当行为干预选民正常表达选举意志，被有关部门查证的；参与非正常上访干扰正常生产和工作秩序的活动，被有关部门查处未满 3 年的；选举前未按规定签订杜绝贿选承诺书的。经过全省各级各方面的努力，到 2014 年末，全省农村“两委”换届基本完成，而且呈现换届氛围好、秩序好、风气好和社会反响好的景象，形成推进农村基层社会治理新局面。二是统一规范全省社区“两委”换届选举工作。在全省农村党组织和第十届村民委员会换届选举之际，针对全省各地社区党组织和居委会换届选举工作不够统一规范的问题，11 月 13 日省委组织部、省民政厅联合印发《进一步规范全省社区党组织、社区居委会换届选举工作的通知》，对推进全省社区“两委”换届选举制度化、规范化作出部署。《意见》要求，各地在 2014 年组织农村党组织和第十届村民委员会换届选举工作的同时，同期组织开展全省社区党组织和社区居委会换届选举工作，本次换届全省统一界定为第五届社区居民委员会换届，今后各地执行全省统一的换届届期和换届时间。统一规范的具体办法是：2013 年市级统一组织过本地社区“两委”换届选举工作的，不参加全省第五届社区换届，延时到下一届统一进行换届；2012 年市级统一组织过本地社区“两委”换届选举工作的，原则上不参加全省第五届社区换届，也可在广泛征求当地居民代表和街道（乡镇）工（党）委意见的基础上，由市委、市政府决定是否参加全省第五届社区换届；2012 年、2013 年市级没有统一组织过本地社区“两委”换届选举工作的，统一参加全省第五届社区换届。按照部署，全省 11 市除于 2013 年已进行社区“两委”换届的太原、阳泉 2 市外，其余 9 个市都开展了社区“两委”换届。如同农村“两委”换届一样，这次参加全省统一换届的社区也形成了推进城乡基层治理的新局面。

积极探索城乡社区基层治理新模式。一是开展社区“三社联动”基层社会治理机制试点。“三社联动”，是指通过建立社区居委会、专业社工团队、社会组织三方联动机制，形成资源共享、优势互补、相互促进的良好局面，加快形成政府与社会之间互联、互动、互补的社会治理新格局。2014 年，全省在 11 个市选择了 100 个社区开展了探索构建社区、社团、社工“三社联动”基层社会治理机制试点。试点中，各社区为社会组织提供承接养老服务的场地，社会工作者发挥专业知识引领社会组织，社会组织为社区居民提供居家养老、日托养老、货币养老、虚拟养老等服务。阳泉城区、长治城区等地试点工作初见成效。二是继续推进农村社区建设实验全覆盖试点。2007 年以来，国家民政部部署在全国开展农村社区建设实验，后来又进一步推进开展农村社区建设实验全覆盖试点。山西有太原市尖草坪区、大同市南郊区、山阴县、原平市、文水县、祁县、盂县、长治县、侯马市、河津市 10 个县（市、区）参加试点。“农村社区建设实验全覆盖”，包括领导协调机制、社区建设规划、社区综合服务设施、社区各项服务、社区各项管理“五个全覆盖”。到 2013 年，清徐县、运城市盐湖区、河津市、平陆县 4 县（市、区）被认定为“全国农村社区建设实验全覆盖示范单位”。其中，清徐县 188 个农村社区基本实现组织领导、建设规划、服务设施、服务体系和各项管理“五个全覆盖”，平陆县全县创建以“一村一社区”为模式的农村社区 228 个，实现了农村社区建设全覆盖。2014 年，全省各地继续推进了农村社区建设实验全覆盖试点。

出台实施多项重大措施推进社会服务工作。一是出台实施《政府购买社会工作服务实施暂行办法》。该《办法》于2014年6月30日由省民政厅和省财政厅联合印发，提出了重点围绕城市流动人口、农村留守人员、困难群体、特殊人群和受灾群众等组织开展政府购买社会工作服务的措施，包括实施城市流动人口社会融入计划、老年人、残疾人社会照顾计划等7大计划。二是出台实施《关于加快推进社区社会工作服务的实施意见》，该《意见》于2014年9月10日由省民政厅和省财政厅联合印发，从总体要求、主要任务、组织领导等方面对推进社区社会工作服务作出部署。总体目标：建立健全社区社会工作服务政策制度，加快培养一支高素质的社区社会工作专业人才队伍，发展一批数量充足、服务专业的社区社会工作服务组织，科学设置社区社会工作专业岗位；力争到2020年，每个城市社区配备2~5名社会工作专业人才，在每个农村社区至少配备1名社会工作专业人才，城乡社区自治组织成员、基层党组织成员、社区专职工作者和社区服务人员能够普遍掌握社会工作方法和技巧，有效满足社区居民服务需求，促进社区和谐发展。此外，还有如前所述的《关于加快发展养老服务业的意见》。该《意见》于2014年6月5日由省政府印发，提出到2020年全省养老发展机构超过1500家，其中民办养老机构和公办民营养老机构占70%以上。其中，农村60%以上社区完成日间照料幸福工程，119个县（市、区）全部建立区域性养老服务中心；城市社区全部建成日间照料机构，60%以上社区建立居家养老服务中心；社会养老服务组织和社会工作者、志愿者等基本覆盖老年人所需的生活照料、医疗护理、精神慰藉、紧急救援等诸多需求。

大力清理整顿和规范社会组织发展。一是清理整顿和规范社会团体组织。2014年，清理整顿全省省级注册登记的946个，各级领导干部退出兼职，保留了694家，整改了85家，注销和撤销了52家。大力推行社会组织直接登记和社区社会组织备案登记制度，全年直接登记社会组织341家，新增社区社会组织备案197家。二是规范发展志愿服务组织。《山西省志愿服务条例》于2014年3月1日起施行，为志愿服务组织的建立、志愿服务者权益的保障提供了法制保障，促进了全省志愿服务工作规范化发展。推广山东省泰安市“菜单式”志愿服务经验，将具备一定专业特长的志愿者信息汇集成册，向社会公开，让居民根据需求选择志愿服务。山东泰安“菜单式”志愿服务的具体做法分为“备菜”“点菜”“送菜”“评菜”四个流程。其中，“备菜”，即建立“菜单式”志愿服务名录，并向社会公开；“点菜”，即社区或居民根据自身志愿服务需求，对照“菜单”，以“点菜”的方式选取志愿服务；“送菜”，即志愿服务站或志愿服务联合会的工作人员从“菜单”中选择符合条件的志愿者，该志愿者在社区志愿服务站登记后，按照居民需求，在指定时间段和指定地点，为居民提供所需的志愿服务；“评菜”，即志愿服务结束后，由居民填写《志愿服务评价卡》，对志愿者的服务质量作出评价，提出建议。全年全省发展志愿服务组织、站点3200多个，注册志愿者30多万人，开展志愿服务活动289万多人次。

组织开展“一村（社区）一警”联系走访活动。从2014年3月开始，全省政法系统由法、检、公、司干警混合编队组成服务队，以乡镇（街办）为单位，以“知民情、解民忧、护民安”为主题，从群众关心关注的“小诉求”“小案件”“小隐患”“小纠纷”等问题入手，开展了“一村（社区）一警”联系走访活动。

驻村（社区）的任务是当好社情民意的信息员、政策法律的宣讲员、矛盾纠纷的调解员、平安创建的督导员和联系群众的服务员。据统计，全年全省共有3.7万名政法干警深入1650个乡镇（街道）、3万多个村庄（社区）以及1万多个企业，走访群众121万户275万人，收集各类社情民意35.7万条，征求意见建议17万条，排查矛盾隐患4万个，化解矛盾纠纷6.7万起，整治治安乱点1.3万个，排查案件线索6933条，提供法律服务25万余次，健全人民调解、治保会等基层组织639个，帮助群众解决困难和问题5.5万个。

加强流动人口和特殊人群服务管理。一是继续推进《山西省流动人口服务管理办法》（以下简称《办法》）的实施。该《办法》自2013年4月15日起实施，对全省流动人口服务管理实行居住登记和居住证制度。其中，流动人口拟在居住地居住10日以上30日以下的，须在到达之日起10日内持有效身份证件向居住地公安派出所申报居住登记；年满16周岁、拟在居住地居住30日以上的流动人口，须在到达居住地10日内申报居住登记的同时，申领居住证。居住证持有人享有依法参与居住地有关社会事务管理、参加社会保险和住房保障等多项权益。居住证所具有的权益，对于促进流动人口主动申领和加强对流动人口的管理，具有重要意义。2014年，全省各地有关部门继续推进《山西省流动人口服务管理办法》的实施，进一步加强了对流动人口的管理。二是加强对特殊人群服务管理。全省各地各有关部门和组织不断完善对特殊人群服务管理的措施。对刑释解教人员、社区矫正对象、具有肇事肇祸倾向的精神病人、易感染艾滋病病毒危险行为人群等各类特殊人群，有针对性地落实教育、帮扶、矫治、管理以及综合干预等措施，取得良好成效。

6. 公共安全

2014 年，全省各级党委和政府及有关部门协同合作，积极凝聚各方力量，进一步强化平安山西建设，加强生产安全监管，加强食品药品安全监管，保持全省经济社会的公共安全。

强力和推进平安山西建设。2014 年，全省大力实施“六六创安”工程，推进平安山西建设。“六六创安”工程，是近年来平安山西建设的重大举措。“六六创安”工程，即：打黑除恶、打击“两抢一盗”、治爆缉枪、打击电信诈骗、打击传销、破案追逃的“六场硬仗”；整治城乡接合部、“城中村”、工矿区、出租房屋、“九小场所”、校园及其周边的“六项整治”；以街面防控网、社区防控网、单位内部防控网、视频监控网、区域警务协作网、虚拟社会防控网为内容的“六网覆盖”工程；化解征地拆迁、村矿村企矛盾等“六类纠纷”；对刑释解教、社区矫正人员等“六类特殊人群”的管控帮教；以“平安社区”“平安县市”创建等为主要内容的“六安联创”活动。2014 年，全省实施“六六创安”工程，取得显著成效。一是打严了“六场硬仗”。全年共立各类刑事案件 11 万余起，同比下降 5.2%；其中危害严重的八类（杀人、放火、伤害、抢劫、爆炸、绑架、劫持、强奸）案件 7214 起，同比下降 16.6%；各类侵财案件 9.1 万余起，同比下降 7.8%。其中，将打黑除恶斗争与推进反腐败斗争、净化政治生态紧密结合起来，全年共打掉黑恶势力犯罪集团 137 个，并侦破黑社会性质组织 2 个；共立各类命案 436 起，破 430 起，破案率 98.62%，创历史最好成绩。二是深入开展“六项整治”。围绕治安乱点、盲区和薄弱环节，共组织各类排查 16435 次，发现、整治治安重点地区或问题 2145 个，从中破获各类刑事案件 11970 起，查处各类治安案件 5.61 万件。全省治安案件同比下降 8.4%。三是全面实施“六网覆盖”。其中，视频监控系统建设进一步推进，全年新增视频监控探头 34 万个，累计达到 76.11 万个，其中公共区域 14.86 万个，城市主要部位、重点目标、主要路口基本实现全覆盖；深入推进群防群治工作，全省群防群治队伍达到 31 万余人。四是妥善化解“六类矛盾”。围绕征地拆迁、村矿（村企）、劳动关系、医患关系、交通事故、环境污染等矛盾高发领域，全年全省共排查各类矛盾纠纷 18.9 万起，调解成功率 95.2%。五是着力管好“六类人群”。其中，全年地方各级共接收刑满释放人员 14303 人，一般帮教对象衔接率超过 80%，重点犯罪人员衔接率接近 100%。全省在矫人员重新违法犯罪率为 0.178%，低于全国平均水平。加快推进吸毒人员服务管理信息系统建设，全省登记在册吸毒人员 7.07 万人，其中社区戒毒人员 2439 人、强制隔离戒毒人员 5086 人。进一步加强严重精神障碍患者服务管理工作，对全省严重精神障碍患者进行了全面摸底调查，累计登记严重精神障碍患者 9.4 万人。进一步加强社会闲散青少年服务管理和预防犯罪试点工作，加强了严重不良行为青少年教育矫正工作。六是深入开展“六安联创”。深入推进平安县（市、区）、平安单位、平安社区、“命案零发案县（市、区）”和“无刑事警情村（社区）”创建活动。

加强监管和保障生产安全。一是出台实施《关于实行安全生产党政同责的意见》。该《意见》于 2014 年 7 月 7 日由省委、省政府联合印发，从指导思想和目标要求、建立完善安全生产党政同责体系和全面提升安全生产依法治理能力三大方面提出 8 项具体的工作要求，在进一步强化各级安全生产委员会的职能作用的基础上，明确了党委工作部门和政府工作部门的职责。至年末，全省安全生产工作实现“三级五个全覆盖”，即“党政同责”全覆盖、“一岗双责”全覆盖、“政府主要负责人担当安委会主任”全覆盖、“定期将安全生产责任目标完成情况向组织部门报告，同时抄报纪检监察部门”全覆盖、“三监管、三必管”（管行业必须管安全、管业务必须管安全、管生产经营必须管安全）全覆盖。二是持续开展专项检查和严格责任追究。其中，在煤炭生产领域，就落实安全生产责任，深入开展了“千名干部与万名矿长谈心对话”活动；在非煤矿山生产领域，就落实安全生产责任，开展了“非煤矿山主要负责人谈心对话”活动。此外，交通运输、人员密集场所消防、冶金工贸、建筑施工、民爆物品、特种设备等行业领域安全专项整治也持续推进。全年查处交通违法行为 784 万人次，关闭金属非金属矿山 384 座，查处事故责任人 350 多人。三是创新安全管理。在煤层气生产领域，在全国率先对煤层气企业实行安全许可制度，包括煤层气地面开采安全生产许可及建设项目“三同时”制度。通过各级各方面努力，2014 年全省安全生产形势持续好转，实现了“五个下降、一个良好”的态势。一是各类事故起数和死亡人数同比双下降。全省发生各类安全生产事故 12629 起，死亡 2318 人，同比事故起数减少 1070 起，下降 7.81%；死亡人数减少 86 人，下降 3.58%。二是各类生产经营性事故起数、死亡人数同比双下降。全省生产经营性事故 1947 起，死亡 1127 人，同比事故起数减少 194 起，下降 9.06%；死亡人数减少 55 人，下降 4.65%。三是较大事故起数、死亡人数同比双下降。全省发生较大事故 42 起，死亡 151 人，同比事故起数减少 4 起，下降 8.70%；死亡人数减少 24 人，下降 13.71%。四是煤矿、道路交通、建设施工等部分重点行业领域事故起数、死亡人数同比双下降。各类煤矿事故起数、死亡人数同比分别下降 35.00%、53.33%；道路交通事故起数、死亡人数同比分别下降 3.49%、2.48%，其中生产经营性道路交通事故起数、死亡人数同比分别下降 7.67%、1.84%；建筑施工行业事故起数、死亡人数同比分别下降 6.25%、8.00%；化工和危险化学品事故起数、死亡人数同比分别下降 50.00%、37.50%；冶金等工贸行业事故起数、死亡人数同比分别下降 13.33%、10.00%。五是反映安全生产整体水平的四项相对指标同比下降。煤矿百万吨死亡率、道路交通万车死亡率、亿元 GDP 生产安全事故死亡率、工矿商贸就业人员十万人生产安全事故死亡率等四项相对指标同比分别下降 53.25%、8.99%、5.58%、3.33%。六是全省安全生产控制指标实施情况良好。全年各类生产经营性事故共死亡 1127 人，为国家下达年度控制指标的 86.16%，比国家下达年度控制目标少 181 人。

加强监管和保障食品药品安全。一是进一步完善和健全省食品药品监督管理体制。在 2013 年底完成省级和基本完成市级食品药品监管体制改革的基础上，进一步理顺了省级管理机构新设后的各方面关系，衔接推进了市县食品药品监督管理体制改革。到 2014 年底，全省食品药品监督管理体制改革基本完成，县级以下还设立了乡镇食品药品监管站、行政村和社区全部配置了食品药品监管协管员。至此，全省食品药品监督管理体制形成了全新的行政管理、监督执法、技术支撑“三位一体”监督体系，构建起省、市、县、乡、村“五级”工作体系。二是加快推进食品药品监管信息化建设和食品可追溯体系建设。在推进食品药品监管信息化建设方面，全面实施“责任网格化、检查格式化、管理痕迹化、监管信息化”的“四化”监管模式。在省级层面，建立了一个基础信息库和六大应用系统（网格监管、行政执法、动态监管、应急管理、政务公开、投诉举报），并率先实施全省保健食品化妆品监管信息化，已将 8457 家保健食品和 4515 家化妆品生产经营企业纳入系统管理。在市级层面，吕梁市已将 1009 家企业纳入信息化系统。忻州市级监管平台建成并开始应用，晋中市建成食品流通领域监管信息化平台，运城市“智慧食药监”平台架构基本形成，晋城市、长治市监管信息化试点工作取得明显成效，其他地市监管信息化也有不同程度进展。在食品可追溯体系建设方面，以重点品种和关键环节为突破探索建立食品可追溯体系。其中，在晋中平遥县应用二维码和自赋码，建立了肉制品质量安全可追溯系统，率先实现了肉制品生产加工原料购进、生产过程、检验检测和产品流向的可追溯；在晋中介休市建立并应用行政执法电子系统，实现了执法过程动态管理、执法结果公开透明、公众查询方便快捷；吕梁孝义市、柳林县基本实现食品流通环节电子一票通，做到产品流向可查询、可追溯；吕梁汾阳市、文水县酒类产品可追溯和肉制品可追溯系统建设取得实质性进展；朔州应县、山阴乳制品原产地可追溯体系在生产加工环节初步建立。三是持续深入开展专项检查和监管。在专项检查和监管食品安全方面，开展了对吕梁的白酒、朔州的乳制品、太原的醋、忻州的月饼、晋中的肉制品等的集中整治，并指导规范了平遥县一些业主多少年来“一口锅、一堆肉”的落后加工方式；开展了对全省 6362 所学校食堂的专项监督检查；开展了农村食品市场的“四打击四规范”（打击无证无照行为，规范食品生产经营者的主体资格；打击销售、使用无合法来源食品和原料违法行为，规范食品生产经营者的采购活动；打击生产经营侵权仿冒和“五无”食品违法行为，规范食品包装标签标识管理；打击生产经营“两超一非”等伪劣食品行为，规范食品生产经营过程）的专项整治，查扣了一批假冒伪劣食品，取缔 440 多家无证无照户，捣毁 10 多个加工制作窝点，进一步净化了农村食品市场；开展了对小作坊、小摊贩、小餐饮无证无照和脏、乱、差等问题的专项整治，涌现出了介休市、昔阳县、孝义市、原平市、太原市小店区等一批游商归市、坐商归店、集中管理的示范县区。在专项检查和监管药品安全方面，开展了对 48200 多家药品企业的药品注册、生产、流通各个环节的重点检查，整治了不规范和违法行为，其中责令整改6700多家，对34个违法药品广告品种实施了区域禁售；检查指导推进了药品企业的药品质量管理水平的提升，全省累计有57家企业296条生产线通过新版GMP认证、260家批发企业通过新版GSP认证，同时推进山西地道中药材中药饮片地方标准研究编制，累计已颁布恒山黄芪等50个品种的质量标准；开展了对医疗器械领域的“五整治”（虚假注册申报、违规生产、非法经营、夸大宣传、使用无证产品）专项行动，其中责令整改1590多家，停产停业30多家，立案查处190多起，捣毁黑窝点10多个。四是进一步加强常规的对食品药品安全的抽检监测。全省实施了“六个统一”工作措施，即统一制订计划、统一组织实施、统一数据汇总、统一结果利用、统一核查处置、统一考核评价，对食品药品进行了严格的抽检监测。全年完成食品抽检监测任务4426批次，发现不合格产品532批次，发现问题率达到12.02%；完成药品抽验7463批次，不合格产品193批次，问题发现率达2.59%。五是严厉打击违法行为。2014年，全省查处各类案件13957起，罚没款4363万元，查办案件数和罚没款在上年高基数的基础上，又分别增长了23.2%、39.4%，达到历史最高水平，共吊销许可证42个，捣毁制售假劣窝点250个，移送司法机关案件85起。特别是查处了货值金额达1600万元的文水县制售假冒名牌白酒案等一批重大违法案件，有效震慑了违法犯罪。

五　生态建设

山西是全国自然生态环境最脆弱的省份之一。生态文明建设关系人民生活，关乎全省经济社会的永续发展。2014年，省委、省政府及有关部门进一步加强和推进资源节约、生态保护和环境治理，将生态文明建设融入经济社会发展的各个方面，不断推进美丽山西建设，取得新进展。

1. 资源节约

节约资源是生态文明建设的主要内容之一。2014年，全省各级党委、政府及有关部门和企业进一步加强资源的节约、利用和管理，取得重要进展。

大力推进水资源节约和开发利用。一是继续推进实行最严格水资源管理制度全国试点。山西是全国水资源严重短缺的省份之一。2011年，中共中央、国务院作出《关于加快水利改革发展的决定》提出的“实行最严格的水资源管理制度”要求，2011 年 12 月国家水利部将山西确定为全国加快实施最严格水资源管理制度的三个试点省份（山西、湖北、甘肃）之一。几年来，按照国家的部署和要求，把落实“三条红线”（水资源开发利用控制、用水效率控制、水功能区限制纳污）和“四项制度”（用水总量控制、用水效率控制制度、水功能区限制纳污制度、水资源管理责任和考核制度）作为有机整体，不断推进实行最严格水资源管理制度全国试点，取得积极成效。经国家严格考核，山西实行最严格水资源管理制度试点达到阶段性目标，任务完成率达 88.7%。其中，山西 2013 年实行最严格水资源管理制度情况考核结果为良好，在 30 个省区市中排第 16 位。2014 年，全省实行最严格水资源管理制度全国试点进一步推进。一是出台实施了最严格水资源管理制度的多项重大措施。4 月间，省政府印发了《关于实行最严格水资源管理制度的实施意见》，省政府办公厅印发了《山西省实行最严格水资源管理制度工作方案》和《山西省实行最严格水资源管理制度考核办法》。其中《实施意见》从加强水资源开发利用控制红线管理和严格实行用水总量控制、加强用水效率控制红线管理和全面推进节水型社会建设、加强水功能区限制纳污红线管理和严格控制入河湖排污总量三方面提出 12 项具体措施。主要包括：严格规划管理和水资源论证、严格控制区域取用水总量、严格实施取水许可、严格水资源有偿使用、严格地下水管理和保护、强化水资源统一调度、全面加强节约用水管理、强化用水定额管理、加快推进节水技术改造、严格水功能区监督管理、加强饮用水水源保护、推进水生态系统保护与修复。《工作方案》对省实行最严格水资源管理制度的各项工作和任务细分到各个职能部门，强化了责任。《考核办法》对实行最严格水资源管理制度的责任主体——县级以上政府和政府主要负责人落实责任提出要求。其中，省政府对各设区市落实最严格水资源管理制度情况进行考核，各设区市政府对本行政区各县（市、区）政府落实最严格水资源管理制度情况进行考核。省考核工作组由 10 多个部门领导组成，对各设区市落实最严格水资源管理制度情况进行考核，考核结果交由干部主管部门，作为对各设区市政府主要负责人和领导班子综合考核评价的重要依据。具体考核方法是：每 5 年为一个考核期，采用年度考核和期末考核相结合的方式进行。这些重大措施的出台实施，对于进一步推进全省实行最严格水资源管理制度具有重大意义。二是继续推进节水型社会建设。2006 年，国家启动全国节水型社会建设城市试点以来，山西先后有太原市（2006 年）、晋城市和侯马市（2008 年）、阳泉市（2010 年）入选列为全国节水型社会建设试点城市。其中，太原市于 2013 年建成“全国节水型社会建设示范区”，晋城市和侯马市于 2014 年建成“全国节水型社会建设示范区”。阳泉市于 2014 年通过全国节水型社会建设试点验收。这四个城市在试点建设中，区域用水效率稳步提升，节水效果显著，在节水型社会制度建设、城市非常规水源综合利用、工业节水改造、设施农业节水灌溉、节水型社会载体建设等方面积累了丰富经验，在全省范围内具有推广应用价值。三是继续推进各市县关井压采、地表水源置换。全年全省共关闭地下水井 590 眼，年压采地下水 15830.3 万立方米，超年度目标任务 5.5%；全省地下水水位较年初平均上升 0.26 米，已连续 4 年实现止降回升。四是加强全省重点行业节水管理和推进水型企业（单位、校园、小区）创建。全年全省重点行业节水管理全年工业用水量累计 13.32 亿立方米，万元工业增加值用水量较上年度下降 5.5%。至 2014 年末，全省共建成节水型企业 297 家、节水型灌区 202 个、节水型机关事业单位 107 个、节水型学校 106 所。五是继续推进“大水网”工程和各项水利重点工程建设。“大水网”工程，是一项优化全省水资源配置的重大工程，于 2011 年启动实施。大水网四大骨干工程于 2012 年正式开工，2013 年全面推进，2014 年进入建设高峰。2014 年全年完成隧洞掘进及输水工程 202 公里，为年度目标任务的 101%。其中，长治平顺县溯头水电站、运城垣曲县板涧河水库、吕梁石楼县坪底水库、晋中昔阳县口上水库 4 座大水网调蓄水库实现大坝封顶。同时，与大水网骨干工程配套的 6 市 44 县县域小水网规划也加快推进。其他在建水利重点工程也加快推进。其中，昔阳县松溪供水工程枢纽和石楼县坪底供水工程枢纽工程下闸蓄水、阳泉市娘子关供水二期续建工程主体完工，沁源永和水电站大坝、吕梁柏叶口龙门供水工程、汾河中下游河道治理工程、滹沱河河道治理工程均按计划推进。完成年度目标任务。六是继续推进水库除险加固工程。至 2014 年末，国家规划部署的 75 座一般小型病险水库，除险加固任务全部完成；山西自行组织实施的 110 座应急专项除险加固水库，主体工程建设也全部完成；山西百座小型水库更新建设工程积极推进，11 座条件成熟的小型水库开工建设。

进一步推进节约集约用地和严守耕地红线。一是出台实施《山西省建设用地节约集约利用考核办法》。该《办法》于2013年10月25日由省政府办公厅印发，从2014年1月1日起施行。《办法》规定：通过相关指标对设区市政府年度节约集约用地水平进行考核，考核指标包括亿元投入与产出耗地类指标和土地供应及开发利用指标两大项；考核结果作为对各市分解下达年度土地利用计划指标的重要依据，排名前三位的市奖励一定数量的用地计划指标。该《办法》的实施，对于促进全省土地节约集约利用、提高土地使用效益，具有重要意义。通过考核，晋城、大同、晋中排前三位，分别获得1200亩、800亩、500亩用地计划指标奖励。二是颁布实施《山西省土地整治条例》。该《条例》于2014年5月29日经省第十二届人大常委会第10次会议审议通过，从10月1日起施行。土地整治是指田、水、路、林、村进行综合整理，对宜农未利用土地进行开发，对历史遗留损毁和自然灾害损毁土地进行复垦。《条例》对土地整治的规划与计划、项目立项与设计、项目实施与保护、资金管理与补贴、新增耕地指标的管理与使用、法律责任等作出明确规定，为规范和促进土地整治、提高土地可利用率和质量提供了法制保障。三是推进“工矿废弃地复垦利用试点”和扩大范围。2012年，国土资源部在全国开展“工矿废弃地复垦利用试点”，主要举措是将历史遗留的工矿废弃地以及交通、水利等基础设施废弃地加以复垦，在治理改善矿山环境基础上，与新增建设用地相挂钩，盘活和合理调整建设用地，确保建设用地总量不增加，耕地面积不减少、质量有提高。山西是试点省（区）之一。到2013年，全省试点地区有朔州、长治、晋城、临汾4市。2014年，又扩大到太原、大同、忻州、吕梁4市。四是严守耕地红线和大力开发造地。省、市、县、乡、村层层签订耕地保护目标责任状，全面分解落实耕地保护责任。加快推进各市县划定基本农田，其中试点市县的划定基本完成，其他地区划定任务已过半。进一步推进开发造地，省级2012年立项的77个耕地开发建设项目有75个项目开工建设、2个项目通过验收，新增耕地0.58万亩；各市地方占补平衡土地立项683个，规划新增耕地面积14.18万亩，验收落实项目274个，新增耕地4.98万亩。

推进和完成重要矿产资源“三率”调查与评价。2012年，国土资源部启动全国第三批重要矿产资源“三率”（开采回采率、选矿回收率、综合利用率）调查与评价工作。历经两年多时间调查，山西完成了煤炭、铁、锰等12个矿种1450家矿山的“三率”调查，并对其中513家矿山进行了实地核查，对数据进行了汇总分析评价，建立了“三率”调查评价数据库，形成了调查评价报告。报告全面反映了山西省重要矿产资源“三率”及利用现状，并对现状和问题进行分析，提出了具有针对性和可操作性的建议。2014年7月，国土资源部召开全国第三批“三率”调查评价成果验收会，山西省重要矿产资源“三率”调查与评价成果顺利通过验收并获评优秀。全省开展的重要矿产资源“三率”调查与评价和取得的成果，对于进一步推进矿产资源的管理、保护、节约与综合利用具有重要意义。调查也表明，通过近年来全省进行的矿产资源整合，矿山企业矿产资源利用率和全省矿产资源节约与综合利用率有所提高。

加快推进煤电产业融合集约和煤电一体化发展。山西是煤炭能源产业大省，也是煤炭火力发电大省，但长期以来，煤炭产业与电力产业之间各自为政，形成了煤炭与电力企业之间的供需矛盾和资源难以集约节约的矛盾。为了解决煤电供需和资源集约节约的矛盾，近年来山西坚持以煤为基、多元发展的战略，大力推进煤电产业融合和煤电的一体化发展。2014年，全省煤电产业融合集约和煤电一体化发展进一步推进。至2014年末，按照“政府引导、自愿合作、一厂一策”的要求，全省20万千瓦及以上主力火电企业中，有30户实现以股权为纽带的煤电联营，装机容量2716万千瓦，占比达到75%，形成了“煤控电、煤参电、电参煤、组建新公司”等四类煤电联营模式；国家五大发电集团（华能、大唐、华电、国电、电投）分别与省内主要煤炭集团签订了长期合作协议。全省现役主力火电企业煤电一体化运营管理机制初步形成。

进一步推进工业节能降耗和淘汰落后产能。一是出台实施多项重大政策措施。其中，1月17日省政府办公厅印发《加快推进工业节能环保产业发展行动方案》及2014年推进工业节能产业、工业资源综合利用与清洁生产、工业节能环保装备制造业发展等三个行动计划，10月23日省政府办公厅印发《山西省2014－2015年节能减排低碳发展行动方案》。这些方案和行动计划，对全省工业节能降耗和淘汰落后产能作出全面规划部署，提出明确要求。二是出台实施多项节能地方标准。2014年11月1日，省经信委新发布了14项节能地方标准，其中 6 项为强制性单位产品能耗限额标准，8 项为推荐性标准，于 2014 年 12 月 1 日起实施。至此，从 2010 年开始，已先后出台了镁冶炼、电石、铁合金、水泥、氧化铝、电解铝、合成氨、烧碱、钢铁、风电法兰、铸钢件等 27 项单位产品能耗限额地方标准和推荐性标准。2014 年，落实上述及有关政策措施，全省工业节能降耗和淘汰落后产能工作不断推进，取得新进展。在推进工业节能降耗方面，全面加强节能目标责任考核和预警调控，严格执行高耗能行业投资项目节能评估审查，深入开展能效对标活动，大力推广应用先进适用节能技术，进一步强化节能执法监察，扎实推进企业能源管理体系建设等。全年实施了 650 项节能改造项目，其中有 258 项建成投产，实现节能量 200 万吨标准煤；千家企业开展绿色低碳行动，实现节能量 400 万吨标准煤。全年万元 GDP 能耗下降 4% 左右，超额完成万元 GDP 能耗下降 3. 5% 的目标任务。在推进淘汰落后产能方面，全面清理、分类处置违规项目，严控新增过剩产能项目。全年淘汰钢铁 425 万吨、水泥 110. 5 万吨、焦炭 1058 万吨、电力 57. 4 万千瓦、电石 23. 6 万吨、铁合金 8. 13 万吨，完成或超额完成国家下达山西省的淘汰落后目标任务。

大力推进工业固废物综合利用。一是大力推进全省大量低热值煤资源的利用。山西是产煤大省，多年来产生了大量的煤泥、煤矸石和中煤等低热值煤，因其发热量低、灰分高而没有得到很好利用，大量废弃在矿区，占用土地的同时也造成环境和水体污染。多年来，全省一直在解决大量低热值煤资源的利用问题，特别是致力于发展低热值煤发电产业，但由于缺乏相关政策支持，进展和成效不足。据统计，到 2013 年，全省堆存的低热值煤多达 10 亿吨，且每年新增 1 亿吨以上，但年利用总量只有 2000 万吨，利用低热值煤发电的装机容量也只有 600 万千瓦。为了进一步推进大量低热值煤资源的利用，经积极争取，2013 年国家将山西境内核准 1920 万千瓦低热值煤发电项目权限委托给省政府。这是国家首次把能源项目核准权限委托给省级政府，在全国史无前例。对此，省委、省政府高度重视，多次召开推进低热值煤发电项目专题会议全面部署。同年，8 月 7 日省政府制定印发《山西省低热值煤发电项目核准实施方案》，从工作机构、政策依据、准入条件、核准程序、支持文件、奖励办法、项目验收、监督管理等 20 个方面对低热值煤发电项目核准的办理做了明确的规定，并突出了优选科学化、门槛标准化、程序透明化、监督全程化的特点。其中，核准的条件高于国家标准，并引入竞争机制，而且对项目核准、建设、运行管理进行事前、事中、事后全程监察。至2014年末，全省有24个低热值煤发电项目建设取得“路条”，发电装机容量达2104万千瓦。二是在其他方面继续推进工业固废物综合利用。全年实施推进了217个工业资源综合利用和清洁生产重点项目建设，包括以利用大宗工业固废为主的109个新型建材项目、21个资源综合利用电厂项目、43个“城市矿产”项目建设等。至年末，有99个项目建成投产，年可利用粉煤灰521万吨、煤矸石414万吨。同时，重点推进了“一个基地、十个园区”（国家级朔州工业固废综合利用示范基地和大同市南郊区塔山工业园区、交城经济技术开发区、阳泉市郊区白泉工业园区、太原不锈钢园区等10个产业集聚区）示范建设。其中，朔州市依托国家级工业固废综合利用示范基地建设，成功入选国家资源综合利用“双百工程”示范基地。按照示范要求，到2018年，朔州市粉煤灰、煤矸石、脱硫石膏的综合利用率将分别达到92%、95%（含复垦、生态处置）和91%，综合利用量达5172万吨，实现资源综合利用产值405亿元。此外，临汾浮山县依托尾矿综合利用基地建设，也成功入选国家资源综合利用“双百工程”示范基地。按示范要求，到2018年，浮山县尾矿、煤矸石等工业固体废物综合利用率将达到97.5%，年综合利用量1550万吨，实现资源综合利用年产值45亿元。2014年，全省工业固体废物产生量30198.7万吨；综合利用量19680.9万吨；处置量7716.4万吨。工业固废综合利用率达到65.09%。

2. 生态保护

保护和修复生态环境，是生态文明建设的重要内容。2014年，全省各级党委、政府及有关部门进一步加强和推进了对自然生态的保护和修复。

出台实施《山西省主体功能区规划》。主体功能区规划是指根据不同区域的资源环境承载能力、现有开发密度和发展潜力，将国土空间划分为优化开发、重点开发、限制开发和禁止开发四类主体功能区，确定功能定位，明确开发方向，控制开发强度，规范开发秩序，完善开发政策，逐步形成人口、经济、资源环境相协调的国土空间开发格局。制定实施区域主体功能区规划，是促进区域经济社会发展和生态文明建设的重大战略举措。2010年，国务院印发《全国主体功能区规划》。根据国家的部署，结合山西实际，经几年努力，2014 年 3 月 17 日省政府印发了《山西省主体功能区规划》。《规划》将全省 15.67 万平方公里的面积划分为重点开发区域、限制开发的农产品主产区、限制开发的重点生态功能区和禁止开发区域四类区域，并赋予其不同的功能定位、发展方向及目标、开发指引，并制定了区域政策和规划职责等方面的保障措施。其中，重点开发区域，主要包括太原都市圈中的重点开发区域、三大城镇群（晋北、晋南、晋东南）中的重点开发区域，占省域面积的 20.15%，涉及 39 个县（市、区）。太原都市圈重点开发区域包含太原市杏花岭区、小店区、迎泽区、尖草坪区、万柏林区、晋源区、古交市、清徐县、阳曲县，晋中市榆次区、介休市、平遥县，忻州市忻府区，吕梁市孝义市、汾阳市、文水县、交城县 17 个国家级重点开发区域；吕梁市离石区，阳泉市城区、矿区、郊区 4 个省级重点开发区域。晋北、晋南、晋东南三大城镇群重点开发区域包含大同市城区、矿区、南郊区、新荣区、大同县，朔州市朔城区，运城市盐湖区、闻喜县、河津市、永济市，临汾市尧都区、侯马市、襄汾县，长治市城区、郊区、潞城市、长治县，晋城市城区 18 个省级重点开发区域。重点开发区域的功能定位是：支撑全省乃至全国经济发展的重要增长极，提升综合实力和产业竞争力的核心区，引领科技创新和推动经济发展方式转变的示范区，全省重要的人口和经济密集区。限制开发的农产品主产区，主要包括汾河平原、桑干河河谷盆地、滹沱河河谷盆地、寿（阳）—昔（阳）—平（定）农产品主产区、漳河—沁河河谷盆地，占省域面积的 28.65%，涉及 34 个县（市、区）。限制开发区域的功能定位是：汾河平原为国家优质强筋、中筋小麦为主的优质专用小麦主产区，国家籽粒与青贮兼用型玉米为主的专用玉米主产区，全省农业现代化示范区域和优质、高效、高产的农业综合发展区域；桑干河河谷盆地为全省节水旱作农业重点实施区域，以肉、乳产品为主的畜牧业重点发展区域；滹沱河河谷盆地为全省优质玉米、杂粮生产重点区域；寿（阳）—昔（阳）—平（定）农产品主产区为国家旱作节水多种经营农业示范区域；漳河—沁河河谷盆地为优质玉米、杂粮和特色农林产品的主要生产区域。限制开发的重点生态功能区，包括国家级限制开发的重点生态功能区域和省级限制开发的重点生态功能区域，涵盖水土保持型、水源涵养型、防风固沙型和生物多样型四种类型，占省域面积的 50% 以上，涉及 46 个县（18 个国家级县和 28 个省级县）。18 个国家级限制开发的重点生态功能区域县，地处国家黄土高原丘陵沟壑水土保持生态功能区，包括忻州市的神池县、五寨县、岢岚县、河曲县、保德县、偏关县，临汾市的吉县、乡宁县、蒲县、大宁县、永和县、隰县、汾西县，吕梁市的中阳县、兴县、临县、柳林县、石楼县，总面积2.9万平方公里。28个县省级限制开发的重点生态功能区域县，包括太原市的娄烦县，大同市的灵丘县、左云县，阳泉市的盂县，长治市的平顺县、黎城县、壶关县、沁源县，晋城市的沁水县、阳城县、陵川县，朔州市的平鲁区、右玉县，晋中市的左权县、和顺县、灵石县、榆社县，运城市的平陆县、垣曲县，忻州市的五台县、繁峙县、宁武县、静乐县，临汾市的古县、安泽县，吕梁市的岚县、方山县、交口县，面积5.1万平方公里。禁止开发区域，主要包括各级自然保护区、文化自然遗产、风景名胜区、森林公园、地质公园、水产种质资源保护区、重要湿地（湿地公园）、重要水源地等，有国家级的禁止开发区域42处、省级禁止开发区域956处。扣除相互重叠的面积，全省各类禁止开发区域实际面积2.22万平方公里，占省域面积的14.2%。《规划》的出台实施，不仅对于推进全省形成人口、经济和资源环境相协调的国土空间开发格局，加快转变发展方式和调整经济结构，促进经济持续健康发展，具有全局性的战略意义，而且对于保护生态环境、推进生态文明建设具有重要而独特的作用。

出台实施《关于进一步推进全省林业生态建设提质增效再上新台阶的意见》。该《意见》于2014年2月20日由省政府印发，从指导思想、目标任务、重点工作、政策支持、保障措施五个方面，对进一步推进全省林业生态建设提质增效作出部署。目标任务是：以吕梁山生态脆弱区植被恢复为重点，科学实施“两山”造林、“两网”绿化、“两林”富民、“两区”增绿、“双百”精品、“双保”管护等省级林业六大工程和国家林业重点工程，每年完成营造林400万亩以上，森林覆盖率年均增加1个百分点，到2015年森林覆盖率达到23%，森林蓄积量达到1.3亿立方米，力争到2020年森林覆盖率达到26%以上，森林蓄积量达到1.5亿立方米；每年发展经济林100万亩以上，到2015年全省经济林总面积达到1800万亩，实现农村常住人口人均1亩经济林的目标；林业生产总值2015年达到500亿元，力争到2020年再翻一番，达到1000亿元；实现森林面积、森林蓄积、农民林业收入“三增”目标，使全省林业生态建设步入全国先进行列，基本达到生态良好标准。其中，“两山”

造林、“两网”绿化、“两林”富民、“两区”增绿、“双百”精品、“双保”管护等省级林业六大工程和国家林业重点工程，是“十二五”以来持续推进的林业工程，具体指：太行山和吕梁山“两山”造林工程、绿色路网和绿色水网“两网”绿化工程、干果经济林和速生丰产林“两林”富民工程、大城市郊区和矿区“两区”增绿工程、新造乔木林100万亩和改造灌木林100万亩的“双百”示范工程、天然林保护和森林资源综合保护“双保”管护工程。《意见》总结近年来全省造林绿化的成功经验，明确提出了“造林绿化的领导力度只加大不减小，资金支持只增加不减少，目标考核只加强不减弱”的“三加三不减”的要求和举措。2014年，全省营造林462万亩（人工造林完成345万亩，封山育林完成108万亩），完成占年度任务的102.7%。其中，“两山”造林工程完成270.9万亩，“两网”绿化工程完成21.9万亩，“两林”富民工程完成99.3万亩，“两区”增绿工程完成34.65万亩，“双百”精品工程完成34.8万亩。

启动实施晋祠泉复流工程。晋祠泉是山西省19个岩溶大泉之一，泉域分布于太原西山一带，于1994年4月30日断流。通过多年来汾河河道渗漏补给、水源置换和关井压采、煤炭资源整合压采减少矿坑排水等一系列措施。2013年，太原市出台了《晋祠泉域水资源保护条例》。在多方面的努力下，晋祠泉水水位近距离泉口由2004年的27.76米上升至2014年的9.03米，为晋祠泉复流创造了一定的基础条件。2014年1月，省长李小鹏在政府工作报告中明确提出了“启动晋祠泉复流工程，让千古名泉早日重现昔日风采”的任务。4月27日至28日，《晋祠泉复流工程实施方案》经国内知名水利专家组评审并通过审查。5月16日，省政府第43次常务会议通过该《实施方案》。按照《实施方案》，晋祠泉复流工程修复的原则是“保护优先，自然恢复，综合治理”，未来3年至5年时间，在泉域范围进一步实施关井压采和煤矿禁采限采措施，建设汾河及其支流的补源工程，加大对晋祠泉域的渗漏补给量，同时加强晋祠泉域生态环境的修复与治理，增加泉域内植被覆盖面积，促进降水入渗，实现泉水复流。

继续推进水土流失治理。山西是黄河中游水土流失严重地区之一，而严重的水土流失又是造成山西生态环境脆弱的重要因素。长期以来，在国家的支持下，山西对水土流失的治理持续不断推进。2014年，全省继续推进实施了国家水土保持重点建设工程、国家水土流失重点治理工程、坡耕地水土流失综合治理工程、京津风沙源治理工程水土保持项目、国家农业综合开发水土保持项目等5个国家重点水土保持项目，继续实施坝滩联合整治工程、沟坝地治理项目、水土保持生态工程等3个省重点水土保持项目。这些项目实施地域，涵盖全省大部分山区县。全年全省共完成水土流失治理面积346.8万亩，为计划任务的115.6%。至2014年末，全省已累计治理水土流失面积5.67万平方公里，累计治理度达到52.5%。

继续开展和深化区域生态建设活动。森林公园、湿地公园、生态示范区等建设，是推进区域生态环境建设的重要内容。2014年，全省森林公园、湿地公园、生态示范区等建设进一步推进。一是推进森林公园建设。全年新增建1处国家级森林公园、15处省级森林公园、1处县级森林公园，新增森林公园面积2.68万公顷。其中，1处国家级森林公园是晋城陵川县棋子国家森林公园，15处省级森林公园是金牛（古交市）、长城山（大同县、新荣区、阳高县交界）、大泉山（阳高县）、石马寺（昔阳县）、鹿泉山（寿阳县）、宝峰湖（襄垣县）、卢医山（潞城市）、白杨坡（平顺县）、灵通山（沁源县）、华阳山（泽州县）、阳光（阳城县）、红叶岭（安泽县）、九龙山（运城市盐湖区）、梅洞沟（方山县）、金沙滩（怀仁县、应县、山阴县交界）等森林公园。至此，全省累计建设国家、省、县三级森林公园127处，其中国家级森林公园19处、省级森林公园51处、县级森林公园57处，总面积达56.77万公顷（851.55万亩），占全省面积的3.64%。二是推进湿地公园建设。全年新增国家级湿地公园6处，分别是浑源县神溪湿地公园、沁源县沁河源湿地公园、长子县精卫湖湿地公园、稷山县汾河湿地公园、孝义市孝河湿地公园、静乐县汾河川湿地公园。至此，全省累计建设国家湿地公园12处，还有省级湿地公园36处、省级湿地类型自然保护区3处，全省40.5%湿地面积纳入这一保护范围。三是开展生态示范区建设。6月22日，国家发改委等六部委公布了国家首批55个生态文明先行示范区名单，运城市芮城县、太原市娄烦县成功入选。根据相关要求，先行示范区要通过5年左右的努力，基本形成符合主体功能定位的开发格局，资源循环利用体系初步建立，耕地质量稳步提高，物种得到有效保护，覆盖全社会的生态文化体系基本建立，绿色生活方式普遍推行，最严格的耕地保护制度、水资源管理制度、环境保护制度得到有效落实，形成可复制、可推广的生态文明建设典型模式。此外，至2014年末，全省共建有自然保护区46个（国家级8个、省级38个），面积116万公顷，占全省面积的7.4%；建有省级生态功能保护区（汾河源头、沁河源头）2个；建成国家级生态示范区16个（县、市、区）；建成国家级生态乡镇8个、国家级生态村3个，建成省级生态县2个、省级生态乡镇239个、省级生态村1300个。

3. 环境治理

2014年，全省各级党委、政府及有关部门以污染物总量减排为主线，多措并举不断加强和推进对污染环境的治理，取得新的进展。

进一步改造传统火力发电能源与加强清洁能源开发供应。传统燃煤火力发电能源，是造成山西环境污染的重要源头。近年来，全省不断加强对传统燃煤火力发电能源的改造和新能源的开发供应，支持对污染环境的治理，取得了重要成效。2014年，全省传统燃煤能源改造和新能源开发供应进一步推进。一是进一步改造传统火力发电能源。2014年8月8日，省政府办公厅印发《关于推进全省燃煤发电机组超低排放的实施意见》，提出了从2014年8月30日起全省新建常规燃煤全部执行超低排放标准Ⅰ和低热值煤发电机组全部执行超低排放标准Ⅱ、依照超低排放标准对全省单机30万千瓦及以上燃煤机组全部或部分主要污染物环保设施进行改造、加快关停单机20万千瓦级及以下燃煤机组的重大措施。目标是：到2020年，全省单机30万千瓦及以上常规燃煤、低热值煤发电机组大气主要污染物排放确保达到超低排放标准Ⅰ、Ⅱ。2014年，全省有塔山电厂、瑞光电厂、昱光电厂、长治热电厂4户企业进行超低排放改造试点。其中瑞光电厂一号机组成为第一个实现超低排放的发电机组，起到了良好示范带头作用。二是进一步加强和推进煤层气、风能、太阳能等清洁能源产业发展。2013年8月省政府印发《关于加快推进煤层气产业发展的若干意见》（通称“煤层气20条”），对煤层气开发利用和产业发展作出规划和部署。目标任务是：到“十二五”末，全省实现地面煤层气总产能195亿立方米，煤矿瓦斯抽采量52亿立方米，全省燃气管线总里程突破1万公里，管网实现四个全覆盖（119个县市区全覆盖、重点工业用户全覆盖、重点旅游区全覆盖、重点镇全覆盖，气化人口2000万）。2014年2月省政府印发了《关于加快促进光伏产业健康发展的实施意见》，提出的目标任务是：2015 年底，光伏发电总装机容量力争达到 200 万千瓦，2020 年底，力争达到 500 万千瓦。在政策支持和各方面的努力下，2014 年，全省煤层气、风能、太阳能等新能源产业发展进一步加快。全年全省地面煤层气抽采量、利用量分别达到 35 亿立方米、29.8 亿立方米；煤矿煤层气（矿瓦斯）抽采量达到 55.3 亿立方米，利用量到达 20.6 亿立方米；新增燃气管网里程 1011 公里，总里程达到 8030 公里；新增燃气使用人口约 300 万，累计达到 1500 万人。其中全省最大的地面煤层气抽采企业——晋煤集团建成地面煤层气抽采井 4760 口，占到全国总井数的近 1/3，日抽采气量 400 万立方米，实现地面煤层气抽采量 14.30 亿立方米、利用量 11.04 亿立方米，分别占全国总量的 38.74%、34.89%，始终保持全国领先水平。全年全省新增风电装机容量 166.35 万千瓦，增长 52.6%，达到 482.3 万千瓦；新增光伏装机达到容量 40 万千瓦，增长 11.4 倍，达到 43.5 万千瓦；煤层气发电装机容量达到 18.12 万千瓦。煤层气、风电、光伏新能源装机容量已占省调装机容量的 10.7%，实现了历史新高。其中，全年电网风电发电量完成 75.24 亿千瓦时，光伏发电量完成 3.151 亿千瓦时。风电成为仅次于火电的全省第二大发电能源。传统火力发电能源的改造和清洁能源的快速增长，在支持主要污染物排放总量持续下降方面发挥了重要作用。

不断开展环保专项检查和强化常规检测。一是省人大常委会开展大气污染防治执法检查。6 月至 7 月，省人大常委会组织三级人大，上下联动，分组对晋中、朔州、阳泉 3 个市及 14 个县（市、区）的 41 个企业和项目，贯彻实施《中华人民共和国大气污染防治法》和《山西省大气污染防治条例》情况进行了执法检查，推进了检查市县及企业对大气污染防治法律法规的落实。二是开展严厉打击环境污染违法犯罪的“百日会战”专项行动。该项行动在 4 月至 7 月间开展，重点排查了重点区域、重点行业、重点污染企业等。其中，重点区域主要排查了各类工业园区、工业集中区和土小企业历史的多发区、易发区；重点行业主要排查了电力、钢铁、建材、焦化、造纸、纺织、石化、制药、化工等行业。重点污染企业主要排查有色金属洗选、冶炼，铅蓄电池生产、组装、回收利用，危废产生、处置，以及土炼焦、小造纸等“九土十二小”企业。通过排查，共发现涉嫌环境违法犯罪 41 件，其中立案刑事案件 25 起、治安案件 14 起。三是开展百户重点污染企业环境安全攻坚行动。全年对省级确定的100户重点污染企业、市级确定的277户重点企业进行了督查检查，整改了671个环境安全隐患。四是开展为期两个月环境保护专项检查。该专项检查于11月至12月间展开，重点检查了焦化、化工、医药、煤炭、火电、钢铁、水泥、电解铝、平板玻璃、涉重金属、涉危险废物以及污水处理厂、垃圾处理厂、规模化畜禽养殖场等，企业依法处理处罚企业726家。五是推进建立PM2.5自动监测系统。全省11个地级市PM2.5自动监测系统全部建成投运，在全国率先实现了环境空气质量新标准实时监测“全指标、全覆盖、全发布”。

进一步加强和深入推进大气污染防治。贯彻实施已有的重大政策和出台实施新的重大举措。继2013年2月省政府办公厅印发《山西省2013～2020年大气污染治理措施》和10月省政府印发《山西省落实大气污染防治行动计划实施方案》之后，2014年省政府办公厅又印发了如前所述的涉及大气污染防治举措的《加快推进工业节能环保产业发展行动方案》及2014年推进工业节能产业、工业资源综合利用与清洁生产、工业节能环保装备制造业发展等三个行动计划（2014年1月17日印发）、《山西省2014～2015年节能减排低碳发展行动方案》（2014年10月23日印发），还印发了专门性的《山西省大气污染防治2014年行动计划》（2014年3月5日印发）、《山西省黄标车及老旧车淘汰工作实施方案》（2014年10月31日印发）。其中，《山西省大气污染防治2014年行动计划》提出了20项应完成任务、13项应加快推进的任务、4项应启动任务，并明确了责任单位。目标是：全省空气质量有所好转，重污染天气有所减少；全省11个设区市可吸入颗粒物、细颗粒物浓度分别比2013年下降2%以上、4%左右。《山西省黄标车及老旧车淘汰工作实施方案》提出的总体目标是：2014年淘汰黄标车及老旧车21.6万辆；2005年底前注册的营运类黄标车2015年底前全部淘汰；2015年、2016年完成国家下达的黄标车及老旧车淘汰任务；2017年基本淘汰全省范围内的黄标车。通过落实各项政策和多方面努力，2014年全省各项防治大气污染的工作取得重大进展。11个地级市全部完成城市高污染燃料禁燃区划定和调整，城市建成区禁止新建燃煤锅炉工作进一步落实。车辆尾气治理进一步推进，国四标准车用汽、柴油实现全面供应，车辆环保检验合格标志发标率达到83.31%，超额淘汰黄标车及老旧车23.34万辆。工业企业污染排放治理不断推进，全年淘汰燃煤小锅炉 13418 台，完成 1902 蒸吨燃煤锅炉、99 家工业窑炉清洁能源替代；电力企业新建改造除尘、脱硫、脱硝设施 1743.4 万千瓦、1236 万千瓦、1203.5 万千瓦；分别完成年度任务的 168.8%、114%、207.5%；水泥企业建设脱硝设施 6.87 万吨/日，完成年度任务的 166%。此外，全省城市道路机扫、建筑工地绿色施工、工业堆场治理不断深化推进，农村秸秆禁烧监管也进一步加强。其中，全年全省秸秆焚烧火点数同比上年减少 259 个，减幅达 63.3%。特别是省城环境综合治理强力推进，关停污染企业 232 家，改造拆除小锅炉 1.16 万台，新增集中供热面积 2159 万平方米，公交车、出租车基本实现气化。全年全省国家考核的化学需氧量、氨氮、二氧化硫、氮氧化物、烟尘、粉尘 6 项主要污染物排放总量，同比分别下降 4.33%、3.01%、3.76%、7.6%、0.5%、0.5%。全年全省环境空气 PM2.5 平均浓度同比下降 16.9%，超额完成下降 4% 的年度工作目标；全省 11 个重点城市平均达标天数 222 天，同比增加 39 天，达标率 63.3%，平均重污染天数 15 天，同比减少 17 天。省城空气质量优良天数达 197 天，同比增加 35 天。2014 年 11 个地级市环境空气质量综合指数由大到小排序依次为：阳泉、太原、晋城、忻州、运城、晋中、长治、吕梁、朔州、临汾、大同。

继续加强和推进水污染防治。一是进一步落实《山西省地下水污染防治实施方案（2011—2020 年）》。该《方案》于 2013 年 1 月由省政府印发，从开展地下水环境状况调查与评估、推进完成地下水饮用水源污染防治优选示范项目、加快地下水环境监测和预警应急系统工程建设、严格控制城镇生活污染对地下水的影响、控制工业生产活动对地下水污染、控制农业生产活动对地下水污染六个方面提出任务。到 2015 年的目标是：通过地下水污染现状的全面系统调查与环境评估，基本掌握地下水污染特征；通过启动地下水污染修复试点，为全面完成国家规划项目与治理工程提供经验；通过能力建设，全面建立地下水污染监测与监管体系；完成示范工程，控制地表污水入渗，初步遏制省域内地下水Ⅳ类、Ⅴ类水质恶化趋势，重点城镇地下水集中式饮用水水源的水质得到明显改善。2014 年，通过落实防治措施和各方面努力，监测显示全省地下水质基本保持稳定。9 个地级市共监测 55 眼井，按《地下水质量标准》（GB/T14848 -93）进行评价，地下水总体水质为良好。其中，吕梁、朔州、晋中 3 市水质优良，太原、晋城、长治、大同 4 市水质良好，临汾水质较好，阳泉水质较差。二是加强饮用水源保护和防治地表水污染。2014 年 5 月 26 日，由省政府办公厅印发《关于加强水库安全管理工作的意见》，明确规定：禁止在大坝管理和保护范围内进行爆破、打井、采煤、采石、采矿，禁止在库区内进行围垦、采煤、开矿、修坟等其他危害水库安全的活动；大中型、重要小型水库的大坝坝顶不得兼做公路；饮用水水源水库一级保护区内禁止从事渔业养殖、旅游、游泳、垂钓或者其他可能污染水体的活动，禁止新建、改建、扩建与供水设施和保护水源无关的建设项目，已建成的与供水设施和保护水源无关的建设项目由县级以上政府责令关闭拆除。在贯彻实施该《意见》的同时，继续推进汾河、桑干河、滹沱河、漳河、沁河、涑水河 6 条重要河流流域源头治理、生态修复工程，推进其他中小河流的治理。其中，强化汾河流域水环境治理，将汾河水库列入了国家江河湖泊生态环境保护专项工程。至 2014 年末，国家规划部署 89 条大中小河流治理项目已完成 85% 以上。

2014 年，全省城市集中式生活饮用水源地水质基本保持稳定。全年 11 个地级市监测 23 个集中式饮用水源地，总体水质达标率为 87.4%。其中，太原、大同、长治、晋城、朔州、忻州、晋中、运城、吕梁 9 市集中式饮用水源地水质达标率为 100%，临汾、阳泉 2 市水质达标率为 0。2014 年全省地表水水质总体较上年有所改善。按照《地表水环境质量标准》（GB3838－2002）进行评价，全省监测的 96 个省控断面中，水质优良（Ⅰ～Ⅲ类）的断面 46 个，占监测断面总数的 47.9%，同比上升 1.9 个百分点；重度污染（劣Ⅴ类）的断面 24 个，占 25.0%，同比下降 7.0 个百分点。全省地表水水质仍属中度污染。

六　居民生活

保障和改善民生，不断提高人民群众的生活水平，是经济社会发展和全面建成小康社会的根本出发点和落脚点，也是实现“中国梦”的重要内容和重要保障。2014 年，山西省委、省政府及有关部门积极应对经济不断下行的压力，采取各种措施，着力保障和改善民生，进一步促进了全省居民生活状况的改善和生活水平的提高。

1. 就业状况

充分发掘全社会劳动力资源，积极促进劳动力人员就业和发挥作用，是推动经济社会发展的一个核心问题，也是保障和改善民生的基础。2014 年，全省各级党委、政府及有关部门强化政策措施，大力支持和促进了城乡新增和富余劳动力人员的就业；强化宏观调控，加强和推进了全社会劳动力人员的就业和作用的发挥。全年全省全社会劳动力人员的就业形势保持了稳中趋好。

2014 年，年末全省全社会劳动力资源总数 2760 万人，同比增加 15.6 万人。除去 16 岁以上在校学生，全省需稳定就业和新就业的社会劳动力人员总量为 2552.1 万人。

2014 年，在经济下行、企业困难的新形势下，全省各级党委、政府及有关部门在积极应对经济不断下行的压力和推动经济抓转型发展的同时，加强宏观调控，积极稳定从业人员就业和促进城乡新增就业人员就业。一是出台实施多项稳定和扶持就业的重大政策措施。5 月份，省政府密集出台了包括帮扶困难企业稳定就业岗位、扶持高校毕业生创业、政府购买基层公共服务岗位吸纳高校毕业生就业、鼓励小微企业吸纳劳动者就业的 4 项新政策新措施。①帮扶困难企业稳定就业岗位，实施了“五缓三补两协商一报备”的重大政策举措。“五缓”，即：经认定的困难企业，可以缓缴 2014 年基本养老、基本医疗、工伤、失业、生育五项社会保险费，缓缴的社会保险费不计征滞纳金。“三补”，即：使用失业保险基金，对困难企业给予社会保险补贴、岗位补贴和培训补贴。“两协商”，即：推动各类企业建立健全工资集体协商制度，国有和国有控股困难企业重点围绕工资按时支付以及稳岗增效措施等内容开展集体协商，做到不裁员，不降低一线职工收入；其他困难企业通过开展集体协商，采取灵活用工、弹性工时、弹性工资、组织培训等措施稳定就业岗位；困难企业通过与职工个人协商一致，在继续保留劳动关系的情况下，职工可以在约定的时期内到其他缺工领域劳动，约定期满劳动者返回原企业工作，继续履行原劳动合同。“一报备”，即：企业一次性裁员 20 人以上或者裁减不足 20 人但占企业职工总数 10% 以上的，要向人社行政部门报备。实施帮扶困难企业稳定就业岗位政策，直接覆盖了企业职工 38 万人。②扶持高校毕业生创业，实施了“七补一贷”的重大政策措施。“七补”，即：财政补助、社会保险补贴、创业实训补贴、场地租金补贴、创业就业补贴、星火项目资金扶持、创业园区建设补助。"一贷"，即：自主创业的高校毕业生可申请最高10万元的小额担保贷款，合伙创业的可将贷款额度提高到每人15万元，成功创业并带动5人以上就业的可以申请到最高50万元的贷款再扶持。实施扶持高校毕业生创业政策，5373名大学生实现成功创业，占应届毕业生的3%。③政府购买基层公共服务岗位吸纳高校毕业生就业，实施了购买公益岗位、开发见习岗位的政策举措。实施这一政策，全省为11个市乡镇（街道）、社区招聘应届高校毕业生6992名，新开发就业见习岗位3万个。④扶持小微企业吸纳劳动者就业，实施了"六补一缓"的重大政策举措。"六补"，即对吸纳就业的小微企业提供就业补助、就业岗位补贴、社会保险补贴、财政贴息支持、职业培训补贴、就业见习补贴。"一缓"，即吸纳劳动者就业的小微企业可以缓缴基本养老、基本医疗、失业保险、工伤保险、生育保险五项社会保险费。实施扶持小微企业吸纳劳动者就业政策，促进创业主体新创办小微企业5.4万户。二是启动和大力实施职业培训全覆盖计划。全年全省对未就业高校毕业生、农村转移劳动力、城镇登记失业人员和农村"两后生"进行了针对性的职业培训，实行了实名制管理，累计培训69.3万人次，有力地促进了城乡就业。其中，全省4.6万名农村贫困劳动力通过培训实现了稳定就业。

2014年，通过各方面的努力，全省应届高校毕业生就业率达91.5%，同比提高0.5个百分点；城镇新增就业51.4万人，完成全年目标任务的100.8%；转移农村劳动力37.7万人，完成全年任务的101.9%。城镇登记失业率3.4%，低于4.2%的控制目标。

2014年，全省从业人员达1862.3万人、城镇登记失业人员24.6万人、其他劳动者665.2万人，同比分别增加18.1万人、增加2.3万人、减少24万人。从业人员占年末劳动力资源总数之比为67.5%，同比提高0.3个百分点。在全社会劳动力资源总量增加的前提下，从业人员总量和占比提高、其他劳动者数量减少，表明全省劳动力配置结构进一步优化。

全省从业人员按产业分类，第一产业从业人员达662.1万人，占总量的35.6%，同比增加11.5万人，同比提高0.3个百分点；第二产业从业人员达505.3万人，占总量的27.1%，同比减少13.8万人，同比下降1个百分点；

第三产业从业人员达694.9万人，占总量的37.3%，同比提高0.7个百分点。第一、三产业从业人员占总量的72.9%，同比提高1个百分点。第一、三产业是吸纳全社会劳动力人员就业的主渠道和增长力量。

全省从业人员中，非私营单位从业人员达452.09万人，占总量的24.3%，同比分别减少11.95万人、下降0.9个百分点。在非私营单位从业人员中，按企业、事业和机关分组，从业人员分别为299.24万人、106.09万人、45.75万人，分别占总量的66.19%、23.47%、10.12%，同比提高0.62个百分点、0.64个百分点、下降0.08个百分点，在非私营单位中，企业和事业单位是吸纳从业人员的主渠道和增长的主要力量。城镇私营企业及个体从业人员为250.20万人，占从业人员总量的13.4%，同比提高0.7个百分点；农村及乡镇企业从业人员1160.0万人，占从业人员总量的62.3%，同比上升0.11个百分点。城镇私营企业和农村及镇企业是吸纳全社会劳动力人员就业的主渠道和增长的主要力量。

2. 收入状况

居民收入水平的高低直接关系着居民的生活水平。2014年，全省居民人均可支配收入为16538元，增长9.4%。按常住地分，城镇居民人均可支配收入24069.4元，增长8.1%；农村居民人均可支配收入8809.4元，增长10.8%。

2014年，全省城乡居民工资性收入、财产净收入、经营净收入和转移净收入四大项全面增长，呈现四大特点。

一是城乡居民工资性收入稳增长，增速呈“一微降一深降”态势。2014年，全省城镇居民人均工资性收入15623.72元，同比增加949.38元，增长6.5%，但同比增速下降1.8个百分点；工资性收入占城镇居民人均可支配收入的64.91%，同比下降1.02个百分点。全年全省农村居民人均工资性收入4569.57元，同比增加419.35元，增长10.1%，但同比增速下降7.2个百分点；工资性收入占农村居民人均可支配收入的51.87%，同比下降0.34个百分点。这表明，全省城乡居民人均工资性收入稳定增长，但增速呈现“一微降一深降”态势。全省城乡居民虽然人均工资性收入增速和占比均有所下降，但仍是拉动城乡居民人均可支配收入增长的主导力量。其中，城镇居民工资性收入对可支配收入增长的贡献率为52.4%，拉动城镇居民人均可支配收入增长 4.2 个百分点；农村居民工资性收入对全年农村居民可支配收入增长的贡献率为 48.8%，拉动可支配收入上涨 5.3 个百分点。促进城镇居民工资性收入增长的主要因素是：①提高最低工资标准。2014 年 4 月 10 日，省政府办公厅印发了《关于调整我省最低工资标准的通知》，对调整全省最低工资作出部署，并明确规定从 4 月 1 日起执行。《通知》将月最低工资标准由一类 1290 元、二类 1190 元、三类 1090 元、四类 990 元，依次调整为 1450 元、1350 元、1250 元、1150 元，平均增幅 14.2%；将煤矿井下采掘人员、井下辅助人员月最低工资标准由 1800 元、1600 元，分别调整为 2000 元、1800 元，平均增长 12%；将襄垣县、长子县、高平市、沁水县、平鲁区、右玉县、昔阳县、寿阳县、盐湖区、河曲县、保德县、吉县、柳林县、兴县、方山县 15 个县（市、区）最低工资标准上调一个类别（其中，襄垣县、高平市、平鲁区、盐湖区由二类调为一类；沁水县、柳林县、昔阳县、寿阳县、吉县由三类调为二类；长子县、右玉县、河曲县、保德县、兴县、方山县由四类调为三类）。其中提高地区类最低工资，主要惠及了住宿餐饮、批发零售和居民服务等低收入行业和部分私营企业个体工商户，人均月增资 161 元，涉及职工 110 万人（其中 60 万城镇职工）。②发布企业工资增长指导线。2014 年，全省城镇企业在岗职工工资增长基准线为 13%，增长上线为 20%，增长下线为 4%，覆盖人群 458 万人。③机关事业单位人员工资升级晋档。2014 年，全省提高机关干部职工津补贴标准和事业单位人员绩效工资水平，并向低职务职称人员倾斜，月均增资 42 元，覆盖人群 130 万人。④积极帮扶困难企业稳定工资水平。2014 年 5 月 16 日，省政府办公厅印发《关于帮扶困难企业稳定就业岗位的通知》。落实这一《通知》，全年全省共有 297 户困难企业缓缴五项社会保险费 62.8 亿元，为 154 户困难企业支付稳岗培训补贴 6.25 亿元，覆盖职工 38 万人。2014 年 6 月 19 日，省政府印发《涉煤收费清理规范工作方案》。落实这一《方案》，全年清理了多项涉煤收费，减轻煤企负担 60 多亿元，吨煤减负 6.5 元。省政府印发了《关于帮扶困难企业稳定就业岗位的通知》，为困难企业缓缴五项社会保险费近 60 亿元。国家自 2014 年 10 月 15 日起取消无烟煤、炼焦煤、炼焦煤以外的其他烟煤、其他煤、煤球等燃料的零进口暂定税率，削弱了进口煤炭的价格优势，为山西煤炭带来了更加公平的市场环境。这一系列政策措施的实施，为稳定企业职工工资起到了积极作用。促进全省农村居民工资性收入增长的主要因素是：①农村劳动力就业形势稳定。全年全省投资142亿元实施完善提质工程、农民安居工程、环境整治工程、宜居示范工程的改善农村人居环境“四大工程”，投资5.12亿元用于推动农村危房改造及抗震改建工作，投资11.4亿元用于农村公路建设，以及城市化建设进程加快、工业园区发展、设施农业规模扩大等，对吸纳农村劳动力就业，增加农民工资性收入起到稳定和推动作用。农民工监测调查资料显示：2014年全省农村住户中非农从业人员占农村劳动力的比重为40.0%，同比提高2.6个百分点；本地非农务工农民工人数占农村劳动力的比重为25.7%，同比提高1.6个百分点。②农村劳动力务工工资水平仍呈上涨态势。2014年全省农民工年内本地非农务工月均收入2386元，同比增加215元，增长9.9%；年内本地自营农民工月均收入3510元，同比增加170元，增长5.1%；外出农民工月均收入2723元，同比增加198元，增长7.8%。③农民工权益得到有效保护。全年全省各级各有关部门通过强化劳动监察执法、创建“无欠薪县域”、开展农民工工资支付专项检查等，共立案查处欠薪案件7620件，为13.2万人追索劳动报酬11.7亿元。

二是城乡居民经营净收入稳增长，增速呈现“一深降一高升”态势。2014年，全省城镇居民人均经营净收入2701.11元，同比增加215.17元，增长8.7%，但同比增速下降8.5个百分点；经营净收入占城镇居民人均可支配收入的11.22%，同比提高了0.05个百分点。全年全省农村居民人均经营净收入2482.26元，同比增加292.24元，增长13.3%，增幅居四大项收入之首，增速比上年7.2%上升6.1个百分点；经营净收入占农村居民人均可支配收入的28.18%，同比提高0.63个百分点。这表明，全省城乡居民经营净收入稳增长但增速呈现“一深降一高升”态势。全省城镇居民虽然人均经营净收入增速有所下降，但占比略有提升，对可支配收入增长的贡献率为11.9%，拉动可支配收入增长约1个百分点。人均经营净收入是拉动城镇居民可支配收入增加和增长的第三大重要力量。而全省农村居民人均经营净收入快速增长，对农村居民人均可支配收入增长的贡献率达34%，拉动可支配收入上涨3.7个百分点。人均经营净收入是拉动农村居民可支配收入增加和增长的第二大重要力量。2014年，全省城乡居民经营净收入的稳增长，仍是拉动城乡居民可支配收入增长的重要力量。促进城镇居民经营净收入的增长主要得益于投资环境的进一步优化，推动了个体、私营经济的发展。2014 年 5 月 16 日，省政府出台了扶持高校毕业生创业、鼓励小微企业吸纳劳动者就业、政府购买基层公共服务岗位吸纳高校毕业生就业等一系列扶持就业、鼓励劳动者自主创业的政策措施，同时还深化了商事制度改革，促进了居民就业增收。2014 年，全年全省扶持小微企业发展，减免增值税、营业税、所得税 9.7 亿元，支持新创办小微企业 5.4 万户，新增个体工商户 13.7 万户。这些措施既促进了城镇居民就业，也发挥了增加收入的积极作用。促进农村居民经营净收入较快增长主要因素是：①农产品增产和价格上涨。2014 年，全省粮食产量达 133.1 亿公斤，同比增长 1.4%，同时肉、蛋、奶产量也稳定增长。在农产品产量增加的同时，其价格也总体上涨。这样的双重效应增强了农村居民的经营净收入。据农产品生产者价格调查：2014 年全省农业生产者价格同比上涨 1.5%，全省农民人均出售农林牧渔业产品收入 2864 元，同比增加 214 元，增长 8.1%；农户家庭从事批发零售、交通运输、租赁服务等第三产业净收入为人均 587 元，同比增加 86 元，增长 17.1%。②实施强农惠农政策。2014 年，全省在原有强农惠农政策的基础上，新出台实施了 10 项强农惠农富农政策，新增资金 10.1 亿元。各项强农惠农政策的实施，不仅促进农业生产，也增加了农村居民的经营收入。

三是城乡居民转移净收入稳增长，增速呈“一微升一持平”态势。2014 年，全省城镇居民人均转移净收入为 4017.45 元，同比增加 283.4 元，增长 7.6%，同比增速上升 0.1 个百分点；转移净收入占城镇居民人均可支配收入的 16.69%，同比降低了 0.09 个百分点。全年全省农村居民人均转移净收入为 1634.44 元，同比增加 136.49 元，增长 9.1%，增速同比与上年持平；转移净收入占农村居民人均可支配收入的 18.55%，同比下降 0.29 个百分点。这表明，全省城乡居民转移净收入稳增长，但增速呈“一微升一持平”态势。全省城乡居民转移净收入增速虽然与上年同比基本持平，但仍是拉动城镇居民可支配收入增加和增长的第二大重要力量，是拉动农村居民可支配收入增加和增长的第三大重要力量。其中，城镇居民人均转移净收入对可支配收入增长的贡献率达到 15.6%，拉动可支配收入增长 1.3 个百分点。农村居民人均转移净收入对可支配收入增长的贡献率为 15.9%，拉动可支配收入上涨 1.7 个百分点。促进城镇居民转移净收入增长的主要因素是：①提高企业退休人员养老金标准。2014 年，全省连续第 10 个年头调整企业退休（职）人员基本养老金，调整标准为每人每月增加 219 元，达到 2389 元，平均增幅 10% 以上，覆盖人群 161 万。②再次上调医保标准。城镇居民医保年人均补助标准由 280 元提高到 320 元，提高了 40 元，增长 14.3%。③继续提高低保标准。2014 年城市居民低保标准在国家每月人均增加 15 元基础上，山西再增加 10 元，达到每人每月 376 元，增幅 7.1%，覆盖人群为 90 万人。④工伤保险与伤残护理费标准提高。从 2014 年 1 月 1 日起，调整一至四级分散安置的残疾军人护理费标准，平均提高 10% 以上。此外，为领取失业保险金人员按年人均 2400 元的标准增发冬季取暖补贴。促进农村居民转移净收入增长的主要因素是：①提高低保标准。2014 年，全省再次提高农村低保标准，每人每月提高 22 元，达到 97 元，增长 29.3%。②提高新农合补助标准。在 2013 年人均补助 280 元的基础上 2014 年提高 40 元，达到 320 元，增长 14.3%。③建立全省统一的城乡居民基本养老保险制度。全省农民平均养老金每月达 65 元，增长 10% 以上。④提高农村五保补助标准。集中供养对象由 2013 年的每人每年 2000 元提高到 2200 元，分散供养对象由每人每年 1300 元提高到 1430 元，增长 10%。⑤实施新型职业农民培育计划。2014 年 7 月 23 日，省政府办公厅印发《山西省新型职业农民培育工作方案》，提出了每年培训新型职业农民 10 万人的任务。2014 年，全年分生产经营型、专业技能型、社会服务型和引领带动型四个层次，分若干专业培训了新型职业农民 10 万人。对新型职业农民的培训投入，增加了农村居民转移净收入。

四是城乡居民财产净收入较快增长，增速呈“一高升一微升”态势。2014 年，全省城镇居民人均财产净收入 1727.15 元，同比增加 363.29 元，增长 26.6%，增幅居四大项收入之首，同比增速提高了 7.6 个百分点；财产性收入占城镇居民人均可支配收入的 7.18%，同比提高了 1.05 个百分点。全年全省农村居民人均财产净收入为 123.17 元，同比增加 11.89 元，增长 10.7%，增速同比提高 0.7 个百分点；财产性净收入占农村居民人均可支配收入的 1.4%，与上年持平。这表明，全省城乡居民财产净收入较快增长，且增速呈现“一高升一微升”态势。全省城乡居民人均财产净收入虽然占可支配收入的比重较小，但仍是拉动城乡居民可支配收入增加和增长不可忽视的力量。其中，城镇居民人均财产净收入对可支配收入增长的贡献率为20.1%，拉动可支配收入增长1.6个百分点；农村居民人均财产净收入对可支配收入增长的贡献率为1.4%，拉动可支配收入上涨0.15个百分点。促进城镇居民财产性收入的增长因素，主要得益于房屋租金和利息的增长。2014年，全省城镇居民出租房屋财产性收入人均为434元，同比增长26.2%；利息净收入和红利收入分别比上年增长70.5%和41.9%。促进农村居民财产性收入的增长因素，主要得益于土地流转加快和房屋租金的增长。住户调查资料显示：2014年，全省农村居民转让土地经营权租金收入人均为31元，同比增长1.4倍；出租房屋收入人均为32元，同比增长9.5%。

此外，贫困地区农村居民人均可支配收入稳增长，但增速下降明显。2014年，抽样调查显示，全省36个国家贫困县农村居民人均可支配收入为5430.23元，同比增长11.4%；增速高于全省农村居民人均可支配收入平均水平0.6个百分点，但增速同比下降5.7个百分点。全省36个国家贫困县农村居民人均可支配收入的稳增长，主要因素是百企千村产业扶贫开发工程的实施以及干部下乡住村包村增收活动的开展。到2014年底，全省贫困地区开工建设产业扶贫项目达233个、涉及投资799.23亿元，其中2014年完成投资201.67亿元；实施精准扶贫，5万名农村贫困劳动力接受就业培训，2万名贫困学生受到教育资助，4万多名干部驻村帮扶，覆盖所有贫困村，在21个扶贫攻坚县启动实施金融富民扶贫工程，47万贫困人口实现脱贫。

3. 消费状况

居民消费状况是居民生活水平的重要体现。2014年，全省社会消费品零售总额5549.9亿元，增长11.3%。其中，城镇实现社会消费品零售总额4600.8亿元，同比增长11.2%；乡村实现社会消费品零售总额949.1亿元，同比增长11.7%。这反映了居民生活水平的提高和消费能力的提升，同时也反映了全省各级党委、政府及有关部门实施消费促进经济增长的政策措施的成效。

2014年，全省城镇居民人均消费支出稳增长，消费支出占可支配收入的比重略有降低。全年全省城镇居民人均消费支出14636.88元，同比增加874.18元，增长6.4%，增速同比下降1.4个百分点；人均消费性支出占可支配收入的60.8%，同比减少1个百分点。城镇居民人均消费支出稳增长和增速下降、消费支出占可支配收入比重的减少，是消费更加理性的表现。城镇居民消费主要方向集中在食品烟酒（3804.01元）、衣着（1616.03元）、居住（2898.83元）、生活用品及服务（887.9元）、交通通信（1709.82元）、教育文化娱乐（2026.52元）、医疗保健（1240.86元）、其他商品和服务（452.9元）“八大类消费”上，分别占消费总支出的25.99%、11.04%、19.80%、6.07%、11.68%、13.85%、8.48%、3.09%。这“八大类消费”同比呈现“七升一降”的现象。其中，食品烟酒增长7.4%，衣着增长7.9%，生活用品及服务增长1.2%，交通通信增长7.7%，教育文化娱乐增长5.7%，医疗保健增长21.2%，其他商品和服务增长15%，而居住则呈现下降态势，下降0.88个百分点。“八大类消费”中，居住、生活用品及服务、教育文化娱乐占比有所下降，分别下降1.45、0.3、0.08个百分点；食品烟酒、衣着、交通通信、医疗保健、其他商品和服务占比上升，分别上升0.26、0.16、0.15、1.04、0.23个百分点。城镇居民消费结构的这种变化，呈现的特点是：生活质量在提高，发展型消费比重上升，生活由基本生活型向安逸享受型转变。全年城镇居民总支出中食品烟酒、衣着和居住等生存型消费类支出共8319元，占整个消费支出的比重为56.8%，比上年的57.9%下降了1.1个百分点；而城镇居民总支出中交通通信、教育文化娱乐、医疗保健发展型消费支出共4977元，占生活消费支出的比重为34%，比上年的32.9%上升了1.1个百分点。城镇居民生活由基本生活型向安逸享受型转变，不仅反映在总体消费结构上，而且也体现在消费占比结构上。全年城镇居民居住、生活用品及服务消费支出占比下降，而交通通信、其他商品和服务消费支出占比则上升。此外，食品烟酒和衣着消费支出占比的上升，体现了居民食品消费质量和生活品质的提升；人均医疗保健支出的高增长和占比的提升，体现了居民健康意识的显著增强。

2014年，全省农村居民人均消费支出稳增长，消费支出占可支配收入的比重却有所下降。全年全省农村居民人均生活消费支出6991.69元，同比增加533.94元，增长8.3%，增速同比提高0.2个百分点；人均消费支出占可支配收入的79.4%，同比下降1.8个百分点。农村居民人均消费支出稳增长和增速提高、消费支出占可支配收入比重的下降，也是消费更加理性的表现。农村居民消费主要方向集中在食品烟酒（2054.29元）、衣着（539.69元）、居住（1480.46元）、生活用品及服务（343.87元）、交通通信（706.5元）、教育文化娱乐（928.48元）、医疗保健（770.21元）、其他商品和服务（168.18元）“八大类消费”上，分别占消费支出的29.38%、7.72%、21.17%、4.92%、10.10%、13.28%、11.02%、2.41%。这“八大类消费”同比呈现“七升一降”的态势，其中食品烟酒增长11.7%，衣着增长8.4%，居住增长4.3%，生活用品及服务增长1.3%，交通通信增长0.7%，教育文化娱乐增长10.2%，医疗保健增长19.1%，而其他商品和服务则下降1.3%。“八大类消费”中，居住、生活用品及服务、交通通信、其他商品和服务占比有所下降，分别下降0.82、0.34、0.76、0.23个百分点；食品烟酒、衣着、教育文化娱乐、医疗保健占比上升，分别上升0.91、0.01、0.23、1.0个百分点。全年全省农村居民总支出中食品烟酒、衣着和居住等生存型消费类支出共4074元，占整个生活消费支出的比重为58.3%，比上年的58.2%上升了0.1个百分点；而农村居民总支出中交通通信、教育文化娱乐、医疗保健发展型消费支出共2405元，占生活消费支出的比重为34.4%，比上年的33.9%上升0.5个百分点。农村居民人均消费教育文化娱乐、医疗保健支出占比上升，反映了农村居民消费观念的转变，也体现了生活水平在不断提高，更加注重生活质量。

2014年，全省城乡居民消费支出增长和结构的变化，除与居民收入增长有重要关联之外，还与各级各有关方面实施的一系列扩内需、促消费政策相关联。一是城乡商贸流通网络建设对消费增长的促进。2014年，全省各级各有关方面大力推进了城乡商贸流通网络的建设。在推动电子商务建设方面，贡天下特产网一跃成为全国最大的土特产商城，全年实现网络零售额达4.7亿元；侯马电子商务示范基地网络零售额突破亿元；太原市建成“一网两平台”，实现了六城区和近郊商品配送全覆盖，新增社会配送网点10000余家，城区统一配送连锁店达1000家，乡镇协同配送农家店达13000家。在健全城乡商贸流通体系方面，推进大晋中农产品现代流通综合示范区建设，兴建了晋中、太原和吕梁22个县区建设农产品批发市场、农贸市场、物流配送中心、乡镇商贸中心、产地集配中心，促进大晋中农产品现代流通综合示范区成功入选国家跨区域农产品流通基础设施建设试点，打造了60条农产品流通链条；提升农家店信息化水平，建设改造了22个农村物流配送中心，为5000

个农家店配备 POS 机，搭建信息管理平台，实现了连锁企业、配送中心和农家店联网，增加了农家店刷卡消费、移动业务办理、信息发布及代办业务功能，方便了农民消费；全面推进“15 分钟便民商圈”建设，将便民商圈建设纳入了生活服务网络体系，升级改造了 36 个“15 分钟便民商圈”，大幅提升社区消费生活便利化水平。在改善市场营商环境方面，持续开展了打击违法违规行为活动，加强了对商务活动的监督管理，推进了省市县三级市场运行监测和商务预报平台的建立，营造了良好的市场氛围。在促销营销方面，组织开展了“骏马迎春、福惠万家”活动、“全国消费促进月山西活动”、全省汽车行业“便捷服务、放心消费”促销活动、“大众美食”促销活动以及“幸福暖家”社区行、老区行、矿区行等大型活动。上述一系列商贸流通建设和举措，对全省城乡居民消费发挥了积极的支持和促进作用。二是旅游促销政策对消费增长的促进。2013 年 5 月 15 日，省政府出台实施了推动“美丽山西休闲游”的重大措施。其核心条款是全省国有及国有控股的 49 个 A 级景区实行头道门票打折优惠，并不设期限，其优惠幅度旺季为 20%，淡季为 40%。后来，又有 35 家集体、民营及集体、民营控股的 A 级景区响应，加入美丽山西休闲游活动。2014 年，84 家景区“美丽山西休闲游”优惠活动持续开展，在吸引游客方面成效十分显著，支持和带动了城乡居民的旅游、文化、购物等消费。此外，出台实施的促进信息消费、加快发展养老、加快发展健康服务业等政策措施，也较好地发挥了促进消费的作用。

4. 物价状况

物价是直接影响人民群众生活水平的重要因素。2014 年，全年全省居民消费价格总水平上涨 1.7%，同比下降 1.4 个百分点，低于全国平均水平 0.3 个百分点。其中，城市上涨 1.8%，同比下降 1.2 个百分点，农村上涨 1.4%，同比下降 1.8 个百分点；食品价格上涨 2.8%，同比下降 3.5 个百分点，商品零售价格上涨 0.6%，同比下降 1.2 个百分点。全年全省居民消费价格指数（CPI）呈低位运行状态，为近五年来最低。

2014 年，全省居民消费价格总水平上涨幅度小，呈低位运行状态，给人民群众生活带来了低物价上涨的实惠。这主要得益于全省各级各部门努力稳定市场价格、力促民生改善的政策举措。

2014 年，全省各级各有关部门控制和稳定居民消费价格上涨的重要举措是：一是加强价格监测分析，特别是在消费旺季加大监测力度、扩大监测范围，预警和防范了消费价格的波动和突发上涨。如，上半年，针对全省出现的猪粮比价进入黄色预警区域（中度下跌）的情况，省政府及时启动了调控预案，使生猪收购价格止跌回升，保障了生猪养殖者的利益，也维护了猪肉价格的平稳。二是进一步完善价格联动救助机制，建立了价格临时补贴的社会救助和保障标准与物价上涨挂钩的联动机制，以缓解因价格上涨对困难群众生活造成的影响。价格临时补贴的发放范围主要包括两类群体，一类是优抚对象、城乡低保对象、农村五保供养对象、领取失业保险金人员组成的社会救助对象；另一类是在校学生，包括农村寄宿制学校的寄宿学生，大、中专院校和技工学校的家庭经济困难学生。三是健全价调基金机制，充分发挥价调基金作用。如，运城市在春节期间运用 2000 余万元价调基金，在 13 个县（市）和 3 个开发区以同一时间、统一品种，组织开展了平抑春节副食品价格供应活动，保持了主要副食品价格稳定。四是大力推进平价商店建设。全省在低收入群体相对集中的地区，累计建立了 752 家平价商店，以低于市场均价销售蔬菜、粮油等农副产品，发挥了稳价惠民的积极作用。其中，太原市继续扎实推进平价商店建设管理，加大“一元菜”组织力度，使菜价在中部六省省会城市中为最低。五是积极促进降低生产流通成本。鼓励和支持生产、销售等主体进行产销对接、农超对接，减少中间环节费用，降低了流通成本。同时，落实鲜活农产品运输“绿色通道”政策，全年减免通行费达 5.42 亿元。其中，吕梁市充分运用电子商务平台促进产销对接，进一步保障了“菜篮子”供应。晋中市在 2014 年春节前组织生产基地和平价商店产销对接，保证了市场稳定。六是深化资源性产品价格改革。其中，落实成品油定价机制，18 次调整了成品油价格；出台完善居民阶梯电价制度相关配套政策，扩大了居民阶梯电价实施范围；完善居民阶梯气价制度，以大同市为试点，率先在全省实施了居民生活用气阶梯价格政策。此外，如前文所述的各旅游景区的门票打折优惠，也在稳定文化旅游物价方面发挥了积极作用。

5. 居住状况

住房状况与居住环境，是体现和反映人民群众生活水平的重要因素。2014 年，全省城乡居民家庭居住环境进一步改善，住房面积持续增加。城镇居民期末拥有住房面积为人均 29.3 平方米，同比增加 1.5 平方米；农村居民期末拥有住房面积为人均 32.9 平方米，同比增加 1.0 平方米。

2014 年，全省城乡居民人均住房面积的扩大与居住环境的改善，主要因素是以下几方面。

一是城镇保障性住房建设的加快推进与管理水平的提高。全省近年来不断加强和推进保障性住房建设。2014 年初，国家下达山西保障性安居工程任务为新开工 18 万套、基本建成 18 万套。山西自加压力，将任务调整为新开工 23 万套、基本建成 18 万套、实现投资 500 亿元。与此同时，为了进一步加快全省棚户区改造工作，促进民生保障和城市人居环境改善，拉动投资和消费需求，带动相关产业发展，省政府于 2014 年 6 月 27 日印发了《山西省棚户区改造工作实施方案》，提出了 2014 ~ 2017 年全省开工改造各类棚户区 70 万户目标任务，并对各市任务作出分解。2014 年，全省新开工城镇保障性住房 23.26 万套，其中棚户区 17.37 万套，超出国家下达任务 5.26 万套；基本建成 21.02 万套，超出国家下达任务 3.02 万套；完成投资 528.05 亿元，超出年度计划 28.05 亿元。截至 2014 年底，全省城镇保障性住房覆盖面达到 21.38%，提前实现了国家“十二五”末达到 20% 的要求。在加快推进城镇保障性住房建设的同时，全省各级各有关部门还不断加强和规范了保障性住房的管理，加快了保障房分配进度，加强了准入、分配、运营、退出等审核环节监管。特别是 2014 年全省公共租赁住房和廉租住房实施并轨运行，对于健全完善城镇住房保障体系，整合住房保障资源，提高政府资金和房源使用效率，满足中低收入住房困难家庭的基本住房需求，具有重大意义。

二是城市（镇）基础设施建设的加强和承载力的提升。加强和完善城市（镇）基础设施，是改善和提升城（市）镇居民居住环境的重要举措。近年来，全省各级政府及有关部门不断加强和推进了城市（镇）基础设施的建设。2014 年，全省城市（镇）基础设施建设进一步加强和推进。2014 年 7 月，省政府印发《关于加强城市基础设施建设的实施意见》，从完善城市道路交通体系、加快城市管网建设改造、推进城市污水和垃圾处理设施建设、加快城市生态园林建设四个方面，对进一步加快城市基础设施建设提出了目标任务、明确了具体时间表。2014 年，全省城市（含县城）市政基础设施建设完成投资 435 亿元，同比增长 4.9%，新建和改造城市道路 930 公里、水气热等各类市政管网 4406 公里，新增集中供热面积 6970 万平方米，改造提标 17 座城镇污水处理厂，建成 14 座生活垃圾无害化处理设施，新增绿化面积 2180 万平方米，全省城市环境面貌进一步改善，承载能力进一步提升。同时，大力加强小城镇建设，479 个建制镇共完成市政基础设施建设投资 39. 3 亿元，小城镇基础设施水平进一步提升。同时，大力加强小城镇建设，479 个建制镇共完成市政基础设施建设投资 39. 3 亿元，小城镇基础设施水平进一步提升。至年末，全省城市（含县城）人均道路面积达到 13. 25 平方米，同比提高 0. 07 平方米；供水普及率达到 97. 4%，同比提高 0. 03%；燃气普及率达到 86. 2%，同比提高 0. 08%；集中供热普及率达到 84. 5%，同比提高 1. 5%；生活污水处理率达 86%，同比提高 0. 15%；生活垃圾处理率达到 74. 5%，同比提高 7. 36%；建成区绿化覆盖率达到 39. 3%，同比提高 0. 95%；绿地率达到 32. 8%，同比提高 0. 53%；人均公园绿地面积达到 11. 2 平方米，同比提高 0. 5 平方米。临汾、运城等 13 个市、县新创建成省级园林城市（县城），全省国家级园林城市（县城）达到 20 个、省级达到 26 个。汾阳市贾家庄镇新创建成国家园林城镇，乡宁县管头镇等 8 个镇创建成省级园林城镇。

三是农村危房改造和农村住房抗震改建的加快推进。全省农村危房改造始于 2008 年。通过几年来持续推进，到 2013 年，全省农村危房改造完成 37 万多户，使 120 万农村贫困人口喜迁新居。2013 年，全省还在大同、朔州、忻州启动并完成了 1 万户农村住房抗震改建试点任务。2014 年，全省农村危房改造工程和农村住房抗震改建工程继续推进。全年国家下达山西农村危房改造任务为 7. 2 万户，山西将任务增加到 15 万户。同时，继续在大同、朔州、忻州开展 1 万户农村住房抗震改建试点。至年末，全省共完成农村危房改造 15. 5 万户，超额完成 5000 户；开工 1 万户农村住房抗震改建试点，其中 9529 户竣工。

四是“乡村清洁工程”的推进和改善农村人居环境“四大工程”的启动实施。为了改善全省乡村人居环境、破解“垃圾围村”的现象，2013 年省委、省政府决策部署启动了全省“乡村清洁工程”。2013 年，在全省 2. 82 万个行政村全部启动乡村清洁工程，共落实资金 11. 57 亿元，配备清扫保洁和监管人员 7. 8 万名、垃圾收运车辆 3. 59 万台，初步建立起较为完备的保洁清运处置体系，农村环境面貌发生明显变化。2014 年，全省各级各有关方面围绕实现“人员队伍、清扫保洁、垃圾收集处理、村容整饰、长效管理机制建立”五个全覆盖，深入推进乡村清洁工程，取得显著成效。全年全省完成投资11.17亿元，超过年度计划1.17亿元；配备清扫保洁人员7.3万名、配备率达到122%，监管人员6850名、配备率达到115%；配备垃圾清运车辆3.5万台、配备率达到117%，垃圾箱（桶）19.6万个、配备率达到73%；建成垃圾中转站213座、垃圾处置点4821处，清运积存垃圾86万吨，整治残垣断壁8.2万处。全省“乡村清洁工程”的持续开展和推进，极大地改善和提升了农村的环境面貌。在推进“乡村清洁工程”的基础上，2014年省委、省政府又决策部署启动实施了改善农村人居环境“四大工程”（完善提质工程、农民安居工程、环境整治工程和宜居示范工程）。4月28日，省委、省政府印发《山西省改善农村人居环境规划纲要（2014—2020年)》，省政府办公厅印发《山西省改善农村人居环境2014年行动计划》，对全省实施改善农村人居环境作出规划和部署。到年末，改善农村人居环境“四大工程”，完成投资超过145亿元。其中，改造县乡公路544公里，新建和改建农村饮水工程1598处，建成老年人日间照料中心1000个，完成采煤沉陷治理搬迁4.6万人。

五是商品住宅开发业的调控发展。调控商品住宅开发和建设，是满足城镇居民改善居住环境的重要举措。2014年，在市场持续走低的形势下，全省各级各有关部门积极调控了商品住宅开发和建设。全年全省房地产开发企业住宅投资完成1010.69亿元，同比增长5.4%，增速同比下降24.9个百分点。全年全省房地产开发项目住宅施工面积11471.77万平方米，同比增长6.7%，增速同比下降8.9个百分点；住宅竣工面积1701.6万平方米，同比下降7.9%；商品房住宅销售面积1433.9万平方米，同比下降3.4%。2014年，全省商品住宅开发和建设平稳发展，满足了城镇居民对改善居住环境的需求。

第三篇

发展比较

山西是国家全局中一员，与全国和周边省区、中部地区省份的发展变化紧密关联。从与全国发展变化、周边省区发展变化和中部地区省份发展变化的比较角度，研究和认识2014年山西发展变化的状况，有利于认清山西在全国发展变化全局中的方位，也有利于认清山西在周边省区、中部省份的大区域发展变化格局中的方位。

一　全国比较

1. 生产总值

2014年，山西地区生产总值12759.4亿元，增长4.9%。其中，第一产业增加值788.1亿元，增长3.8%，占生产总值的比重为6.2%；第二产业增加值6343.3亿元，增长3.7%，占生产总值的比重为49.7%；第三产业增加值5628.0亿元，增长7.0%，占生产总值的比重为44.1%。人均地区生产总值35064.2元，增长4.5%。

2014年，全国国内生产总值636463.0亿元，增长7.4%。其中，第一产业增加值58332.0亿元，增长4.1%，占生产总值的比重为9.2%；第二产业增加值271392.0亿元，增长7.3%，占生产总值的比重为42.6%；第三产业增加值306739.0亿元，增长8.1%，占生产总值的比重为48.2%。人均地区生产总值46652.0元。

与全国相比，山西地区生产总值增幅较全国低2.5个百分点；山西地区生产总值占全国的比重为 1.97%，比 2013 年减少了 0.25 个百分点；山西第一、二、三次产业增加值增幅均低于全国，分别比全国低 0.3、3.6、1.1 个百分点；山西第一、三产业增加值占总产值的比重分别比全国低 3.0、4.1 个百分点，第二产业增加值占总产值的比重比全国高 7.1 个百分点。山西人均地区生产总值与全国相差 11587.8 元，只相当于全国人均 GDP 的 75.2%，差距较 2013 年进一步扩大。

在全国 31 个省区市中，山西地区生产总值排第 24 位，介于云南与新疆之间；GDP 增速排名垫底，GDP 增速排名第一的是重庆，增长 10.9%；山西人均地区生产总值排第 23 位，介于安徽与四川之间。

2. 公共财政

2014 年，山西公共财政收入 1820.1 亿元，增长 7.0%，其中税收收入 1133.8 亿元，下降 0.3%。公共财政支出 3096.3 亿元，增长 2.2%。

2014 年，全国公共财政收入 140350.0 亿元，增长 8.6%，其中税收收入 119158.0 亿元，增长 7.8%。

与全国相比，山西公共财政收入增幅较全国低 1.6 个百分点，税收收入低 8.1 个百分点。

在全国 31 个省市区中，山西公共财政收入总额排第 20 位，介于内蒙古与云南之间；山西公共财政收入增长排第 24 位，介于内蒙古与安徽之间。山西公共财政支出总额排第 24 位，介于福建与吉林之间；山西公共财政支出增长排第 29 位，介于内蒙古与黑龙江之间。

3. 工业农业

2014 年，山西规模以上工业增加值增长 3.0%，其中国有及国有控股企业增长 3.6%，集体企业下降 8.1%，股份制企业增长 2.2%，外商及港澳台商投资企业增长 15.9%。规模以上工业企业实现主营业务收入 17119.9 亿元，下降 6.1%。规模以上工业企业实现利润 210.6 亿元，下降 61.4%。建筑业实现增加值 825.7 亿元，增长 7.1%，具有建筑业资质等级的总承包和专业承包建筑业企业实现利润 90.2 亿元，增长 0.6%。粮食产量 1330.8 万吨，增产 18 万吨，增长 1.4%。

2014 年，全国规模以上工业增加值增长 8.3%。其中国有及国有控股企业增长 4.9%，集体企业增长 1.7%，股份制企业增长 9.7%，外商及港澳台商投资企业增长6.3%；私营企业增长10.2%。规模以上工业企业实现主营业务收入19064.0亿元，增长7.0%。规模以上工业企业实现利润64715亿元，增长3.3%。建筑业增加值44725亿元，增长8.9%，具有建筑业资质等级的总承包和专业承包建筑业企业实现利润6913亿元，增长13.7%。粮食产量60710万吨，增产516万吨，增长0.9%。

与全国相比，山西规模以上工业增加值增幅低于全国5.3个百分点，其中国有及国有控股企业增幅低于全国1.3个百分点，集体企业增幅低于全国9.8个百分点，股份制企业增幅低于全国7.5个百分点，外商及港澳台商投资企业增幅高于全国9.6个百分点；山西规模以上工业企业实现主营业务收入增幅低于全国13.1个百分点；山西规模以上工业企业实现利润增幅低于全国64.7个百分点。山西建筑业实现增加值增幅低于全国1.8个百分点；具有建筑业资质等级的总承包和专业承包建筑业企业实现利润增幅低于全国13.1个百分点。山西粮食总产量增幅高于全国0.5个百分点，占全国的比重为2.19%。

在全国31个省区市中，山西规模以上工业增加值增幅排第30位，介于上海与黑龙江之间；山西规模以上工业企业实现利润排第27位，介于甘肃和宁夏之间；山西建筑业实现增加值排第24位，介于黑龙江与天津之间；山西粮食总产量排第18位，介于广东和陕西之间。

4. 固定投资

2014年，山西全社会固定资产投资12354.5亿元。其中，固定资产投资（不含跨省、农户）11977.0亿元，增长11.5%。第一产业投资887.7亿元，增长34.5%；第二产业投资5009.5亿元，增长7.6%；第三产业投资6079.8亿元，增长12.0%。房地产开发投资1403.6亿元，增长7.3%。其中，住宅投资1010.7亿元，增长5.4%；商业营业用房投资191.3亿元，增长4.8%。

2014年，全国全社会固定资产投资512761.0亿元。其中，固定资产投资（不含农户）502005.0亿元，增长15.7%。第一产业投资11983.0亿元，增长33.9%；第二产业投资208107.0亿元，增长13.2%；第三产业投资281915.0亿元，增长16.8%。房地产开发投资95036.0亿元，增长10.5%。其中，住宅投资64352.0亿元，增长9.2%；商业营业用房投资14346.0亿元，增长20.1%。

与全国相比，山西固定资产投资增幅低于全国4.2个百分点，其中第一产业投资增幅高于全国0.6个百分点；第二产业投资增幅低于全国5.6个百分点；第三产业投资增幅低于全国4.8个百分点。山西房地产开发投资增幅低于全国3.2个百分点，其中住宅投资增幅低于全国3.8个百分点，商业营业用房投资增幅低于全国15.3个百分点。山西固定资产投资额占全国的2.4%，房地产开发投资额占全国的1.5%。

在全国31个省区市中，山西固定资产投资额排第18位，介于内蒙古和天津之间；山西固定资产投资增速排第27位，介于四川和北京之间。

5. 内外贸易

2014年，山西社会消费品零售总额5549.9亿元，增长11.3%。按经营地统计，城镇消费品零售额4600.8亿元，增长11.2%；乡村消费品零售额949.1亿元，增长11.7%。按消费形态统计，商品零售额5036.7亿元，增长11.5%；餐饮收入额513.2亿元，增长9.2%。山西进出口总额162.5亿美元，增长2.9%。其中，进口额73.1亿美元，下降6.3%；出口额89.4亿美元，增长11.8%。

2014年，全国社会消费品零售总额262395.0亿元，增长10.9%。按经营地统计，城镇消费品零售额226368.0亿元，增长11.8%；乡村消费品零售额36027.0亿元，增长12.9%。按消费形态统计，商品零售额234534.0亿元，增长12.2%；餐饮收入额27860.0亿元，增长9.7%。全国进出口总额43031.7亿美元，增长2.3%。其中，进口额19603.9亿美元，下降0.6%；出口额23427.8亿美元，增长4.9%。

与全国相比，山西社会消费品零售总额增幅高于全国0.4个百分点。其中，城镇消费品零售额增幅低于全国0.6个百分点，乡村消费品零售额增幅低于全国1.2个百分点；商品零售额增幅低于全国0.7个百分点，餐饮收入额增幅低于全国0.5个百分点。山西社会消费品零售总额占全国的比重为2.1%，山西进出口总额占全国的比重为0.38%。

与全国相比，山西进出口总额增幅高于全国0.6个百分点，出口额增幅高于全国6.9个百分点；山西进口额降幅达6.3%，全国进口额降幅0.6%，二者相差5.7个百分点。

在全国31个省区市中，山西社会消费品零售总额排第20位，介于陕西和江西之间；山西社会消费品零售总额增速排第27位，介于浙江和内蒙古之间。山西进出口总额排第24位，介于吉林和海南之间；山西进口额排第25位，介于内蒙古和新疆之间；山西出口额排第24位，介于贵州和内蒙古之间。

6. 交通运输

2014年，山西完成旅客运输量3.5亿人，下降2.0%；完成货物运输量16.5亿吨，增长5.7%。旅客周转量384.4亿人公里，下降0.5%；货物周转量3711.0亿吨公里，增长3.3%。全省民用汽车保有量429.8万辆（包括三轮汽车和低速货车5.5万辆），增长3.4%，其中，私人汽车372.3万辆，增长14.0%。轿车保有量255.0万辆，增长15.8%，其中，私人轿车234.8万辆，增长17.9%。

2014年，全国完成旅客运输量221.0亿人，增长3.9%；完成货物运输量439.0亿吨，增长7.1%。旅客周转量29994.0亿人公里，增长8.8%；货物周转量184619.0亿吨公里，增长9.9%。全国民用汽车保有量达到15447.0万辆（包括三轮汽车和低速货车972.0万辆），增长12.4%，其中，私人汽车12584.0万辆，增长15.5%。轿车保有量8307.0万辆，增长16.6%，其中，私人轿车7590.0万辆，增长18.4%。

与全国相比，山西旅客运输量增幅低于全国5.9个百分点；货物运输量增幅低于全国1.4个百分点；旅客周转量增幅低于全国9.3个百分点；货物周转量增幅低于全国6.6个百分点。山西民用汽车保有量增幅低于全国9.0个百分点，其中，私人汽车增幅低于全国1.5个百分点。轿车保有量增幅低于全国0.8个百分点，其中，私人轿车低于全国0.5个百分点。

在全国31个省区市中，山西旅客运输量排第23位，介于吉林和内蒙古之间；山西货物运输量排第11位，介于河南与广西之间。

7. 邮电旅游

2014年，山西邮电业务总量431.2亿元，增长11.4%。其中，邮政业务总量36.6亿元，增长7.2%；电信业务总量394.6亿元，增长11.8%。宽带接入用户571.1万户，增长9.6%；互联网上网人数1838万人，增长4.7%；互联网普及率达到50.6%。山西旅游总收入2846.5亿元，增长23.5%。其中，旅游外汇收入2.8亿美元，增长5.1%；国内旅游收入2829.3亿元，增长25.5%。商业住宿设施接待入境过夜游客56.5万人次，增长4.9%；接待国内游客3.0亿人次，增长21.7%。

2014年，全国邮电业务总量21846.0亿元，增长19.0%。其中，邮政业务总量3696.0亿元，增长35.6%；电信业务总量18150.0亿元，增长16.1%。宽带接入用户20048.0万户，增长6.1%；互联网上网人数6.49亿人，增长5.0%；互联网普及率达到47.9%。全国旅游总收入3.38万亿元，增长14.7%。其中，旅游外汇收入569亿美元，增长10.2%；国内旅游收入30312.0亿元，增长15.4%。商业住宿设施接待入境过夜游客5562.0万人次，下降0.11%；接待国内游客36.1亿人次，增长10.7%。

与全国相比，山西邮电业务总量增幅低于全国7.6个百分点，其中，邮政业务总量增幅低于全国28.4个百分点，电信业务总量增幅低于全国4.3个百分点。山西宽带接入用户增幅及互联网普及率均高于全国，分别比全国高3.5和2.7个百分点；互联网上网人数增幅比全国低0.3个百分点。山西邮电业务总量占全国的比重为1.97%。

与全国相比，山西旅游总收入增幅高于全国8.8个百分点。其中，旅游外汇收入增幅低于全国5.1个百分点；国内旅游收入增幅高于全国10.1个百分点；商业住宿设施接待入境过夜游客增幅高于全国5.0个百分点；接待国内游客增幅高于全国11个百分点。山西旅游总收入占全国的比重为8.42%。

在全国31个省区市中，山西邮电业务总量排第19位，介于江西和重庆之间；山西邮政业务总量排第19位，介于陕西和广西之间；山西电信业务总量排第18位，介于广西和江西之间；山西互联网普及率排第9位，介于江苏与新疆之间；山西旅游总收入排第16位，介于贵州与福建之间。

8. 文化建设

2014年，山西有公共图书馆126个，文化馆119个，群众艺术馆12个，文化站1407个，博物馆97个。艺术表演团体163个。广播人口覆盖率98.04%，电视人口覆盖率98.95%，有线电视用户514.8万户。出版各类报纸60种（不含高校校报）20.5亿份，各类期刊198种3215.8万册，各类图书5306种11908.5万册。

2014年，全国有公共图书馆3110个，文化馆3311个，博物馆2760个。艺术表演团体2008个。广播人口覆盖率98.0%，电视人口覆盖率98.6%。有线电视用户 2.31 亿户，有线数字电视用户 1.87 亿户。出版各类报纸 465 亿份，各类期刊 32 亿册，各类图书 84 亿册（张）。

与全国相比，山西广播人口覆盖率与全国相同，电视人口覆盖率高于全国 0.35 个百分点。山西公共图书馆、文化馆、博物馆、艺术表演团体，占全国的比重分别为 4.05%、3.59%、3.51%、8.12%。山西出版的各类报纸、各类期刊、各类图书，占全国的比重分别为 4.41%、1.00%、1.42%。

在全国 31 个省区市中，山西广播人口覆盖率排第 19 位，介于河南和甘肃之间；山西电视人口覆盖率排第 11 位，介于辽宁与重庆之间；山西公共图书馆数量排第 9 位，介于辽宁和内蒙古之间；山西文化馆数量排第 14 位，介于湖北和江苏之间；山西博物馆数量排第 19 位，介于福建和云南之间。

9. 医疗卫生

2014 年，山西有医疗卫生机构（含诊所、村卫生室）40744 个，床位 18.1 万张。卫生防疫、防治机构 134 个，妇幼保健院（所、站）133 个。卫生技术人员 21.0 万人。

2014 年，全国有医疗卫生机构（含诊所、村卫生室）982443 个，床位 652 万张。卫生防疫、防治机构 3491 个。卫生技术人员 739 万人。

2014 年，山西医疗卫生机构（含诊所、村卫生室），占全国的比重为 4.15%；山西卫生防疫、防治机构，占全国的比重为 3.84%；山西床位数量，占全国的比重为 2.78%；山西卫生技术人员人数，占全国的比重为 2.84%。

在全国 31 个省区市中，山西医疗卫生机构（含诊所、村卫生室）数量排第 7 位，介于广东和江西之间；山西床位数量排第 16 位，介于贵州和江西之间；山西卫生技术人员人数排第 15 位，介于北京和云南之间。

10. 人口发展

2014 年，山西常住人口 3648.0 万人。出生人口 39.7 万人，出生率 10.92‰；死亡人口 21.6 万人，死亡率 5.93‰；自然增长率 4.99‰。城镇化率 53.8%。

2014 年，全国大陆总人口为 136782.0 万人。出生人口 1687.0 万人，出生率 12.37‰；死亡人口 977.0 万人，死亡率 7.16‰；自然增长率 5.21‰。城镇化率 54.8%。

与全国相比，山西人口出生率低于全国 1.45 个千分点；山西人口死亡率低于全国1.23个千分点；山西人口自然增长率低于全国0.22个千分点。山西常住人口占全国的比重为2.67%。自2010年以来，山西城镇化率增幅均超过全国平均增幅，分别高于全国0.31、0.28、0.14、0.19个百分点，与全国差距由2010年的1.9个百分点，缩小到2014年的1.0个百分点。

在全国31个省区市中，山西常住人口数量排第18位，介于陕西和贵州之间；山西人口出生率排第18位，介于湖北与广东之间；山西人口死亡率排第22位，介于海南和安徽之间；山西人口自然增长率排第19位，介于浙江和湖北之间；山西城镇化率排第15位，介于吉林和海南之间。

11. 人民生活

2014年，山西居民人均可支配收入16538元，增长9.4%。按常住地分，城镇居民人均可支配收入24069元，增长8.1%，城镇居民人均消费支出14637元，增长6.4%；农村居民人均可支配收入8809元，增长10.8%，农村居民人均消费支出6992元，增长8.3%。城镇居民家庭恩格尔系数26.0%，农村居民家庭恩格尔系数29.4%。

2014年，全国居民人均可支配收入20167元，增长10.1%。按常住地分，城镇居民人均可支配收入28844元，增长9.0%，城镇居民人均消费支出19968元，增长8.0%；农村居民人均可支配收入10489元，增长11.2%，农村居民人均消费支出8383元，增长12.0%。

与全国相比，山西居民人均可支配收入与全国相差3629元，增幅低于全国0.7个百分点；山西城镇居民人均可支配收入与全国相差4775元，增幅低于全国0.9个百分点；农村居民人均可支配收入与全国相差1680元，增幅低于全国0.4个百分点；山西城镇居民人均消费支出与全国相差5331元，增幅低于全国1.6个百分点；农村居民人均消费支出与全国相差1391元，增幅低于全国3.7个百分点。

在全国31个省区市中，山西居民人均可支配收入排第20位。山西城镇居民人均可支配收入排第23位，介于河北与宁夏之间；山西农村居民人均可支配收入排第21位，介于河南与四川之间。山西城镇居民人均可支配收入增速居全国第30位，介于云南与西藏之间。增幅最高的新疆为10.1%，比山西高2.0个百分点，增幅最低的西藏为7.9%，比山西低0.2个百分点。山西农村居民人均可支配收入增速居全国第 22 位，介于福建与天津之间。增幅最高的贵州为 13.1%，比山西高 2.3 个百分点，增幅最低的辽宁为 10.1%，比山西低 0.7 个百分点。

2014 年，山西居民消费价格上涨 1.7%，其中，食品价格上涨 2.8%。全国居民消费价格上涨 2.0%，其中食品价格上涨 3.1%。与全国相比，山西居民消费价格上涨低于全国 0.3 个百分点，在全国 31 个省区市中，排第 23 位，介于重庆与河北之间。

12. 社会保障

2014 年，山西参加城镇职工基本养老保险 692.0 万人，增加 19.5 万人；参加城乡居民社会养老保险 1537.4 万人，增加 3.7 万人；参加城镇基本医疗保险 1100.7 万人，增加 14.4 万人；参加失业保险 407.7 万人，增加 7.0 万人；参加工伤保险 563.1 万人，增加 14.2 万人；参加生育保险 454.2 万人，增加 8.6 万人。享受城市最低生活保障人数 72.6 万人，全年共发放城市最低保障资金 26.3 亿元。16 万人纳入农村五保供养。

2014 年，全国参加城镇职工基本养老保险 34115.0 万人，增加 1897.0 万人；参加城乡居民社会养老保险 50107.0 万人，增加 357.0 万人；参加城镇基本医疗保险 59774.0 万人，增加 2702.0 万人；参加失业保险 17043.0 万人，增加 626.0 万人；参加工伤保险人数 20621.0 万人，增加 703.0 万人；参加生育保险人数 17035.0 万人，增加 643.0 万人。1880.2 万人享受城市居民最低生活保障，5209.0 万人享受农村居民最低生活保障。

2014 年，山西参加城镇职工基本养老保险人数，占全国的比重为 2.03%；山西参加城乡居民社会养老保险人数，占全国的比重为 3.07%；山西参加城镇基本医疗保险人数，占全国的比重为 1.84%；山西参加失业保险人数，占全国的比重为 2.39%；山西参加工伤保险人数，占全国的比重为 2.73%；山西参加生育保险人数，占全国的比重为 2.67%。

在全国 31 个省区市中，山西参加城镇职工基本养老保险人数排第 17 位，介于福建和黑龙江之间；山西参加城镇基本医疗保险人数排第 17 位，介于云南和广西之间；山西参加失业保险人数排第 17 位，介于安徽与陕西之间。

二　周边比较

1. 生产总值

2014 年，山西地区生产总值 12759. 4 亿元，增长 4. 9%。其中，第一产业增加值 788. 1 亿元，增长 3. 8%，占生产总值的比重为 6. 2%；第二产业增加值 6343. 3 亿元，增长 3. 7%，占生产总值的比重为 49. 7%；第三产业增加值 5628. 0 亿元，增长 7. 0%，占生产总值的比重为 44. 1%。人均地区生产总值 35064. 2 元，增长 4. 5%。

2014 年，内蒙古地区生产总值 17769. 5 亿元，增长 7. 8%。其中，第一产业增加值 1627. 2 亿元，增长 3. 1%，占生产总值的比重为 9. 1%；第二产业增加值 9219. 8 亿元，增长 9. 1%，占生产总值的比重为 51. 9%；第三产业增加值 6922. 6 亿元，增长 6. 7%，占生产总值的比重为 39. 0%。人均地区生产总值 71044. 0 元，增长 7. 5%。

2014 年，河北地区生产总值 29421. 2 亿元，增长 6. 5%。其中，第一产业增加值 3447. 5 亿元，增长为 3. 7%，占生产总值的比重为 11. 7%；第二产业增加值 15020. 2 亿元，增长 5. 0%，占生产总值的比重为 51. 1%；第三产业增加值 10953. 5 亿元，增长 9. 7%，占生产总值的比重为 37. 2%。人均地区生产总值 39991. 0 元。

2014 年，陕西地区生产总值 17689. 9 亿元，增长 9. 7%。其中，第一产业增加值 1564. 9 亿元，增长 5. 1%，占生产总值的比重为 8. 8%；第二产业增加值 9689. 8 亿元，增长 11. 2%，占生产总值的比重为 54. 8%；第三产业增加值 6435. 2 亿元，增长 8. 4%，占生产总值的比重为 36. 4%。人均地区生产总值 46929. 0 元，增长 9. 4%。

2014 年，河南地区生产总值 34939. 4 亿元，增长 8. 9%。其中，第一产业增加值 4160. 8 亿元，增长 4. 1%，占生产总值的比重为 11. 9%；第二产业增加值 17902. 7 亿元，增长 9. 6%，占生产总值的比重为 51. 2%；第三产业增加值 12875. 9 亿元，增长 9. 4%，占生产总值的比重为 36. 9%。人均地区生产总值 37116. 8 元。

与周边内蒙古、河北、陕西、河南 4 省区相比，山西地区生产总值总量最小，增幅也最小。山西第一产业增加值总量最小，但增幅高于内蒙古、河北，排5省区第3位；第二产业增加值总量最小，增幅也最小；第三产业增加值总量最小，但增幅高于内蒙古，排5省区第4位。山西第一产业增加值、第二产业增加值占生产总值的比重在5省区均最小；第三产业增加值占生产总值的比重最大，居5省区首位。山西人均地区生产总值排5省区最末一位。

2. 公共财政

2014年，山西公共财政收入1820.1亿元，增长7.0%。公共财政支出3096.3亿元，增长2.2%。公共财政支出为收入的1.70倍。

2014年，内蒙古公共财政收入1843.2亿元，增长7.1%。公共财政支出3884.2亿元，增长5.4%。公共财政支出为收入的2.11倍。

2014年，河北公共财政收入2446.6亿元，增长6.6%。公共财政支出4638.1亿元，增长6.5%。公共财政支出为收入的1.90倍。

2014年，陕西公共财政收入2566.9亿元，增长17.1%。公共财政支出5008.9亿元，增长14.6%。公共财政支出为收入的1.95倍。

2014年，河南公共财政收入2738.5亿元，增长13.4%。公共财政支出6042.6亿元，增长8.2%。公共财政支出为收入的2.21倍。

与周边内蒙古、河北、陕西、河南4省区相比，山西公共财政收入总量最小；但增幅高于河北，排5省区第4位。山西公共财政支出总量最小；增幅也最小。山西公共财政支出与收入之比最小。

3. 工业农业

2014年，山西规模以上工业增加值增长3.0%。规模以上工业企业实现主营业务收入17119.9亿元，下降6.1%。规模以上工业企业实现利润210.6亿元，下降61.4%。建筑业实现增加值825.7亿元，增长7.1%。粮食产量1330.8万吨，增产18.0万吨，增长1.4%。

2014年，内蒙古规模以上工业增加值增长10.0%。规模以上工业企业实现主营业务收入19064.0亿元，增长7.0%。规模以上工业企业实现利润1294.4亿元，下降18.8%。建筑业实现增加值1217.6亿元，增长5.9%。粮食产量2753.0万吨，下降0.7%。

2014年，河北规模以上工业增加值增长5.1%。规模以上工业企业实现利润2421.7亿元，下降6.7%。建筑业实现增加值1702.7亿元，增长5.3%。

粮食产量 3360. 2 万吨，下降 0. 1%。

2014 年，陕西规模以上工业增加值增长 11. 3%。规模以上工业企业实现主营业务收入 18313. 6 亿元，增长 7. 8%。规模以上工业企业实现利润 1706. 5 亿元，下降 12. 4%。建筑业实现增加值 1650. 9 亿元，增长 12. 3%。粮食产量 1197. 8 万吨，下降 1. 5%。

2014 年，河南规模以上工业增加值增长 11. 2%。规模以上工业企业实现主营业务收入 66787. 5 亿元，增长 11. 5%。规模以上工业企业实现利润 4771. 4 亿元，增长 7. 3%。建筑业实现增加值 2079. 4 亿元，增长 10. 4%。粮食产量 5772. 3 万吨，增长 1. 0%。

与周边内蒙古、河北、陕西、河南 4 省区相比，山西规模以上工业增加值增幅最小；山西规模以上工业企业主营业务收入最小，增幅也最小；山西规模以上工业企业实现利润总量最小，下降幅度也最大。山西建筑业增加值总量最小；增幅高于内蒙古、河北，排 5 省区第 3 位。山西粮食产量高于陕西，排 5 省区第 4 位；增幅高于其他 4 省区，排 5 省区首位。

4. 固定投资

2014 年，山西全社会固定资产投资 12354. 5 亿元。其中，固定资产投资（不含跨省、农户）11977. 0 亿元，增长 11. 5%。第一产业投资 887. 7 亿元，增长 34. 5%；第二产业投资 5009. 5 亿元，增长 7. 6%；第三产业投资 6079. 8 亿元，增长 12. 0%。

2014 年，内蒙古全社会固定资产投资（不含农户）12074. 2 亿元，增长 15. 6%。第一产业投资 840. 1 亿元，增长 20. 0%；第二产业投资 5657. 8 亿元，增长 16. 5%；第三产业投资 5576. 4 亿元，增长 18. 6%。

2014 年，河北全社会固定资产投资 26671. 9 亿元。其中，固定资产投资（不含农户）26147. 2 亿元，增长 15. 5%。第一产业投资 1040. 5 亿元，增长 46. 0%；第二产业投资 13047. 0 亿元，增长 18. 5%；第三产业投资 12059. 7 亿元，增长 10. 5%。

2014 年，陕西全社会固定资产投资 18709. 7 亿元。其中，固定资产投资（不含农户）18358. 0 亿元，增长 17. 8%。第一产业投资 671. 3 亿元，增长 28. 1%；第二产业投资 5890. 7 亿元，增长 4. 4%；第三产业投资 11796. 0 亿元，增长 25. 2%。

2014 年，河南全社会固定资产投资 30782.2 亿元。其中，固定资产投资（不含农户）30012.3 亿元，增长 19.2%。第一产业投资 1117.3 亿元，增长 51.3%；第二产业投资 15366.5 亿元，增长 17.1%；第三产业投资 13528.5 亿元，增长 19.4%。

与周边内蒙古、河北、陕西、河南 4 省区相比，山西固定资产投资额最小；增幅最小。山西第一产业投资额高于内蒙古、陕西，排 5 省区第 3 位；增幅高于内蒙古、陕西，排 5 省区第 3 位。山西第二产业投资额最小；增幅高于陕西，排 5 省区第 4 位。山西第三产业投资额高于内蒙古，排 5 省区第 4 位；增幅高于河北，排 5 省区第 4 位。

5. 内外贸易

2014 年，山西社会消费品零售总额 5549.9 亿元，增长 11.3%。其中，城镇消费品零售额 4600.8 亿元，增长 11.2%；乡村消费品零售额 949.1 亿元，增长 11.7%。山西进出口总额 162.5 亿美元，增长 2.9%。其中，进口额 73.1 亿美元，下降 6.3%；出口额 89.4 亿美元，增长 11.8%。

2014 年，内蒙古社会消费品零售总额 5619.9 亿元，增长 10.6%。其中，城镇消费品零售额 4955.0 亿元，增长 10.6%；乡村消费品零售额 664.9 亿元，增长 11.0%。内蒙古进出口总额 145.5 亿美元，增长 21.4%。其中，进口额 81.6 亿美元，增长 3.3%；出口额 63.9 亿美元，增长 56.2%。

2014 年，河北社会消费品零售总额 11690.1 亿元，增长 12.4%。其中，城镇消费品零售额 9123.6 亿元，增长 12.2%；乡村消费品零售额 2566.5 亿元，增长 13.1%。河北进出口总额 598.8 亿美元，增长 9.1%。其中，进口额 241.7 亿美元，增长 0.9%；出口额 357.1 亿美元，增长 15.4%。

2014 年，陕西社会消费品零售总额 5572.8 亿元，增长 12.8%。其中，城镇消费品零售额 4954.5 亿元，增长 13.2%；乡村消费品零售额 618.4 亿元，增长 10.0%。陕西进出口总额 1683.5 亿美元，增长 35.0%。其中，进口额 828.0 亿美元，增长 35.0%；出口额 855.5 亿美元，增长 34.9%。

2014 年，河南社会消费品零售总额 13835.9 亿元，增长 12.7%。其中，城镇消费品零售额 11329.1 亿元，增长 12.3%；乡村消费品零售额 2506.8 亿元，增长 14.5%。河南进出口总额 650.3 亿美元，增长 7.5%。其中，进口额 256.5 亿美元，增长 6.1%；出口额 393.8 亿美元，增长 6.1%。

与周边内蒙古、河北、陕西、河南4省区相比，山西社会消费品零售总额最小；增幅高于内蒙古，排5省区第4位。山西城镇消费品零售额最小；增幅高于内蒙古，排5省区第4位。山西乡村消费品零售额高于内蒙古、陕西，排5省区第3位；增幅高于内蒙古、陕西，排5省区第3位。山西进出口总额高于内蒙古，排5省区第4位；增幅最小。山西出口额高于内蒙古，排5省区第4位；增幅高于河南，排5省区第4位。山西进口额最小，为负增长。

6. 交通运输

2014年，山西完成旅客运输量3.5亿人，下降2.0%；完成货物运输量16.5亿吨，增长5.7%。旅客周转量384.4亿人公里，下降0.5%；货物周转量3711.0亿吨公里，增长3.3%。

2014年，内蒙古完成旅客运输量1.98亿人，下降10.1%；完成货物运输量20.4亿吨，增长18.9%。旅客周转量363.3亿人公里，增长4.0%；货物周转量4550.3亿吨公里，增长3.1%。

2014年，河北完成旅客运输量6.1亿人，下降1.5%；完成货物运输量21.1亿吨，增长6.0%。旅客周转量1276.7亿人公里，增长9.7%；货物周转量12631.4亿吨公里，增长8.3%。

2014年，陕西完成旅客运输量7.5亿人，增长5.8%；完成货物运输量15.7亿吨，增长10.9%。旅客周转量940.9亿人公里，增长8.6%；货物周转量3523.5亿吨公里，增长9.8%。

2014年，河南完成旅客运输量14.2亿人，增长3.6%；完成货物运输量20.1亿吨，增长9.4%。旅客周转量1858.9亿人公里，增长18.7%；货物周转量7367.1亿吨公里，增长3.2%。

与周边内蒙古、河北、陕西、河南4省区相比，山西完成旅客运输量高于内蒙古，排5省区第4位；增幅高于内蒙古，排5省区第4位。山西完成货物运输量高于陕西，排5省区第4位；增幅最小。山西旅客周转量高于内蒙古，排5省区第4位；增幅最小。山西货物周转量高于陕西，排5省区第4位；增幅高于内蒙古、河南，排5省区第3位。

7. 邮电旅游

2014年，山西邮电业务总量431.2亿元，增长11.4%。其中，邮政业务总量 36.6 亿元，增长 7.2%；电信业务总量 394.6 亿元，增长 11.8%。互联网上网人数 1838 万人，增长 4.7%；互联网普及率达到 50.6%。旅游总收入 2846.5 亿元，增长 23.5%。其中，旅游外汇收入 2.8 亿美元，增长 5.1%；国内旅游收入 2829.3 亿元，增长 25.5%。

2014 年，内蒙古邮电业务总量 336.2 亿元，增长 8.0%。其中，邮政业务总量 19.5 亿元，增长 11.1%；电信业务总量 316.7 亿元，增长 7.8%。互联网上网人数 1142 万人，增长 4.5%；互联网普及率达到 45.7%。旅游总收入 1805.3 亿元，增长 28.6%。其中，旅游外汇收入 10.0 亿美元，增长 4.2%；国内旅游收入 1745.0 亿元，增长 29.9%。

2014 年，河北邮电业务总量 825.6 亿元，增长 13.3%。其中，邮政业务总量 97.4 亿元，增长 26.4%；电信业务总量 728.2 亿元，增长 12.5%。互联网上网人数 3603 万人，增长 6.3%；互联网普及率达到 49.1%。旅游总收入 2561.5 亿元，增长 27.4%。其中，国际旅游外汇收入 5.3 亿美元，下降 8.8%；国内旅游收入 2528.7 亿元，增长 28.1%。

2014 年，陕西邮电业务总量 566.7 亿元，增长 19.9%。其中，邮政业务总量 45.9 亿元，增长 24.1%；电信业务总量 520.7 亿元，增长 19.5%。互联网上网人数 1745 万人，增长 3.3%；互联网普及率达到 46.4%。旅游总收入 2521.4 亿元，增长 18.1%；旅游外汇收入 14.16 亿美元，增长 5.5%；国内旅游收入 2435.0 亿元，增长 19.9%。

2014 年，河南邮电业务总量 1011.1 亿元，增长 20.5%。其中，邮政业务总量 116.5 亿元，增长 26.0%；电信业务总量 894.5 亿元，增长 19.8%。互联网上网人数 3474 万人，增长 5.8%；互联网普及率达到 36.9%。旅游总收入 4366.2 亿元，增长 12.7%。

与周边内蒙古、河北、陕西、河南 4 省区相比，山西邮电业务总量高于内蒙古，排 5 省区第 4 位；增幅高于内蒙古，排 5 省区第 4 位。山西邮政业务总量高于内蒙古，排 5 省区第 4 位；增幅最小。山西电信业务总量高于内蒙古，排 5 省区第 4 位；增幅高于内蒙古，排 5 省区第 4 位。山西旅游总收入高于内蒙古、河北、陕西，排 5 省区第 2 位；增幅高于陕西、河南，排 5 省区第 3 位。山西旅游外汇收入最少；增幅高于内蒙古、河北，排 5 省区第 3 位。山西国内旅游收入高于内蒙古、河北、陕西，排 5 省区第 2 位；增幅高于陕西、河南，排5省区第3位。

与周边内蒙古、河北、陕西、河南4省区相比，山西互联网上网人数高于内蒙古，排5省区第4位；增幅高于内蒙古、陕西，排5省区第3位。互联网普及率高于其他4省区，排5省区第1位。

8. 文化建设

2014年，山西有公共图书馆126个，文化馆119个，博物馆97个。艺术表演团体163个。广播人口覆盖率98.04%，电视人口覆盖率98.95%，有线电视用户514.8万户。

2014年，内蒙古有公共图书馆116个，文化馆105个，博物馆72个。艺术表演团体106个。广播人口覆盖率98.4%，电视人口覆盖率98.6%，有线电视用户342万户。

2014年，河北有公共图书馆173个，文化馆182个，博物馆103个。艺术表演团体102个。广播人口覆盖率99.3%，电视人口覆盖率99.3%，有线电视用户938.4万户。

2014年，陕西有公共图书馆114个，文化馆122个，博物馆221个。艺术表演团体119个。广播人口覆盖率98.8%，电视人口覆盖率99.4%。

2014年，河南有公共图书馆157个，文化馆205个，博物馆246个。艺术表演团体173个。广播人口覆盖率98.2%，电视人口覆盖率98.3%，有线电视用户972.3万户。

与周边内蒙古、河北、陕西、河南4省区相比，山西公共图书馆数量高于内蒙古、陕西，排5省区第3位；山西文化馆数量高于内蒙古，排5省区第4位；山西博物馆数量高于内蒙古，排5省区第4位。山西艺术表演团体数量高于内蒙古、河北、陕西，排5省区第2位。山西广播人口覆盖率最小；山西电视人口覆盖率高于内蒙古、河南，排5省区第3位，山西有线电视用户高于内蒙古，排5省区第4位。

9. 医疗卫生

2014年，山西有医疗卫生机构（含诊所、村卫生室）40744个，床位18.1万张。卫生防疫、防治机构134个，妇幼保健院（所、站）133个，卫生技术人员21.0万人。

2014年，内蒙古有医疗卫生机构（含诊所、村卫生室）23426个，床位

12.9 万张。卫生防疫、防治机构 119 个，妇幼保健院（所、站）117 个，卫生技术人员 15.4 万人。

2014 年，河北有医疗卫生机构（含诊所、村卫生室）78906 个，床位 32.9 万张。卫生防疫、防治机构 193 个，妇幼保健院（所、站）222 个，卫生技术人员 35.2 万人。

2014 年，陕西有医疗卫生机构（含诊所、村卫生室）37247 个，床位 19.9 万张，卫生技术人员 25.3 万人。

2014 年，河南有医疗卫生机构（含诊所、村卫生室）71157 个，床位 45.96 万张。卫生防疫、防治机构 180 个，妇幼保健院（所、站）164 个，卫生技术人员 49.49 万人。

与周边内蒙古、河北、陕西、河南 4 省区相比，山西医疗卫生机构（含诊所、村卫生室）数量高于内蒙古、陕西，排 5 省区第 3 位；山西床位数量高于内蒙古，排 5 省区第 4 位；山西卫生防疫、防治机构数量高于内蒙古、陕西，排 5 省区第 3 位；山西妇幼保健院（所、站）数量高于内蒙古、陕西，排 5 省区第 3 位；山西卫生技术人员数量高于内蒙古，排 5 省区第 4 位。

10. 人口发展

2014 年，山西常住人口 3648.0 万人。出生人口 39.7 万人，出生率 10.92‰；死亡人口 21.6 万人，死亡率 5.93‰；自然增长率 4.99‰。城镇化率 53.8%。

2014 年，内蒙古常住人口 2504.8 万人。出生人口 23.3 万人，出生率 9.31‰；死亡人口 14.4 万人，死亡率 5.75‰；自然增长率 3.56‰。城镇化率 59.5%。

2014 年，河北常住人口 7383.8 万人。出生人口 97.0 万人，出生率 13.18‰；死亡人口 45.8 万人，死亡率 6.23‰；自然增长率 6.95‰。城镇化率 48.5%。

2014 年，陕西常住人口 3775.1 万人。出生人口 38.18 万人，出生率 10.13‰；死亡人口 23.6 万人，死亡率 6.26‰，人口自然增长率 3.87‰。城镇化率 52.6%。

2014 年，河南常住人口 9436.0 万人。出生人口 136.0 万人，出生率 12.80‰；死亡人口 75.0 万人，死亡率 7.02‰；自然增长率 5.78‰。城镇化率45.2%。

与周边内蒙古、河北、陕西、河南4省区相比，山西常住人口总量高于内蒙古，排5省区第4位；山西人口出生率高于内蒙古、陕西，排5省区第3位；山西人口死亡率低于河北、陕西、河南，排5省区第4位；山西人口自然增长率高于内蒙古、陕西，排5省区第3位。山西城镇化率高于河北、陕西、河南，排5省区第2位。

11. 人民生活

2014年，山西城镇居民人均可支配收入24069元，增长8.1%，城镇居民人均消费支出14637元，增长6.4%；农村居民人均可支配收入8809元，增长10.8%，农村居民人均消费支出6992元，增长8.3%。城镇居民家庭恩格尔系数26.0%，农村居民家庭恩格尔系数29.4%。

2014年，内蒙古城镇居民人均可支配收入28350元，增长9.0%，城镇居民人均消费支出20885元，增长8.5%；农村居民人均可支配收入9976元，增长11.0%，农村居民人均消费支出9972元，增长9.8%。城镇居民家庭恩格尔系数28.7%，农村居民家庭恩格尔系数30.5%。

2014年，河北城镇居民人均可支配收入24141元，增长8.6%，城镇居民人均消费支出16204元，增长8.2%；农村居民人均可支配收入10186元，增长10.9%，农村居民人均消费支出8248元，增长11.8%。

2014年，陕西城镇居民人均可支配收入24366元，增长9.0%，城镇居民人均消费支出17546元，增长7.0%；农村居民人均可支配收入7932元，增长11.8%，农村居民人均消费支出7252元，增长11.8%。

2014年，河南城镇居民人均可支配收入24391.5元，增长8.9%，城镇居民人均消费支出15726.1元，增长6.1%；农村居民人均可支配收入9416.1元，增长11.1%，农村居民人均消费支出6438.1元，增长14.4%。

与周边内蒙古、河北、陕西、河南4省区相比，山西城镇居民人均可支配收入最少；增幅也最小。农村居民人均可支配收入高于陕西，排5省区第4位；增幅最小。山西城镇居民人均消费支出最少；增幅高于河南，排5省区第4位。农村居民人均消费支出高于河南，排5省区第4位；增幅最小，排5省区第5位。

2014年，山西居民消费价格上涨1.7%，其中食品价格上涨2.8%。内蒙古居民消费价格上涨1.6%，其中食品类价格上涨2.9%。河北居民消费价格上涨1.7%，其中食品价格上涨2.3%。陕西居民消费价格上涨1.6%，其中食品价格上涨2.8%。河南居民消费价格上涨1.9%，其中食品类价格上涨2.6%。与周边内蒙古、河北、陕西、河南4省区相比，山西居民消费价格上涨幅度高于内蒙古、陕西，低于河南，与河北并列排5省区第2位。食品价格上涨幅度高于河北、河南，低于内蒙古，与陕西并列排5省区第2位。

12. 社会保障

2014年，山西参加城镇职工基本养老保险692.0万人，增加19.5万人；参加城乡居民社会养老保险1537.4万人，增加3.7万人；参加城镇基本医疗保险1100.7万人，增加14.4万人；参加失业保险407.7万人，增加7.0万人；参加工伤保险563.1万人，增加14.2万人；参加生育保险454.2万人，增加8.6万人。享受城市最低生活保障人数72.6万人，全年共发放城市最低保障资金26.3亿元。16万人纳入农村五保供养。

2014年，内蒙古参加城镇职工基本养老保险524.9万人，增长5.7%；参加城乡居民社会养老保险761.9万人，下降2.4%；参加城镇基本医疗保险998.1万人，增长1.2%；参加失业保险236.3万人。

2014年，河北参加城镇职工基本养老保险907.8万人；参加城镇基本医疗保险1697.2万人。参加失业保险的人数508.7万人，增加4.8万人；参加工伤保险的人数778.7万人，增加41.6万人；参加生育保险的人数684.0万人，增加16.4万人。

2014年，陕西参加城镇职工基本养老保险716.5万人；参加城镇基本医疗保险1246.2万人；参加失业保险的人数344.3万人，增加4.6万人；参加工伤保险的人数403.98万人；参加生育保险的人数250.79万人。城市居民最低生活保障救济人数57.8万人；农村居民最低生活保障救济人数181.6万人。

2014年，河南参加城镇职工基本养老保险1431.6万人；参加城镇基本医疗保险1182.4万人；参加失业保险人数773.30万人。城市居民最低生活保障救济人数118.9万人，发放城市居民最低生活保障资金31.97亿元；农村居民最低生活保障救济人数395.3万人，发放农村居民最低生活保障资金49.47亿元。

与周边内蒙古、河北、陕西、河南4省区相比，山西参加城镇职工基本养老保险人数高于内蒙古，排 5 省区第 4 位；山西参加城镇基本医疗保险人数高于内蒙古，排 5 省区第 4 位；山西参加失业保险人数高于内蒙古、陕西，排 5 省区第 3 位。

三　中部比较

1. 生产总值

2014 年，山西地区生产总值 12759. 4 亿元，增长 4. 9%。其中，第一产业增加值 788. 1 亿元，增长 3. 8%，占生产总值的比重为 6. 2%；第二产业增加值 6343. 3 亿元，增长 3. 7%，占生产总值的比重为 49. 7%；第三产业增加值 5628. 0 亿元，增长 7. 0%，占生产总值的比重为 44. 1%。人均地区生产总值 35064. 2 元，增长 4. 5%。

2014 年，河南地区生产总值 34939. 4 亿元，增长 8. 9%。其中，第一产业增加值 4160. 8 亿元，增长 4. 1%，占生产总值的比重为 11. 9%；第二产业增加值 17902. 7 亿元，增长 9. 6%，占生产总值的比重为 51. 2%；第三产业增加值 12875. 9 亿元，增长 9. 4%，占生产总值的比重为 36. 9%。人均地区生产总值 37116. 8 元。

2014 年，安徽地区生产总值 20848. 8 亿元，增长 9. 2%。其中，第一产业增加值 2392. 4 亿元，增长 4. 6%，占生产总值的比重为 11. 5%；第二产业增加值 11204. 0 亿元，增长 10. 3%，占生产总值的比重为 53. 7%；第三产业增加值 7252. 4 亿元，增长 8. 8%，占生产总值的比重为 34. 8%。人均地区生产总值 34427 元。

2014 年，湖南地区生产总值 27048. 5 亿元，增长 9. 5%。其中，第一产业增加值 3148. 8 亿元，增长 4. 5%，占生产总值的比重为 11. 6%；第二产业增加值 12481. 9 亿元，增长 9. 3%，占生产总值的比重为 46. 2%；第三产业增加值 11417. 8 亿元，增长 11. 1%，占生产总值的比重为 42. 2%。人均地区生产总值 40287. 0 元，增长 8. 7%。

2014 年，湖北地区生产总值 27367. 0 亿元，增长 9. 7%。其中，第一产业增加值 3176. 9 亿元，增长 4. 8%，占生产总值的比重为 11. 6%；第二产业增加值 12840. 2 亿元，增长 10. 1%，占生产总值的比重为 46. 9%；第三产业增加值 11349.9 亿元，增长 10.5%，占生产总值的比重为 41.5%。人均地区生产总值 47192.7 元。

2014 年，江西地区生产总值 15708.6 亿元，增长 9.7%。其中，第一产业增加值 1683.7 亿元，增长 4.7%，占生产总值的比重为 10.7%；第二产业增加值 8388.3 亿元，增长 11.1%，占生产总值的比重为 53.4%；第三产业增加值 5636.6 亿元，增长 8.8%，占生产总值的比重为 35.9%。人均地区生产总值 34661 元，增长 9.2%。

与中部河南、安徽、湖南、湖北、江西 5 省相比，山西地区生产总值总量最小，增幅也最小。山西第一产业增加值总量、第二产业增加值总量、第三产业增加值总量在 6 省之中最小，增幅也最小。山西第一产业增加值占生产总值的比重最小；第二产业增加值占生产总值的比重高于湖南、湖北，排 6 省第 4 位；第三产业增加值占生产总值的比重高于其他 5 省，排 6 省首位。山西人均地区生产总值高于安徽，排 6 省第 5 位。

2. 公共财政

2014 年，山西公共财政收入 1820.1 亿元，增长 7.0%。公共财政支出 3096.3 亿元，增长 2.2%。公共财政支出为收入的 1.70 倍。

2014 年，河南公共财政收入 2738.47 亿元，增长 13.4%。公共财政支出 6042.60 亿元，增长 8.2%。公共财政支出为收入的 2.21 倍。

2014 年，安徽公共财政收入 2218.4 亿元，增长 6.9%。公共财政支出 4663.6 亿元，增长 7.2%。公共财政支出为收入的 2.10 倍。

2014 年，湖南公共财政收入 2259.9 亿元，增长 11.3%。公共财政支出 5024.5 亿元，增长 7.1%。公共财政支出为收入的 2.22 倍。

2014 年，湖北公共财政收入 2566.9 亿元，增长 17.1%。公共财政支出 5008.9 亿元，增长 14.6%。公共财政支出为收入的 1.95 倍。

2014 年，江西公共财政收入 1881.5 亿元，增长 16.1%。公共财政支出 3882.2 亿元，增长 11.9%。公共财政支出为收入的 2.06 倍。

与中部河南、安徽、湖南、湖北、江西 5 省相比，山西公共财政收入总量最小；增幅高于安徽，排 6 省第 5 位。山西公共财政支出总量最小；增幅也最小。山西公共财政支出与收入之比最小。

3. 工业农业

2014 年，山西规模以上工业增加值增长 3.0%。规模以上工业企业实现主营业务收入 17119. 9 亿元，下降 6. 1%。规模以上工业企业实现利润 210. 6 亿元，下降 61. 4%。建筑业实现增加值 825. 7 亿元，增长 7. 1%。粮食产量 1330. 8 万吨，增产 18. 0 万吨，增长 1. 4%。

2014 年，河南规模以上工业增加值增长 11. 2%。规模以上工业企业实现主营业务收入 66787. 5 亿元，增长 11. 5%。规模以上工业企业实现利润 4771. 4 亿元，增长 7. 3%。建筑业实现增加值 2079. 4 亿元，增长 10. 4%。粮食产量 5772. 3 万吨，增长 1. 0%。

2014 年，安徽规模以上工业增加值增长 11. 2%。规模以上工业企业实现利润 1775. 2 亿元，增长 0. 1%。建筑业实现增加值 1638. 3 亿元，增长 7. 1%。粮食产量 3415. 8 万吨，增产 136. 2 万吨，增长 4. 2%。

2014 年，湖南规模以上工业增加值增长 9. 6%。规模以上工业企业实现利润 1523. 2 亿元，下降 3. 7%。建筑业实现增加值 1744. 9 亿元，增长 9. 9%。粮食产量 3001. 3 万吨，增长 2. 6%。

2014 年，湖北规模以上工业增加值增长 10. 8%。规模以上工业企业实现主营业务收入 40708. 0 亿元，增长 9. 6%。规模以上工业企业实现利润 2174. 6 亿元，增长 5. 9%。建筑业实现增加值 1912. 9 亿元，增长 13. 5%。粮食产量 2584. 16 万吨，增产 82. 86 万吨，增长 3. 3%。

2014 年，江西规模以上工业增加值增长 11. 8%。规模以上工业企业实现主营业务收入 30537. 1 亿元，增长 13. 0%。规模以上工业企业实现利润 2043. 9 亿元，增长 14. 1%。建筑业实现增加值 1393. 6 亿元，增长 10. 5%。粮食产量 2143. 5 万吨，增长 1. 3%。

与中部河南、安徽、湖南、湖北、江西 5 省相比，山西规模以上工业增加值增幅最小；山西规模以上工业企业实现利润最少，下降幅度最大。山西建筑业增加值最小，增幅也最小，与安徽并列第 5 位。山西粮食产量最少，增幅高于河南、江西，排 6 省第 4 位。

4. 固定投资

2014 年，山西全社会固定资产投资 12354. 5 亿元。其中，固定资产投资（不含跨省、农户）11977. 0 亿元，增长 11. 5%。第一产业投资 887. 7 亿元，增长 34. 5%；第二产业投资 5009. 5 亿元，增长 7. 6%；第三产业投资 6079. 8 亿元，增长 12. 0%。

2014 年，河南全社会固定资产投资 30782.2 亿元。其中，固定资产投资（不含农户）30012.3 亿元，增长 19.2%。第一产业投资 1117.3 亿元，增长 51.3%；第二产业投资 15366.5 亿元，增长 17.1%；第三产业投资 13528.5 亿元，增长 19.4%。

2014 年，安徽固定资产投资（不含农户）21256.3 亿元，增长 16.5%。其中，第一产业投资 542.0 亿元，增长 39.2%；第二产业投资 9417.8 亿元，增长 13.9%；第三产业投资 11296.5 亿元，增长 17.7%。

2014 年，湖南固定资产投资（不含农户）21950.8 亿元，增长 19.4%。其中，第一产业投资 710.0 亿元，增长 34.9%；第二产业投资 9321.2 亿元，增长 15.9%；第三产业投资 11919.6 亿元，增长 21.4%。

2014 年，湖北固定资产投资（不含农户）24303.1 亿元，增长 20.4%。其中，第一产业投资 536.0 亿元，增长 32.5%；第二产业投资 10733.1 亿元，增长 16.8%；第三产业投资 13033.9 亿元，增长 23.1%。

2014 年，江西全社会固定资产投资 15110.0 亿元。其中，固定资产投资（不含农户）14677.0 亿元，增长 18.0%。第一产业投资 315.8 亿元，增长 16.3%；第二产业投资 7999.7 亿元，增长 11.1%；第三产业投资 6361.5 亿元，增长 28.1%。

与中部河南、安徽、湖南、湖北、江西 5 省相比，山西固定资产投资额最小；增幅最小。山西第一产业投资额高于安徽、湖南、湖北、江西，排 6 省第 2 位；增幅高于湖北、江西，排 6 省第 4 位。山西第二产业、第三产业投资额及增幅均是 6 省之中最小。

5. 内外贸易

2014 年，山西社会消费品零售总额 5549.9 亿元，增长 11.3%。其中，城镇消费品零售额 4600.8 亿元，增长 11.2%；乡村消费品零售额 949.1 亿元，增长 11.7%。山西进出口总额 162.5 亿美元，增长 2.9%。其中，进口额 73.1 亿美元，下降 6.3%；出口额 89.4 亿美元，增长 11.8%。

2014 年，河南社会消费品零售总额 13835.9 亿元，增长 12.7%。其中，城镇消费品零售额 11329.1 亿元，增长 12.3%；乡村消费品零售额 2506.8 亿元，增长 14.5%。河南进出口总额 650.3 亿美元，增长 7.5%。其中，进口额 256.5 亿美元，增长 6.1%；出口额 393.8 亿美元，增长 6.1%。

2014 年，安徽社会消费品零售总额 7320.8 亿元，增长 12.5%。其中，城镇消费品零售额 6002.9 亿元，增长 12.9%；乡村消费品零售额 1317.9 亿元，增长 13.1%。安徽进出口总额 492.7 亿美元，增长 8.2%。其中，进口额 177.8 亿美元，增长 3.0%；出口额 314.9 亿美元，增长 11.5%。

2014 年，湖南社会消费品零售总额 10081.9 亿元，增长 12.8%。其中，城镇消费品零售额 9062.5 亿元，增长 12.8%；乡村消费品零售额 1019.4 亿元，增长 12.4%。湖南进出口总额 310.4 亿美元，增长 22.2%。其中，进口额 110.1 亿美元，增长 5.4%；出口额 200.3 亿美元，增长 33.9%。

2014 年，湖北社会消费品零售总额 11806.3 亿元，增长 12.8%。其中，城镇消费品零售额 9884.0 亿元，增长 12.7%；乡村消费品零售额 1922.2 亿元，增长 13.2%。湖北进出口总额 430.6 亿美元，增长 18.4%。其中，进口额 164.2 亿美元，增长 21.2%；出口额 266.5 亿美元，增长 16.7%。

2014 年，江西社会消费品零售总额 5129.2 亿元，增长 12.7%。其中，城镇消费品零售额 4258.8 亿元，增长 12.5%；乡村消费品零售额 870.4 亿元，增长 13.7%。江西进出口总额 427.8 亿美元，增长 16.4%。其中，进口额 107.5 亿美元，增长 25.2%；出口额 320.4 亿美元，增长 13.7%。

与中部河南、安徽、湖南、湖北、江西 5 省相比，山西社会消费品零售总额高于江西，排 6 省第 5 位；但增幅最小。山西城镇消费品零售额高于江西，排 6 省第 5 位；增幅最小。山西乡村消费品零售额高于江西，排 6 省第 5 位；增幅最小。山西进出口总额最小；增幅也最小。山西出口额最小；增幅高于河南、安徽，排 6 省第 4 位。山西进口额最小；增幅高于河南、安徽、湖南，排 6 省第 3 位。

6. 交通运输

2014 年，山西完成旅客运输量 3.5 亿人，下降 2.0%；完成货物运输量 16.5 亿吨，增长 5.7%。旅客周转量 384.4 亿人公里，下降 0.5%；货物周转量 3711.0 亿吨公里，增长 3.3%。

2014 年，河南完成旅客运输量 14.2 亿人，增长 3.6%；完成货物运输量 20.1 亿吨，增长 9.4%。旅客周转量 1858.9 亿人公里，增长 18.7%；货物周转量 7367.1 亿吨公里，增长 3.2%。

2014 年，安徽完成旅客运输量 14.0 亿人，增长 10.1%；完成货物运输量

43.4亿吨，增长9.6%。旅客周转量1416.7亿人公里，增长10.1%；货物周转量13486.1亿吨公里，增长9.4%。

2014年，湖南完成旅客运输量16.2亿人，增长1.3%；完成货物运输量20.4亿吨，增长10.0%。旅客周转量1780.1亿人公里，增长5.5%；货物周转量4159.3亿吨公里，增长7.7%。

2014年，湖北完成旅客周转量1458.2亿人公里，增长13.0%；货物周转量5798.1亿吨公里，增长15.1%。

2014年，江西完成旅客运输量6.78亿人，增长4.1%；完成货物运输量15.18亿吨，增长12.0%。

与中部河南、安徽、湖南、湖北、江西5省相比，山西完成旅客运输量最小；增幅也最小，而且是6省当中唯一下降的省份。山西完成货物运输量高于江西，排6省第5位；增幅最小。山西旅客周转量最小；增幅也最小，而且是6省之中唯一下降的省份。山西货物周转量最小；增幅高于河南，排6省第5位。

7. 邮电旅游

2014年，山西邮电业务总量431.2亿元，增长11.4%。其中，邮政业务总量36.6亿元，增长7.2%；电信业务总量394.6亿元，增长11.8%。互联网上网人数1838万人，增长4.7%；互联网普及率达到50.6%。山西旅游总收入2846.5亿元，增长23.5%。其中，旅游外汇收入2.8亿美元，增长5.1%；国内旅游收入2829.3亿元，增长25.5%。

2014年，河南邮电业务总量1011.1亿元，增长20.5%。其中，邮政业务总量116.5亿元，增长26.0%；电信业务总量894.5亿元，增长19.8%。互联网上网人数3474万人，增长5.8%；互联网普及率达到36.9%。河南旅游总收入4366.2亿元，增长12.7%。

2014年，安徽邮电业务总量630.1亿元，增长18%。其中，邮政业务总量80.8亿元，增长40.5%；电信业务总量549.3亿元，增长15.2%。互联网上网人数2225万人，增长3.5%；互联网普及率达到36.9%。安徽旅游总收入3430.1亿元，增长13.9%。其中，旅游外汇收入19.6亿美元，增长13.2%；国内旅游收入3309.7亿元，增长14.0%。

2014年，湖南邮电业务总量745.0亿元，增长25.9%。其中，邮政业务总量 81.2 亿元，增长 34.7%；电信业务总量 663.8 亿元，增长 24.9%。互联网上网人数 2579 万人，增长 7.0%；互联网普及率达到 38.6%。湖南旅游总收入 3050.7 亿元，增长 13.8%。其中，国际旅游外汇收入 8 亿美元，减少 2.8%；国内旅游收入 3001.5 亿元，增长 14.1%。

2014 年，湖北邮电业务总量 720.35 亿元，增长 19.3%。互联网上网人数 2625 万人，增长 5.4%；互联网普及率达到 45.3%。湖北旅游总收入 3752.09 亿元，增长 17.07%；旅游外汇收入 12.39 亿美元，增长 1.6%；国内旅游收入 3675.98 亿元，增长 17.4%。

2014 年，江西邮电业务总量 445.7 亿元，增长 32.4%。其中，邮政业务总量 51.4 亿元；电信业务总量 394.3 亿元。互联网上网人数 1543 万人，增长 5.1%；互联网普及率达到 34.1%。江西旅游总收入 2649.7 亿元，增长 39.7%；旅游外汇收入 5.57 亿美元，增长 6.1%；国内旅游收入 2615.2 亿元，增长 40.3%。

与中部河南、安徽、湖南、湖北、江西 5 省相比，山西邮电业务总量最小；增幅也最小。山西邮政业务总量最小；增幅也最小。山西电信业务总量高于江西，排 6 省第 5 位；增幅高于江西，排 6 省第 5 位。山西旅游总收入高于江西，排 6 省第 5 位；增幅高于河南、安徽、湖南、湖北，排 6 省第 2 位。山西旅游外汇收入最小；增幅高于湖南、湖北，排 6 省第 4 位。山西国内旅游收入高于江西，排 6 省第 5 位；增幅高于河南、安徽、湖南、湖北，排 6 省第 2 位。

与中部河南、安徽、湖南、湖北、江西 5 省相比，山西互联网上网人数高于江西，排 6 省第 5 位；增速高于安徽，排 6 省第 5 位。互联网普及率高于其他 5 省，排第 1 位。

8. 文化建设

2014 年，山西有公共图书馆 126 个，文化馆 119 个，群众艺术馆 12 个，文化站 1407 个，博物馆 97 个。艺术表演团体 163 个。山西广播人口覆盖率 98.04%，电视人口覆盖率 98.95%，有线电视用户 514.8 万户。

2014 年，河南有公共图书馆 157 个，文化馆 205 个，博物馆 246 个。艺术表演团体 173 个。河南广播人口覆盖率 98.2%，电视人口覆盖率 98.3%，有线电视用户 972.3 万户。

2014 年，安徽有公共图书馆 109 个，文化馆 120 个，博物馆 162 个，文化站 1437 个。安徽广播人口覆盖率 98.6%，电视人口覆盖率 98.7%，有线电视用户 768.1 万户。

2014 年，湖南有公共图书馆 136 个，文化馆 142 个，博物馆 103 个。艺术表演团体 103 个。湖南广播人口覆盖率 93.5%，电视人口覆盖率 97.5%，有线电视用户 878.0 万户。

2014 年，湖北有公共图书馆 112 个，文化馆 120 个，博物馆 139 个。艺术表演团体 86 个。湖北广播人口覆盖率 98.8%，电视人口覆盖率 98.8%，有线电视用户 1068.4 万户。

2014 年，江西有公共图书馆 113 个，文化馆 104 个，博物馆 109 个。江西广播人口覆盖率 97.5%；电视人口覆盖率 98.6%，有线电视用户 610.0 万户。

与中部河南、安徽、湖南、湖北、江西 5 省相比，山西公共图书馆数量高于安徽、湖北、江西，排 6 省第 3 位；山西文化馆数量高于江西，排 6 省第 5 位；山西博物馆数量最少，排 6 省末位；山西广播人口覆盖率高于湖南、江西，排 6 省第 4 位；山西电视人口覆盖率高于其他 5 省，排 6 省第 1 位；山西有线电视用户数最少。

9. 医疗卫生

2014 年，山西有医疗卫生机构（含诊所、村卫生室）40744 个，床位 18.1 万张。卫生防疫、防治机构 134 个，妇幼保健院（所、站）133 个。卫生技术人员 21.0 万人。

2014 年，河南有医疗卫生机构（含诊所、村卫生室）71157 个，床位 45.96 万张。卫生防疫、防治机构 180 个，妇幼保健院（所、站）164 个。卫生技术人员 49.5 万人。

2014 年，安徽有医疗卫生机构（含诊所、村卫生室）24838 个，床位 24.9 万张。卫生防疫、防治机构 121 个，妇幼保健院（所、站）121 个。卫生技术人员 26.4 万人。

2014 年，湖南有医疗卫生机构（含诊所、村卫生室）61572 个，床位 33.2 万张。卫生防疫、防治机构 86 个，妇幼保健院（所、站）139 个。卫生技术人员 34.1 万人。

2014 年，湖北有医疗卫生机构（含诊所、村卫生室）36089 个，床位 31.87 万张。卫生技术人员 33.6 万人。

2014 年，江西有医疗卫生机构（含诊所、村卫生室）38874 个，床位 18 万张。卫生防疫、防治机构 110 个，妇幼保健院（所、站）112 个。卫生技术人员 20.0 万人。

与中部河南、安徽、湖南、湖北、江西 5 省相比，山西医疗卫生机构（含诊所、村卫生室）数量高于安徽、湖北、江西，排 6 省第 3 位；山西床位数量高于江西，排 6 省第 5 位；山西卫生防疫、防治机构数量高于湖南、湖北、江西，排 6 省第 3 位；山西妇幼保健院（所、站）数量高于安徽、湖北、江西，排 6 省第 3 位；山西卫生技术人员数量高于江西，排 6 省第 5 位。

10. 人口发展

2014 年，山西常住人口 3648.0 万人。出生人口 39.7 万人，出生率 10.92‰；死亡人口 21.6 万人，死亡率 5.93‰；自然增长率 4.99‰。城镇化率 53.8%。

2014 年，河南常住人口 9436.0 万人。出生人口 136.0 万人，出生率 12.80‰；死亡人口 75.0 万人，死亡率 7.02‰；自然增长率 5.78‰。城镇化率 45.2%。

2014 年，安徽常住人口 6082.9 万人。出生人口 77.9 万人，出生率 12.86‰；死亡人口 35.7 万人，死亡率 5.89‰；自然增长率 6.97‰。城镇化率 49.2%。

2014 年，湖南常住人口 6737.2 万人。出生人口 90.8 万人，出生率 13.52‰；死亡人口 46.3 万人，死亡率 6.89‰；自然增长率 6.63‰。城镇化率 49.3%。

2014 年，湖北常住人口 5816.0 万人。出生人口 68.9 万人，出生率 11.86‰；死亡人口 40.4 万人，死亡率 6.96‰，人口自然增长率 4.90‰。城镇化率 55.7%。

2014 年，江西常住人口 4542.2 万人。出生人口 60.0 万人，出生率 13.24‰；死亡人口 28.4 万人，死亡率 6.26‰；自然增长率 6.98‰。城镇化率 50.3%。

与中部河南、安徽、湖南、湖北、江西 5 省相比，山西常住人口总量最少；山西人口出生率最低，低于河南、安徽、湖南、湖北、江西；山西人口死亡率低于安徽、湖南、湖北、江西，排6省第5位；山西人口自然增长率高于湖北，排6省第5位；山西城镇化率高于河南、安徽、湖南、江西，排6省第2位，位次与2013年保持一致。同时，与排第1位的湖北省差距不断缩小，由2013年相差1.95个百分点缩小到2014年的1.9个百分点。

11. 人民生活

2014年，山西城镇居民人均可支配收入24069元，增长8.1%，城镇居民人均消费支出14637元，增长6.4%；农村居民人均可支配收入8809元，增长10.8%，农村居民人均消费支出6992元，增长8.3%。城镇居民家庭恩格尔系数26.0%，农村居民家庭恩格尔系数29.4%。

2014年，河南城镇居民人均可支配收入24391.5元，增长8.9%，城镇居民人均消费支出15726.1元，增长6.1%；农村居民人均可支配收入9416.1元，增长11.1%，农村居民人均消费支出6438.1元，增长14.4%。

2014年，安徽城镇居民人均可支配收入24839元，增长9.0%，城镇居民人均消费支出16107元，增长10.4%；农村居民人均可支配收入9916元，增长12.0%，农村居民人均消费支出7981元，增长10.8%。城镇居民家庭恩格尔系数33.3%，农村居民家庭恩格尔系数35.6%。

2014年，湖南城镇居民人均可支配收入26570元，增长9.1%，城镇居民人均消费支出18335元，增长8.7%；农村居民人均可支配收入10060元，增长11.4%，农村居民人均消费支出9025元，增长15.2%。城镇居民家庭恩格尔系数30.5%，农村居民家庭恩格尔系数34.3%。

2014年，湖北城镇居民人均可支配收入24852元，增长9.6%；农村居民人均可支配收入10849元，增长11.9%。

2014年，江西城镇居民人均可支配收入24309元，增长9.9%；农村居民人均可支配收入10117元，增长11.3%。

与中部河南、安徽、湖南、湖北、江西5省相比，山西城镇居民人均可支配收入最少；增幅最小。农村居民人均可支配收入最少；增幅也最小。

2014年，山西居民消费价格上涨1.7%，其中食品价格上涨2.8%。河南居民消费价格上涨1.9%，其中食品类价格上涨2.6%。安徽居民消费价格上涨1.6%，其中食品类价格上涨2.5%。湖南居民消费价格上涨1.9%，其中食品价格上涨 2.6%。湖北居民消费价格上涨 2.0%，其中食品价格上涨 2.3%。江西居民消费价格上涨 2.3%，其中食品价格上涨 3.7%。与中部河南、安徽、湖南、湖北、江西 5 省相比，山西居民消费价格上涨幅度高于安徽，排 6 省第 5 位。食品价格上涨幅度高于河南、安徽、湖南、湖北，排 6 省第 2 位。

12. 社会保障

2014 年，山西参加城镇职工基本养老保险 692.0 万人，增加 19.5 万人；参加城乡居民社会养老保险 1537.4 万人，增加 3.7 万人；参加城镇基本医疗保险 1100.7 万人，增加 14.4 万人；参加失业保险 407.7 万人，增加 7.0 万人；参加工伤保险 563.1 万人，增加 14.2 万人；参加生育保险 454.2 万人，增加 8.6 万人。享受城市最低生活保障人数 72.6 万人，全年共发放城市最低保障资金 26.3 亿元。16 万人纳入农村五保供养。

2014 年，河南参加城镇职工基本养老保险 1431.6 万人；参加城镇基本医疗保险 1182.4 万人；参加失业保险人数 773.30 万人。城市居民最低生活保障救济人数 118.9 万人，发放城市居民最低生活保障资金 31.97 亿元；农村居民最低生活保障救济人数 395.3 万人，发放农村居民最低生活保障资金 49.47 亿元。

2014 年，安徽参加城镇职工基本养老保险 829.1 万人；参加城乡居民社会养老保险 3337.2 万人，参加城镇基本医疗保险 1756.0 万人；参加失业保险人数为 422 万人，参加工伤保险 508.5 万人；参加生育保险 482.7 万人。城市居民最低生活保障救济人数 72.4 万人；农村居民最低生活保障救济人数 208.9 万人，农村五保供养 43.1 万人。

2014 年，湖南参加城镇职工基本养老保险 769.4 万人；参加城镇基本医疗保险 2298.4 万人；参加失业保险职工人数 509.5 万人，增加 47.8 万人；参加工伤保险职工人数 748.0 万人，增加 17.0 万人；参加生育保险职工人数 537.6 万人，增加 1.8 万人。发放城市居民最低生活保障资金 43.7 亿元；发放农村居民最低生活保障资金 42.1 亿元。

2014 年，湖北参加城镇职工基本养老保险 846.2 万人；参加城乡居民基本养老保险人数 2231 万人；参加城镇基本医疗保险 933.0 万人；参加工伤保险 576 万人；参加生育保险 480 万人；参加失业保险人数 521.4 万人。城市居民最低生活保障救济人数 107 万人；农村居民最低生活保障救济人数 221.6 万人。

2014 年，江西参加城镇职工基本养老保险 562.8 万人；参加城镇基本医疗保险 579.2 万人；参加失业保险人数 271.8 万人；参加生育保险人数 241.1 万人；参加工伤保险人数 461.2 万人。

与中部河南、安徽、湖南、湖北、江西 5 省相比，山西参加城镇职工基本养老保险人数高于江西，排 6 省第 5 位；山西参加城镇基本医疗保险人数高于湖北、江西，排 6 省第 4 位；山西参加失业保险人数高于江西，排 6 省第 5 位；山西参加生育保险人数高于安徽、湖北、江西，排 6 省第 3 位；山西参加工伤保险人数最少，排 6 省末位。

第四篇

区域发展

山西省辖太原、大同、朔州、忻州、阳泉、吕梁、晋中、长治、晋城、临汾、运城11个地级市。这11个地级市2014年区域经济社会的发展变化状况，是2014年山西全省经济社会发展变化状况的重要内容和体现。研究和认识这些区域经济社会的发展变化情况，有利于更加全面地认识和把握山西全省经济社会发展变化之省情。

一　太原市

太原市位于省境中央，东、南、西、北四周与省内阳泉市、晋中市、吕梁市、忻州市交界接壤。下辖6区（小店区、迎泽区、杏花岭区、万柏林区、尖草坪区、晋源区）3县（清徐县、阳曲县、娄烦县）1市（古交市）。辖区总面积6988平方公里，占全省总面积的4.45%。境域西、北、东三面环山，中南部河谷平原为太原盆地北边缘带，整个地形北高南低呈簸箕形；地形地貌以山地、丘陵为主，约占总面积的82%。境内煤、铁、铝矿产资源丰富，煤、铁开发历史悠久。太原市，地名源自战国末年秦国取“大而加甚谓之太”“高而平坦谓之原”之意，在汾河中游设置太原郡。太原市，古称晋阳，别称并州、“龙城”，建城史有2500多年，曾为九朝（赵国、前秦、东魏、北齐、北晋、后唐、后晋、后汉、北汉）古都。明代始，山西作为行中书省建置起，太原即成为省府所在地，民国16年（1927年）始建市。古代和近代，太原地区一直是我国北方的军事和工商业重镇。新中国成立以来，太原市成为省会城市，是全省政治、经济、文化、交通和国际交流中心，也是国家不断支持建设的全国重要能源和工业基地、中东部通往大西北的交通枢纽。太原市曾经多次区划调整，于1997年形成现状。2014年末，全市常住人口达429.89万人，占全省总人口的11.79%，居全省11个市第3位。

1. 发展思路

2014年，太原市坚持稳中求进的总基调，积极应对经济下行压力和适应经济发展新常态，以推进“五个一批”（一批重大产业项目、一批重大基础设施项目、一批重大民生项目、一批重大不稳定因素化解、一批重大改革事项）为载体、发挥“六个表率”（惩治腐败和狠刹“四风”、把权力关进制度的笼子和形成长效机制、科学推进城镇化和着力改善民生、深化改革和扩大开放、推动“六大发展”和富民强省、净化政治生态和重塑山西形象）作用，着力稳增长、促改革、调结构、惠民生、防风险，推动经济社会全面发展。

2. 经济运行

2014年，太原市实现地区生产总值2531.09亿元，增长3.3%，增幅低于全省1.6个百分点。地区生产总值占全省的比重为19.84%，地区生产总值在全省11个市中居第1位。人均地区生产总值59023元，比上年增长2.8%，按年平均汇率计算达到9606美元。人均地区生产总值在全省11个市中居首位，人均地区生产总值是全省的1.68倍。

全年公共财政预算收入258.85亿元，增长4.7%。公共财政预算收入在全省11个市中居第1位。公共财政预算支出322.70亿元，增长1.1%。其中，教育、医疗卫生、社会保障和就业、住房保障、交通运输、节能环保、城乡社区事务等民生支出270.66亿元，增长2.3%，占全市公共财政预算支出的83.9%。公共财政预算支出在全省11个市中居首位。

全年固定资产投资1746.09亿元，增长4.5%。按项目归属分类，中央项目投资184.45亿元，增长65.3%；省属项目投资235.08亿元，下降32.6%；市属及以下项目投资1326.56亿元，增长9.6%。按经济类型分类，国有投资878.97亿元，下降5.7%；非国有投资867.12亿元，增长17.4%，其中民间投资822.87亿元，增长15.3%。国有与非国有投资比例由2013年的55.8∶44.2转变为50.3∶49.7，非国有投资占据半壁江山。按产业分类，第一产业投资25.50亿元，增长4.1%；第二产业投资441.99亿元，下降15.9%；第三产业投资1278.60亿元，增长14.1%。三次产业投资比重为1.5%、25.3%和73.2%。第二产业中，工业投资438.02亿元，下降15.9%。其中，非煤产业投资356.78亿元，占工业投资的比重为81.5%；新兴接替产业投资187.96亿元，占工业投资的比重为42.9%。全年在建固定资产投资项目1076个。其中，5亿元以上项目151个，计划总投资3063.92亿元，完成投资768.93亿元，占全市固定资产投资的比重为44.0%；10亿元以上项目84个，计划总投资2597.46亿元，完成投资647.30亿元，占全市固定资产投资的比重为37.1%。固定资产投资在全省11个市中居首位。

全年社会消费品零售总额1411.13亿元，增长10.1%。按经营地统计，城镇消费品零售额1382.58亿元，增长10.0%，占全社会消费品零售总额的比重为98.0%，居主导地位；乡村消费品零售额28.55亿元，增长14.7%。

全年外贸进出口总额106.71亿美元，增长16.5%。其中，出口额65.70亿美元，增长24.1%；进口额41.01亿美元，增长6.0%。出口商品中，煤炭、焦炭、金属镁占出口额的4.5%；不锈钢材、机电产品占出口额的84.7%。有贸易往来的国家和地区达到151个，其中年进出口额在千万美元以上的国家和地区54个，同比增加2个。全年新设立外商投资企业20家。实际利用外商直接投资额10.77亿美元，增长14.0%。

规模以上工业增加值647.24亿元，增长0.4%。其中，中央企业增加值72.53亿元，下降8.2%；省属企业增加值259.65亿元，下降4.8%；市属及以下企业增加值315.06亿元，增长7.4%。规模以上工业主营业务收入3279.40亿元，下降0.5%；利税总额108.30亿元，增长3.0%；利润总额19.66亿元，增长151.1%。

3. 产业发展

2014年，太原市第一产业增加值38.93亿元，增长4.3%，占生产总值的比重为1.5%；第二产业增加值1012.31亿元，增长1.0%，占生产总值的比重为40.0%；第三产业增加值1479.85亿元，增长5.1%，占生产总值的比重为58.5%。三次产业比重由2013年的1.6∶43.6∶54.8变化为1.5∶40.0∶58.5。

第一产业中，主要农作物有小麦、水稻、玉米、谷子、豆类、薯类、蔬菜、棉花、油料、药材等，林果主要有葡萄、梨、苹果等，设施农业、养殖业、农产品加工业等现代都市农业较为发达。近年来，大力实施“十园引领、百园兴农”战略，调整种植业、养殖业结构，建立特色主题产业园，引领现代都市农业快速发展。2014 年，突出重点，强化措施，现代都市农业进一步发展。一是大力实施园区引领战略。以水塔、惠农、本草、龙城向新、华辰和润恒为代表的加工型、科技型、基地型、生态型、观光型和流通型农业产业园，在推进农业标准化、规模化、集约化发展上发挥了更为重要的引领效应。累计培育现代农业产业园 130 多个，其中规模在千亩以上的 8 个，投资亿元以上的 14 个，园区用地面积占全市流转土地面积 50% 以上。二是以项目建设带动农业产业化发展。围绕酿醋、葡果、畜产品、蔬菜、粮油五大加工产业，实施新改扩建农业重点项目 28 个，完成投资 15 亿元。水塔醋文化、金大豆食品、紫林醋产品、盛禾蔬菜园、裕吉物流园等项目先后投产达效。农业产业化龙头企业发展到 202 个。三是着力加强标准化种养基地建设。大力提升省城“菜篮子”供给能力，新建设施蔬菜基地 5700 亩，设施蔬菜播种面积总计达 7 万多亩，蔬菜总播种面积 32 万多亩，总产量达 128.2 万吨，增长 0.7%。新改建畜禽高标准健康养殖园 10 个，肉类、禽蛋、牛奶产量分别达到 5.35 万吨、2.9 万吨、9.94 万吨。畜牧业产值占到农业总产值的 33% 以上。加快果业提质增效，引进早黑宝葡萄、玉露香酥梨、红颜草莓等高效品种，新发展果园 3945 亩，改造中低产果园 6153 亩，葡果面积达 28.9 万亩。四是推进以休闲农业为重点的农业服务业发展。坚持“从一接二连三”（从事一产、连接二产三产）的发展路子，拓展现代都市农业多功能性，调动社会资本投资休闲农业和乡村旅游，累计打造了“田园风光美、乡土气息浓、体验趣味多”的景点 126 个。华辰农耕园等一批休闲农业园提档升级，新建东山滑世界，阳曲、尖草坪、杏花岭薰衣草基地等一批休闲新亮点。积极开展观光采摘、农家体验、种养认领等农业观光活动，年接待游客 174 万人次，营业额达 1.68 亿元。五是以土地流转带动发展适度规模经营。加强土地流转政策宣传，引导农民流转土地 3.5 万亩，总面积达到 36.54 万亩，实现规模经营 18.5 万亩。适应现代农业建设需求，培育新型职业农民 10410 人，规范发展家庭农场、种养大户、合作社、龙头企业等新型经营主体，家庭农场发展到 240 个，合作社发展到 3534 个，其中联合社 23 个，申报创建国家级示范社 12 个，省级示范社 20 个。以新品种新技术推广应用促进粮食增效增收。全年粮食产量达 33.90 万吨，增长 3.4%。在城镇化快速发展和粮食种植面积不断下降的形势下，自 2007 年开始连续八年粮食总产量一直保持在 30 万吨以上，粮食生产能力显著提升。

第二产业中，装备制造、钢铁、煤炭、炼焦、电力及材料、能源、电子信息和食品加工等为支柱产业，其中装备制造、钢铁、煤炭、电子信息产业在全省及全国有较大影响。近年来，不断推进对传统产业的改造升级和新兴产业的培育发展，加快工业转型，多元化发展新型支柱产业体系。2014 年，进一步推动了产业提质增效升级。一是加快新兴产业布局。抓住全省产业布局调整契机，制定出台了轨道交通、煤机、煤层气及煤化工等装备制造基地规划，对规划内项目视同立项，由企业自行组织实施；制定出台了光伏产业、铝工业循环经济等专项规划。实施项目带动战略，以信息产业和高端装备制造、高新技术、新材料、节能环保为重点，推进了 100 个重大新兴产业项目建设。其中，北车太原铁路装备园等项目建成投产，中天信安防科技等项目部分投产，江铃重汽发动机等项目开工建设；富士康太原园区投资 32 亿元，新上苹果 iPhone5s 智能手机装配线，完成工业总产值 482.56 亿元，增长 21.4%。全年新兴接替产业投资 248.31 亿元，占工业投资的比重为 56.7%；规模以上新兴接替产业增加值增长 9.3%，高出规模以上工业增加值增速 8.9 个百分点，所占比重由上年的 54.3% 提高到 59.8%。其中，装备制造业比重达到 41.6%，超过煤焦冶电四大传统产业之和。二是大力推进创新驱动。新培育认定高新技术企业 82 家，增长 35.8%；高新技术企业达到 269 家，高新技术产业增加值占工业比重达 34.5%。高新区、经济区、民营区、不锈钢园区规模以上工业增加值占比达到 42.3%，同比提高 8.5 个百分点。三是实施老工业基地振兴战略。万柏林和平老工业区纳入全国城区老工业区搬迁改造试点范围，试点方案已获国家发改委正式批复，并享受相关优惠政策。四是大力淘汰落后产能。全年淘汰焦化产能 75 万吨、电力产能 7.4 万千瓦。五是全力保障工业运行。出台了《工业经济稳增长、保运行实施意见》《进一步促进煤炭经济可持续增长的实施意见》等政策文件，在太钢、西山、太重、晋机、东铝 5 户企业开展了大用户直供电试点，在东铝、恒通能源两户企业进行了发用电企业多边交易，保障了规模以上工业增加值由一季度下降 9.3%、上半年下降 5.4%、前三季度下降 0.4% 回升为全年增长 0.4%。全年，占规模以上工业增加值 85.3% 的十大行业（钢铁行业、烟草制品业、燃气生产供应业、专用设备制造业、通用设备制造业、交通运输设备制造业、通信及计算机设备制造业、煤炭开采和洗选业、石油加工和炼焦及核燃料加工业、电力和热力生产及供应业）中，装备制造业增加值 268.96 亿元，增长 15.1%，占规模以上工业增加值的 41.6%，拉动规模以上工业增长 7.3 个百分点，同比提高 2.3 个百分点，拉动作用有所增加；煤炭、钢铁、炼焦、电力等传统行业增加值 259.96 亿元，下降 10.1%，占全市规模以上工业增加值的 40.2%。包括装备制造业在内的新兴接替产业增加值 387.28 亿元，增长 9.3%，占规模以上工业增加值的 59.8%，拉动规模以上工业增长 6.7 个百分点。与 2013 年相比，新兴接替产业占比进一步扩大，支撑了规模以上工业的增长。全年规模以上主要工业产品产量，原煤 3645.1 万吨、发电 256.6 亿千瓦时、粗钢 1144.6 万吨、钢材 1084.9 万吨、生铁 852.7 万吨、焦炭 1078.6 万吨、水泥 484.9 万吨、工业锅炉 330 万蒸吨、交流发电机 94.4 万千瓦、变压器 8.7 万千伏安、泵 6391 台、纱 2588.3 吨、白酒 2719 千升、啤酒 132104.5 千升。

第三产业中，饮食业、旅店业、商业、金融业、交通运输业等为传统服务业，物流、旅游、文化、电子信息等现代服务业发展较快。近年来坚持发展现代服务业和提升传统服务业并举、发展生产性服务业和生活性服务业并推，大力推进现代金融、物流、技术和信息、商业综合体、电子商务、旅游、文化、会展等现代服务业发展，取得显著成效。2014 年，传统服务业特别是现代服务业进一步发展。其中，煤炭交易、文化旅游、电子商务、信息消费、会展服务等发展较快。太原煤炭交易中心是“立足山西、辐射全国、面向世界”的现代化大宗煤炭商品交易市场，至年末累计注册交易商 9787 户，全年煤炭现货交易总量达到 13.13 亿吨，交易金额达到 6524.55 亿元。旅游目的地建设加快推进，食品街、龙华寺升级为国家 3A 级旅游景区，新建成台骀山滑世界、红豆山庄等 15 个工农业旅游点。全年共接待入境游客 20.1 万人次，增长 5%；接待国内游客 4176.4 万人次，增长 14.6%；旅游总收入突破 500 亿元大关，增长 16%。启动实施国家电子商务示范城市和国家信息消费示范城市建设，47 家电商企业入驻高新区电商产业园，全年限额以上批发零售业企业通过互联网实现商品零售额 5.26 亿元，增长 2.1 倍；3G 网络城市覆盖率达到 99.5%、农村达到 80.1%，移动 4G 网络已覆盖主城区；互联网用户净增加7.31万户，达到150.79万户。会展服务业快速发展，全年大型商贸、产业、文化、体育等博览会、展览、演出、赛事活动此起彼伏，带动了相关服务业的发展。如第四届山西省节能减排、低碳发展博览会，第五届中国（太原）国际能源产业博览会，第十二届全国美术作品展雕塑作品展览，山西省第十四届运动会等。全年太原市第三产业增加值达1479.85亿元，增长5.1%。其中，交通运输、仓储和邮政业增加值126.94亿元，增长1.1%；批发零售和住宿餐饮业增加值441.30亿元，增长3.4%；金融业增加值307.05亿元，增长4.9%；营利性服务业增加值262.26亿元，增长11.0%；非营利性服务业增加值200.80亿元，增长3.3%。

4. 转型综改

2014年是全省转型综改攻坚年，太原市以转型综改试验区建设为引领，稳步推进了重点领域的改革和对外开放。

推进重点领域改革。一是深化行政体制改革。在全省率先探索“六权治本”（依法确定权力、科学配置权力、制度约束权力、阳光行使权力、合力监督权力、严惩滥用权力）模式，推行权力清单制度，梳理出49个市直单位行政权力事项6033项；通过严格清权、依法确权，初步确定4005项；公示并征求意见修改后，形成了《太原市市级行政权力清单（初稿）》。二是继续深化行政审批制度改革。全年取消、调整、下放行政审批事项119项，审批时间压缩21.6%；受理审批事项近10万件，办结率99.6%。三是深化财税体制改革。积极推进全口径预算管理，在公共预算、政府性基金预算管理的基础上，增加了国有资本经营预算、社会保险基金预算，实现了全口径预算管理。深入推进预决算公开，市级所有117个非涉密部门公开了部门预算和“三公经费”预算。四是全面推行工商登记制度改革。实行工商登记、组织机构代码、税务登记、统计登记“五证联办”工作机制，新登记各类市场主体46327户，增长18.5%；改革后新发展私营企业15177户，增长56.0%。五是推进开发区“一区多园”发展。探索利益分配机制，太原高新区与阳曲县、清徐县、迎泽区签署战略合作协议，启动规划建设“太原高新区阳曲新能源新材料产业园”“太原高新区迎泽电子商务仓储物流园”“太原高新区清徐工业产业园”。六是创新农业生产经营机制。大力发展专业合作、股份合作等多种形式的农民合作社，鼓励发展混合所有制农业产业化龙头企业，推动集群发展。新登记家庭农场 240 家，农民专业合作社达到 3534 家；10 个县（市、区）全部建立土地流转服务中心，流转土地 3.5 万亩。七是创新生态建设投入机制。推广“西山模式”，推进东西两山生态绿化，完成造林面积 27.91 万亩。“西山模式”是近年来按照“政府主导、市场运作、公司承载、园区打造”的思路治理西山生态环境形成的一种成功实践模式。所谓政府主导，就是政府制定政策、做规划、营造环境，主动服务和监督考核；市场运作，就是把西山的山水、山体、山地作为市场要素进行配置，形成山水生态资源的资本化、市场化和产业化，变过去的政府投资为企业投资；公司承载，就是发挥公司力量，把产业资本、金融资本和山水资本、人文资本结合起来，实施项目法人制，做到谁投资谁受益、谁受益谁负责；园区打造，就是规划建设 21 个城郊森林公园，实施一个园区一个特色、一个公园一个品牌，打造一个多元化、新型的、现代化的高端旅游服务业地区。

积极支持推进山西科技创新城项目建设。山西科技创新城建设项目是省委、省政府推进全省转型跨越发展、落实转型综改试验区总体方案的一项重大举措，也是打造全省经济升级版、变资源依赖为创新驱动的重大战略。科技创新城地处太原与晋中市榆次区之间，集聚了山西高校教育园区、榆次工业园、太原经济开发区、汾东商务区、太原高新区、晋中经济开发区、晋中国家农业科技园、新能源汽车机械装备制造园等新兴产业集群园。其中，山西科技创新城核心区地处太原市区域，规划面积约为 20 平方公里，由新兴产业区、成果孵化区、研究开发区、总部经济区、高新技术服务区、职业教育区等七个功能区组成。首批入驻项目 29 个，涉及煤炭绿色开采、煤矿安全及智能化、煤化工、煤基新材料、煤机装备、电力及科技公共服务等领域，用地面积 1963.1 亩，总投资 169.6 亿元。按照省委、省政府的部署，太原市积极支持推进了山西科技创新城核心区项目规划、征地、拆迁等多项工作。

积极支持太原武宿综合保税区发挥作用。2013 年 12 月底建成运行的太原武宿综合保税区，它以“境内关外”的特殊功能优势，架起了内陆城市太原与全球沟通的桥梁，为企业纵横国内外市场开辟了新的通道；它以先行先试的政策和制度创新，打开了山西发展外向型经济的新窗口。保税区开关运营后，太原市积极支持太原武宿综合保税区发挥作用，支持在区内兴建了山西文化保税服务及加工贸易项目。该项目规划用地面积 127 亩，总建筑面积 14

万平方米，总投资6亿元人民币，由文化产品加工制造、文化商品保税仓储、国际文化贸易服务及研发、国际文化商品展示交流四大板块组成。

5. 城乡建设

近年来，太原市以南北拓展拉大交通框架为引导，“五城联动”（新城、老城、古城、山城、县城）协调推进城乡建设，取得显著成效。2014年，太原市城乡建设进一步发力推进。

大力推进城市基础设施建设。一是加快城市交通基础设施建设。继续推进市区快速交通体系建设，继中环建成后，实施了建设路、长风街、南沙河路快速化改造，快速路网体系进一步完善。继续推进和拓展市区交通路网，改造了长治路和实施了太行路南延、长治路南延、龙城大街东延、南十方街、西太堡街、许坦东街、西外环大街等25项主次干道建设，改造东岗路、金阳路、凯旋路、凯旋街、阳光北街、西线街、针织街、杏花岭街、三桥街、教场巷、东华门等27条小街巷微循环路网，城市交通更加便利。继续推进南北交通拓展拉大城市框架，其中北部全线开工并建成阳兴大道快速路（西起滨河东路，向东穿尖草坪区及阳曲县，直抵阳曲县城），全长21公里，缩短了城市主城区与北部阳曲县连接的时空距离，拓展了城市向北发展交通空间；南部启动推进了太榆路快速化改造（北中环涧河路立交桥北—太原南站西广场、龙城大街—晋中界）项目，启动规划了滨河东路南延清徐县项目。全年城市道路总计建设里程达139公里。此外，轨道交通二号线一期工程首开段完成全线初步设计。二是城市配套设施建设继续展开。配合道路改造、新建，铺设水、气、热、电等地下管线745公里。开工建设了晋阳污水处理厂、奥体中心泵站、小黑水河泵站、杨家堡电力通道、北中环桥汾河修复、太原南站西广场完善、市便民服务中心等9项城市配套项目，启动了晋阳污水处理厂30余公里的污水干管项目、晋阳污水干管中途提升泵站项目、大黑水河流域治理项目、建设路南段区域排水系统项目、郑村沟及1号渠系等5项城市配套项目前期工作。三是推进公交都市建设。更新清洁能源公交车600辆，新开通公交线路5条。公共自行车达到4.1万辆。太原南站候车楼及地下停车场、西广场、主要路网全面竣工，保证了大（同）西（安）高铁太原至西安段于7月1日通车。城市轨道交通建设继续推进，二号线一期工程首开段完成全线初步设计。全年城市基础设施建设完成投资373.84亿元，增长4.3%。

持续推进省城环境质量改善。一是继续推进“五大工程”（集中供热全覆盖、气化太原、城中村整村拆除改造、污染企业搬迁、水污染治理）。新建供热管网125公里，改造老旧管网30.5公里，完成太古供热长输管线隧道施工5公里，实现供热扩网面积2500余万平方米，其中替代既有建筑供热2015万平方米、燃煤锅炉465台。启动40个城边村气化改造，24个村已通气，改造户数8218户，37台常年运行燃煤锅炉已全部关停或完成清洁能源改造。累计拆除城中村建筑面积279万平方米，拔掉黑烟囱6000根；拆除棚户区113万平方米，拆除小火炉12465台。30家污染企业关停或改造搬迁，26家混凝土搅拌站全面退出主城区；一电厂2台30万千瓦和二电厂3台20万千瓦燃煤发电机组按计划实施季节性停产。城南污水处理厂后续深度处理工程按期完工，九院沙河雨污分流和源头截污治理工程基本完工。二是积极开展“五项整治”（工业污染治理、扬尘污染控制、机动车排气污染防治、商品交易市场和饮食服务行业环境综合整治、垃圾和秸秆焚烧污染控制）。出台《太原市扬尘污染防治管理办法》，238处建筑工地达到绿色文明工地标准，达标率95.1%；清除生活垃圾178万吨，生活垃圾无害化处理率达到96.7%；处理建筑渣土1460万吨；省城主要街道全部实现机扫，道路机扫清洗率达到80.0%。严格控制机动车尾气污染，报废黄标车和老旧机动车38229辆，10月1日起建成区全面实施黄标车限行；全面完成国四柴油置换工作，对249家加油站、378辆油罐车、8座储油库加装油气回收装置。强化工业污染治理，对火电、焦化、水泥行业进行了分类治理和改造。实施土小燃煤设施和油烟整治，取缔各类市场和经营门面燃煤小火炉182个，对201台城中村洗浴燃煤锅炉进行关停和清洁能源改造。推进垃圾、秸秆禁烧，采取集中收集、集中清运等方式累计清运树叶300余吨，实现秸秆综合利用70万亩，占秸秆总面积的85.9%。三是加大生态建设。以城郊森林公园建设为重点，推进东西两山生态绿化，完成造林面积27.91万亩。实施道路绿化、园林绿化和完善提质重点工程，建成区绿化覆盖率由上年的39.88%提高到40.5%，人均公园绿地面积由10.96平方米增加到11.26平方米。全年市区优良天气率达到54%，达到197天，提高了9.6个百分点；空气综合污染指数为7.73，下降11.5%。

大县城和乡村建设进一步推进。娄烦县全力实施大县城战略，着眼“一水两山四区”的县城发展布局，推进了“东区建门户、西区建新城、北区改旧城、南区提品质”各项建设。阳曲县以太原市民营经济开发区异地扩建太原工业新区为契机，积极推进了东部新城建设。古交市以“特色山水城市”为定位，推进了东部新城建设和旧城改造。清徐县城、娄烦县城创建成“省级园林县城”。全面启动实施农村基础设施提质完善、农民安居、乡村环境整治、宜居美丽乡村示范“四大工程”，清徐、古交、万柏林等6个县（市、区）的13个乡镇74个行政村开展了农村地区环境连片整治，万柏林区还是全省采煤沉陷区治理八个试点之一。全年推进了870个村庄乡村环境整治工程，完成371个省级达标村创建。

2014年，太原市市域城镇化率达84.25%，同比提高0.13个百分点。城镇化率在全省11个市中居首位。

2014年末，太原市公路线路里程达7348公里，其中高速公路287公里。公路密度105.2公里/百平方公里。

6. 民生社会

2014年，太原市着力保障和改善民生，社会事业全面进步。全年公共财政民生支出达270.66亿元，占公共预算支出的83.9%，提高了1个百分点。

着力提升民生托底保障能力。一是实施积极的就业政策。大力开展高校毕业生创业引领计划、就业促进计划、“三支一扶”计划和就业见习计划，开展“公共就业人才服务进校园活动”，开展政府购买基层公共服务岗位吸纳高校毕业生就业试点，实行离校未就业高校毕业生实名制管理。同时，加强就业困难人员认定管理和援助服务，规范公益性岗位的开发管理，进一步完善创业贷款补贴、税费减免等创业扶持政策。其中，开展政府购买公共服务吸纳高校毕业生就业试点工作，购买公共基层服务岗位1136个，1002人上岗。全年城镇新增就业10.55万人，其中创业带动就业2.40万人；4.38万名下岗失业人员实现再就业，其中就业困难人员再就业1.22万人。年末城镇登记失业率3.4%，低于4%以内的年度控制目标。二是增加各类就业人员收入。落实机关事业单位增资政策，提高了机关事业单位人员津贴和生活补贴，基层单位人员工资增幅较大。提高最低工资标准，迎泽区、杏花岭区、万柏林区、小店区、尖草坪区、晋源区6城区和古交市由1290元提高到1450元，清徐县由1190元提高到1350元，阳曲县由1090元提高到1250元、娄烦县由990元提高到1150元，最低工资标准平均增幅达13%以上。三是加强社会保障。提高企业基本养老金标准，提高幅度为10%，36.8万企业退休人员月平均增资238元，平均每人每月达到2318元。两次提高城市和农村居民最低生活保障标准，累计分别提高50元和22元。年末城市低保覆盖人口3.88万人，农村低保覆盖人口4.69万人，4330人纳入农村五保供养，全年发放最低保障资金2.99亿元。提高城乡居民医疗保险和新农合财政补助标准，人均提高40元。提高公益性岗位人员岗位补贴，每人每月提高160元。全年城镇五大社会保险（养老、医疗、失业、工伤、生育）参保人数全部超额完成年度目标任务，参保率达到97.6%。四是精细实施居家养老服务。新建社区日间照料中心20个、农村日间照料中心70个。五是大力实施安居工程。开工建设保障性住房48270套，基本建成25375套，完成投资104.61亿元，发放廉租住房补贴2874.36万元。六是继续实施"一元菜"惠民活动。该活动于2013年启动实施，在大型连锁超市和平价商店开展"每日四种蔬菜一元钱"惠民活动，实现了全市十个县（市、区）全覆盖。2014年，该项活动继续推进实施，销售网点覆盖面不断扩大，全年累积销售"一元菜"6506万斤，让利百姓4200余万元，销售额增长62%，让利额比上年增长一倍，稳价惠民成效显著。七是推进公交都市建设。新增公交专用道20公里，更新清洁能源公交车600辆，新增公共自行车服务点167个，投放公共自行车7000辆。八是实施精准扶贫。推进百企千村产业扶贫、干部包村增收和机关定点扶贫工作，2.3万农村贫困人口实现脱贫。安全生产形势持续稳定好转，全市未发生重大及以上安全生产事故，各类生产经营性事故死亡116人，比省下达的控制目标少12人。

大力发展教育医疗文化等社会事业。推动教育均衡发展，在规划区内实施强制性规范配建幼儿园、小学，二十七中、五十三中、六十中等10所学校改扩建工程完工，太原五中、三中、一外、二外、十二中等10所名校双十二轨新校区新校建设进展顺利，新改扩建公办幼儿园28所，改造完成18所农村幼儿园。义务教育学校标准化建设比例达到87%，提前一年实现并超目标完成"十二五"任务。继续实施"百院兴医"工程，市第二人民医院等5个原址改扩建项目相继开工建设，推进了中心医院、人民医院、妇幼保健院等10所医院的新院建设；强化基层卫生服务，农村三级医疗卫生服务网络和城市 15 分钟居民健康服务圈基本形成。大力发展文化事业，县级文化馆、图书馆和乡镇（街道）文化站实现全覆盖。广播人口覆盖率 99.9%，电视人口覆盖率 100%。成功承办第十二届全国美术作品展览雕塑作品展，文化精品惠民演出 434 场。汾河体育健身长廊达到 2.2 万平方米，全市 955 个行政村和 52 个乡镇实现体育健身场地和健身广场全覆盖，成功举办太原国际马拉松赛、承办省第十四届运动会等重要赛事。大力发展妇女儿童事业，城市社区实现妇女儿童之家全覆盖，设置了专职社工岗位。严格落实安全生产责任，安全生产形势持续稳定好转。全年共发生生产经营性事故 882 起，其中火灾发生 505 起、道路交通事故发生 363 起。各类生产经营性事故死亡 116 人，比控制目标少 12 人。煤炭百万吨死亡率为 0。

2014 年，太原市全市居民人均可支配收入 23579 元，增长 8.2%。城镇居民人均可支配收入 25768 元，增加 1895 元，增长 7.9%；城镇居民人均消费支出 14430 元，增长 6.2%；农村居民人均可支配收入 12616 元，增加 1191 元，增长 10.4%；农村居民人均消费支出 9444 元，增长 8.0%。城乡居民收入比为 2.04∶1，比 2013 年缩小 0.05 个百分点。农村居民收入增长速度快于城镇居民，差距进一步缩小。

2014 年，太原市全市居民、城镇居民、农村居民人均可支配收入均高于全省，分别是全省的 1.43 倍、1.07 倍、1.43 倍。在全省 11 个市中，太原市全市居民、城镇居民、农村居民人均可支配收入均居首位。

7. 经济特区

太原高新技术产业开发区、太原经济技术开发区和太原民营经济开发区、太原不锈钢生态园区、山西清徐经济开发区，是太原市境内享受特殊政策的国家和省级经济特区。

太原高新技术产业开发区，创建于 1991 年，1992 年经批准成为国家级高新区。高新开发区由新建区和政策区两部分组成，其中新建区位于太原市小店区，规划面积 8 平方公里。经过多年建设和发展，高新开发区发展成为太原市率先发展的先导区、全省发展高新技术产业的重要基地，初步形成了以电子装备与信息产业园、新材料园、E－制造园、数码港为载体，以电子信息与光机电一体化、新材料新能源、生物医药、环保节能等为代表的富有特色的高新技术产业格局。近年来，高新开发区大力推进“一区多园”建设，

2013 年开工兴建了物联网园区，2014 年进一步拓展发展空间，启动规划建设了“太原高新区阳曲新能源新材料产业园”“太原高新区迎泽电子商务仓储物流园”“太原高新区清徐工业产业园”。至 2014 年，高新开发区共有各类企业 2900 多家，其中经认定的高新技术企业 500 多家；有 4 家国家级企业技术中心，18 家省级企业技术中心，21 家区级技术中心；有国家级工程技术中心 1 家，省级工程技术中心 4 家。2014 年，高新开发区实现科工贸总收入 1670 亿元，增长 4.1%；实现工业总产值 1440 亿元，增长 4.3%；实现地区生产总值 401 亿元，增长 3.1%；实现利税 82 亿元，增长 4.6%；实现出口创汇 2.9 亿美元，增长 1.4%；实现公共财政预算收入 13.45 亿元，增长 93.1%。

太原经济技术开发区，始建于 1992 年，2001 年经批准成为国家级经济技术开发区。开发区位于太原市小店区，总规划面积 9.6 平方公里。经过多年建设和发展，开发区基本形成了装备制造（主要由煤机成套装备、高速铁路装备、新能源汽车装备三大产业板块组成）、电子信息、新能源新材料、食品及农产品加工、生物制药等五大产业基地。至 2014 年，开发区有规模以上工业企业 49 家，其中世界 500 强投资企业 23 家；有研发机构和高新技术企业 42 家。2014 年，开发区完成地区生产总值 196.98 亿元，增长 20.4%；规上工业总产值 612.92 亿元，增长 18.75%，规上工业增加值 233.59 亿元，增长 21.38%；规上工业增加值总量占太原市总量的 36%。高新技术领域企业工业总产值达 573.44 亿元，占到全区总产值的 92%，科技创新实力进一步彰显。

太原民营经济开发区，始建于 1995 年，1997 年经批准成为省级开发区。开发区分为基础区、工业新区两个部分，其中基础区位于太原市迎泽区、杏花岭区东山一带，规划面积 4 平方公里；工业新区位于太原市北部阳曲县城东南部，前期规划 15.85 平方公里，总规划 43 平方公里。经过多年建设和发展，开发区基础区建设取得重大进展，建成为国家级物流服务标准化试点园区，成为太原市最大的物流集散地，汇集了盛唐物流、唐久物流、金虎物流、晋豫鲁铁路通道、大秦物流等一批现代物流企业。开发区也是市政府确立的八大功能区之一的东山民营物流区。2014 年，开发区启动实施国家级“日用品现代物流产业知名品牌示范区”建设。2012 年，开发区在阳曲县异地扩区建设工业新区以来，重点发展了新材料、节能环保、装备制造三大产业。其中，新材料产业主要是钕铁硼、镁合金产业，节能环保产业主要是煤炭、冶金、电力、焦化、化工等清洁生产产业，装备制造产业主要是煤矿机械设备、轨道交通设备、焦化机械设备、化工机械设备、节能环保设备等产业。工业新区已初步聚集了横店太原工业园和“磁谷”项目、晋西垃圾处理项目、太钢哈斯科150万吨钢渣综合利用项目、原环晋再生能源有限公司的太原市生活垃圾焚烧发电厂BOT项目、山西太钢哈斯科科技有限公司钢渣综合利用项目、太原双塔刚玉股份有限公司智能物流存储产业化项目和金刚石切割锯片项目、太原四联重型机械有限公司新建焦化设备项目（一期）等产业项目。2014年，开发区实现地区生产总值12.88亿元，增长7.1%；企业主营业务收入200.00亿元，增长11.1%；规模以上工业总产值完成6.69亿元，规模以上工业增加值完成1.84亿元，增长16.9%；外贸出口总额完成591.00万美元，增长409.0%；财政总收入7.13亿元，下降15.6%；公共财政预算收入3.74亿元，下降16.2%。

太原不锈钢生态园区，始建于2003年，2006年经批准成为省级开发区，是全国唯一的以不锈钢深加工为特色的产业开发区。园区位于太原市尖草坪区，规划面积2.33平方公里，实际管辖面积14.86平方公里。经多年建设和发展，基本形成了不锈钢深加工、新型装备制造、现代物流三大产业格局，是国家新型工业化产业示范基地。园区聚集了以太钢大明、无缝钢管为龙头的不锈钢加工产业集群企业42家，总投资40亿元已完成35亿元；以太锅集团、威迩思为示范的新型制造产业集群企业38家，总投资73亿元，已完成38亿元；以鼎泰交易中心为代表的不锈钢物流、润恒农产品物流、海尔3C电子物流及国药、华润、万美医药物流等现代物流产业企业，总投资93亿元，已完成26亿元。2014年，园区主营业务收入64.61亿元，增长45.6%；工业总产值59.7亿元，增长22.4%；规模以上工业增加值4.75亿元，增长19.6%；财政收入为2.55亿元，增长32.5%；公共财政预算收入1.5亿元，增长24%。不锈钢转化总量18.68亿元，增长17.56%。

清徐经济开发区，始建于1992年，2003年经批准成为省级开发区。开发区位于太原市南部清徐县境内，规划面积14.1平方公里。经多年建设和发展，开发区逐步形成了以煤焦化工、精密铸造、食品加工、新型建材为主的产业格局。近年来，开发区积极推进“一区三园一带”扩区建设，取得初步进展。“一区三园一带”，即以现有经济开发区为核心，以孟封食品产业园、徐沟文化产业园、王答产业园、208 沿线产业带为拓展。2014 年，开发区共有各类企业 88 家，完成地区生产总值 19.39 亿元，增长 6.7%；工业总产值 46.3 亿元，增长 4.8%；财政收入 2.86 亿元，增长 20%，其中公共财政预算收入 9764 万元，增长 7%。

8. 县域经济

太原市共辖清徐县、阳曲县、娄烦县、古交市和小店区、迎泽区、杏花岭区、尖草坪区、万柏林区、晋源区 10 个县（市、区）。娄烦县是国定扶贫开发重点县。

太原市 10 个县（市、区），清徐县、阳曲县、娄烦县和古交市 4 县（市）是郊县市，小店区、迎泽区、杏花岭区、尖草坪区、万柏林区、晋源区是 6 城区。4 郊县市中，清徐县、阳曲县、娄烦县煤炭资源和产量较少，古交市煤炭资源和产量较多。6 城区中，万柏林区是产煤大区，小店区、杏花岭区、晋源区为少煤区，迎泽区、尖草坪区是无煤区。各县（市、区）主要产业是：清徐县产业以煤焦化工、精密铸造、食品加工、新型建材为主，蔬菜、农产品加工等现代都市农业发达，是著名的葡萄之乡；阳曲县新型园区工业和现代都市农业发展较快；古交市产业以煤炭、电力及新能源、新材料为主；娄烦县产业以铁矿、煤炭为主，马铃薯、小杂粮等特色农业发达；迎泽区、杏花岭区服务业发达；小店区工业经济、现代都市农业、服务业都比较发达；尖草坪区、万柏林区工业经济较为发达；晋源区现代都市农业较为发达。

2014 年，太原市 10 县（市、区）实现地区生产总值分别为小店区 597.59 亿元、迎泽区 498.60 亿元、杏花岭区 429.60 亿元、万柏林区 331.16 亿元、尖草坪区 255.63 亿元、清徐县 113.08 亿元、晋源区 48.11 亿元、阳曲县 37.37 亿元、古交市 23.60 亿元、娄烦县 16.10 亿元。第一产业增加值分别为清徐县 14.25 亿元、小店区 7.89 亿元、阳曲县 4.99 亿元、晋源区 3.70 亿元、尖草坪区 2.94 亿元、娄烦县 1.93 亿元、古交市 1.89 亿元、万柏林区 0.74 亿元、杏花岭区 0.66 亿元、迎泽区 0.42 亿元。第二产业增加值分别为小店区 303.53 亿元、万柏林区 199.73 亿元、尖草坪区 163.98 亿元、杏花岭区 83.13 亿元、迎泽区 72.72 亿元、清徐县 61.63 亿元、阳曲县 23.53 亿元、晋源区 17.39 亿元、古交市 7.51 亿元、娄烦县 6.00 亿元。第三产业增加值分别为迎泽区 425.46 亿元、杏花岭区 345.80 亿元、小店区 286.17 亿元、万柏林区 130.69 亿元、尖草坪区 88.71 亿元、清徐县 37.19 亿元、晋源区 27.02 亿元、古交市 14.20 亿元、阳曲县 8.85 亿元、娄烦县 8.17 亿元。完成公共财政收入分别为小店区 23.38 亿元、杏花岭区 15.73 亿元、迎泽区 15.04 亿元、万柏林区 12.00 亿元、尖草坪区 7.80 亿元、晋源区 6.91 亿元、清徐县 5.90 亿元、古交市 5.86 亿元、阳曲县 3.97 亿元、娄烦县 3.86 亿元。对全市地区生产总值贡献最高的是小店区，最低的是娄烦县；对第一产业贡献最高的是清徐县，最低的是迎泽区；对第二产业贡献最高的是小店区，最低的是娄烦县；对第三产业贡献最高的是迎泽区，最低的是娄烦县。全年地区生产总值在 100 亿元以上的有小店区、迎泽区、杏花岭区、万柏林区、尖草坪区、清徐县 6 县（市、区），其中小店区、迎泽区、杏花岭区地区生产总值突破 400 亿元。公共财政收入在 10 亿元以上的县（市、区）有小店区、杏花岭区、迎泽区、万柏林区 4 县（市、区）。

全年太原市 10 县（市、区）城镇居民人均可支配收入分别为杏花岭区 26312 元、迎泽区 26212 元、小店区 26200 元、尖草坪区 26035 元、万柏林区 25820 元、晋源区 25772 元、清徐县 24886 元、古交市 24093 元、阳曲县 18786 元、娄烦县 16295 元。只有阳曲县、娄烦县低于全省平均水平，其余县（市、区）均高于全省平均水平。农村居民人均可支配收入分别为万柏林区 17358 元、小店区 17097 元、迎泽区 16709 元、杏花岭区 14644 元、清徐县 14529 元、古交市 12233 元、尖草坪区 11994 元、晋源区 11591 元、阳曲县 6512 元、娄烦县 5082 元。阳曲县、娄烦县 2 县低于全省平均水平，其余各县（市、区）均高于全省平均水平。

2014 年末，太原市 10 县（市、区）常住人口分别是小店区 82.47 万人、万柏林区 76.99 万人、杏花岭区 65.70 万人、迎泽区 60.39 万人、尖草坪区 42.61 万人、清徐县 34.96 万人、晋源区 22.73 万人、古交市 21.06 万人、阳曲县 12.19 万人、娄烦县 10.79 万人。

二　大同市

大同市位于省境北端，北与内蒙古自治区乌兰察布市毗邻，东与河北省张家口市、保定市接壤，西、南与省内朔州市、忻州市相接。下辖 4 区（城区、南郊区、矿区、新荣区）7 县（大同县、阳高县、天镇县、浑源县、广灵县、灵丘县、左云县）。辖区总面积 14176 平方公里，占全省面积的 9.1%。境域地形地貌复杂多样，山地、丘陵、盆地、平川兼备，山地、丘陵主要集中于西、北及东南部，盆地平川主要分布于北中部，山地丘陵约占 70%，盆地平川约占 30%。境内矿产资源极其丰富，包括煤、铁、金、银、铜、石灰石、耐火黏土等，其中以煤炭资源最丰富，煤炭总储量达 377 亿吨，是我国重要的优质动力煤生产基地和重化工能源基地。大同市，其地名取自“天下大同”之意，古称云中、平城，曾是北魏都城、辽金陪都，有“中国雕塑之都”“凤凰城”“中国煤都”之美誉。大同市，最初是在全国解放战争胜利之际的 1949 年 5 月建市，新中国成立后经多次区划调整，于 1993 年形成现状。2014 年末，全市常住人口为 339.19 万人，占全省总人口的 9.3%，居全省 11 个市第 6 位。

1. 发展思路

2014 年，大同市坚持“稳中求进、改革创新”的总要求，围绕“转型发展、绿色崛起”战略，以“十大工程”（名城复兴工程、百企强市工程、百园立农工程、百校兴教工程、安居保障工程、城镇提质工程、收入倍增工程、生态建设工程、城乡清洁工程、平安创建工程）为抓手，积极适应经济发展新常态，统筹兼顾，对标一流，争先进位，负重赶超，推动经济社会转型跨越发展。

2. 经济运行

2014 年，大同市地区生产总值突破千亿元大关，达到 1001.5 亿元，增长 7.4%，增幅高于全省 2.5 个百分点，增幅全省第一。地区生产总值占全省的比重为 7.8%，地区生产总值在全省 11 个市中分别列居第 9 位。人均地区生产总值 29595 元，增长 6.8%。人均地区生产总值在全省 11 个市中居第 7 位，人均地区生产总值比全省低 5469 元，是全省的 84.40%。

全年公共财政收入突破百亿元，达到 104.94 亿元，增长 11%。公共财政收入在全省 11 个市中居第 6 位。公共财政预算支出 222.11 亿元，下降 4.6%。其中，教育支出下降 3.04%，医疗卫生与计划生育支出增长 6.27%，文化体育与传媒支出下降 48.2%，农林水事务支出增长 15.3%，社会保障和就业支出增长 6.2%，节能环保支出下降 19.2%。公共财政预算支出在全省

11 个市中居第 6 位。

全年全社会固定资产投资完成 1072.4 亿元，增长 3.5%。按经济类型分类，国有经济单位投资完成 426.7 亿元，下降 8.6%；民间投资完成 645.7 亿元，增长 13.4%。在全社会固定资产投资中，民间投资占全社会投资的 60.2%，同比提高 5.2 个百分点。按产业分类，第一产业投资 130.8 亿元，增长 8.6%；第二产业投资 366.1 亿元，下降 30.9%；第三产业投资 575.5 亿元，下降 9.5%。在第二产业中，工业投资 365.2 亿元，增长 30.6%。在全社会固定资产投资中，非煤产业投资 752.5 亿元，增长 6.9%；传统产业投资 193.9 亿元，增长 33.3%；新兴产业完成投资 171.3 亿元，增长 27.6%。固定资产投资在全省 11 个市中列居第 6 位。

全年社会消费品零售总额 525.9 亿元，增长 11.6%。按经营地统计，城镇消费品零售额 438.2 亿元，增长 11.3%；乡村消费品零售额 87.7 亿元，增长 13.4%。按行业统计，批发业零售额 38.3 亿元，增长 16.0%；零售业零售额 432.0 亿元，增长 12.3%；住宿和餐饮业零售额 55.6 亿元，增长 4.3%。

全年外贸进出口总额 48172 万美元，增长 0.7%。其中，出口 30235 万美元，增长 40.7%；进口 17937 万美元，下降 31.9%。新设外商投资企业 1 家；外资实际到位 18159 万美元，增长 10.3%。

2014 年末，大同市规模以上工业企业有 176 家，比 2013 年增加 18 家。规模以上工业增加值 383.92 亿元，增长 10.3%，增幅高于全省 7.3 个百分点，增幅全省第一。规模以上工业企业实现主营业务收入 2220.0 亿元，增长 30.3%；实现利税 66.3 亿元，下降 13.8%。其中，国有控股工业企业实现利税 55.4 亿元，下降 11.3%；实现利润 11.0 亿元，下降 40.1%。

3. 产业发展

2014 年，大同市第一产业增加值 56.9 亿元，增长 4%，占生产总值的比重为 5.7%；第二产业增加值 445.5 亿元，增长 10.8%，占生产总值的比重为 44.5%；第三产业增加值 499.1 亿元，增长 4.2%，占生产总值的比重为 49.8%。三次产业比重由 2013 年的 5.7∶47.1∶47.2 调整变化为 5.7∶44.5∶49.8。

第一产业中，以种植业、畜牧业为主，农作物主要有玉米、谷子、莜麦、春小麦、黍子、马铃薯、胡麻、黄花菜、黄芪、甜菜、向日葵和蔬菜、瓜果等，养殖畜牧业较为发达。近年来，大力推进畜牧、果蔬、优质杂粮、特色农业四大主导产业发展。2013 年，启动实施了“百园立农工程”。该项工程规划建设以土地集中、资本集聚、技术集成、空间叠加为主要特征的现代农业园区 100 个左右，主要建设以设施农业、标准化养殖、农产品加工、农产品物流、高产创建、农业观光和特色种植为主的七大类型园区。“百园立农工程”建设在 2013 年取得初步成效的基础上，2014 年进一步深入推进。新建、扩建各类现代农业园区 33 个，新增设施农业 3.3 万亩。养羊“五个一计划”（每个县区建设 1 个 10 万只规模养羊园区、1 个 5 万只民营园区、1 个 5 万只合作社园区和 1 个万只种羊扩繁场，建设左云、浑源两个 100 万只肉羊基地县）进展顺利，新建标准化养殖园区 169 个。农业产业化快速发展，省级农业产业化龙头企业由 9 户增加到 22 户，规模以上龙头企业发展到 158 户。农产品加工龙头企业实现销售收入 69 亿元，增长 23%。全年农林牧渔业实现增加值 58.13 亿元，增长 4.13%，其中牧业增加值实现 26.3 亿元，增长 6.6%。粮食总产量达 104.02 万吨，增加 1.48 万吨，增长 1.4%，实现“五连增”。生猪出栏 99.3 万头，增长 7.4%；牛出栏 7.7 万头，下降 2.8%；羊出栏 136.5 万只，增长 16.3%；家禽出栏 321.4 万只，增长 5.3%。猪存栏 62.0 万头，增长 9.6%；羊存栏 161.8 万只，增长 24.5%。肉类总产量达 13.64 万吨，增长 4.13%，其中猪羊肉产量 11.8 万吨，增长 4.8%。牛奶产量 23.7 万吨，增长 10.9%；禽蛋产量 4.6 万吨，增长 15.9%。

第二产业中，煤炭、电力、冶金、建材、医药、机械制造为主导产业。近年来，大力培育发展多元支柱产业，推进产业结构优化升级。2013 年，启动实施“百企强市工程”建设。该项工程部署以“八大园区”（装备制造、新医药、新材料、清洁能源、光伏产业、循环经济、煤化工、冶金管材）为载体，以打造“五个梯队”［龙头企业同煤集团（大同本部）销售收入上 1500 亿元台阶，旗舰企业同车公司、大同中海油公司、山西煤运大同分公司、东小城商贸集团、山纳公司、国电电力公司、大同保利协鑫公司、大同陕汽公司 8 户企业销售收入突破 50 亿元，板块企业大唐国际云冈热电、威奇达药业、大齿公司、德正控股公司等 5 户销售收入上 30 亿元规模，发展前景较好的大同冀东水泥、普德药业、山柴公司、山煤大同公司、中煤大同公司、国投能源、广灵精华、灵丘宏伟、灵丘金宇、阳高金光、南郊兴旺、万昌物流

12 户企业销售收入达到 20 亿元左右，培育 20 户科技型“小巨人”中小企业销售收入达 30 亿元］为重点，市县两级各自重点培育 100 家企业，全力促进县域经济特别是县域工业发展。2014 年，以“百企强市工程”为抓手，不断加快煤炭产业“六型转变”（市场主导型、清洁低碳型、集约高效型、延伸循环型、生态环保型、安全保障型）步伐，推动工业新型化发展。一是延伸煤炭产业链条。新增火电装机 33 万千瓦，装机总容量达 736 万千瓦，占全省的 13.8%，排名第一。同煤塔山二期 2×66 万千瓦低热值煤发电项目开工，京能左云马道头 2×35 万千瓦、同煤集团阳高 2×35 万千瓦低热值煤发电项目取得“路条”。二是推进新能源项目建设。新增风电装机 30 万千瓦、光伏发电装机 14 万千瓦，新能源电力总装机容量达 160 万千瓦，占电力总装机容量的 17.8%。三是推进现代煤化工业项目建设。同煤 60 万吨甲醇项目试生产、10 万吨活性炭项目投产，同车 10 万吨活性炭项目一期基本建成，同煤集团 60 万吨烯烃、同煤集团与中海油合作 40 亿立方米煤制天然气示范项目建设有序推进。四是推进装备制造、医药、新材料等基地建设和产业发展。同车和谐 30 吨轴重大功率交流传动电力机车综合型试验完成，大秦公司 3 万吨重载列车试验成功。五是推进大企业发展。同煤、国电、威奇达等大企业对工业经济增长的贡献率达到 105.2%，新增规模以上工业企业 18 户。全年原煤产量 1.15 亿吨，增长 4.5%，其中同煤集团产量达 1.031 亿吨，增长 12.9%，同煤集团产量占总产量的约 90%。发电量 404.9 亿千瓦时，增长 3.7%。水泥产量 468.9 万吨，下降 22%。汽车变速箱产量 63843 台，下降 7.6%。

第三产业中，以饮食业、旅店业、商业、金融业等传统产业为主。近年来，以商贸物流和文化旅游为重点，统筹推进生产性和生活性服务业发展，现代服务业发展不断加快。2014 年，商贸物流和文化旅游等现代服务业进一步发展。一是推进商贸物流项目建设。大同亿丰世贸中心一期工程主体基本完工。万昌国际物流园区、新发地农产品批发物流园区和金洋综合物流基地等物流项目推进，部分建成并投入运营。华阳玛里纳陆港项目加快推进。中国物流年会首次在大同召开，万昌国际物流园区被评为全国优秀物流园区，进入全国物流园区 50 强。二是推进电子商务发展。成立大同市电子商务协会，在政府与企业、企业与企业之间搭建了桥梁和纽带。从事网络经营活动的主体达到 1.2 万余户，占企业总数的 10.78%。三是大力发展旅游产业。积极打造“大美大同”和夏都城市旅游品牌，成功举办了云冈文化旅游节、中国大同古都灯会、中国大同国际汽车文化节、雪花啤酒节、北魏398理想音乐节、雕塑展、中国（大同）国际自行车骑游大会等文化旅游节庆活动。实施“依托北京发展大同旅游、融入首都经济圈”的战略，在北京举办了以“清凉大同城、度夏首选地”为主题的大型旅游推介活动；在北京公交车、地铁、机场大屏幕和北京青年报、北京商报、北京电视台、北京交通台以及核心社区进行全方位、大幅度的旅游宣传，吸引了大批北京游客到大同消夏度假。2014年，大同市入选全国宜商城市竞争力第65名、旅游城市吸引力第41名、避暑旅游城市第11名。全年共接待国内外游客2757.96万人次，增长18.85%；旅游总收入达238.67亿元，增长19.15%。2014年，大同市第三产业占比达到49.8%，超第二产业5.3个百分点，同比提高了2.6个百分点。

4. 转型综改

2014年是全省转型综改攻坚年，大同市坚持问题导向，不断推进各项改革创新，进一步完善机制体制，并取得积极成效。

推进重点领域改革。一是深化政府机构改革。出台《大同市人民政府职能转变和机构改革方案》，探索建立事业单位动态编制管理办法，加快事业单位分类改革，推动编制资源向基层和一线倾斜。二是深化行政审批制度改革。取消下放行政审批项目200项；市本级具有行政审批职能、应进驻政务大厅的34家单位全部实现了“两集中、两到位”（各部门、单位把分散在各个科室的审批职能向一个科室集中，审批科室向政务大厅管理中心集中；各部门、单位所有审批事项在政务大厅办理到位，各部门、单位向首席代表授权到位）。三是进一步深化投资体制改革。鼓励民间资本参与建设营运基础设施等领域项目，通过BOT模式，引入资金6200万元，与驰奈能源科技有限公司合作建设餐厨垃圾处理项目；采用BT模式，吸引民间资金4.3亿元，建设城市道路27条；采用拍卖经营场所方式，吸引民间资金1800万元，建设社区公园3个。四是深化工商注册改革。降低注册门槛，全面实行工商注册资本认缴登记制，新登记市场主体18545户，增长26.89%；78%的企业完成了换照工作。五是进一步深化农村土地改革。大同县、阳高县、天镇县、左云县、浑源县、灵丘县、广灵县、南郊区、新荣区9个农业县（区）先后开展了农村土地承包经营权确权登记颁证试点工作，累计流转土地67.13万亩，并先后建起家庭农场408个、农民专业合作社4472个。六是大力推进生态环境保护管理体制改革。建立了由6个市管单元网格和11个市辖单元网格组成的环境监察执法网格，制定了主要污染物总量控制管理等相关制度，同时进一步优化环境资源配置，有效控制了主要污染物排放量。七是积极创新资本市场和金融体制。大同新成新材料股份有限公司成为山西省第一家新三板挂牌企业。阳光小额贷款公司成为华北地区首家新三板挂牌的小额贷款公司，绿苑饮品、上皇庄岗酒、吧吡啦食品、纠偏古膳要道食品在上海Q板挂牌。大同市商业银行升级更名为大同银行，并在北京等地设立分支机构7处，南郊京都村镇银行成立。八是扩大区域合作和对外开放。大同市与二连浩特签署了边贸合作协议，建立了大（同）张（家口）乌（乌兰察布）晋冀蒙长城金三角区域一体化合作平台，抱团融入了京津冀协同发展圈。加快大同云冈机场软硬件建设，推进航空口岸正式对外开放进程。九是推进户籍管理制度改革。放宽落户条件，简化流程，全年全市迁入城镇常住人口13616人，增长339%。

大力实施创新驱动战略。2013年出台《大同市引进高层次人才办法》，每年拿出1000万元设立专项资金，用于引进海外高层次人才。2014年又出台了《关于深化科技体制改革加快创新体系建设的实施意见》《国家创新驱动战略大同行动计划（2014—2020年）》《低碳创新行动计划》，推进实施创新战略。政府还出资1000万元作为风险缓释金，由晋商银行放大10倍扶持中小企业科技成果转化，并向4户企业放贷2000万元。

全面启动实施创建国家卫生城市、国家环保模范城市、国家新能源示范城市和国家智慧城市“四城联创”工作。国家环保模范城市建设有序推进，《创建国家环境保护模范城市规划》通过评审。创建国家级新能源示范城市进展顺利，正式列入全国第一批创建新能源示范城市名单，出台了《大同市创建新能源示范城市实施方案》。创建国家卫生城市扎实起步，稳步推进“十大硬件基础设施建设工程”，市区环境卫生明显好转。国家智慧城市创建试点通过了住建部、科技部专家评审，天眼工程投入使用。

5. 城乡建设

近年来，大同市紧紧围绕建设区域性现代化大城市的目标，坚持高起点规划、高水平建设、高效能管理，促进城镇化水平不断提高。其中，主城区确立了“一轴双城，分开发展；古今兼顾，新旧两利；传承文脉，创造特色；

不求最大，但求最佳”的城市大规划，不断推进了“名城复兴”工程建设；各县（区）也依据各自地形地貌、产业基础、历史背景等，按照“大县城”战略，因地制宜地推进了城乡规划、产业发展、市场体系、基础设施、公共服务和管理体制“六个一体化”建设。主城区、各县（区）大县城、重点镇等城乡基础设施建设取得显著成效。2014 年，全市城乡建设进一步推进。

继续推进主城区“名城复兴”工程建设。加快重点项目建设，老城区实施完成了西城墙瓮城主体工程、南城墙景观主体工程、明堂公园主体工程、云冈五华洞窟檐保护工程、展览馆的平移工程等；御东新区实施完成了御东公共活动走廊铺装绿化年度任务，博物馆新馆建成开放，推进了大剧院、图书馆、美术馆、体育中心等场馆建设。其中，西城墙瓮城主体工程，是大同市老城区修复工程的重要组成部分，该工程全部完工后，将实现明代大同古城南、北、东、西四墙全部合龙。明堂公园工程，以修复明堂为主要项目，于 2010 年 5 月开工。明堂，是当时北魏帝王举行朝会、祭祀、庆赏等大典的地方，花木兰曾在此拜见天子孝文帝，该遗址是大同古城城内标志。大同市展览馆的平移工程，于 2012 年开工，是对建于西城墙地段的始建于 1969 年的具有代表性的现代建筑——大同市展览馆进行保护的重大工程，在国内外建筑物平移领域创下了体量最大、平移量最大、行走路线最长的历史记录。御东新区公共活动走廊是大同市主城区最大的园林建设工程，南北长 3 公里多、东西宽约 600 米、总面积 140 万平方米。位于御东新区的大同市博物馆新馆，于 2010 年开工，总投资 4. 9 亿元，占地面积 51556 平方米，建筑面积 32821 平方米，是全省最大的市级博物馆。与此同时，加快推进城市交通道路、绿化、供热、供气、污水处理、生活垃圾处理等建设项目。位于御东新区的大同汽车客运东站已开工建设，市区外环路的道路建设加快实施。全年主城区新增供热面积 200 万平方米，集中供热率达 99. 7%；城市气化率达 98. 6%；供水普及率 99. 7%，水质合格率 100%；污水处理率达 88. 9%；生活垃圾无害化处理率达 96. 3%。成功创建国家级园林城市，并进一步巩固成果，建成区新增绿化面积 119. 33 万平方米，绿化覆盖率、绿地率、人均公共绿地分别达到 38. 3%、34. 18% 和 14. 65 平方米/人。

进一步推进各县（区）大县城（城区）、重点镇建设及改善农村人居环境。浑源县入选全省重点扶持建设的 11 个大县城之一，按照新区建设型、旧区提质型、产业带动型、历史文化和生态环境保护型、风景名胜型的总体思路推进大县城建设。全年各县（区）大县城（城区）建设完成投资171.22亿元，6个省级、9个市级重点中心镇建设完成投资5.22亿元。广灵县城成功创建成省级园林县城，建成区绿地率达35%，绿化覆盖率达40.2%，人均公园绿地面积达10.2平方米。启动实施农村提质工程、农民安居工程、环境整治工程和宜居示范工程“四大工程”，集中连片特困地区农村公路改造159公里，完成农村困难家庭危房改造4万户、农村住房抗震改建试点7740户、移民搬迁10630人，改善了3.7万农村人口饮水条件。南郊区口泉乡被列为2014年全省采煤沉陷区治理8个试点之一，搬迁治理项目涉及7个村2405户5354人14.4万平方米，总投资2.9亿元，完成投资2500万元。

境内跨城乡的重大交通基础设施建设进一步推进。其中，天（镇）大（同）高速全线建成通车，灵（丘）涞（源）高速完工，国道208一级公路改建基本完成。大（同）张（家口）高铁项目建设取得实质性进展，国家发改委环评获批。

不断推进改善城乡生态环境建设。持续开展联防防控大气污染治理，强化扬尘污染治理、禁燃区燃煤锅炉整治、工业企业污染治理、城区平房居民推广环保型煤以及秸秆、垃圾、树叶焚烧等大气污染防治；推进了电力企业脱硫设施建设、水泥企业脱硝设施建设。“城乡清洁”工程不断推进，基本形成常态化机制。投资1.86亿元的大同市餐厨垃圾处理厂建成运营，是全省首个餐厨垃圾处理厂。推进了新荣区、大同县、天镇县垃圾无害化处理场和富乔生活垃圾焚烧发电厂扩建工程。全年市区拆除燃煤锅炉90多台，各县区淘汰燃煤锅炉157台；全市（含县区）新增集中供热350万平方米、新增天然气居民用户5.7万户，淘汰老旧和黄标车辆14734辆。市区PM2.5下降6.5%，PM10下降5.9%，空气质量二级以上天数300天，空气质量综合指数5.77，两项均列全省第一。大力推进生态建设工程。全年全市共完成营造林45.54万亩，大同县列入国家生态保护与建设示范区名单。大同市餐厨垃圾处理厂项目完成投资1.86亿元，投入运营，是山西首个投产运行的餐厨垃圾无害化处理工厂。国家卫生城市创建持续推进，创建规划通过评审。

2014年，大同市城镇化水平进一步提高，市域城镇化率达60.04%，同比提高1.02个百分点。城镇化率在全省11市中列居第3位。

2014 年，大同市公路通车里程达到 12541. 1 公里，公路密度达 88. 9 公里/百平方公里。高速公路通车里程达 549. 3 公里，2013 年已实现县县通高速。

6. 民生社会

2014 年，大同市进一步保障和改善民生，民生事业全面进步。全年公共财政预算用于民生支出达到 80%。新增城镇就业 5. 6 万人，失业人员再就业 2. 4 万人，转移农村劳动力 3 万人。城镇登记失业率 3%，低于 4. 2% 的控制目标。实施“收入倍增”工程，提高最低工资标准和企业工资增长指导线，最低工资标准平均提高了 160 元；提高市直机关、事业单位津补贴和绩效工资标准，并向低职级人员倾斜；提高城乡居民低保及抚恤补助标准，城市低保每人每月提高 25 元，农村低保每人每月提高 22 元，各类优抚对象抚恤提幅达 10% ~15%；提高企业退休人员基本养老金，人均提高 224 元，涉及 17. 8 万人；提高了城镇职工、城镇居民基本医疗保险待遇水平和医疗保险报销最高支付限额，城镇职工基本医疗保险一类医疗机构报销比例由 75% 提高到 80%，城镇居民医疗保险报销比例由 60%、70%、85% 调整为 65%、75%、85%；提高新农合医疗筹资标准及住院封顶线，新农合人均筹资标准提高到了 390 元，住院补偿封顶线达到 15 万元，新农合参合率达到 98. 33%。进一步完善社会救助体系，为 6992 名失业人员和 1. 28 万户困难家庭发放取暖补贴，为农户免费发放暖心煤 74 万吨，为 2. 76 万户因病致困家庭发放救助金，为 7639 名贫困重度残疾人发放生活补贴。协调解决拖欠农民工工资 1. 43 亿元。实施干部包扶、产业扶贫等，4. 6 万名农民实现脱贫。推进医疗卫生体制改革，巩固和完善了国家基本药物制度，145 个乡镇卫生院及分院、41 个社区卫生服务中心和服务站、1810 个村卫生室全部实行了基本药物制度，做到省级网上统一采购、统一结算和零差率销售；成立了以第三医院、第五医院、同煤总院三个三甲医院为龙头的医疗联合体，第一医院、三二二医院成功创建为三甲医院。推进保障性住房建设，新开工 4. 66 万套，建成 3. 43 万套，安置房竣工 1. 71 万套，安置 1. 33 万套 4 万人，安置公产危房 1045 户。推进“百校兴教”工程，大同市中小学社会实践教育基地、大同师范、大同铁一中建设工程基本完工，特教学校开工建设，改扩建村级幼儿园 25 所，新建标准化幼儿园 24 所、中小学操场 55 个。全年发生各类生产经营性事故 76 起，死亡 49 人，低于省控制目标；煤矿百万吨死亡率 0. 147。

2014 年，大同市全市居民人均可支配收入 16122 元，增长 8.6%。城镇居民人均可支配收入 23043 元，增长 8.1%；城镇居民人均消费支出 10494 元，增长 7.0%。农村居民人均可支配收入 7137 元，增长 10.8%；农村居民人均消费支出 5454 元，增长 9.2%。城镇占调查总户数 20% 的低收入家庭人均可支配收入 9268 元，增长 9.8%；农村占人口 20% 的低收入者收入 1784 元，增长 14.1%。

2014 年，大同市全市居民、城镇居民、农村居民人均可支配收入均低于全省，分别是全省的 97.5%、95.7%、81%。在全省 11 个市中，大同市全市居民、城镇居民、农村居民人均可支配收入分别居第 7 位、第 8 位、第 9 位。

7. 经济特区

大同经济技术开发区，是大同市境内享受特殊政策的经济特区。大同经济技术开发区，始建于 1992 年，1997 年批准为省级经济开发区，2010 年升级为国家级经济技术开发区。2011 年，大同医药工业园区归大同经济技术开发区管理。

大同经济技术开发区，包括老区和医药工业园区。其中老区包括位于大同主城区城东 6 公里处文瀛湖东畔的湖东片区和位于主城区南部的城南片区，总体规划面积 8.2 平方公里。近年来，市政府初步确定将新建的 21.98 平方公里的医药工业园区、51.58 平方公里的新能源产业园区共 73.56 平方公里纳入开发区扩区范围。

多年来，大同经济技术开发区坚持“一区多园”发展思路和特色化、差异化的产业发展方向，积极引导和扶持优势产业、主导产业向园区集聚发展。已吸引美、印、英、澳和港台等多个国家和地区的企业来投资，项目涉及医药化工、机械制造、食品加工、新材料、节能环保和现代服务业等多个领域，初步形成了以生物医药、医疗器械、现代服务、高新技术四大产业为支撑的现代新兴产业体系。其中，以医药工业园区为平台，重点发展了现代医药、药品物流、医疗器械三大主导产业；以高新技术园区为平台，重点发展了新型材料、高端制造、节能环保、食品加工四大产业；以现代服务园区为平台，重点发展了现代商贸、信息咨询和以地产建筑为主的总部经济三大主导产业。

2014 年，大同市经济开发区完成地区生产总值 40.26 亿元，增长 15.5%；规模以上工业总产值完成 58.76 亿元，增长 36.2%；规模以上工业增加值完成13.08亿元，增长17.6%；第三产业增加值完成15亿元，增长7.9%；固定资产投资完成63.02亿元，增长21%；对外贸易首次突破2亿美元，进出口总额完成20418万美元，增长32.82%，其中出口20367万美元，增长33.62%，出口占全市的67.36%；社会消费品零售总额完成20.9亿元，增长12.8%；公共财政预算收入3.46亿元，增长12.52%。其中，医药工业产值达57.64亿元，利税5.99亿元，分别增长38.95%和44.9%。

8. 县域经济

大同市共辖大同县、阳高县、天镇县、左云县、浑源县、灵丘县、广灵县和城区、矿区、南郊区、新荣区11个县（区）。

大同市是全国14个集中连片贫困地区之一，11个县（区）中有5个国定扶贫开发重点县（天镇县、阳高县、广灵县、灵丘县、浑源县），全部属于太行山连片特困地区，贫困面比较大。

大同市11个县（区）资源与产业各具特点。南郊区、左云县、新荣区为重点产煤县区，煤炭产业在县域经济中占主导地位。浑源县矿产资源丰富，旅游资源得天独厚，煤炭、花岗岩、旅游为三大支柱产业。灵丘县各种金属、非金属矿产资源丰富，其中铜、银、锰、铁矿储量大、品位高，分布集中，冶金工业是支柱产业。阳高县、天镇县、广灵县、大同县产业以农业为主。城区、矿区地处市区，商贸服务业相对发达，占主导地位。

2014年，大同市11个县（区）实现地区生产总值分别为南郊区420.55亿元、城区140.00亿元、浑源县38.94亿元、左云县38.54亿元、灵丘县31.72亿元、阳高县27.05亿元、新荣区28.14亿元、大同县24.97亿元、矿区22.46亿元、广灵县20.75亿元、天镇县20.59亿元。第一产业增加值分别为浑源县11.0亿元、阳高县10.53亿元、南郊区8.06亿元、大同县7.37亿元、天镇县5.95亿元、广灵县5.48亿元、新荣区4.13亿元、灵丘县3.44亿元、左云县2.76亿元。第二产业增加值分别为南郊区323.56亿元、城区56.07亿元、左云县16.11亿元、新荣区15.32亿元、灵丘县15.04亿元、浑源县12.97亿元、广灵县6.59亿元、天镇县5.88亿元、大同县5.6亿元、阳高县4.77亿元、矿区2.53亿元。第三产业增加值分别为城区83.97亿元、南郊区88.93亿元、矿区19.93亿元、左云县19.67亿元、浑源县14.97亿元、灵丘县13.24亿元、大同县11.99亿元、阳高县11.75亿元、天镇县8.76亿元、新荣区 8.68 亿元、广灵县 8.68 亿元。完成公共财政收入分别为南郊区 9.43 亿元、左云县 5.33 亿元、城区 4.2 亿元、浑源县 2.84 亿元、大同县 2.27 亿元、灵丘县 1.87 亿元、新荣区 1.5 亿元、阳高县 1.4 亿元、矿区 1.16 亿元、天镇县 1.03 亿元、广灵县 1.03 亿元。对全市地区生产总值贡献最高的是南郊区，最低的是天镇县，其中城区、南郊区 2 区实现的地区生产总值占全市的 56%；对第一产业贡献最高的是浑源县，最低的是左云县；对第二产业贡献最高的是南郊区，最低的是矿区；对第三产业贡献最高的是南郊区，最低的是广灵县。全年地区生产总值在 100 亿元以上的县（区）有城区、南郊区；公共财政收入在 5 亿元以上的县（区）有南郊区、左云县。

全年大同市 11 个县（区）城镇居民人均可支配收入分别为城区 25254 元、矿区 25087 元、左云县 21171 元、灵丘县 21046 元、南郊区 20688 元、新荣区 19224 元、浑源县 17774 元、天镇县 17421 元、广灵县 17397 元、阳高县 16905 元、大同县 15763 元；农村居民人均可支配收入分别为南郊区 11687 元、左云县 9343 元、大同县 7081 元、新荣区 7063 元、灵丘县 5804 元、浑源县 5758 元、阳高县 5748 元、广灵县 5553 元、天镇县 5235 元。城区、矿区城镇居民人均可支配收入高于全省平均水平。南郊区、左云县农村居民人均可支配收入高于全省平均水平。

2014 年末，大同市 11 县（区）常住人口分别是城区 73.94 万人、矿区 50.98 万人、南郊区 41.57 万人、浑源县 35.12 万人、阳高县 27.81 万人、灵丘县 23.93 万人、天镇县 21.09 万人、大同县 19.02 万人、广灵县 18.69 万人、左云县 16.0 万人、新荣区 11.04 万人。

三　朔州市

朔州市位于省境西北部，西北与内蒙古自治区呼和浩特市、乌兰察布市交界，北、东、南与省内大同市、忻州市相邻。下辖 2 区（城区、平鲁区）4 县（山阴、怀仁、应县、右玉）。辖区总面积 10632.6 平方公里，占全省总面积的 6.8%。境域西、南、北三面环山，中部和东部是平川，山地丘陵面积约占 60%。境内煤炭、石灰岩、铝土矿、耐火黏土等矿藏资源丰富，各类矿产资源潜在价值占全省的 17%；原煤年产量长期居我国地市前三甲（内蒙古自治区鄂尔多斯市、陕西省榆林市、山西省朔州市)。朔州，秦称马邑、唐为鄯阳、明归朔平府，历史上是中原农耕文明与草原游牧文明的融合之地，也是少数民族与汉民族冲突交融的战略缓冲地。朔州市是在20世纪80年代我国改革开放大潮中随中美合作兴建平朔安太堡露天煤矿诞生的一座新型城市，1989年建市。2014年末，全市常住人口为175.39万人，占全省总人口的4.8%，居全省11个市第10位。

1. 发展思路

2014年，面对极为严峻复杂的宏观形势和经济持续下行压力的现实考验，朔州市主动应对经济新常态，紧紧围绕“优化经济结构、提升发展质量”两大任务，突出“五大重点”(循环经济、新兴产业、特色农业、生态建设、城乡统筹)，打造“五个基地”(全国综合能源示范基地、工业固废综合利用示范基地、日用陶瓷生产基地、生态畜牧养殖基地和全省特色农产品加工基地)，着力保障和改善民生，深入开展党的群众路线教育实践活动，全面推进经济、政治、文化、社会和生态文明建设，经济社会不断开创了转中趋稳、稳中求进、进中有效的新局面。

2. 经济运行

2014年，朔州市实现地区生产总值1003.4亿元，增长4.5%，增幅低于全省0.4个百分点。地区生产总值占全省的比重为7.9%，地区生产总值在全省11个市中居第8位。人均地区生产总值57368元，增长3.9%。人均地区生产总值比全省多18704元，是全省的1.6倍。人均地区生产总值在全省11个市中居第2位。

全年财政总收入169.1亿元，下降21.7%。财政总收入在全省11个市中居第8位。公共财政预算收入86.6亿元，下降9.1%。公共财政预算支出143.1亿元，下降7.4%。其中农林水事务支出19.9亿元，下降0.6%；教育支出23.2亿元，下降14.3%；科学技术支出0.97亿元，下降30.9%；社会保障和就业支出12.3亿元，增长0.1%；医疗卫生支出11.5亿元，增长25.5%；节能环保支出6.6亿元，下降2.6%；文化体育与传媒支出3.2亿元，增长1.5%；城乡社区事务支出12.8亿元，下降4.3%；公共安全支出7.6亿元，下降0.6%。公共财政预算支出在全省11市中居第10位。

全年全社会固定资产投资815.3亿元，增长5.2%。按登记注册类型分类，国有投资 414.8 亿元，下降 5.4%；非国有投资 400.5 亿元，增长 19.1%。按产业分类，第一产业投资 86.6 亿元，增长 64.1%；第二产业投资 448.9 亿元，增长 27.3%；第三产业投资 279.8 亿元，下降 24.2 %。在建固定资产投资项目 875 个，新开工项目 551 个，其中亿元以上项目 290 个，计划总投资 2381.8 亿元，完成投资 665.3 亿元，占全市固定资产投资比重 81.6%。固定资产投资建成投产项目 586 个，项目建成投产率为 62.3%；新增固定资产 361.9 亿元。能源工业投资 294.5 亿元，增长 50.4%，其中煤炭工业投资 103.9 亿元，下降 12.5%，电力工业投资 190.6 亿元，增长 147.4%。固定资产投资在全省 11 市中居第 10 位。

全年社会消费品零售总额 258.3 亿元，增长 12.4%。其中，城镇零售额 184.1 亿元，增长 12.2%；乡村零售额 74.2 亿元，增长 12.9%。

全年外贸进出口总额 9266 万美元，下降 20.3%。其中，进口额 6537 万美元，下降 31.6%；出口额 2728 万美元，增长 31.5%。全年实际使用外商直接投资金额 15420 万美元，与上年持平。

年末规模以上工业企业 264 家，比 2013 年减少 3 家。规模以上工业增加值完成 443 亿元，增长 4.5%，增幅高于全省 1.5 个百分点。

3. 产业发展

2014 年，朔州市第一产业增加值 61.4 亿元，增长 4.5%，占生产总值的比重为 6.1%；第二产业增加值 542.7 亿元，增长 4.2%，占生产总值的比重为 54.1%；第三产业增加值 399.3 亿元，增长 5.0%，占生产总值的比重为 39.8%。三次产业比重由 2013 年的 6.0∶56.0∶38.0 调整变化为 6.1∶54.1∶39.8，继续呈现一三产比重逐步上升，二产比重逐步下降的态势。

第一产业中，以种植业和养殖业为主。农作物主要有玉米、瓜果、蔬菜、马铃薯、小杂粮、胡麻、甜菜等。生态畜牧业较为发达，是山西和华北地区重要的奶牛和肉羊优势畜产品基地。2014 年，大力推进农业基础设施建设和特色农牧业发展。开工建设应县小石口水库、怀仁县东作里水库，治理水土流失面积 32 万亩，新增节水面积 6 万亩，农田实灌面积达到 204.7 万亩。大力推进农机社会化服务，农作物综合机械化水平达到 68.2%。制定实施了《雁门关生态畜牧经济区领头雁工程和核心区建设规划》，新增设施农业面积 2.4 万亩，新建和提升标准化养殖园区 50 个；新增“一村一品”专业村 110

个，“一村一品”专业村累计达到427个。应县恒天然奶牛牧场群两个大牧场投入使用，已有9000多头奶牛入园，规模健康养殖迈上新台阶。怀仁县新建养殖小区50个，标准化养殖小区累计达到638个，养殖专业合作社达到421家，全县羔羊饲养量达到406万只。全年全市粮食总产量128.1万吨，增长8.9%，其中玉米104.1万吨，增长8.3%。全年肉类总产量8.96万吨，增长9.5%，其中猪肉产量2.96万吨，增长5.8%，羊肉产量4.9万吨，增长14.7%，牛奶产量51.9万吨，增长1.2%。全年生猪出栏30.5万头，存栏25.3万头；牛出栏5.8万头，存栏18.8万头；羊出栏275.4万只，存栏198.8万只。畜牧业五项指标（奶牛存栏、鲜奶产量、肉羊出栏量、人均畜产品占有量、农民人均畜牧业纯收入）继续保持全省第一。

第二产业中，煤电产业是传统支柱产业，食品、医药、化工、冶金、陶瓷、水泥、新型建材等新兴产业发展迅速。近年来，朔州市以综改区建设为契机，不断推进产业结构调整，提升改造传统产业，培育壮大新兴产业。2014年，产业结构调进一步推进。一是稳定煤电产业和产业提升改造同步进行。贯彻落实省政府“煤炭20条”和“煤炭17条”，出台《关于化解煤矿及涉煤企业经营困难实施办法》《确保火电企业稳定运行六条措施》，清理规范涉煤收费，稳定保持煤电产业。大力推进煤电基地建设，建成标准化矿井40座，标准化矿井建设进度、一级矿井数量位于全省前列。大力发展低热值煤发电、风力发电、光伏发电、生物质能发电项目，电力装机容量达到786.6万千瓦。在建发电项目26个，装机容量258万千瓦。积极发展循环经济，工业固废综合利用产业化取得新突破，固废工业园区进一步壮大，平朔粉煤灰综合利用项目首批白炭黑产品调试成功，工业固废年消化量达到3000万吨，综合利用率达到61%。2014年，朔州市还成功入选国家资源综合利用“双百工程”粉煤灰、煤矸石和脱硫石膏综合利用示范基地，国家工业绿色转型试点城市。二是加快发展新兴产业。全市新兴产业完成投资130亿元，占工业投资的31%，增长25%，高于固定资产投资19.8个百分点。陶瓷、医药、水泥等非煤产业进一步发展壮大。全年非煤电产业实现工业增加值41.8亿元，占规模以上工业增加值的9.4%，占二产的7.7%，占地区生产总值的4.2%。实施创新驱动发展战略，设立企业技术研发创新项目专项资金，申报成功煤电污染控制及废弃物资源化利用山西省重点实验室。加大新兴产业研发投入，新增企业技术中心 23 家，各类技术中心达到 70 家；新增高新技术企业 7 家，高新技术企业达到 11 家。全年原煤产量 2.02 亿吨，占全省总量的 1/5；向省外运输煤炭 1.16 亿吨（含洗精煤），下降 0.82%，煤炭外运量占全省的 17.6%。煤炭行业实现增加值 363.4 亿元，增长 4.6%，占规模以上工业增加值的 82.0%，占第二产业的 67.0%，占地区生产总值的 36.2%。全年规模以上工业发电 310 亿度，增长 10.6%，发电量占全省的 11.7%。全年非煤电产业实现工业增加值 41.8 亿元，占规模以上工业增加值的 9.4%，占二产的 7.7%，占地区生产总值的 4.2%。全年非煤电产业实现工业增加值 41.8 亿元，占规模以上工业增加值的 9.4%，占二产的 7.7%，占地区生产总值的 4.2%。

第三产业中，以餐饮业、住宿业、商业零售、交通运输业为主。近年来在政策扶持和一批重点项目的带动下，文化旅游、文化创意、信息服务、金融服务等现代服务业加快发展。2014 年，朔州市金融服务、信息服务、文化旅游业等现代服务业进一步发展。一是金融服务进一步创新。设立循环经济发展专项资金、现代农业专项扶持资金、工业项目专项扶持资金，支持非煤电企业发展；建立银行业支持重大项目定点服务工作机制，召开银企（项目）对接会，引导银行业机构为项目建设提供融资服务；加强融资服务平台建设，建成集合股权交易、银行、担保、证券、基金信托等金融要素“五位一体”朔州综合融资服务平台，推进了银企服务对接；大力发展农村普惠金融，推动农村基础金融服务全覆盖；加快发展资本市场，润臻公司、特别特文化传播公司在上海股权托管中心挂牌。年末全市金融机构本外币各项存款余额 1121.3 亿元，比年初增加 27.2 亿元，增长 2.5%；各项贷款余额 512.9 亿元，比年初增加 45.5 亿元，增长 9.7%。二是加快公共信息服务和商务信息服务平台建设。无线局域网覆盖了交通枢纽、文化场馆、体育场馆、医院和行政服务大厅等重点场所。建成全省首家电子商务公共服务平台，平台融合了企业管理、电子政务、电子商务等功能，免费为工业企业提供便捷、有效的网络信息服务。推进实施智慧平鲁、智慧怀仁建设工程，建成了智能交通管理系统、视频治安管理系统、社会管理创新信息平台等。三是继续挖掘地方特色资源，加快边塞风光、避暑休闲旅游目的地建设，推动文化旅游业发展。朔城区崇福寺、怀仁县金沙滩被评定为国家 4A 级景区，平鲁边塞文化旅游区

（北固山、乌龙洞）4A 级景区申报通过了省级初审，朔城区青钟村、平鲁区西易村、山阴县北周庄村、怀仁县鲁沟村、应县中曹山村、右玉县杀虎口村入选“山西最美旅游村”，右玉县南山滑雪场入选“2014 山西百佳休闲旅游产品十佳文化体育娱乐产品”，山阴县旧广武村入选为中国传统村落，朔城区吉庄村入选“山西省休闲农业与乡村旅游示范点”。此外，怀仁县海宁皮革城成为特色购物旅游新业态，产业文明旅游景区——平朔露天煤矿景区的塑造进一步提升。全年全市接待国内游客 1148.2 万人次，增长 29.5%。国内旅游收入 109.2 亿元，旅游总收入 109.3 亿元，分别增长 32.3% 和 29.2%。

4. 转型综改

2014 年是全省转型综改攻坚年，朔州市转型综改步伐进一步加快，全面完成年度任务，全省考核排队第一。

2014 年朔州市扭住关键节点，突出特色，在农业生产经营、就业、园区管理、生态环境保护修复 4 方面创新推进了转型综改，取得重大突破。一是创新农业生产经营机制。继续开展“产权入股、规模经营、村社合一、整村推进”试点，探索形成了“合作社 + 土地流转 + 一村一品 + 资金互助 + 基层组织”的“4 +1”发展模式，改变以往规模经营中存在的权益分散、择优集中、一村多社、村社分离等小、散、低、乱的状况，使规模经营成为新农村建设的有效途径。2014 年，全市各类合作社总数达到了 5428 个，出资总额 80 多亿元，基本实现了全市建制村全覆盖，蔬菜、小杂粮、畜牧业、农产品加工、林业、水利、农机等各个领域全覆盖。其中，全市共有 24 个合作社获得省级示范社称号，有 45 个合作社获得市级示范社称号，有 78 个合作社获得县级示范社称号，有 1 个家庭农场获得省级示范性家庭农场称号。二是创新就业促进机制。积极开展创业型城市建设活动，推行“政策优惠低端人群、引导提高职业技能、重点解决大学生就业、合理兼顾高中低群体”的就业促进政策，逐步提高解决“就业难、难就业”问题的层次和水平。2014 年，全市城镇新增就业、失业人员实现再就业、就业困难人员就业、创业带动就业、农村劳动力转移就业分别达到 23000 人、7000 人、2100 人、5000 人、17000 人，都超额完成了全年目标任务，城镇登记失业率 2.6%，控制在省定任务 4.2% 以内。三是创新园区管理体制。大力推进“政府下放事权，减少审批层级，健全工作机构，强化管委权力”，建立完善了朔州市工业固体废弃物综合利用示范园区、朔城区富甲工业园区、平鲁区北坪循环经济园区、平鲁区东露天循环经济园区、山阴北周庄低碳循环经济工业园区、怀仁县金沙滩陶瓷工业园区、右玉县梁威工业园区、应县新型产业科技创新园等8个园区管理委员会，使企业办事不出园。试行园区对规划范围内村庄直接进行行政管辖。探索开展园区、行业、企业、科研院所“产学研用”深度合作机制。四是构建生态环境保护修复多元投入机制。坚持开发、治理、修复同步，继续推行“一矿一企治理一山一沟，挖一吨煤栽一棵树”的做法，探索建立矿山企业生态环境补偿与治理责任制；明晰生态环境治理修复投资权益，鼓励和引导民间资金参与生态环境保护；完善环境监察执法机制，工业污染源和区域面源污染实现了网格化分级管理。全年吸收民间资本7450万元用于造林绿化和苗木生产培育；全市284.93万亩森林与保险公司签保，签保率达到100%。

全市其他各项改革全面深化。稳步推进了市县政府机构改革。深化推进行政审批制度改革，取消或部分取消行政审批事项13项，下放行政审批事项24项，市本级保留行政审批事项222项，数量在全省最少。农村土地承包经营权确权登记颁证试点工作有序推进。创新地方金融发展机制，启动农村信用社改革，推进了山阴县农信社改制；积极发展村镇银行，引入尧都农商行、五台山农商行，在怀仁县、应县各组建1家村镇银行。改革城市公交运营方式，重组和逐步理顺国有资产管理运营关系，重组朔州市公交公司。推进政府购买公共服务改革，在交通管理、消防建设等方面采取政府购买服务方式开展了相关工作。平鲁区是省级综改试点，2014年在区医院实行了“先看病、后付费诊疗”服务模式，实现了城区有线电视收视、城区公交乘坐、机关党报党刊订阅“三个全免费”。

5. 重点工程

2014年朔州市重点工程整体推进，全面落实储备、签约、落地、开工、建设和投产“六位一体”统筹推进机制，积极开展“项目成效年”活动，全力推进项目建设。全年共实施省市重点工程项目266项，完成年度投资计划的108.6%，其中省级重点工程完成投资占年度投资计划的115.02%，市级重点工程年度投资完成率100.2%。

基础设施、工业等重大项目建设取得新成效。一是继续推进七里河综合治理工程建设。七里河是朔州市的一条母亲河，从市中心穿城而过。该项治理工程于2013年启动，概算总投资40.2亿元，是一项改善城市人居环境和提升城市品质的重大基础设施工程。2014年，工程建设继续推进，征地、拆迁、引水枢纽泵站、引水管线铺设、河道清淤、箱涵和道路建设等取得新进展。二是推进各项电力工业建设项目。全市在建电厂24家，总装机规模239.75万千瓦。其中，燃煤电厂1家，总装机规模60万千瓦；风电厂20家，总装机规模169.75万千瓦；生物质能发电厂1家，总装机规模3万千瓦；光伏发电厂2家，总装机规模7万千瓦。全市还有取得“路条”的拟建电厂18家，总装机规模649万千瓦。此外，全国最大的储能钒电池产业化项目，于2013年落户朔州，计划总投资50亿元，分三期建成1GW/5GWh储能钒电池生产线，其中一期总投资15亿元，总占地2000亩，总建筑面积51.84万平方米。2014年第一车间10MW/50MWh储能钒电池实验生产线建成投产。三是推进各项煤炭工业建设项目。东方长宏300万吨、长宏新杰300万吨、三阳煤业200万吨、国兴煤业400万吨四个洗煤厂全部建成运营。四是推进建材陶瓷产业项目建设。山水水泥日产4500吨熟料水泥及余热发电项目点火投产。继续推进金沙滩陶瓷园区提质增效建设，项目总数65个，投资规模300亿元，年末项目群中佳美乐瓷业、东兴瓷业、东方瓷业、宏腾瓷业等4家企业建成投产；陶瓷研发中心主体完工；年末园内陶瓷企业达到45家、90条生产线，年产陶瓷制品13亿件。五是推进煤化工产业项目建设。中煤平朔劣质煤综合利用项目建设进入设备安装和全员岗前培训，项目投资40亿元，年产40万吨硝铵、1.1亿立方米液化天然气。规划完成晋北现代煤化工产业园建设，项目前期规划煤制天然气80亿立方米、煤制油200万吨、煤制烯烃60万吨。其中，煤制天然气40亿立方米项目位于平朔东露天园区附近，由晋能集团投资建设；另煤制天然气40亿立方米项目拟选址山阴北周庄附近，由阳煤集团和华昱集团共同投资，并配套60万吨烯烃项目；煤制油200万吨项目拟选址山阴县合盛堡附近，由晋煤集团投资建设。

6. 城乡建设

近年来，朔州市以“五城联创”（创建全国文明城市、国家园林城市、国家卫生城市、全国环保模范城市、国家级双拥模范城市）为抓手，大力推进中心城市建设，同时推进大县城和重点镇建设以及农村环境的改善，不断推进城乡建设，取得重要进展。2013年，成功创建国家园林城市。2014年，朔州市城乡建设进一步加快。中心城市、大县城和重点镇建设加快推进。

中心城市基础设施建设进一步加强。市区七里河段综合治理、朔州老城改造继续推进；城市棚户区、城中村改造加快，完成城中村拆迁 47.5 万平方米。大力推进热电联产集中供热，热电联供供热面积新增 500 万平方米，达到 1800 万平方米，占供热总面积的 81%。继续推进园林城市建设，建成区绿化覆盖率提高 0.41 个百分点，达到 42.44%。与此同时，还推进了城市道路新建改造、污水厂提标改造、生活垃圾处理、水冲式公厕新建改造等工程建设，取得新成效。年末市区（不包括平鲁区）污水处理率达到 98.53%，提高 0.02 个百分点；城市生活垃圾无害化处理率达到 100%；集中供热面积 2220.38 万平方米，集中供热普及率达到 90.02%。

大县城和重点镇建设不断推进。怀仁县是全省大县城建设试点县。2014 年继续推进了金沙滩商业旅游购物项目群、金沙滩民俗文化项目群建设，完善了金沙滩商业街、怀贤商业街、仁福路商业街三条步行街综合功能，完成了县图书馆、体育馆等市政基础工程。全市有 8 个镇入选为全国重点镇，分别是：朔城区神头镇，平鲁区凤凰城镇，山阴县玉井镇、北周庄镇、古城镇，应县南河种镇，右玉县右卫镇，怀仁县金沙滩镇，入选被评为“全国重点镇”。其中，怀仁县金沙滩镇、平鲁区凤凰城镇、应县南河种镇、山阴县北周庄镇、右玉县右卫镇五个镇，加快实施“五建设两整治”（基础设施、公共服务设施、公园绿地、中心街市、居住社区五建设，风貌和环境卫生两整治），共开工建设项目 51 个，完成投资 1.137 亿元。

农村人居环境进一步改善。启动实施农村提质工程、农民安居工程、环境整治工程和宜居示范工程“四大工程”，全年全市完成投资 2.5 亿元。其中，改造农村危房 7100 户、抗震改建农村房屋 1510 户，改造农村幼儿园 14 所，易地搬迁农村贫困人口 3692 人；为农村配备垃圾收集车 1725 辆、转运车辆 419 辆、农村垃圾桶 31800 个，建成垃圾收集点 1731 个、集中填埋点 206 个，建成垃圾中转站 4 座。全年累计清运垃圾 286 万吨，782 个村庄实现垃圾及时清理，746 个村庄村容村貌达到省级考核验收标准。

生态环境建设和整治持续推进。支持重点能耗企业进行节能技术改造，狠抓节能降耗工作，完成年度节能目标任务。全年万元地区生产总值能耗下降 3.65%；化学需氧量、二氧化硫排放量、氨氮、氮氧化物、烟尘、粉尘均超额完成了省下达的年度减排任务。狠抓大气污染防治，关停神头发电公司2×20万千瓦机组，完成8家火电厂污染设施治理提标改造，关停27台区域燃煤锅炉。市区（不包括平鲁区）空气质量二级以上天数突破300天，达到301天，比上年增加9天。加强生态修复治理，投入5000多万元，推进开展了采煤沉陷区、采空区、水土流失区的生态治理，特别是煤沉陷区治理试点。积极开展植树造林，营造林地33.1万亩，超省考核任务16个百分点。

2014年，朔州市市域城镇化率达52.1%，同比提高1个百分点。城镇化率在全省11市中列居第5位。

2014年末，朔州市新增公路通车里程12公里，总里程达到10162.9公里。其中高速公路388.7公里，普通干线公路815.5公里，农村公路8958.7公里。

7. 民生社会

2014年朔州市保障改善民生工作提速，社会事业加快发展。全年公共财政民生支出达111.9亿元，占公共预算支出的78.9%。推进国家级创业型城市建设，新增城镇就业2.41万人。培训新型职业农民1万人。实施扶贫攻坚，减少贫困人口20046人。免费为全市农户发放了冬季取暖用煤。扩大和完善社会保险覆盖面，提高了城镇居民、城镇职工医疗保险待遇，社会保障水平进一步提高。人均基本公共卫生服务经费由每人30元提高到35元，新型农村合作医疗参合率达到99.68%。全市新农合定点医疗机构实行“先住院后付费”，减轻了患者就医负担。推进国家公共文化服务体系示范区创建，加强了公共文化服务网络，增强了公共文化服务能力，其中朔州博物馆建成开放，成为文化文物事业的一个新亮点。推进义务教育阶段学校标准化建设，平鲁区率先通过国家义务教育发展基本均衡认定。加快发展高等教育，中北大学朔州校区招生规模进一步扩大，在校学生达到3000人。全年投资43.6亿元，开工建设各类保障性住房12866套。年末广播人口覆盖率97.98%，电视人口覆盖率99.43%。

特别是着眼于群众最直接的现实需求，朔州市投入1.3亿元为民兴办了十件实事：新改扩建公办标准化幼儿园12所；实施学生饮用奶全覆盖工程，10.6万名寄宿学生喝上饮用奶；采取政府购买公共服务等方式，为高校毕业生提供了1012个就业岗位、组织了3100名毕业生参加就业实习；实施新农保和城居保两项制度并轨，城乡居民基础养老金月标准由65元提高到95元；提高农村五保户供养标准，平均每人每年由原先的分散供养2119元和集中供养2802元，分别提高到2708元和3791元；实现群众转外太原、大同2市就医异地即时结算报销；提供玉米、奶牛、森林等农业政策性保险；实施饮水解困工程，解决了24个村、8300人的饮水困难；建成100个副食品生产基地惠民直销店；送戏下乡1231场。十件实事解决了群众身边的一些基本民生问题，使人民群众得到了经济社会发展带来的实实在在的好处。

2014年，朔州市安全生产形势持续稳定好转。全年全市共发生各类生产经营性事故198起，下降22.35%，未发生较大及以上事故；死亡35人，下降10.26%。

2014年，朔州市全市居民人均可支配收入17599元，增长8.6%。城镇居民人均可支配收入达到25725元，增长7.7%；城镇居民人均消费性支出13632.9元，增长2.1%。农村居民人均可支配收入达到10137元，增长10.8%；农村居民人均生活消费支出6431元，下降7.3%。城镇占调查总户数20%的低收入家庭人均可支配收入9660元；农村占人口20%的低收入者人均纯收入3069元。居民消费价格总水平上涨1.9%。

2014年，朔州市全市居民、城镇居民、农村居民人均可支配收入均高于全省，分别高于全省1061元、1656元、1328元。在全省11个市中，朔州市全市居民、城镇居民、农村居民人均可支配收入分别居第4位、第2位、第4位。

8. 经济特区

朔州经济开发区，是朔州市境内享受特殊政策的经济特区。朔州经济开发区始建于1992年，1996年批准为省级经济开发区。开发区区域总面积86.9平方公里，包括北部朔东新区16.4平方公里、南部朔南新区41.54平方公里、东部西盐池生态园区28.96平方公里，规划面积55.91平方公里。朔州经济开发区是山西省土地面积最大的省级开发区，也是全省开发区中唯一的“资源环境可持续发展综合改革试验区”和“十二五”规划编制试点区。

朔州经济开发区经过多年建设和发展，初步形成了房地产、煤电、煤机装备、现代服务业四大支柱产业体系。其中，朔东新区产业布局已基本成形，以装备制造业和现代服务业为主，有中煤平朔宇辰、同煤麻家梁矿、华电朔州热电、山西金能世纪科技有限公司、日本小松、繁盛煤机、诚信汽配城、农机示范中心、温州机电城、永长煤机、昌运达管业等500多家企业入驻。朔东新区在聚集产业发展的同时，通过城市房地产、基础设施建设，形成了一个4平方千米的城市副中心区。随着朔州客运北站、朔州师专、山西能源学院等的兴建，区内常住人口4万多人，人流、物流、信息流汇聚，经济活力日益显现。朔南新区是朔州市的南大门和“十二五”期间重要的发展区域，在建的朔南大道贯通中心市区南北。区内矿藏丰富，年产1200万吨的同煤浙能麻家梁煤矿已基本建成，与其配套的坑口电厂也已开工建设。西盐池生态园位于山阴县境域，区域大部分为盐碱地，多年来一直发挥着土地占补平衡的重要作用，也是下一步经济大发展的战略后备区。

2014年朔州经济开发区完成地区生产总值37.53亿元，增长7.1%；财政总收入完成4.41亿元，增长10.3%；公共财政预算收入完成2.97亿元，增长16.9%；工业增加值完成18.68亿元，增长10.1%；固定资产投资完成60.0亿元，增长21.2%；社会消费品零售总额完成8.59亿元，增长11.8%；服务业增加值完成16.11亿元，增长6.8%。

9. 县域经济

朔州市共辖山阴县、怀仁县、应县、右玉县和朔城区、平鲁区6个县（区）。

平鲁区为全省综改试点县（区），山阴县、怀仁县为全省扩权强县试点县，右玉县为国家贫困县。

朔州市6个县（区），除应县没有煤炭资源外，其余5县（区）都是全国重点产煤县（区），煤电产业是县域的支柱产业，非煤电产业发展相对滞后。在县域经济中，特色产业发展比较明显，应县、怀仁县的陶瓷产业，朔城区、应县的蔬菜产业，山阴县、应县的奶牛养殖、乳制品产业，怀仁县、右玉县的肉羊养殖等产业规模较大，在全省都占有相当比重。平鲁区是全国第三大产煤县（区），2014年完成原煤产量11577.2万吨。

2014年朔州市6县（区）实现地区生产总值分别为朔城区276.04亿元、平鲁区238.89亿元、怀仁县199.29亿元、山阴县150.90亿元、应县64.01亿元、右玉县52.74亿元。第一产业增加值分别为山阴县14.2亿元、朔城区13.03亿元、应县13亿元、怀仁县9.4亿元、右玉县5.3亿元、平鲁区4.6

亿元。第二产业增加值分别为平鲁区 188.3 亿元、怀仁县 116.4 亿元、朔城区 103.6 亿元、山阴县 68.4 亿元、右玉县 26.3 亿元、应县 22.5 亿元。第三产业增加值分别为朔城区 156.4 亿元、怀仁县 73.5 亿元、山阴县 68.3 亿元、平鲁区 45.9 亿元、应县 28.5 亿元、右玉县 21.2 亿元。完成公共财政收入分别为平鲁区 15.15 亿元、朔城区 13.03 亿元、山阴县 8.93 亿元 、怀仁县 8.62 亿元、右玉县 4.30 亿元、应县 1.90 亿元。对全市地区生产总值贡献最高的是朔城区，最低的是右玉县；对第一产业贡献最高的是山阴县，最低的是平鲁区；对第二产业贡献最高的是平鲁区，最低的是应县；对第三产业贡献最高的是朔城区，最低的是右玉县。全年地区生产总值在 100 亿以上的县（区）有朔城区、平鲁区、怀仁县、山阴县；公共财政收入在 8 亿以上的县（区）有平鲁区、朔城区、山阴县、怀仁县。

全年朔州市 6 县（区）城镇居民人均可支配收入分别为怀仁县 27402 元、山阴县 27069 元、朔城区 26824 元、平鲁区 19913 元、应县 19360 元、右玉县 18608 元，怀仁县、山阴县、朔城区 3 县（区）高于全省平均水平；农村居民人均可支配收入分别为山阴县 12565 元、怀仁县 12416 元、朔城区 11543 元、应县 8190 元、平鲁区 7795 元、右玉县 5809 元，山阴县、怀仁县、朔城区 3 县（区）高于全省平均水平。

2014 年末，朔州市 6 县（区）常住人口分别是朔城区 51.7 万人、应县 33.58 万人、怀仁县 33.4 万人、山阴县 24.5 万人、平鲁区 20.8 万人、右玉县 11.5 万人。

四　忻州市

忻州市位于省境中北部，西以黄河为界与陕西省榆林市、内蒙古鄂尔多斯市毗邻，西北以内长城为界与内蒙古呼和浩特接壤，东傍太行山与河北省保定市相邻，北与省内大同市、朔州市交界，南与省内吕梁市、太原市、阳泉市交界。下辖 1 区（忻府区）12 县（定襄县、五台县、代县、繁峙县、宁武县、静乐县、神池县、五寨县、岢岚县、河曲县、保德县、偏关县）1 市（原平市）。辖区总面积 2.5 万平方公里，占全省总面积的 16.2%，居山西省第一位。境域西部、东侧为山地丘陵区，东部一带为盆地，地形地貌以丘陵、山地为主，丘陵占36%，山地占53.5%。境内矿产资源富集，探明的主要有煤、铁、铝、金等。忻州古称秀容，相传汉高祖在此摆脱匈奴追兵，六军欣然如归，因“欣”通“忻”，忻州之名由此而生。新中国成立后，长期为专区、地区建制并略有区划调整，2000年撤地建市。2014年末，全市常住人口312万人，占全省总人口的8.5%，居全省11个市第8位。

1. 发展思路

2014年，忻州市坚持稳中求进和改革创新的总要求，推进实施“3581”发展战略（该战略是2011年忻州市第三次党代会提出的，其中，“35”即坚持“五个发展”、走好“五条路子”、打好“五个攻坚战”；“8”即振兴煤炭、电力、新型材料、新型煤化工、装备制造、绿色农牧产品加工、旅游文化服务、现代物流八大产业；“1”即在“十二五”末实现主要经济指标翻一番以上，把忻州初步建设成为富裕文明、开放和谐、充满活力的新型工业旅游城市），推进实施“336”综改规划（该规划战略是忻州市于2012年提出的，分别指建设面向京津冀、陕蒙、太原都市圈“三个开放门户”，打造五台山、芦芽山、奇村和顿村“三个旅游集散地”，发展煤电铝化、现代农业、煤电化、多元产业、矿业冶炼、矿业冶炼“六大经济板块”），积极适应经济发展新常态、应对严峻复杂形势，推动经济社会持续健康发展。

2. 经济运行

2014年，忻州市实现地区生产总值680.3亿元，增长5.4%，增幅高于全省0.5个百分点。地区生产总值占全省的比重为5.3%，地区生产总值在全省11个市中居第10位。人均地区生产总值21796元，增长3.4%。人均地区生产总值比全省低13268元，是全省的62.5%。人均地区生产总值在全省11个市中居第11位。

全年财政总收入148亿元，增长2.7%。公共财政预算收入80.8亿元，增长9.6%。公共财政预算支出212.5亿元，下降0.3%。其中，教育、医疗卫生、社会保障和就业、住房保障、公共交通运输、节能环保、城乡社区事务等民生支出123.9亿元，增长2.4%，民生支出总量占全市公共财政支出的58.3%。公共财政预算支出在全省11个市中居第8位。

全年全社会固定资产投资965.4亿元，增长18.4%。按经济类型分类，国有及国有控股投资397.1亿元，下降0.2%；民间投资560.9亿元，增长

34.7%。民间投资占固定资产投资的比重达到58%，同比提高7个百分点。按产业分类，第一产业投资162.2亿元，增长89.8%；第二产业投资382.7亿元，增长6.7%；第三产业投资420.5亿元，增长13.3%。在第二产业中，工业投资382.7亿元，增长6.7%。其中，煤炭工业投资116.4亿元，增长20.6%；非煤产业投资266.3亿元，增长2.2%；传统产业（煤炭、焦炭、冶金、电力）投资合计178.5亿元，下降11.1%，非传统产业投资合计204.2亿元，增长30.6%。全年在建固定资产投资项目1390个。其中，亿元以上项目313个，计划总投资1775亿元，完成投资533.5亿元。固定资产投资在全省11个市中列居第9位。

全年社会消费品零售总额275.1亿元，增长11.8%。按经营地统计，城镇消费品零售额214.0亿元，增长11.7%；乡村消费品零售额61.1亿元，增长12.2%。按消费形态统计，商品零售额238.9亿元，增长11.1%；餐饮收入额36.2亿元，增长17.2%。

全年外贸进出口总额20799万美元，增长5.3%。其中，进口额650万美元，增长74.8%；出口额20149万美元，增长4.0%。

2014年末，忻州市规模以上工业企业有322户，比2013年减少10户。规模以上工业增加值308.4亿元，增长6.7%。规模以上工业企业实现主营业务收入608.7亿元，下降8.9%；实现利税74.3亿元，下降36.5%；实现利润36.7亿元，下降46.1%。

3. 产业发展

2014年，忻州市第一产业增加值65.0亿元，增长5.1%，占生产总值的比重为9.6%；第二产业增加值323.4亿元，增长7.5%，占生产总值的比重为47.5%；第三产业增加值291.9亿元，增长2.7%，占生产总值的比重为42.9%。三次产业比重由2013年的9.7∶50.0∶40.3，调整变化为9.6∶47.5∶42.9。

第一产业中，农作物主要有玉米、谷子、豆类、薯类、油料、瓜菜等，小杂粮、畜牧为特色优势农业。忻州市素有“杂粮王国”的美誉。近年来，不断推进现代农业试验区、雁门关生态畜牧经济区、优质杂粮经济区建设，突出优质特色杂粮、优质特用玉米、优质专用马铃薯、区域特色四季瓜菜、优特食用葵、优特干鲜果、优特中药材、园林苗木等八大特色产业，努力打造全省特色农业大市。2014 年，大力推进新增粮食产能、中低产田改造、重大水利基础设施等重大项目建设。完成 14 座中小型病险水库除险加固工程，农田水利灌溉面积达 212 万亩，农业综合机械化水平达到 60%。新发展杂粮规模高产专业村 119 个，"一村一品"特色专业村达 1091 个，其中从事特色玉米、杂粮等种植业的专业村 643 个，从事羊、牛、猪等养殖业的 302 个，从事苗木等林业项目的 99 个，从事其他农业项目的 13 个。新发展农民专业合作社 885 个，总数达到 9119 个；家庭农场注册登记 2213 家。新增"三品一标"（无公害农产品、绿色食品、有机农产品和农产品地理标志）认证产品 84 个，总数达到 461 个。新增百万元以上的农产品龙头企业 10 个，总数达到 170 个，农产品加工龙头企业实现销售收入 66.93 亿元，同比增长 14.89%。2014 年，忻州市正式被中国粮食行业协会命名为"中国杂粮之都"。全年粮食产量达 177.0 万吨，增加 7.5 万吨，增产 4.4%；蔬菜产量达 31.1 万吨，增产 3.7%；肉、蛋、奶、水产品产量分别达 10.7 万吨、6.3 万吨、5.5 万吨、0.3 万吨，分别增长 13.8%、14.3%、0.1%、8.5%。

第二产业中，煤炭、电力、冶金、化工、装备制造等为支柱产业。近年来，大力推进传统产业的改造提升和新型产业的培育发展，加快经济发展方式的转变。2014 年，面对经济下行的压力，出台多项重大政策措施，着力破解突出困难问题，推动产业转型发展、企业转化升级。一是传统产业转型升级步伐加快。编制完成《忻州市煤电基地开发规划》。推进重大煤电项目建设，河保偏矿区、轩岗矿区两大矿区总体规划得到国家批复，忻州广宇 2×35 万千瓦项目经国家核准，同华轩岗二期 2×66 万千瓦项目取得国家"路条"，华润宁武 2×35 万千瓦、山煤河曲 2×35 万千瓦、晋能保德 2×66 万千瓦 3 个低热值煤发电项目获批。编制完成《忻州现代煤化工基地发展规划》并通过省级审查。五寨 400 万吨煤制油联产 20 亿立方米煤制天然气项目列入晋北现代煤化工基地规划。推进中电投山西铝业编制《原平铝工业循环园区规划》、同德铝业编制《山西省大同煤矿集团公司白家沟循环经济园区总体规划》，相关项目纳入全省铝工业循环经济园区布局。二是新能源建设继续推进。风电全年新增装机 40 万千瓦，累计达到 155 万千瓦；定襄吉隆 3 万千瓦生物质发电、忻府区上海航天 5 万千瓦太阳能发电项目投运。加快煤层气、天然气、焦炉煤气、煤制天然气"四气"产业项目布局，一批加气站项目批复实施。

此外，煤机装备制造产业、法兰产业、节能环保产业等也快速发展。全年原煤产量5238万吨，下降6.1%；发电量260.6亿千瓦时，下降3.8%。规模以上工业企业焦炭产量192万吨，增长3.4%；钢材产量91.3万吨，增长52.1%。

第三产业中，以饮食业、旅店业、商业、金融等传统产业为主。近年来在政策扶持和一批重点项目的带动下，旅游、文化产业发展较快较。2014年，旅游、文化产业进一步发展。一是深化旅游景区建设。芦芽山、雁门关争创国家5A级景区，凤凰山、天牙山、老牛湾争创4A、3A级景区；顿村温泉度假村整合开发稳步实施；五台山景区文化旅游重大工程项目——大型情境剧“又见五台山”成功首演。“又见五台山”文化旅游工程，包括占地228亩、可容纳观众1720人的大型情境体验剧场、景观区等建设和大型情境体验剧创作，投资达6.9亿元。9月19日，情境剧“又见五台山”全球成功首演。该剧是国内首部佛教主题大型情境剧，以五台山的佛教典故、仪规为创作基点，180个演员通过90分钟演出，在旋转的舞台演绎人生百态，以全新的艺术表现形式展现了五台山博大精深的佛教文化。二是推进文化产业发展。文化企业已发展到6000多家，涉及工艺美术、文化娱乐、艺术培训、演艺等20多个种类，其中木雕、石刻、银器、剪纸、刺绣、面塑、月饼、古建等产业不断培育壮大。忻州市是全国著名的摔跤之乡和“挠羊赛”的发源地。2014年9月，全国中国式摔跤、搏克、挠羊冠军赛在忻州举办，是忻州传统“挠羊赛”被列入国家三大正式赛事（全运会、冠军赛、锦标赛）项目后，首次在其发源地亮相。全年接待国内旅游者2397.5万人次、海外旅游者4.9万人、旅游总收入达到241.3亿元，分别增长22.8%、3.1%、16.2%。服务业增加值占地区生产总值比重达到42.9%。

4. 转型综改

2014年是全省转型综改攻坚年，也是全面深化改革的开局之年。忻州市转型综改也攻坚前行，有序推进，并取得阶段性成果。

行政审批、国企改革、园区管理、商事制度、矿山生态环境保护、矿业权交易、金融创新、户籍制度等改革，取得重大进展。深化行政审批制度改革，取消审批事项4项，调整审批事项53项，下放县级审批事项36项、承接省级下放审批33项，市本级行政审批项目减少到107项。推进国有企业改革，坚持一厂一策，运用“人资分离”等办法，实施了市钨丝厂等7户市属国企改革，解困职工2323人，其中置换身份1784人。改革创新经济园区管理，忻州煤化工循环经济园、原平循环经济示范区入选全省资源节约型、环境友好型“两型”示范建设园区，原平、保德两个铝工业循环经济园区纳入全省布局，全面启动忻州经济开发区扩区扩容工作。推进商事制度改革，实施“先照后证”，将工商登记113项前置审批改为后置，全面实行公司注册资本认缴登记制度，简化住所（经营场所）登记手续，改革市场主体年检验照制度，新登记注册私营企业同比增长66.18%。将煤炭开采生态环境补偿机制推广至铁、铝矾土、石膏等非煤矿山企业，建立了非煤矿山生态环境综合补偿机制。推进矿业权交易改革，建立了矿业权交易市场，除按国土部《关于进一步完善采矿权登记有关问题的通知》规定外，其他新设矿业权一律进入矿业权交易市场，全部采用招标、拍卖、挂牌等市场竞争方式出让。推进金融创新，设立了首支私募股权基金——永安信（忻州）股权投资基金，基金首期募集资金2.3亿元；鼓励民间资本进入金融领域，设立110家小额贷款公司，4家村镇银行、2家农商行共吸收民间资本17.1亿元。推进户籍制度改革，全面放开小城镇和县城落户限制，城镇落户政策全省最宽松。

此外，2014年忻州推行的“制度+科技”的行政权力运行及廉政风险防控管理、发展“飞地经济”等改革举措，特别值得一提。

2014年，忻州率先在全省建立行政权力运行及廉政风险防控管理“一库七平台”系统。该系统从清权、配权、控权等关键环节入手，将权力事项在网上公布、权力运行在网上实施、权力监督在网上进行，将权力清单、办事流程、廉政风险点、自由裁量权全部固化到计算机系统，进行动态监控，做到了系统操作事先预警，办理过程全程留痕，超过时限主动提醒，违规越权自动锁定，确保了制度执行不受人为因素干扰，实现了“制度+科技”防控廉政风险的综合效果。至2014年末，该权力运行机制已在全市全面推广，市直46个部门、14个县（市、区）清权、确权后的89254项权力事项将逐步纳入“一库七平台”系统。

2014年，忻州经济开发区与定襄县签订“飞地经济”合作协议，将定襄县庄力外贸转型升级示范园区作为双方共建的“飞地经济”产业园区。忻州经济开发区分两期注入2000万元资金用于定襄县“飞地经济”园区基础设施建设。“飞地经济”产业园区完成控制性详规，总投资6568.7万元、全长4519米的7条园区道路开工建设，一期路网框架基本形成，初步实现了“五通一平”。当年，6个项目已落户园区，总投资12.68亿元。其中，3个项目开工建设，分别为总投资2.5亿元的施必得空冷凝汽器生产线建设项目、总投资3.48亿元的卓然思创科贸公司电子产品加工项目、总投资5.1亿元的山西嘉龙机电设备制造有限公司35kV～110 kV预装式集成智能化变电站项目。

5. 重点工程

2014年，忻州市共有重点工程项目472项，总投资5693.03亿元，年度计划投资729亿元。其中，省级重点工程86项，年度计划投资317亿元；市级重点工程386项，年度计划投资412亿元。

其中，重大基础设施项目，包括大同—运城—西安客运专线、保德至兴县瓦塘铁路建设项目、大准至朔黄联络线、准格尔至朔州铁路、宁岢瓦线扩能改造工程、五寨至沙泉铁路、能交公司地方铁路及全省战略装车点、山西兴茂侏罗纪实业有限公司铁路专用线工程8项铁路类项目；五台山至盂县高速公路、原平大营至神池高速公路2项公路类项目；军民合用五台山飞机场扩建工程1项机场类项目；大水网骨干工程（打捆）、河流治理项目（打捆）、农村饮水安全工程（打捆）、农业灌溉项目（打捆）、中小型病险水库除险加固项目（打捆）、100座小型水库更新建设、引黄工程7项水利类项目。

重大产业项目，包括潞安集团孟家窑煤业整合改造矿井、同煤集团北辛窑矿井、山西煤炭进出口旧县露天煤业公司整合改造矿井、神华山西鲁能黄柏矿井及选煤厂、山西易达运销有限公司洗煤厂及配套铁路专用线项目、山西保德王家岭煤矿及配套专用线（山西河保偏矿区王家岭煤矿及选煤厂项目、运煤专线建设项目）、山西忻州神达梁家碛煤业露天煤矿资源整合项目、同煤集团轩岗煤电有限责任公司梨园河煤矿8项煤炭类项目；山西煤销集团煤电一体化项目、山西电网输变电工程（打捆）、山西省农网升级改造工程（打捆）、城市中低压电网建设与改造工程（打捆）、1000千伏特高压工程（打捆）、河曲发电厂三期2×1000MW超超临界燃煤空冷机组工程、同煤集团同华电厂二期、忻府区广宇电厂二期2×350MW热电联产发电项目、神华河曲2×300MW煤矸石发电项目9项火电（含电网工程）类项目；山西同德铝业年产100万吨氧化铝项目、山西金德成信矿业有限公司繁峙后峪铜钼矿项目、峨口铁矿露天转地下开采工程项目、忻州华茂精密铸造公司淘汰落后减量置换技改升级特种钢建设项目 4 项冶金类项目；原平市年产 200 万吨焦化及精细煤化工项目、阳煤集团晋北园区煤制天然气项目 2 项化工类项；山西蓝天环保设备有限公司年产 22000 蒸吨高效节能煤粉锅炉生产线项目、山西嘉龙机电设备制造有限公司 35kV ~ 110kV 预装（预制）式集成智能化变电站项目、阳煤忻州通用机械有限责任公司搬迁改造项目 3 项装备类项目；国际电力原平—五台输气管线项目、国新能源全省 CNG/LNG 加气站建设、国新能源大盂—原平（复线）输气管道工程、中石油鄂东煤层气田保德区块 12 亿立方米产能建设项目、山西龙源风力发电有限公司忻州市神池县继阳山风电场、山西龙源风力发电有限公司忻州市静乐县康家会风电场、华润山西原平云中山 12 万千瓦风电项目、山西龙源宁武余庄 9 万千瓦风力发电项目、山西国新能源发展集团公司保德煤层气热电联产工程、山西燃气产业集团原平煤层气液化项目、大唐山西新能源有限公司岢岚燕家村二期风电工程项目、山西艾特科创神池五连山风电二期项目、大唐代县沟掌 48MW 风电项目、大唐岢岚大阳坡风电场一期工程、山西龙源岢岚县大涧乡 49.5MW 风力发电项目、山西龙源偏关县老营（49.5MW）风力发电项目、保德县华盛天然气液化有限公司煤层气液化项目、协合风电投资有限公司繁峙县乔家窑风电项目、中电投山西新能源有限公司繁峙县云雾峪风电场三期项目、华能五台黄花梁风电项目、华能繁峙风电场三期 21 项新能源及“四气”产业类项目；华润水泥（忻州）有限公司 4500t/d 新型干法水泥熟料项目、山西西山晋兴能源有限责任公司忻州循环经济新型建材项目、山西新志森科贸有限公司高端法兰锻造项目 3 项材料工业类项目；山阳生物药业有限公司岢岚县年转化 5 万吨沙棘果提取异鼠李素、β－胡萝卜素系列产品生产线建设项目、苏州盛博雅瑞科贸有限公司电子产业项目 2 项其他工业类项目；忻州城市广场、山西永旺物流园区配送中心和保税园区项目、忻州市五台山风景名胜区改造提升工程（打捆）、忻州豪德汇通物流广场开发有限公司原平豪德汇通商贸物流城项目、原平中远新能源汽车产业园区项目、北京首开中拓房地产开发有限公司恒旺城市广场、忻州市金典房地产开发有限公司国力花园三期建设项目、山西晋业房地产开发有限公司河曲分公司汇景新城综合开发项目 8 项服务业类项目；静乐县藜麦产业示范园区建设项目、岢岚县周通绿色农业生态开发园 2 项现代农业类项目。

重大城镇化和生态环保类项目，包括忻州市城乡建设开发有限公司市区道路建设项目 1 项城镇化类项目；山西省吕梁山生态脆弱区林业生态建设工程（打捆）、山西省通道绿化工程（打捆）2 项生态环保类项目。

重大民生社会事业类项目，包括各类保障性安居住房 1 项保障性住房类项目；忻州师范学院新校区、忻州市“7451”（七路四桥、五馆一院）建设项目 2 项文教卫生及其他社会事业类项目。

2014 年，是省委、省政府确定的“项目见效年”，忻州市按照“项目见效年”工作部署和省重点工程“六位一体”统筹推进工作机制要求，狠抓重点工程建设和优化投资环境。全年开工项目 466 个，开工项目投资 770.56 亿元；省市两级重点工程累计完成投资 800.05 亿元。其中，省级重点工程完成投资 385.89 亿元，完成年度计划的 121.73%，完成率全省排名第一；投产项目 510 个，投产项目投资额 755.88 亿元，完成全年任务的 111.98%。

6. 城乡建设

近年来，忻州市主城区扩容提质、各县城和重点镇建设以及农村环境改善不断推进，城乡建设取得重要进展。2012 年以来启动实施的以主城区扩容提质为内容的“大干城建年”活动持续推进，其中包括“7451”（七路四桥，五馆一院）重点工程。2014 年，全市城乡建设进一步推进。

主城区“大干城建年”活动和各县城、重点镇建设继续推进。主城区实施第三个“大干城建年”活动，重点实施“四纵四横”8 条主干道和 22 条次干道、支路建设改造的“8 + 22”工程并全面完成，云中河景区正式开园，城市功能、城市品位得到进一步完善和提升。历经 3 年连续实施 3 个“大干城建年”活动，开工建设基础设施重点工程项目 134 项，总投资 92.96 亿元，是主城区历史上投资规模最大、建设标准最高、建设速度最快、群众受益面最广的中心城市扩容提质工程。3 年间，主城区新建和改造道路 58 条，其中干道 19 条，支道、小街小巷 39 条，道路全长 116.21 公里，总投资 88.6 亿元，形成了西起大运高速公路、东至同蒲路、南起牧马河、北至旭来街的八横六纵的城市路网格局。城区建成区面积由 28 平方公里增加到 71 平方公里。与此同时，2014 年，各县城和重点镇建设也不断推进。全年，岢岚等 5 个无管道燃气县具备了通气条件；新建污水处理厂 3 座，全市（含县城）16 座污水处理厂正常运行；新建、改建垃圾处理场8个，12座生活垃圾卫生填埋场全部建成，县级生活垃圾处理实现“全覆盖”；新增城市（含县城）集中供热面积433.55万平方米；城市（含县城）新增绿化面积485.48万平方米，建成区绿化覆盖率和绿地率分别提高4.5个和4.37个百分点，人均公共绿地面积达2.91平方米/人。百镇建设顺利推进，13个重点镇建设项目全部按时开工。特别值得注意的是，2013年忻州启动了推进市县乡三级创建国家卫生城镇活动，当年即有五台县、宁武县、保德县和繁峙县砂河镇、五台县台怀镇、定襄县河边镇3县城3镇成功创建国家卫生县城（镇）。2014年，在巩固成果的基础上，又重点推进了原平、岢岚、静乐、代县、神池、五寨6县城和保德义门、河曲楼子营、偏关老营等镇的国家卫生县城（镇）创建活动，并取得重要成效。至2014年末，全市已有繁峙县、定襄县、河曲县、五台县、保德县、宁武县6县和忻府区奇村镇、宁武县东寨镇、定襄县河边镇、五台县台怀镇、繁峙县砂河镇5镇成为国家卫生县城（镇），数量位列全国地级市第一。此外，大（同）西（安）高铁、准（格尔）朔（州）铁路、五台山机场、原（平）神（池）和繁（峙）五（台）高速公路等一批重大基础设施项目加快推进。

农村人居环境进一步改善。启动实施农村提质工程、农民安居工程、环境整治工程和宜居示范工程“四大工程”，完成投资14.81亿元。其中，改造县乡公路275公里，解决224个村8.8万农村人口和55所农村学校2.46万师生饮水安全问题，建成老年人日间照料中心100个，实施涉及2.95万人的采煤沉陷区治理搬迁。同时，改造农村困难家庭危房11200户，新建改建农村幼儿园30所，易地搬迁农村贫困人口3万人，乡村清洁工程覆盖到行政村。

生态环境进一步改善。推进节能减排，全年万元地区生产总值能耗降幅超额完成任务，提前2个月完成淘汰20万吨水泥、0.13万吨硅钙落后产能。排污权交易平台建设稳步推进。重点行业脱硫脱硝加快实施。淘汰黄标车和老旧车11757辆。二氧化硫、氮氧化物、烟尘和工业粉尘四项指标提前完成“十二五”减排任务。统筹推进采煤沉陷区治理，全面启动原平市轩岗镇治理试点工作。全年忻州城区二级以上天数达304天，同比增加17天；PM2.5和PM10年均浓度分别同比下降25.77%、13.68%。启动“林业生态建设年”活动，围绕东西两山（太行山、吕梁山）、主要高速公路、主要河流等，推进林业生态建设完成营造林68.79万亩。

2014 年，忻州市市域城镇化率达 44.66%，同比提高了 1.62 个百分点。城镇化率在全省 11 个市中列居第 10 位。

2014 年，忻州市公路通车总里程达到 17340 公里，其中高速公路 733.5 公里，基本实现县县通。公路通车里程、高速公路里程在全省 11 个市中分别列居第 2 位、第 1 位。

7. 民生社会

2014 年，忻州市继续加大力度改善民生和发展社会事业，实现新进步。全市公共财政民生支出达 123.9 亿元，增长 2.4%，民生支出占公共财政支出的 58.3%。全年城镇新增就业 3.72 万人，年末城镇登记失业率 3.3%，低于 4.2% 的控制目标；转移农村劳动力 3.84 万人，创业就业 5400 人，公益性岗位安置就业困难高校毕业生 1148 人。增加和落实各类就业人员收入，提高了最低工资标准和企业工资增长指导线；提高市直机关津补贴标准和事业单位绩效工资水平，并向低职务职称人员倾斜；建立健全治理农民工欠薪工作机制，为 5518 名农民工追讨工资 4858 万元。建立统一的城乡居民基本养老保险制度，将进城落户农民纳入社会保障体系；提高企业退休人员基本养老金，月人均增加 221 元。提高城乡居民医疗、工伤保险待遇、低保标准，城镇居民医保和新农合年人均财政补助标准由 280 元提高到 320 元，工伤保险待遇标准提高 10%，城乡低保标准每人每月分别提高 25 元、22 元，农村五保对象集中供养、分散供养补助标准每人每年分别提高 200 元、130 元。加强对困难人群的补助、补贴，为领取失业保险金人员发放冬季取暖补贴，月人均 480 元；为全市农户免费发放 98 万吨取暖用煤；对 7231 名重度残疾人和贫困残疾人进行补贴，对 5000 名贫困残疾人进行康复救助，对 23051 名困难家庭学前幼儿提供生活补助。超额完成新开工建设城镇各类保障性住房 15000 套的任务，建成了一批便民市场。推进教育、卫生等各项社会事业发展。新改扩建公办标准化幼儿园 15 所，改造农村幼儿园 30 所；推进义务教育学校标准化建设和均衡发展，启动二期农村义务教育“全面改革”；落实边远贫困地区教师待遇，招聘 269 名农村义务教育特岗教师，选派 130 名教师到贫困县支教；中职教育免收学费全覆盖惠及 29414 名学生，普通高中学生助学金受助学生 12001 人。深化医药卫生体制改革，代县、繁峙等 8 个试点县县级公立医院所有药品全部实行了零差率销售，开展非政府办基层医疗卫生机构实施基本药物制度试点，人均基本公共卫生服务经费财政补助标准提高到35元，城乡居民大病保险率先在全省开始报销结算，参合农民住院按病种分级诊疗试点平稳起步。新建市人民医院竣工。“周末大戏台”“送戏下乡”、农村公益电影放映等文化惠民工程扎实开展。全市安全生产形势持续稳定好转，全年共发生各类生产经营性事故375起，上升7.1%；死亡72人，下降4%。全年煤炭百万吨死亡率0.053。

2014年，忻州市全市居民人均可支配收入12325元，增长9.3%。城镇居民人均可支配收入21735元，增长8.6%；城镇居民人均消费性支出10317元，增长4%。农村居民人均可支配收入6104元，增长11.2%；农村居民人均生活消费支出6412元，增长8%。城镇占调查总户数20%的低收入家庭人均可支配收入7511元，增长9.3%；农村居民占调查总户数20%的低收入家庭人均纯收入1567元，增长13.8%。城镇居民家庭恩格尔系数（即居民家庭食品消费支出占家庭消费支出的比重）30.6%；农村居民家庭恩格尔系数35.8%。

2014年，忻州市全市居民、城镇居民、农村居民人均纯收入均低于全省，分别低于全省4312元、2334元、2705元，在全省11个市中分别居第11位、第10位、第11位。城镇居民人均、农村居民人均生活消费支出均低于全省，分别低于全省4356元、580元，在全省11个市中分别居第11位、第7位。

8. 经济特区

忻州经济开发区，是忻州市境域内享受特殊政策的经济特区。忻州经济开发区始建于1992年，1996年批准为省级经济开发区。开发区位于市区北部，规划面积4平方公里，建成区面积3平方公里。经过多年建设和发展，开发区已与忻州市区融为一体，形成了产城融合、城区一体化发展的大格局，初步建成承接环渤海产业转移示范基地和新型工业聚集地、文化旅游集散服务中心，是忻州经济发展最具活力和潜力的区域之一。

2014年末，忻州经济开发区有各类工商企业87家，其中500强投资企业3家。区内初步聚集形成了煤机制造、生物医药、现代服务业为主的产业格局，包括以晋能集团、阳煤忻通为引领的煤机制业，以中恒、甘净为龙头的生物医药产业，以长城钨钼为代表的新材料产业，以丰园食品、天维乐为示范的农副产品加工业，以联通、移动等为主导的信息技术产业，以汽贸、金融、邮电等为带动的现代服务。

2014 年，忻州经济开发区固定资产投资 20.04 亿元，增长 56.5%；企业主营业务收入 117.5 亿元，增长 15.6%；财政收入 4.06 亿元，增长 64.58%；公共财政预算收入 2.13 亿元，增长 136.38%；政府性基金收入 3.48 亿元，增长 19.22%。

9. 县域经济

忻州市共辖定襄县、五台县、代县、繁峙县、宁武县、静乐县、神池县、五寨县、岢岚县、河曲县、保德县、偏关县和原平市、忻府区 14 县(市、区)。

忻州市是全国 14 个集中连片贫困地区之一，14 个县（市、区）中有 11 个国定扶贫开发重点县（神池县、五寨县、五台县、偏关县、静乐县、繁峙县、河曲县、保德县、岢岚县、代县、宁武县)，6 个县（五寨县、神池县、岢岚县、静乐县、五台县、繁峙县）分别属于吕梁山、太行山连片特困地区，贫困面比较大。

忻州市 14 县（市、区）中，忻府区、定襄县、原平市 3 县（市、区）地处盆地平原地带，农业生产条件良好；除五寨县、岢岚县 2 县较少外，其余各县市矿产资源都比较丰富。各县（市、区）产业各具特点。忻府区地处忻州主城区，城市化水平高，第三产业比较发达。定襄县产业以农产品加工、冶金铸造特别是以法兰为主的锻造业为主。原平市产业以现代农业、铝业、电力、煤化工和机械制造为主，是全省重要的能源化工基地。五台县旅游资源得天独厚，是旅游产业大县。代县、繁峙县 2 县产业以铁矿工业为主。宁武县、静乐县、河曲县、保德县为重点产煤县区，煤炭产业在县域经济中占主导地位。神池县、五寨县、岢岚县、偏关县以农业为主。

2014 年，忻州市 14 县（市、区）实现地区生产总值分别为忻府区 111.18 亿元、原平市 109.3 亿元、河曲县 70.05 亿元、保德县 62.75 亿元、繁峙县 53.18 亿元、代县 52.77 亿元、宁武县 40.46 亿元、五台县 39.32 亿元、定襄县 37.86 亿元、偏关县 26.05 亿元、静乐县 21.16 亿元、五寨县 19.46 亿元、岢岚县 18.74 亿元、神池县 17.75 亿元。第一产业增加值分别为原平市 12.15 亿元、忻府区 9.20 亿元、神池县 7.11 亿元、五台县 5.40 亿元、五寨县 5.21 亿元、繁峙县 4.49 亿元、偏关县 4.43 亿元、定襄县 4.28 亿元、保德县3.94亿元、岢岚县3.71亿元、河曲县3.51亿元、静乐县3.16亿元、代县2.99亿元、宁武县1.98亿元。第二产业增加值分别为原平市49.18亿元、河曲县46.74亿元、保德县45.76亿元、繁峙县32.71亿元、代县31.51亿元、忻府区31.27亿元、宁武县24.39亿元、定襄县18.02亿元、五台县10.94亿元、偏关县8.38亿元、静乐县8.10亿元、岢岚县4.03亿元、神池县1.89亿元、五寨县1.73亿元。第三产业增加值分别为忻府区70.72亿元、原平市48.21亿元、五台县22.98亿元、河曲县19.81亿元、代县18.27亿元、繁峙县15.98亿元、定襄县15.56亿元、宁武县14.09亿元、偏关县13.24亿元、保德县13.06亿元、五寨县12.52亿元、岢岚县11.00亿元、静乐县9.90亿元、神池县8.75亿元。完成公共财政收入分别为原平市7.69亿元、保德县6.30亿元、代县6.10亿元、河曲县6.06亿元、宁武县5.64亿元、忻府区5.06亿元、繁峙县4.25亿元、五台县3.73亿元、静乐县2.79亿元、神池县2.02亿元、偏关县2.01亿元、五寨县1.88亿元、定襄县1.54亿元、岢岚县1.44亿元。对全市地区生产总值贡献最高的是忻府区，最低的是神池县；对第一产业贡献最高的是原平市，最低的是宁武县；对第二产业贡献最高的是原平市，最低的是五寨县；对第三产业贡献最高的是忻府区，最低的是神池县。全年地区生产总值在50亿元以上的有忻府区、原平市、河曲县、保德县、繁峙县、代县6县（市、区），其中忻府区、原平市2区（市）地区生产总值突破100亿元；公共财政总收入在5亿元以上的县（市、区）有原平市、保德县、代县、河曲县、宁武县、忻府区6县（市、区）。

全年忻州市14县（市、区）城镇居民人均可支配收入分别为原平市23661元、定襄县23440元、忻府区23341元、保德县23018元、繁峙县22967元、河曲县21187元、岢岚县20775元、代县20726元、五台县20636元、宁武县18949元、五寨县18820元、神池县18190元、静乐县17906元、偏关县17473元，均低于全省平均水平；农村居民人均可支配收入分别为定襄县9948元、原平市8123元、忻府区6104元、繁峙县6012元、神池县5893元、五寨县5752元、保德县5644元、偏关县5275元、静乐县5138元、河曲县5091元、岢岚县5073元、五台县5034元、代县4562元、宁武县4205元，只有定襄县高于全省平均水平。

2014年末，忻州市14县（市、区）常住人口分别是忻府区55.71万人、原平市 50.00 万人、五台县 30.34 万人、繁峙县 27.31 万人、定襄县 22.23 万人，代县 21.88 万人、宁武县 16.36 万人、保德县 16.36 万人、静乐县 15.96 万人、河曲县 14.81 万人、偏关县 11.45 万人、五寨县 10.99 万人、神池县 10.81 万人、岢岚县 8.61 万人。

五 阳泉市

阳泉市位于省境中部东侧的太行山脉中段，东与河北省石家庄市交界，北、西、西南与省内忻州市、太原市、晋中市相邻。下辖 3 区（城区、矿区、郊区）2 县（平定、盂县）。辖区总面积 4570 平方公里，占全省总面积的 2.91%。境域地形地貌以山地为主，山地面积达 80% 以上。境内矿藏资源丰富，煤、铁矿产开发历史悠久，是全国和山西最大的无烟煤生产基地之一，素有“煤铁之乡”的美誉。阳泉市自古为晋冀间的交通要道，今为山西中东部出省的重要门户。阳泉市是随着近代以来石（家庄）太（原）铁路的兴建而兴起，最初是在全国解放战争的革命战争年代由中国共产党领导人民创建的，是中国共产党领导人民创建的第一个城市，后经区划调整于 1983 年形成现状，有着“中共第一城”的美称。2014 年末，全市常住人口 139.27 万人，占全省总人口的 3.82%，居全省 11 个市第 11 位。

1. 发展思路

2014 年，阳泉市坚持稳中求进、改革创新的总要求，以综改试验区建设为统领，以提高经济增长质量和效益为中心，进一步强力推进“工业强市、文化兴市、扩城阔市、生态靓市”四大战略，着力实现“项目建设、改革开放、民生改善”新突破，以党的群众路线教育实践活动为抓手，全面加强经济、政治、文化、社会和生态文明建设，奋力打造“千亿阳泉、百万新城”，为走出资源型城市转型跨越发展新路、全面建成小康社会而努力奋斗。

2. 经济运行

2014 年，阳泉市实现地区生产总值 616.6 亿元，增长 3.2%，增幅低于全省 1.7 个百分点。地区生产总值占全省的比重为 4.83%，地区生产总值在全省 11 个市中居末位。人均地区生产总值 44382 元，增长 0.3%。人均地区生产总值在全省 11 个市中居第 4 位，人均地区生产总值比全省多 9318 元。

全年财政总收入98.1亿元，下降6.3%。公共财政收入47.0亿元，增长0.5%。公共财政收入在全省11个市中居第10位。公共财政预算支出86.9亿元，增长0.6%。其中，教育支出增长2.4%，医疗卫生与计划生育支出增长0.7%，文化体育与传媒支出增长5.7%，农林水事务支出下降3.9%，社会保障和就业支出下降4.1%，节能环保支出下降37.8%。公共财政预算支出在全省11个市中居末位。

全年全社会固定资产投资517.4亿元，增长6.6%。按经济类型分类，国有及国有控股投资231.3亿元，增长1.2%；民间投资279.4亿元，增长12.6%；民间投资占固定资产投资的比重达到54%，提高2.9个百分点。按产业分类，第一产业投资26.1亿元，增长47.5%；第二产业投资223.5亿元，增长6.0%；第三产业投资267.8亿元，增长4.2%。在第二产业中，工业投资219.6亿元，增长4.6%。其中，煤炭产业投资52.4亿元，下降39.8%，非煤产业投资167.2亿元，增长36.0%；传统产业（煤炭、焦炭、冶金、电力）投资合计100.1亿元，下降20.2%，非传统产业投资合计119.5亿元，增长41.4%。新兴产业投资在工业中的比重达到54.4%，提高14.2个百分点。全年在建固定资产投资项目598个。其中，5亿元以上项目42个，计划总投资648.1亿元，完成投资114.3亿元。固定资产投资在全省11个市中居末位。

全年社会消费品零售总额271.2亿元，增长9.9%。按经营地统计，城镇消费品零售额252.5亿元，增长10.2%；乡村消费品零售额18.7亿元，增长6.3%。按消费形态统计，餐饮收入额38.3亿元，增长16.0%；商品零售额232.9亿元，增长9.0%。

全年外贸进出口总额19567万美元，下降8.3%。其中，进口额4645万美元，下降50.1%；出口额14922万美元，增长24.1%。全年新设立外商直接投资企业1家，按全口径统计实际使用外商直接投资金额27600万美元，增长4.2%。

年末规模以上工业企业140户，比2013年减少21户。规模以上工业增加值完成302.5亿元，增长4.2%，增幅高于全省1.2个百分点。规模以上工业企业实现主营业务收入559.7亿元，下降32.3%；实现利税21.4亿元，下降58.7%；实现利润-20.7亿元，下降432.9%。

3. 产业发展

2014 年，阳泉市第一产业增加值 11.0 亿元，增长 4.2%，占生产总值的比重为 1.8%；第二产业增加值 336.9 亿元，增长 3.5%，占生产总值的比重为 54.6%；第三产业增加值 268.7 亿元，增长 2.7%，占生产总值的比重为 43.6%。三次产业比重由 2013 年的 1.7∶57.7∶40.6 调整变化为 1.8∶54.6∶43.6。

第一产业中，以种植业和养殖业为主，农作物主要有玉米、谷子、豆类、薯类、蔬菜等，林果主要有苹果、核桃等。阳泉市是山西重要的小杂粮基地和核桃基地。近年来，特色农业和农业产业化发展较快。2014 年，大力推进小杂粮、设施蔬菜、肉牛肉羊、休闲观光等特色农业产业建设。新发展“一村一品”专业村 62 个，累计达到 309 个；新发展农民专业合作社 256 家，累计达到 2076 家；新增设施蔬菜 1500 亩、干果经济林 3.2 万亩、中药材 2.0 万亩、食用菌 42 万平方米，改造核桃低产林 1.9 万亩。农业产业化龙头企业达到 55 家，农产品龙头加工企业实现销售收入 21 亿元，增长 20%。全年粮食总产量达到 29.4 万吨，增加 0.3 万吨，增产 0.9%，再创历史新高。畜牧业产值达到 9 亿元，增长 5.9%。肉类总产量 19924.3 吨，增长 5.6%。其中，猪肉产量 15276 吨，增长 0.3%；禽肉产量 3513 吨，增长 31.1%。牛奶产量 6518 吨，下降 0.7%。禽蛋产量 27800 吨，增长 8.0%。水产品产量 810 吨，增长 7.1%。

第二产业中，煤炭、电力为支柱产业，冶金、机械、化工、新型材料为主导产业。近年来，阳泉市加快推进传统产业改造升级和新兴产业培育步伐，结构调整有力推进。2014 年，阳泉市的产业结构调整进一步推进。一是传统产业提升改造速度加快。面对煤炭市场持续低迷的形势，力促煤炭行业减负保稳。制定出台促进煤炭产业发展的新 12 条措施。全面清理规范了 23 项涉煤收费，全部撤销了境内 49 个煤焦收费站，为企业减负达 5.2 亿元。加快现代化矿井建设，程庄、上社、汇能 3 座矿井通过省级验收，冠裕、富鑫、常顺 3 座改造矿井顺利竣工并投产。优化煤炭产业、产品结构，提高了洗选比例，促进了精深加工。全年原煤产量同比下降 3.8%；洗煤产量同比增长 12.5%，原煤入洗率达到 60.7%。全年煤炭行业实现增加值 182.6 亿元，同比增长 5.4%。努力培育电力支柱产业，河坡 2×35 万千瓦发电项目加快推进，鑫磊、西上庄、阳煤远盛、裕光煤电等4个电力项目取得“路条”，在建和获得“路条”火电项目总装机容量达到542万千瓦。继续扩大煤化，做大做强铝业。阳煤集团乙二醇项目获备案，加快推进；阳煤盂县化工“24·40”尿素项目拆迁扫障工作基本完成；西格里5000吨特种石墨项目已实现部分投产；兆丰铝业氧化铝二期70万吨、20万吨高精铝板带一期项目已投产。二是新兴产业发展强劲。新能源发电装机规模（包括风电、太阳能发电、煤层气发电等）获批24.95万千瓦，占全市现有电力总装机规模的9.98%。西烟风电场一期4.95万千瓦项目提前并网，风电实现“零”的突破。有7个光伏发电项目取得“路条”，占全省光伏总指标的14.3%，其中晋阳新能源一期50兆瓦项目并网发电，中矿亿隆能源公司1.5万千瓦分布式瓦斯发电，阳煤二矿桑掌2.25万千瓦乏风氧化分布式发电等项目均获“路条”。阳泉垃圾焚烧发电项目开工建设。平定余康、乾丰养殖、郊区枣园、盂县旺兴等大型沼气工程全部通过省级验收。春明激光、高端液压支架油缸、南娄集团密闭铁镍合金等项目加快推进。40万吨中庸陶粒砂、贝特瑞金刚石纯化粉项目等推进顺利。在一批重大项目的带动下，第二产业中非煤产业投资在工业中的比重达到76.1%，提高17.3个百分点；新兴产业投资在工业中的比重达到54.4%，提高14.2个百分点。全年原煤产量6212.4万吨，下降3.8%；发电量107.7亿千瓦时，下降5.8%；焦炭产量70.8万吨，增长66.6%。规模以上工业企业实现主营收入559.7亿元，下降32.3%。其中，煤炭、焦炭、冶金和电力工业分别实现主营业务收入349.5亿元、5.3亿元、43.7亿元和38.7亿元，煤炭、冶金、电力工业分别下降35.5%、32.6%、22.9%，焦炭增长4.0%；化学、建材、装备制造、食品工业分别实现主营业务收入10.2亿元、39.4亿元、53.9亿元、3.5亿元，建材、食品工业分别增长2.9%、58.3%，化学、装备制造工业分别下降41.6%、40.7%。

第三产业中，以饮食业、旅店业、商业、金融等传统产业为主。近年来在政策扶持和一批重点项目的带动下，金融、旅游、现代物流、信息消费、文化创意、养老等服务业发展较快。2014年，阳泉市出台了促进金融、旅游、服务业、社会养老服务等重大政策措施，还出台了全省首个“市级现代物流业发展规划”（规划期限为2013~2017年），加快推进第三产业发展。一是创新和发展金融服务业。召开政银企项目洽谈会，促使14家金融机构与91家企业达成了353亿元的贷款合作意向。设立了1000万元的中小企业发展基金，设立1亿元的高新技术产业发展基金，重点扶持中小微企业发展和科技型中小企业发展。年末全市金融机构本外币各项存款余额1154.2亿元，比年初增加3.2亿元，比年初增长0.3%。各项贷款余额649.4亿元，比年初增加30.7亿元，增长5.0%。二是加快推进旅游业发展。盂县梁家寨大汖温泉国际度假区一期投入运营，盂县水神山佛教文化区主体完工；郊区桃林沟景区新建配套项目完工，成为阳泉市休闲的后花园。盂县西小坪村、大汖村、郊区上千亩坪村、小河村、咀子上村等5个村入选“山西最美旅游村”，成为阳泉市乡村旅游和休闲农业的代表和典型。全年接待海外旅游者3995人次，接待国内旅游者1816.8万人次，分别增长4.5%和22.5%；旅游外汇收入87.3万美元，国内旅游收入149.2亿元，旅游总收入149.4亿元，分别增长4.3%、24.5%和23.8%。三是信息服务业快速发展。阳泉百度云计算中心一期3万台服务器模组建成并投入运行，依托百度云计算品牌效应为产业基地的信息产业正在逐步形成。百度云计算中心于2012年奠基，是阳泉市信息产业发展的标志性项目。四是邮政快递行业加快发展。全市快递机构达到198个，全年快递量1015万件，人均达7件，居全省首位。五是社会养老服务体系建设进一步推进。全年新建120个农村老年人日间照料中心，7所乡镇中心敬老院实行了公办民营。六是特色文化产业成长较快。平定刻花陶瓷制作技艺、平定砂器烧制工艺入选国家级非物质文化遗产保护项目。平定县古窑陶艺有限公司投资6000多万元兴建“中国刻花瓷文化园”建设项目，入选2014年度全国特色文化产业重点项目库，成为全省唯一入围项目。2014年，阳泉市第三产业占生产总值的比重达到43.6%，提高了3个百分点。

4. 转型综改

2014年是全省转型综改攻坚年，阳泉市转型综改也攻坚前行，全面完成年度任务，全省考核排名第二。

行政审批、户籍制度、用地制度、国企改革、区划调整等改革取得重大进展。市本级行政审批项目由2013年末的98项减少到78项；市本级核准资项目数由2013年的11项减少到8项。工商登记制度改革，促进了小微企业发展，新注册1267户，增长60%。户籍制度改革，实现1151人由农转非。用地制度改革，推进了城乡建设用地增减挂钩、矿业存量土地整合利用、露天采矿用地等3项用地创新改革试点，累计争取周转指标4199亩。深化国有企业改革，出台《深化国资国企改革意见》，全面启动新一轮国企改革；推进阳煤集团平稳控股南煤集团，发展壮大了阳煤集团煤炭主业；按照“退城进园、搬迁改制”的思路，引入市场机制，启动了对市阀门股份公司、水泵厂有限公司的改革。优化调整行政区划，启动了经济开发区托管部分行政村的改革。

发展“飞地经济”是转型综改的重大事项之一，取得突破性进展。“飞地经济”是指两个相互独立、经济发展存在落差的行政地区打破原有行政区划限制，通过跨空间的行政管理和经济开发，实现两地资源互补、经济协调发展的一种区域经济合作模式。阳泉产业结构畸重，城区、矿区和开发区面积小，又集中在城市核心区域，经济总量因受空间限制难以做大。而拥有较充足土地的平定、盂县、郊区3个县郊区却缺少资金和项目。为破解这个难题，阳泉市于2013年开始大力推进“飞地经济”发展。主要举措是：确定城区、矿区、开发区是发展“飞地经济”的“飞出方”，平定、盂县、郊区是发展“飞地经济”的“飞入方”，“飞入方”在产业规划区域内采取集中或分散的方式提供一定数量面积的区域，“飞出方”在“飞入方”提供的区域内建成相应的“飞地经济”园区（项目），实现资源共享、优势互补、互利共赢。2014年，通过定政策、抓开工、建园区，阳泉市“飞地经济”发展取得重大进展。矿区和盂县、矿区和郊区、城区和平定成为“飞地经济”合作伙伴，携手在项目招商、落地、建设上实现了共赢发展。全年各县区共提出飞地经济项目（园区）20个，项目总投资105亿元。全年全市共有10多个飞地项目落地，并有多个项目开工建设。其中，总部位于城区的阳泉天元家用电器有限责任公司投资在平定县张庄镇开工建设的山西天元城市矿产资源循环利用产业集聚区项目，是阳泉市“飞地经济”标志性项目之一，已开工建设。

5. 重点工程

2014年是省委、省政府确定的“项目见效年”。在市委、市政府的领导下，全市坚持按照项目储备、签约、落地、开工、建设、投产“六位一体”推进机制，强力推进项目建设，明确目标分解任务，建立完善工作制度，制定落实推进措施，强化协调服务，严格督促检查，积极创优环境，重点工程建设在全市经济社会转型中发挥了重要的促进作用。全年全市共有重点工程项目379项，总投资1658.1亿元，年度计划投资439亿元。其中，省级重点工程42项，总投资509.45亿元，年度计划投资143亿元；市级重点工程337项，总投资1148.63亿元，年度计划投资296亿元。省级重点工程项目，包括水利建设工程、电网建设工程、保障性安居住房工程、山西省通道绿化工程在内的11个打捆项目，以及五台山至盂县高速公路、山西煤销集团煤电一体化项目、国新能源全省CNG/LNG加气站建设等4个跨市项目。

为了落实全市各项重点工程项目，阳泉市委、市政府确定了四大领域“六十工程”为重大项目，以重大项目为抓手和带动，推进重点工程项目的建设。“六十工程”重大项目，包括10个重大基础设施项目，30个重大产业投资项目，10个重大城镇化、生态环保和循环经济项目，10个重大民生和社会事业项目。

其中，重大基础设施项目，包括阳泉北至大寨铁路建设、漾泉大道二期、漾泉大道三期、阳五高速义井口连接线、泉西路、平阳路一期、阳泉汽车客运南站建设工程、城乡规划展览馆工程、洪城北路、华盛桥改扩建项目等10个。

重大产业投资项目，包括续建项目20个，如百度云计算中心项目（一期）、平定福润禽业食品有限公司肉鸡加工项目、阳煤集团盂县化工园尿素项目、山西吉天利科技实业有限公司循环经济低碳产业示范园一期项目、160万千伏安时通信电力环保电池、中广核风电有限公司盂县西烟风力发电项目、山西春明激光科技有限公司全固态高功率激光器生产项目、阳煤晋东物流园、山西太钢鑫磊资源有限公司年产66万吨冶金灰项目、山西河坡发电有限公司2×35万千瓦发电机组项目、山西中岚国际物流园区项目、山西兆丰铝业责任有限公司一期200kt/a高精铝板带铸轧技改项目、山西中地泰来煤炭运销有限公司新建山西康泰来生态农业产业项目、山西大正伟业农牧有限公司商品蛋鸡养殖及禽蛋加工项目、盂县藏山旅游风景名胜区基础设施建设项目等；包括10个新建项目，如阳煤集团乙二醇项目、南煤集团西上庄煤电一体化项目、2×35万千瓦阳煤远盛“上大压小”热电项目、山西鑫磊电石集团有限公司新建盂县鑫磊2×35万千瓦低热值煤热电厂项目、金星物资机械产业基地项目、阳泉市顺康食品有限公司蒙牛阳泉物流基地项目等。

重大城镇化、生态环保、循环经济项目，包括生态新城起步区开发项目，盂县大县城建设项目、平定张庄镇镇区建设、景观环境整治建设项目、阳泉市垃圾焚烧发电项目、阳泉市餐厨垃圾和有机废物综合处理工程、阳泉市矿山生态环境保护与恢复治理项目、阳泉市造林绿化项目、阳泉市河道治理、水库除险加固项目、新建锂离子电池生产和废旧锂离子电池无害化处理与资源化利用项目、家电生产和废旧家电拆解项目（飞地经济项目）等。

重大民生和社会事业项目，包括城镇供排水“扩容提质工程”、阳泉职业技术学院新校区建设项目、三泉保障性住房建设工程、魏家峪保障性住房建设工程、大西庄保障性住房建设一期工程、阳泉市新建阳泉市保晋路棚户区改造安置住房项目、阳泉市中心人民医院建设项目、智慧阳泉项目、“上大压小”阳泉市集中供热管网工程、阳泉市养老公益服务项目等。

截至2014年末，“六十工程”重大项目完成重点工程投资476.17亿元，完成省下达年度任务399亿元的119.34%。其中：省级完成152.73亿元，完成年度任务130亿元的117.48%；市级完成323.44亿元，完成年度任务269亿元的120.248%。项目投产完成221项，总投资471.39亿元，完成省下达年度任务454亿元的103.83%。其中：百度云计算中心项目（一期）、天元绿环科技有限公司家电生产和废旧家电拆解项目（飞地经济项目）、阳煤集团盂县化工园尿素项目、山西吉天利科技实业有限公司循环经济低碳产业示范园一期项目、山西春明激光科技有限公司全固态高功率激光器生产项目、山西太钢鑫磊资源有限公司年产66万吨冶金灰项目等，达产达效。

6. 城乡建设

近年来，阳泉市以城市扩容提质、大县城和重点镇建设以及农村环境改善为重点，不断推进城乡建设，取得重要进展。2014年，阳泉市继续围绕城市扩容提质等，加快推进城乡建设。

城市主城区、大县城和重点镇建设加快推进。主城区建设在城市扩容提质、路网改造、环境改善等方面，取得新进展。阳（泉）左（权）、阳泉西环高速建成通车，形成了100公里城市环形高速圈。阳泉汽车客运南站工程正式奠基开工，完成项目主体建设。该项目位于平定县西外环庙沟村，距离市中心5公里，距太旧高速平定南互通7公里，距东纵高速平定北互通10公里，是推进城市扩容提质、提升城市品位的重大工程。老城区华盛桥、赛鱼桥、白羊墅桥竣工并通车，沃尔玛地下通道建成启用；南北重要新通道泉西路开工建设。生态新城建设继续推进。生态新城规划范围南起阳泉老城，北接荫营镇区，东至阳五高速公路，西至魏家峪、桃林沟一线，规划面积约60平方公里，相当于再建了个新阳泉。生态新城漾泉大道一期、二期工程进展顺利，李荫路互通工程竣工通车；新城大道供热和供水管网建设全面完成，城乡规划展览馆主体完工，阳泉职业技术学院新校区开工建设。特别引人注目的是，阳泉市城乡重大基础设施项目——阳泉北至大寨铁路建设项目，筹备工作取得重大进展，基本具备开工建设的条件。与此同时，大县城和重点镇建设继续推进，成效明显。全年全市（含县城）新增绿化面积18.7万平方米，建成区绿化覆盖率达到41.4%，绿地率达到35.7%，人均公园绿地面积达到9.54平方米/人；居民用气普及率达到97.99%；集中供热普及率达到95.98%；人均城市道路面积10.39平方米。

智慧城市建设取得重大进展。2013年，阳泉市成为国家智慧城市试点市和开展智慧城市技术和标准试点市。智慧城市是以互联网、物联网、云计算等为基础，以智慧的城市管理、智慧的市民服务和促进智慧产业发展为重要内容的现代城市发展新模式。经过两年试点建设，到2014年末，阳泉智慧城市建设取得重大进展。其中，采用4G技术建成了主要覆盖学校、医院、公园、城市游园、车站、商场、宾馆、审批大厅、文化体育场所9大领域共56个区域以及33条市区主要干道的政务专网和公共场所免费无线互联网，极大地提升了城市数字化管理水平。

农村人居环境进一步改善。启动实施农村提质工程、农民安居工程、环境整治工程和宜居示范工程“四大工程”，推进了农村人居环境的改善。“四大工程”完成投资10.9亿元。其中，改造县乡公路36公里，改造49处农村集中式供水工程，建成老年人日间照料中心120个，改造困难家庭危房3200户，建设幼儿园15所，易地搬迁贫困人口885人，960个行政村配备垃圾收集车等设备。同时还启动了采煤沉陷区治理搬迁试点，启动了15个市级和20个县级美丽宜居示范村的创建。

城乡生态环境建设继续推进。大力实施大气污染防治净空工程，严格实行建筑施工工地整治、矸山治理等措施，深入开展扬尘污染防治、淘汰落后产能等专项行动。淘汰黄标车、老旧车17985辆，超额完成省定任务。全年主要污染物减排任务全部完成，化学需氧量、氨氮、二氧化硫、氮氧化物、烟尘和粉尘排放量分别下降2.12%、0.05%、5.16%、9.23%、0.33%和

0.45%。全年全市空气质量二级以上天数为178天，优良天数比例为48.8%，综合污染指数为8.62，环境空气质量稳定达到国家二级标准。开展河流污染整治专项行动，水土流失治理面积达到5.07万亩。阳泉市污水处理厂二期工程启动实施，工程建成后，不仅可使城市污水处理能力增加一倍，而且也能提高污水处理水平，减轻城市污水对河道的污染。全年新创建1个省级生态乡镇和5个省级生态村，累计创建省级生态乡镇15个、省级生态村94个。年末全市森林覆盖率提高到25.9%。

2014年，阳泉市城镇化水平进一步提高，市域城镇化率达64.96%，同比提高0.96个百分点。城镇化率在全省11市中居第2位。

2014年，阳泉市新增公路通车里程26.6公里，达到5370.6公里（其中省道、国道416.5公里），公路密度达38.56公里/万人。

7. 民生社会

2014年，阳泉市保障改善民生提速，社会事业发展实现新进步。全市公共财政民生支出占总支出的比重达80.18%，增加3.74个百分点。全年城镇新增就业2.52万多人，完成年度目标任务的100.9%；转移农村劳动力1万余人。年末城镇登记失业率为3.13%，低于4.2%的控制目标。城镇社会保险综合参保率达到97.8%。落实机关事业单位增资政策，发布企业工资指导线，提高最低工资标准，增加各类就业人员收入。城区、矿区、郊区最低工资标准提高到1450元，平定县、盂县最低工资标准提高到为1250元，均提高160元。干部包村促贫困地区农民收入增加，全年全市371个包扶村农民人均收入同比增长15.6%。提高城乡居民医疗、低保标准，增强社保水平。城镇居民医保成年人、未成年人人均财政补助标准分别提高到330元、320元，新农合人均财政补助标准提高到320元，并实行了城乡居民大病保险；城乡低保标准每人每月分别提高到410元、225元，农村五保对象集中供养、分散供养标准每人每年分别提高到6000元、3000元；企业退（职）休人员基础养老金人均提高10%。年末全市参加城镇职工基本养老保险25.78万人，增长2.9%；参加农村养老保险37.02万人，增长0.6%；参加城镇医疗保险64.1万人，增长2.3%；57.2万农民参加合作医疗，参合率保持99%以上。新建改造103个连锁早餐经营网点，累计发展连锁经营网点180个，连锁经营网点遍及市县各社区，受益人群10万余人。建成400个农村便民信息化连锁商店，率先在全省基本完成农村便民连锁商店信息化改造任务。开工建设保障性住房6331套，基本建成9121套。盂县、郊区、矿区3县（区）义务教育均衡发展通过国家验收，走在全省前列。山西工程技术学院揭牌，结束了阳泉市无本科院校历史。开展偏远贫困村“一年一场戏”文化惠民活动，覆盖全市300个偏远贫困村。全市安全生产形势持续明显好转，全年各类生产经营性事故起数、死亡人数分别下降15.7%、22.2%，煤矿百万吨死亡率下降到0.044。

2014年，阳泉市全市居民人均可支配收入19419元，增长8.4%。城镇居民人均可支配收入24825元，增长7.4%；城镇居民人均生活消费支出13476元，增长2.2%。农村居民人均纯收入10742元，增长10.1%；农村居民人均生活消费支出7928元，增长2.8%。城镇占调查总户数20%的低收入居民人均可支配收入8018元，增长8.2%；农村占人口20%的低收入居民收入3880元，增长12.4%。

2014年，阳泉市全市居民、城镇居民、农村居民人均可支配收入均高于全省，分别高于全省2881元、756元、1933元。在全省11个市中，阳泉市全市居民、城镇居民、农村居民人均可支配收入分别居第2位、第5位、第2位。

8. 经济特区

阳泉经济开发区，是阳泉市境内享受特殊政策的经济特区。阳泉经济开发区是于1993年成立的集科工贸于一体的省级经济开发区。开发区区域总面积10.06平方公里，规划建设面积3.83平方公里，分为东、西两区，西区为起步区，规划建设面积1.33平方公里，内设科研教育小区、工业生产小区、金融贸易小区、居民住宅小区；东区为扩展区，规划建设为2.5平方公里，主要安排资源加工工业项目。经过多年建设和发展，开发区已成为阳泉市一个先进生产要素聚集的新型工业园区，在全市产业结构的调整、经济和城市建设的快速发展中发挥着十分重要的榜样和示范作用。

2014年末，阳泉经济开发区共有各类工商企业1342家，个体工商户2255家，形成了以现代装备制造、高新技术、现代商贸物流和现代化工为特色的产业结构。装备制造主要以矿机装备制造为主，拥有煤炭输送带、采煤机、掘进机、乳化液泵、液压支架、巷道钻机等门类比较齐全的矿用设备制造企业。现代化工主要以日资企业山西日本能源润滑油有限公司和台资企业方大添加剂（阳泉）有限公司为主体。高新技术主要百度云计算技术（山西）有限公司为主体。现代商贸物流企业主要有居然之家（阳泉）店、红星美凯龙等。

2014 年，阳泉经济开发区地区生产总值完成 14.09 亿元，增长 8.3%；固定资产投资完成 30.81 亿元，增长 10.13%；规模以上工业增加值完成 4.51 亿元，增长 7.6%；社会消费品零售总额完成 11.27 亿元，增长 8.97%；外贸进出口完成 4805 万美元，下降 7.74%。财政总收入完成 4.68 亿元，增长 56.74%；公共财政预算收入完成 2.93 亿元，增长 70.2%，两项指标增幅排名全市第一。新增高新企业 5 家，申报专利 47 项，申报国家和省、市新成果 11 项。

9. 县域经济

阳泉市共辖盂县、平定县和城区、矿区、郊区 5 个县（区）。盂县、平定县和郊区 3 个农业县（区）均为省级综改试点县（区）。

阳泉市 5 个县（区），除城区没有煤炭资源外，其余 4 个县（区）都是全省重点产煤县（区）。其中，盂县的产业以煤、电、耐火材料为主，平定县的产业以煤、电、煤化工为主，矿区的产业以煤、电、装备制造业为主，郊区的产业以煤、耐火材料、水泥为主。近年来，各县（区）一些绿色、环保的特色产业发展较快，如盂县、平定县、郊区的设施蔬菜、小杂粮产业，盂县的核桃种植、核桃乳产业，郊区的奶牛养殖、乳制品产业，平定县的陶瓷产业，矿区的文化产业和城区的信息产业等。城区的第三产业比较发达，城市化程度较高，服务业是拉动地区经济发展的主要动力。矿区和盂县的工业经济比较发达，第二产业尤其是工业是拉动地区经济发展的主要力量。

2014 年，阳泉市 5 县（区）实现地区生产总值分别为城区 148.00 亿元、矿区 137.10 亿元、盂县 135.19 亿元、平定县 85.79 亿元、郊区 81.12 亿元。第一产业增加值分别为平定 4.60 亿元、盂县 4.08 亿元、郊区 2.49 亿元，第二产业增加值分别为矿区 111.90 亿元、盂县 86.69 亿元、平定 46.74 亿元、郊区 48.02 亿元、城区 22.10 亿元，第三产业增加值分别为城区 125.90 亿元、盂县 44.45 亿元、郊区 36.61 亿元、平定 34.46 亿元、矿区 25.20 亿元。完成公共财政收入分别为盂县 6.92 亿元、郊区 4.79 亿元、平定 4.27 亿元、矿区

3.12 亿元、城区 2.84 亿元。对全市地区生产总值贡献最高的是城区，最低的是郊区；对第一产业贡献最高的是平定县，最低的是郊区；对第二产业贡献最高的是矿区，最低的是城区；对第三产业贡献最高的是城区，最低的是矿区。全年地区生产总值在 100 亿元以上的有城区、矿区、盂县 3 县（区）；公共财政收入在 4 亿元以上的县（区）有盂县、郊区、平定县 3 县（区）。

全年阳泉市 5 县（区）城镇居民人均可支配收入分别为城区 25840 元、矿区 25520 元、盂县 24677 元、平定县 22845 元、郊区 20860 元；农村居民人均可支配收入分别为郊区 11320 元、盂县 10801 元、平定县 10212 元。城区、矿区、郊区和盂县城镇居民人均可支配收入均高于全省平均水平。各县（区）农村居民人均可支配收入均高于全省平均水平。

2014 年末，阳泉市 5 县（区）常住人口分别是盂县 30.68 万人、平定县 34.14 万人、城区 19.62 万人、矿区 24.78 万人、郊区 23.85 万人。

六 吕梁市

吕梁市位于省境中部西侧吕梁山脉中段，西以黄河为界与陕西省榆林市毗邻，北与省内忻州市相连，东与省内太原市、晋中市相邻，南与省内临汾市接壤。下辖 10 县（交城县、文水县、中阳县、交口县、石楼县、柳林县、临县、兴县、岚县、方山县）2 市（孝义市、汾阳市）1 区（离石区）。辖区总面积 2.1 万平方公里，占全省的 13.46%。吕梁市所处的吕梁山脉，是一个被黄土覆盖着的山地高原区。境域地形地貌以山地为主，除东部边缘的太原盆地西缘平川地带外，其余大部是黄土丘陵沟壑山区，山区半山区占 91.8%。境内矿产资源丰富，探明有煤、铁、铝等矿产资源 40 多种，煤、铁、铝储量分别占全省的 15.26%、29.6%、46%；盛产红枣、核桃、沙棘，有“红枣之都”“核桃之乡”“沙棘之府”美誉。吕梁市，因吕梁山脉纵贯全境而得名。新中国成立后，1971 年新设吕梁地区，2004 年撤地设市。2014 年末，全市常住人口 381.31 万人，占全省总人口的 10.45%，居全省 11 个市第 4 位。

1. 发展思路

2014 年，吕梁市坚持“打基础、利长远、惠民生”总体要求，主动适应经济发展新常态，着力加大扶贫攻坚，着力加快经济结构调整，着力保障改善民生，着力维护社会和谐稳定，不断推进经济、政治、文化、社会和生态文明建设，为走出资源型地区转型跨越发展新路、全面建成小康社会努力奋斗。

2. 经济运行

2014 年，吕梁市实现地区生产总值 1101.3 亿元，下降 2%。地区生产总值占全省的比重为 8.6%，地区生产总值在全省 11 个市中居第 5 位。人均地区生产总值 28960 元，下降 10.8%。人均地区生产总值在全省 11 个市中居第 8 位，人均地区生产总值比全省少 6110 元。

全年公共财政预算收入完成 130.6 亿元，下降 20.4%。公共财政收入在全省 11 个市中居第 3 位。公共财政预算支出 256.6 亿元，下降 12.2%。其中：一般公共服务支出 21.6 亿元，下降 22.8%；公共安全支出 12.5 亿元，下降 7.4%；教育支出 50.8 亿元，下降 17.6%；社会保障和就业支出 25.3 亿元，增长 3.4%；医疗卫生支出 26.4 亿元，增长 20.6%；节能环保支出 7.6 亿元，下降 2.8%；城乡社区事务支出 21.5 亿元，增长 2%；农林水事务支出 27.6 亿元，下降 17.4%；住房保障支出 6.3 亿元，下降 29.7%。公共财政预算支出在全省 11 个市中居第 3 位。

全年固定资产投资 1017 亿元，增长 16.5%。其中城镇投资 973.8 亿元，增长 15.9%。按经济类型分类，国有及国有控股投资 378.0 亿元，增长 19.9%；民间投资 632.0 亿元，增长 13.3%。按登记注册分类，内资企业和个体经营投资 1010.0 亿元，增长 16.4%；外商及港澳台商企业投资 7.0 亿元，增长 42.9%。按产业分类，第一产业投资 25.3 亿元，增长 82%；第二产业投资 570.7 亿元，增长 2%；第三产业投资 421 亿元，增长 40.6%。在第二产业中，工业投资 570.7 亿元，增长 2%。其中，煤炭工业投资 121.4 亿元，下降 3.6%，非煤产业投资 449.3 亿元，增长 3.7%；传统产业（煤炭、焦炭、冶金、电力）投资合计 341.5 亿元，增长 6.7%，非传统产业投资合计 229.2 亿元，下降 4.3%。全年在建固定资产投资项目 993 个。其中，亿元以上项目 341 个，计划总投资 3433.1 亿元，完成投资 793.5 亿元。

全年社会消费品零售总额 376.8 亿元，增长 9.5%。按经营地统计，城镇消费品零售额 298.2 亿元，增长 9.1%；乡村消费品零售额 78.6 亿元，增长 11.1%。

全年外贸进出口总额56137万美元，下降25%。其中，出口额19409万美元，增长18.4%；进口额36728万美元，下降37.1%。

年末规模以上工业企业556家，比2013年减少36家。规模以上工业增加值完成693.5亿元，下降5.6%。规模以上工业企业实现主营业务收入1685.6亿元，下降10.2%。规模以上工业实现利税70亿元，下降58.7%；实现利润-25.7亿元，下降169.15%。

3. 产业发展

2014年，吕梁市第一产业增加值68.3亿元，增长4.2%，占生产总值的比重为6.2%；第二产业增加值685.1亿元，下降3.3%，占生产总值的比重为62.2%；第三产业完成增加值347.9亿元，增长0.6%，占生产总值的比重为31.6%。三次产业比重由2013年的5.3∶70.52∶4.2调整变化为2014年的6.2∶62.2∶31.6。

第一产业中，农作物主要有玉米、小麦、谷子、高粱、豆类、薯类、莜麦等，经济作物主要油料、红枣、核桃、瓜果蔬菜等。吕梁市是传统农业大市，近年来大力推进“一村一品、一县一业”工程建设，加快发展现代农业和特色农业，取得积极成效。2013年，全面启动了“8+2”（“8”，即大力发展核桃、红枣、杂粮、畜牧、蔬菜、马铃薯、林下中药材、食用菌八大产业；“2”，即突出抓市场建设和龙头企业建设两个关键环节）农业产业化振兴三年计划，进一步加速农业产业化发展，推动农业转型升级。2014年，继续推进“8+2”农业产业化和“一村一品”“一县一业”工程。“8+2”农业产业化工程实施面积由2013年的14.5万亩增加到40.3万亩，扩大了2.8倍，参与农户由1万余户增加到6万多户，建成了一批区域化规模化的红枣、核桃、杂粮、食用菌、马铃薯等生产基地。“一村一品”“一县一业”工程累计初步建成9个特色产业基地县（岚县、临县、方山县马铃薯基地，兴县、中阳县、汾阳市、石楼县小杂粮基地，孝义市蔬菜基地，文水县蛋鸡基地）、234个专业村。新增市级以上农业专业合作示范社85家，国家和省市级农业专业合作示范社总数达到418家。农业产业化龙头企业销售收入突破百亿元大关，达到100.8亿元。全年粮食产量12.6亿公斤，增加1.02亿公斤，增产8.8%。其中，玉米产量9.5亿公斤，小麦产量1262.1万公斤；高粱产量1445万公斤；土豆产量4.15亿公斤；豆类产量8605万公斤。全年猪牛羊肉总产量9.4万吨，增长16%。其中，猪肉产量6.77万吨，增长16.7%；牛肉产量1.42万吨，增长11.8%；羊肉产量1.21万吨，增长80.6%。年末生猪存栏56.6万头，生猪出栏86.08万头。牛奶产量2.48万吨，增长0.07%。禽蛋产量9.92万吨，增长0.06%。

第二产业中，煤炭、焦炭、生铁、钢材、电力、酿酒为优势传统产业。近年来大力推进传统产业的改造提升和新型产业的培育发展，新能源、新材料等新兴产业取得长足进步。2014年，吕梁市产业结构调整优化升级进一步推进。一是减负保稳，促传统产业发展。全面清理规范涉煤收费，取缔涉煤收费15项，为企业减负4.29亿元。积极推行煤电联营、煤焦互保措施，市内电厂基本使用本地煤，达到560万吨；焦化企业80%的原煤来自本地，达到3200万吨。加强煤矿分类监管，推进矿井改造升级和达标建设，累计完成投资33亿元，竣工验收煤矿15座，新增产能2590万吨。二是加快传统产业改造升级。完成转型技术改造项目投资341亿元，建成试产或部分投产项目62个。淘汰水泥、炼铁、焦化等落后产能473万吨，停建违规项目9个、产能625万吨。加快焦化行业兼并重组，企业（项目）数减少28个，户均产能增加86万吨，孝义金州煤系针状焦项目竣工投产，一批产业延伸项目顺利推进。编制完成燃煤电厂规划，8个低热值煤电厂核准在建和取得“路条”，总装机容量达到540万千瓦，交城国锦2×30万千瓦1号机组并网发电。首座光伏发电项目在汾阳并网发电，3个风电项目在岚县、方山基本建成。交口道尔、兴华等一批铝基新材料项目落地开工。三是加大新兴产业培育力度。以锂离子电池材料、太阳能备板膜和高铁动车制动盘等为标志的新材料与装备制造业提档增速。其中，在文水县建成全省最大的太阳能电池及光伏组件项目，当年开工、当年投产，填补了山西省在核心光伏发电装备制造领域的空白。在交城县兴建的国正高铁30万套高铁动车制动盘项目加快推进。孝义市与上海申沃合作的新能源客车整车在孝义下线。全年原煤产量11606.8万吨，下降0.8%；焦炭产量1841.3万吨，下降4.1%；白酒产量65360.6千升，下降10.8%；水泥产量666.1万吨，下降22.6%；生铁产量447.8万吨，增长23.5%；钢材产量369.1万吨，增长1.6%；氧化铝产量339.3万吨，增长34.6%；发电量为112.6亿度，增长13.3%。

第三产业中，以饮食业、旅店业、商业、金融等传统产业为主。近年来在政策扶持和一批重点项目的带动下，旅游、现代商贸物流产业发展较快。2014 年，旅游、现代商贸物流产业进一步加快发展。一是积极推进旅游资源整合和景区升级改造。整合旅游资源，推进旅游产业板块集聚发展，初步形成了“四大板块”的发展格局，即依托庞泉沟、北武当山、南阳沟、云顶山、苍儿会、千年里等自然生态景区的绿色生态休闲度假板块；以兴县黑峪口、临县碛口镇和曲峪镇、柳林三交镇、石楼东辛关和黄河石楼湾为节点南北延伸的形成“四点一线”的黄河民俗风情板块；以链接则天故里、汾酒工业园、卦山、玄中寺等旅游景点为主开发的特色文化板块；突出红军东征、晋绥革命、吕梁英雄谱三大主题形成以兴县、临县、石楼、交城和文水为主的红色经典板块。通过对旅游景区的改造升级，孝义市胜溪湖森林公园、孝义市孝河湿地公园、汾阳市贾家庄文化生态旅游区、交城县果老峰水上乐园、孝义市三皇庙升级为国家 4A 级景区，柳林县抖气河升级为 3A 级景区。加上原有的 3 个国家 4A 级景区（卦山、玄中寺、汾酒文化园）、2 处国家 3A 级景区（苍儿会、柳林黄河三峡母亲峰景区）、国家 2A 级景区 1 处（北武当山），吕梁市已经拥有国家 A 级景区 12 处。全年全市接待入境游客 5058 人次，接待国内游客 2150.1 万人次，分别增长 4.6% 和 27.4%；旅游外汇收入 193.6 万美元，国内旅游收入 181.5 亿元，旅游总收入 181.6 亿元，分别增长 4.2%、28.7% 和 27.6%。二是加快基础设施建设和发展商贸物流产业。近年来，随着太中银铁路的开通和中南铁路大通道的建成，吕梁市打破了交通闭塞状况，初步形成横贯东西、纵穿南北的铁路网布局。2014 年开始，吕梁市依托境内形成的铁路路网这一战略资源，把铁路专用线集运站点建设作为发展现代物流运输产业基础，加快布局和强力推进。其中，中南大通道和太中银铁路沿线的兴县蔡家崖、肖家洼煤矿铁路专用线、柳林孟门煤炭铁路专用线集运站初步具备发运能力；太钢袁家村铁矿铁路专用线，柳林南铁路集运站、文水铁路集运站煤焦专用线、交城铁路战略装车点等项目建设顺利推进。与此同时，各地商贸基础设施建设也不断推进。孝义红星美凯龙城市商业综合体项目、丰邦农商贸批发市场加快建设，孝义义乌商品交易国际博览城建成投入运营，汾阳万泰商城竣工招商。中西部家居产业基地项目落户汾阳阳城商贸物流经济开发区，项目总投资 50 亿元，占地 900 亩，建成后将形成集家居建材城、五金机电城、数码电子城、义乌小商品城、食品交易城等多功能配套服务为一体、现代化的超大型商业市场和物流交易中心。此外，以临县电商王小帮为代表的电子商务等物流新业态起步发展。全年服务业增加值占比达到31.6%，超年度目标6.4个百分点。

4. 转型综改

2014年是全省转型综改攻坚年，吕梁市以转型综改试验区建设为统领，不断推进各项改革创新，取得重要成效。

推进重点领域改革。深化行政审批体制改革，进一步下放市级行政审批事项，全年下放县市区行政审批事项28项，精简市级审批事项3/5、共291项，压缩承诺时限近4/5，单一事项审批时限控制到5个工作日。扎实开展“六权治本”试点工作，启动了政府工作部门权力清单和责任清单编制工作；围绕土地、矿产资源等重点领域和资源配置、工程招投标、政府采购等关键环节，初步建立了统一、透明、规范的公共资源交易平台。进一步创新循环经济发展促进机制，孝义市成功入选国家级循环经济示范县（市）。积极探索建立生态环境保护修复多元投入和补偿机制工作进展顺利。创新农业生产经营机制工作全面启动，推行合作社建设“五化”（生产标准化、经营品牌化、治理规范化、社员知识化、产品安全化）管理模式，培育了30家省级示范合作社。深化财税管理体制改革，实行全口径预算管理，实施全面规范的预决算公开，2014年市本级“三公”经费预算比2013年预算下降了35.72%。深化户籍制度改革，在离市区以新城区农业人口为试点和起点，推行了“一转变、八保障”的户籍制度改革。“一转变”即户口农转非；“八保障”即养老有保障、医疗有保障、特殊人群生活有保障、最低生活有保障、就业有保障、被征地农民子女就学有保障、计划生育政策有保障、土地承包政策有保障。

加快创新驱动发展。制定出台了《国家创新驱动发展战略吕梁行动计划（2014～2020年）》《关于鼓励高新技术企业创新发展促进产业转型升级的意见》。搭建创新驱动发展融资平台，成立了山西投资集团吕梁分公司，建立了吕梁科技投融资平台，组织32户煤炭龙头企业实施了16个煤基领域的重点科技攻关项目，减免高新技术企业税费1000万元，新发展高新技术企业7户。继续引深与国防科技大学合作，全力支持吕梁军民融合协同创新研究院发展。吕梁军民融合协同创新研究院是吕梁市与国防科技大学于2012年合作组建的，是开展军民融合、军地合作的技术研发与成果转化的创新平台，已在高性能云计算、基于 AIS 应用的微纳卫星、无人系统、能源互联网等高科技领域取得了实质性的合作交流成果。

5. 城乡建设

近年来，吕梁市科学规划，大力推进实施以中心城市、次中心城市、大县城、重点镇及农村环境改善为重点的城乡建设，取得重要进展。其中，中心城市建设即“一市四区”建设，包括离石、中阳、柳林、方山 4 区（县）；次中心城市建设即汾阳、孝义 2 市建设；大县城建设即交城、文水、兴县、岚县、临县、交口、石楼 7 县城建设。2013 年，《吕梁市城市总体规划（2013—2030）》获省政府批复，标志着吕梁市在推进离柳中方（离石、柳林、中阳、方山）一体化发展、加快构建“一市四区”区域中心城市框架方面迈出重要步伐。2014 年吕梁市城乡建设继续加快推进。

中心城市建设加快推进。市区控制性详细规划的编制，实现了市区控规全覆盖。主城区完成凤山公园循环路改造和滨河东路、呈祥路南延一期工程；城区学校附近新建 4 座人行天桥，极大地保障了学生的出行安全。新城区开工建设 13 个重点项目，吕梁大道一期工程 11.47 公里主线贯通，7 座大桥基本建成，回迁安置楼和供水、供热、供气、火车站站前广场等基础配套工程稳步推进。新增城市绿化面积 145.5 公顷。吕梁环城高速具备了通车条件，为进一步拉大城市框架、拓展城市空间、提高中心城市的吸纳力、影响力和承载力奠定了重要基础。

次中心城市、大县城、重点镇建设及农村环境改善继续推进。编制完成了孝义、汾阳 2 市城镇体系规划和交城、文水、中阳、孝义 4 个县（市）县城（市区）建设总体规划。岚县创建为省级园林县城，孝义创建为国家卫生城市。启动实施农村提质工程、农民安居工程、环境整治工程和宜居示范工程“四大工程”，其中新改建农村公路 304.7 公里，新增通车里程 175 公里，农村公路通车里程突破 1.5 万公里；新解决农村 15 万人的饮水安全问题；改造农村危房 2.1 万户；清运农村垃圾 129.5 万吨，清理农村房前屋后、大街小巷、村庄周边的柴堆、煤堆、粪堆、料堆“四堆”1.9 万处。

境内跨城乡的重大交通、水利等基础设施建设进一步推进。吕梁机场建成通航，是吕梁交通基础设施建设的历史转折点，形成了航空、高速、铁路三位一体立体交通格局。吕梁机场从年初开航时到北京的 1 条航线，到年末已有到北京、上海、长沙、海口、西安、广州 6 条航线，旅客吞吐量突破 10 万人次。太（原）佳（县）高速黄河大桥和西纵高速岢（岚）临（县）、临（县）离（石）段建成通车。中南部铁路瓦（塘）日（照）铁路、太（原）兴（县）铁路建成通车试运行，太中银铁路吕（梁）临（县）支线主体完工，除交口外，吕梁 12 个县（市、区）通了铁路。中部引黄工程及配套小水网、重点病险水库除险加固工程有序推进，龙门供水工程输水隧道全线贯通。

城乡生态环境建设持续推进。一是积极推进节能减排。淘汰水泥、钢铁、焦化等落后产能 473 万吨，停建违规项目 9 个、产能 625 万吨。完成列入减排计划重点项目 131 个。交城经济开发区、孝义经济开发区列入省 2014 年循环化改造示范试点园区。淘汰黄标车和老旧车辆 35000 多辆。全年万元地区生产总值综合能耗下降 2.28%；六项污染物减排和万元工业增加值用水降幅完成年度任务；市区二级以上天数达到 266 天，增加 16 天，PM10、PM2.5 分别下降 3% 和 13.6%。二是继续推进生态修复治理。大力实施通道绿化、村庄绿化、环城绿化、沟坡混交造林、干果经济林和灌木经济林项目，打造了一批造林绿化精品工程，完成生态林建设 63.3 万亩。综合治理水土流失 45.4 万亩。三是启动实施对辖区内文峪河、三川河、磁窑河、湫水河沿线 12 县（市、区）河流水环境质量的综合整治，推进了水环境质量的改善。

2014 年，吕梁市市域城镇化率达 44.67%，同比提高 1.56 个百分点。城镇化率在全省 11 个市中列居第 9 位。

2014 年，吕梁市公路通车总里程达到 17153 公里。其中，高速公路 533.8 公里。

6. 民生社会

2014 年，吕梁市着力保基本、补短板、兜底线，社会民生进一步改善。全年公共财政民生支出达 221.65 亿元，占公共财政支出的 84%。一是保障就业稳定。全年新增城镇就业 4.17 万人，转移农村劳动力 4.4 万人。城镇失业登记率控制在 2.54% 以内，低于 4.2% 以内的年度控制目标。二是推进教育事业协调发展。加强学前教育基础设施建设，新建城镇标准化幼儿园 21 所，改造农村幼儿园 45 所。义务教育“全面改薄”（全面改善义务教育薄弱学校基本办学条件）工程启动实施。孝义市通过国家义务教育均衡发展评估认定。

特殊教育学校建设迈出实质性步伐，县级职教中心建设扎实推进。落实助学资金5.93亿元，资助贫困学生9万人，占到学生总数的14%。三是支持医疗卫生事业发展。交城、岚县、柳林、中阳、孝义、临县、兴县、文水8个县级公立医院改革试点全面铺开。新农合筹资标准稳步提高，补偿参合农民10.7亿元。城乡居民大病保险制度逐步完善，补助大额门诊特殊病种增加5种，重大疾病医保病种增加4种。人均基本公共卫生服务经费财政补助标准提高到35元。四是全面加强社会保障。城镇职工和城乡居民养老、生育、工伤、失业、医保覆盖率均达到96%以上。农村五保户集中供养、分散供养标准每人每年分别提高1900元和500元，城乡低保保障标准每人每月分别提高25元和22元。全市农村低保对象达到30.52万人，基本实现了动态管理下的应保尽保。康复救助贫困残疾人5592名。为117.8万低收入农户供煤119.5万吨。五是推进安居工程建设。新开工保障性住房安居工程20568套，建成20459套，完成投资44.2亿元。六是深入开展扶贫攻坚。推进产业扶贫，开展机关定点扶贫和干部驻村帮扶工作，12.7万贫困人口脱贫。七是严格落实安全生产责任。全年共发生各类生产经营性事故155起，死亡76人；事故起数增加7起、上升4.7%；死亡人数减少7人、下降8.4%。煤炭百万吨死亡率0.021。

2014年，吕梁市全市居民人均可支配收入12623元，增长9.2%。城镇居民人均可支配收入21485元，增长7.4%；城镇居民人均生活消费支出12246元，增长10.8 %。农民人均可支配收入6754元，增长10%；农村居民人均生活消费支出5403元，增长10 %。城镇占调查总户数20%的低收入家庭人均可支配收入6721元，增长8.3%；农村占人口20%的低收入者收入2025元，增长12.7%。城镇居民家庭恩格尔系数（即居民家庭食品消费支出占家庭消费支出的比重）17.7%，农村居民家庭恩格尔系数22.5%。

2014年，吕梁市全市居民、城镇居民、农村居民人均可支配收入均低于全省，分别是全省的76.3%、89.2%、76.7%。在全省11个市中，吕梁市全市居民、城镇居民、农村居民人均可支配收入分别居第10位、第11位、第10位。

7. 经济特区

山西交城经济开发区、山西文水经济开发区和山西孝义经济开发区，是吕梁市境内享受特殊政策的省级经济特区。

山西交城经济开发区，前身为于2003年成立的吕梁夏家营生态工业园区，2006年经批准成为省级经济开发区。开发区位于吕梁市交城县东北部，规划面积24.7平方公里，一期开发面积13平方公里，已建成10平方公里。发区是全国最大的焦油加工基地之一，已形成煤焦、煤化工、冶炼、铸造、建材五大支柱产业。近年来，交城县以开发区为基础，将其与新规划的煤化工园区整合为晋沪吕梁煤化工园区，控制面积64平方公里。通过不断地扩展、建设，初步形成了“一轴、一带、五区”的总体格局。“一轴”是贯穿园区南北的综合性服务轴，即工业东路服务轴；“一带”是联系开发区北区、东区、南区的交通性轴带，即晋阳街、美锦路和工业南街组成的交通轴带；“五区”是园区依据用地功能划分的五个专业化片区，分别为综合服务区、仓储物流区、开发北区、开发东区、开发南区。2014年，开发区实现工业总产值117.62亿元，下降20%；实现工业增加值31.27亿元，下降28%；销售收入107.02亿元，下降19%。

山西文水经济开发区，前身是依托文水县原有振兴、金泰、金源、兴华等骨干化工企业于2003年创立的吕梁百金堡科技化工工业园区，2006年批准成为省级经济开发区。开发区位于吕梁市文水县城南9.8公里处，规划面积为20.8平方公里，一期开发面积4.5平方公里。经多年建设和发展，开发区初步形成了化学工业产业园、循环经济产业园、机械装备产业园、仓储物流园四个产业园和煤—焦—电—化—建循环经济产业链条、（煤焦—煤气）煤化工—精细化工产业链、钢坯—型材—机械加工产业链三条产业链条。开发区产业以钾盐化工业为主，兼有机械装备、冶炼铸造、煤焦化综合循环利用等，主要产品为无机化工系列产品、煤化工系列产品、机械装备系列产品，衍生太阳能电池及组件等产品。至2014年，开发区有企业25户，其中规模企业13户。2014年，开发区完成地区生产总值8.7亿元，工业总产值31.2亿元，工业增加值8.33亿元，实现利税1.58亿元。

山西孝义经济开发区，前身为2003年成立的吕梁孝义梧桐焦化工业园区，2006年经批准成为省级经济开发区。开发区位于吕梁市孝义市南郊梧桐镇，规划面积10平方公里，一期开发面积7.5平方公里，近年来，开发区以“产城一体、融合发展”为理念，依托煤焦化、煤焦钢、煤电铝三大产业链，以产建城，以城促产，推进建设的项目涵盖了煤化工、铝产业、新型材料、清洁能源、电力、物流、仓储等诸多方面，形成了大机焦、大铝业、大化工、大电力、大钢铁、大物流、大仓储的多元产业格局。至2014年，开发区有入驻企业64户。2014年，开发区完成地区生产总值118.64亿元，其中工业增加值116.17亿元，第三产业增加值2.48亿元；财政收入13.44亿元，公共财政预算收入4.07亿元。

8. 县域经济

吕梁市共辖交城县、文水县、中阳县、交口县、石楼县、柳林县、临县、兴县、岚县、方山县、孝义市、汾阳市和离石区13个县（市、区）。中阳县、兴县、临县、方山县、岚县、石楼县6县为国家扶贫重点县，其中临县、兴县、石楼县、岚县4县属国家吕梁山集中连片特困地区县。

吕梁市13个县（市、区），每个县（市、区）都有煤炭资源，孝义市、柳林县、兴县、交口县、离石区、交城县、临县、方山县、中阳县都是产煤大县（市、区），汾阳市、文水县、石楼县、岚县是少煤县（市）。孝义市产业以煤铝铁资源产业链条为主，柳林县产业以煤炭、煤化工、煤电为主，兴县产业以煤电铝和化工产业链为主，交口县产业以煤炭、煤焦化、冶炼铸造为主，离石区主要产业以煤炭、煤化工产业链为主，交城县产业以煤焦、煤化工、冶炼、铸造为主，临县产业以煤炭、煤化工为主，方山县产业以煤炭、煤化工为主，中阳县产业以煤焦、钢铁、建材为主，汾阳市产业以煤焦、白酒酿造为主，文水县产业以钢铁、煤焦、建材为主，石楼县产业以农林业为主，岚县产业以煤炭、炼铁为主。各县（市、区）的农林牧业特色产业发展较有成效。例如，柳林县、临县、交城县、石楼、兴县的红枣产业，汾阳市、中阳县的核桃产业，岚县、临县、兴县、方山县的马铃薯产业等。此外，近年来，离石区、临县、兴县、方山县、交城县、孝义市、石楼县的文化旅游业逐步兴起。

2014年，吕梁市13县（市、区）实现地区生产总值分别为孝义市382.87亿元、柳林县170.26亿元、汾阳市91.31亿元、离石区69.91亿元、兴县62.29亿元、中阳县61.13亿元、交城县59.79亿元、文水县56.02亿元、临县44.47亿元、交口县35.38亿元、岚县32.00亿元、方山县27.52亿元、石楼县8.70亿元。第一产业增加值分别为孝义市13.79亿元、文水县

11.83 亿元、汾阳市 10.91 亿元、临县 9.51 亿元、兴县 4.45 亿元、交城县 3.22 亿元、岚县 2.93 亿元、石楼县 2.72 亿元、柳林县 2.27 亿元、离石区 2.03 亿元、交口县 1.87 亿元、方山县 1.53 亿元、中阳县 1.44 亿元。第二产业增加值分别为孝义市 257.08 亿元、柳林县 129.78 亿元、兴县 46.05 亿元、中阳县 45.97 亿元、汾阳市 39.83 亿元、交城县 39.32 亿元、文水县 29.59 亿元、交口县 26.06 亿元、离石区 21.72 亿元、岚县 19.95 亿元、方山县 17.80 亿元、临县 14.45 亿元、石楼县 0.75 亿元。第三产业增加值分别为孝义市 112.00 亿元、离石区 46.16 亿元、汾阳市 40.56 亿元、柳林县 38.21 亿元、临县 20.51 亿元、交城县 17.25 亿元、文水县 14.60 亿元、中阳县 13.72 亿元、兴县 11.79 亿元、岚县 9.12 亿元、方山县 8.18 亿元、交口县 7.44 亿元、石楼县 5.23 亿元。完成公共财政收入分别为孝义市 21.74 亿元、柳林县 21.02 亿元、离石区 13.02 亿元、兴县 8.02 亿元、汾阳市 7.39 亿元、中阳县 7.04 亿元、交口县 6.87 亿元、临县 5.97 亿元、岚县 5.24 亿元、交城县 3.79 亿元、方山县 3.76 亿元、文水县 3.09 亿元、石楼县 0.59 亿元。对全市地区生产总值贡献最高的是孝义市，最低的是石楼县；对第一产业贡献最高的是孝义市，最低的是中阳县；对第二产业贡献最高的是孝义市，最低的是石楼县；对第三产业贡献最高的是孝义区，最低的是石楼县。全年地区生产总值在 50 亿元以上的有孝义市、柳林县、汾阳市、离石区、兴县、中阳县、交城县、文水县 8 县（市、区），其中孝义市、柳林县地区生产总值突破 150 亿元。公共财政收入在 8 亿元以上的有孝义市、柳林县、离石区、兴县 4 县(市、区)。

全年吕梁市 13 县（市、区）城镇居民人均可支配收入分别为孝义市 27465 元、柳林县 25432 元、离石区 23539 元、汾阳市 18730 元、中阳县 17732 元、交城县 17625 元、文水县 17159 元、方山县 17011 元、兴县 16997 元、交口县 16285、元岚县 15914 元、临县 14216 元、石楼县 11767 元。只有孝义市、柳林县高于全省平均水平，其余县（市、区）均低于全省平均水平；农村居民人均可支配收入分别为孝义市 13495 元、汾阳市 10863 元、柳林县 9418 元、文水县 7886 元、交城县 7654 元、交口县 6064 元、中阳县 5422 元、离石区 4842 元、岚县 4100 元、临县 3885 元、方山县 3673 元、兴县 3546 元、石楼县 2586 元。孝义市、汾阳市、柳林县 3 县（市）高于全省平均水平，其余各县（市、区）均低于全省平均水平。

2014 年末，吕梁市 13 县（市、区）常住人口分别是临县 59.34 万人、孝义市 47.88 万人、文水县 43.09 万人、汾阳市 42.67 万人、离石区 32.88 万人、柳林县 32.70 万人、兴县 28.58 万人、交城县 23.52 万人、岚县 17.82 万人、方山县 14.66 万人、中阳县 14.45 万人、交口县 12.27 万人、石楼县 11.46 万人。

七 晋中市

晋中市位于省境中东部，东依太行山脉中段与河北省石家庄市、邢台市、邯郸市交界，西与省内吕梁市隔汾河相连，东北、西北与省内阳泉市、太原市毗邻，东南、西南与省内长治市和临汾市接壤。下辖 1 区（榆次区）9 县（太谷县、祁县、平遥县、灵石县、榆社县、左权县、和顺县、昔阳县、寿阳县）1 市（介休市）。辖区总面积 1.64 万平方公里，占全省的 10.5%，居全省 11 个市第 4 位。

境域地形地貌以山地、丘陵为主，山地和丘陵面积达 87.1%，其中东部、西南部为山地，中部为盆地，西部为汾河谷地。境内矿产资源极为丰富，具有开采价值的煤、铁、铝土、硫黄、石膏、陶瓷土等 20 余种，占全省探明储量矿种的 1/4，其中煤炭储量大、煤种全、品质优，是全国十大煤炭基地之一；农业生产条件优越，是全省粮食、蔬菜、畜产品、干鲜果的主要产区之一。晋中市，是历史上“货通天下”的中国第一商帮——晋商故里的腹地，因地处山西中部而得名。新中国成立后，曾设榆次专区、晋中专区、晋中地区，2000 年撤地设市。2014 年末常住人口 332 万，占全省的 9.1%，居全省 11 个市第 7 位。

1. 发展思路

2014 年，晋中市围绕建设全省“四化”（工业新型化、农业现代化、市域城镇化和城乡生态化）率先发展区总目标，坚持稳中求进总基调，紧抓综改区建设、同城化推进等多重机遇，积极应对持续加大的经济下行压力和严峻复杂的经济形势，主动适应经济发展新常态，以激发市场活力和内生动力为着力点，统筹稳增长、促改革、调结构、惠民生，加强推进经济、政治、文化、社会、生态文明各项建设，为加快转型跨越发展、全面建成小康社会而努力奋斗。

2. 经济运行

2014 年，晋中市实现地区生产总值 1041.3 亿元，增长 6.8%，增幅高于全省 1.9 个百分点，居全省 11 个市第 2 位，比 2013 年前移两位。地区生产总值占全省比重达到 8.2%，地区生产总值在全省 11 个市中居第 6 位。人均地区生产总值 31364 元，增长 1.3%。人均地区生产总值在全省 11 个市中居第 6 位，人均地区生产总值比全省少 3612 元。

全年公共财政预算收入完成 117.5 亿元，增长 2.1%。公共财政预算支出 216.9 亿元，增长 3.5%。其中，社会保障和就业支出 27.4 亿元，增长 12.7%；医疗卫生支出 22.2 亿元，增长 8.7%；节能环保支出 6.4 亿元，增长 0.5%；教育支出 41.1 亿元，增长 -0.6%，农林水事务支出 21.2 亿元，增长 -11.1%。公共财政预算支出在全省 11 个市中居第 7 位。

全年固定资产投资 1106 亿元，增长 16.9%。按经济类型分类，国有投资 249.3 亿元，下降 23.0%；非国有投资 856.7 亿元，增长 37.7%。按登记注册分类，内资企业投资 1090.0 亿元，增长 16.7%；外商及港澳台商企业投资 14.6 亿元，增长 57.8%；个体经营投资 1.4 亿元，下降 46.2%。按产业分类，第一产业完成投资 8.2 亿元，增长 10.7%；第二产业完成投资 504 亿元，增长 10.3%。在第二产业中，工业投资 505.4 亿元，增长 11.5%。其中，煤炭工业投资 108.5 亿元，下降 31.6%；非煤产业投资 396.9 亿元，增长 34.8%。传统产业（煤炭、焦炭、冶金、电力）投资合计 189.2 亿元，下降 13.6%，非传统产业投资合计 316.3 亿元，增长 35%。全年在建固定资产投资项目 1617 个。其中，亿元以上项目 551 个，计划总投资 2851.8 亿元，完成投资 877.5 亿元。全社会固定资产投资在全省 11 个市中居第 5 位。

全年社会消费品零售总额 484.3 亿元，比上年增长 12.8%。按经营地统计，城镇消费品零售额 336.9 亿元，增长 11.7%；乡村消费品零售额 147.4 亿元，增长 15.3%。按消费形态统计，商品零售额 454.6 亿元，增长 12.8%；餐饮收入额 29.7 亿元，增长 12.0%。

全年外贸进出口总额 35963 万美元，下降 19.0%。其中，进口额 17139 万美元，下降 13.0%；出口额 18824 万美元，下降 23.8%。

年末规模以上工业法人企业 492 家。规模以上工业增加值完成 420.7 亿元，增长 7.2%，高于全省 9.7 个百分点。规模以上工业企业主营业务收入 1113.4 亿元，下降 19.3%；实现利税总额 30.1 亿元，下降 65.7%；实现利润 -25.5 亿元，减少 32.0 亿元。

3. 产业发展

2014 年，晋中第一产业增加值完成 103.3 亿元，增长 4%，占生产总值的比重为 9.9%；第二产业增加值完成 494.1 亿元，增长 8%，占生产总值的比重为 47.5%；第三产业增加值完成 443.9 亿元，增长 5.6%，占生产总值的比重为 42.6%。三次产业比重由 2013 年的 9.2∶50.5∶40.3 调整为 9.9∶47.5∶42.6，二产比重下降 3 个百分点，三产比重提高 2.3 个百分点，经济结构趋于优化。

第一产业中，种植业、林果业、畜牧业、农产品加工都比较发达。农作物主要有玉米、谷子、小麦、豆类、棉花、油料、蔬菜和瓜果等，林果主要有酥梨、苹果、核桃、红枣等，小杂粮、蔬菜、禽蛋、肉类、干鲜果品为特色优势产业。近年来，围绕粮食、蔬菜、果业、养殖及休闲农业五大产业，大力实施高标准农田建设、“一村一品、一县一业”基地建设、优势农产品区域布局调整，加速推进现代农业发展。2014 年，现代农业发展步伐进一步加快。一是现代农业发展加速。晋中市入选为国家现代农业示范区，成为整市推进国家现代农业示范区建设的区域。国家级晋中农产品现代流通和农村市场体系建设综合示范区项目建设快速推进。该项目以晋中市为依托，涵盖太原市、吕梁市的部分地区，将建成农产品批发市场、农贸市场、农产品物流中心、产地集配中心、乡镇商贸中心等农产品现代流通和农村市场体系。启动实施市校战略合作，与山西农大合作建设了农业科技创新园区，成立了山西金谷现代农业投资有限公司、农业技术推广公司；发起成立了全市第一支募集 5 亿元的现代农业产业基金；完成 62 项新技术的推广。网上交易平台快速发展，入驻淘宝晋中馆的天猫旗舰店、集市店分别达到 23 家、167 家。二是强化优势农产品集中片区布局。启动了 100 个“一村一品”示范村和精品片区完善提质工程建设，初步形成了以 1000 余个“一村一品”专业村为主要支撑点，以左权、榆次、太谷、祁县、平遥、和顺、寿阳 7 个“一县一业”基地县和榆（次）太（谷）祁（县）蔬菜片区、太谷红枣和花卉片区等 11

个精品片区为重点的特色产业发展区域格局。新增设施蔬菜面积 7.2 万亩，总面积达 44.7 万亩。农产品业龙头企业营业收入达 180 亿元。全年粮食产量达到 192 万吨，增长 5.4%，居全省第 3 位，再创历史新高。蔬菜种植面积达 62.4 万亩，总产达 304.2 万吨，增长 9.1%。肉类总产量 18.4 万吨，增长 5.8%。其中，猪肉产量 12.0 万吨，增长 4.3%；牛肉产量 1.3 万吨，与上年持平；羊肉产量 1.4 万吨，增长 7.7%；禽肉产量 3.5 万吨，增长 9.4%。年末生猪存栏 103.5 万头，增长 12.4%。牛奶产量 11.5 万吨，增长 0.9%。禽蛋产量 14.2 万吨，增长 0.7%。

第二产业中，煤炭、焦炭、冶金、电力、机械、化工、建材、食品等八大产业为支柱产业，农副产品加工、医药、玛钢、玻璃器皿、碳素、纺织机械、水泥等七大产业为特色产业。近年来，不断推进了产业结构的优化升级。2014 年，培优扶强，进一步推动产业转型升级发展。一是推进传统产业转型升级。48 座煤矿生产矿井全部达到安全质量标准化建设标准。兼并重组焦化行业，介休、灵石分别成为全省 4 个千万吨级、14 个五百万吨焦化集聚区之一。5 个低热值煤发电项目获得“路条”，晋电送冀项目落地，可新增发电装机 1500 万千瓦。淘汰水泥、焦炭行业落后产能 68.8 万吨。二是推进新兴产业发展。新能源产业方面，寿阳煤层气工业园区建成投产，11 个县（市、区）城市供气管网已基本建成，初步形成以民用、工业、发电为主的煤层气利用体系；平遥煤化液化天然气项目投产，寿阳兰凯博（一期）80 万吨醚基燃料项目进展顺利。现代装备制造业方面，吉利山西新能源汽车总装线设备安装基本到位，北达新能源汽车项目进场开工、青云直升机项目主体完工。新材料产业方面，安晟陶瓷项目投产，寿阳地球卫士新材料、平遥煤化改性材料造纸、灵石聚义煤矸石制纤维设备安装调试。生物医药产业方面，华卫药业迁建、德元堂冻干粉、中科鸿基生物产业园、广生植物胶囊生产线、振东安特新厂等项目投产或部分投产，广誉远整体搬迁进展顺利。电子信息产业方面，榆次银河电子车载方舱、灵石北斗导航智慧云计算等项目建设加快。三是提升特色产业集群发展水平。纺机集群稳步提升壮大，集群企业达到 250 户，国家纺机产品质量监督检验中心、鸿基科技纺机产业公共服务平台等服务集群发展能力得到提升。液压集群重点实施的太重榆液高性能液压产品自主化产业基地投产运行，海洋液压、榆航液压等项目投产，集群内建成斯普瑞液压检测、方盛液压公共研发等服务平台和院士工作站。玻璃器皿集群企业达到42户，重点建设的中国红海玻璃文化艺术园主体完工，国家玻璃产品质量监督检验中心部分投运。铸造集群企业达到200余户，重点实施的卡耐夫数控机床、机械铸造生产线投产，太谷恒达精密铸造正在设备安装。新能源汽车集群加速发展，晋中甲醇、电动汽车产业基地规划获批。全年全部规模以上工业中，八大支柱产业增加值405.8亿元，增长7.2%；其中煤炭行业工业增加值完成276.0亿元，占全部规模以上工业增加值的65.6%，增长7.9%，拉动工业增长5.5个百分点，是工业经济增长的主要支撑和动力。特色行业增加值42.5亿元，增长10.9%；其中，农副产品加工行业增长28.1%，医药行业增长16.7%，玻璃器皿行业增长35.9%，玛钢行业增长6.7%，碳素行业增长2.4%，水泥行业增长27.2%，纺织机械行业下降33.1%。全年规模以上工业企业原煤产量8979.0万吨，增长6.6%；发电量204.8亿千瓦时，下降4.5%；焦炭产量1119.9万吨，增长0.7%；粗钢产量152.6万吨，下降29.0%；水泥产量391.1万吨，增长34.6%；白酒产量14564万吨，下降27.3%；化肥产量67.4万吨，增长58%；合成氨产量40.1万吨，增长199.4%。

第三产业中，饮食业、旅店业、商业、交通运输、仓储和邮政、金融等是传统产业，文化旅游、商贸物流等现代服务业快速发展。2014年，现代服务业进一步快速发展。一是加快旅游“目的地”建设。开通了从太原和周边地市直达平遥古城、祁县古城、王家大院等景区的10条直通车线路。实施重大旅游项目建设，平遥古城生态旅游文化产业园项目落地，榆社县云竹湖景区加快建设。实施景区提升工程，新增3A级以上景区6处，乔家大院达到5A级，平遥古城通过5A级评审；石膏山、红崖峡谷达到4A级；晋冀鲁豫边区临时参议会纪念馆、莲花岩生态庄园达到3A级；王家大院启动5A级创建。A级以上景区达到24处。平遥县襄垣梨园、左权县麻田莲菜基地入选“中国美丽田园”十大梨花、荷花景观。全年旅游总收入达到408.1亿元，增长35.4%；共接待游客4031.7万人次，增长21.3%。晋中市跨入中国旅游城市前60强，跻身中部旅游城市第一方阵。二是加快推进晋中文化生态保护区建设。晋中文化生态保护实验区，是2010年文化部批准设立的继徽州文化生态保护实验区、热贡文化生态保护实验区之后，全国第三个国家级文化生态保护实验区。晋中文化生态保护实验区包括，晋中市的11个县区和太原市的清徐县、阳曲县、小店区和晋源区及吕梁市孝义市、汾阳市、交城县和文水县等19个县（市、区）。该区域北接草原、南引中原，汾河、黄河文明脉络清晰，草原文化与黄土高原的农耕文化、商业文化相交融，历史文化遗存厚重而独特，是华夏传统文化的典型代表和重要组成部分。至2014年末，晋中文化生态保护区建设铺开了总投资189.8亿元的文化产业项目54项，完成投资18亿元；汾阳市、孝义市、清徐县等8个综合传习中心建设基本完成。三是推进区域“大物流”项目建设。三晋综合保税物流港加快建设，太原铁路枢纽（北六堡）物流中心项目正式开工建设。中储综合物流园、经纬仓储设施、苏宁电器配送中心等项目建设积极推进。在文化旅游物流等行业带动性，全年第三产业投资完成518亿元，占全部投资比重的46.8%，增长23.8%，高于固定资产投资增速6.9个百分点，拉动产业快速发展。

4. 转型综改

2014年是全省转型综改攻坚年，也是全面深化改革的开局之年。晋中市以全面深化改革创新为引领，推进了转型综改。

推进重点领域改革。一是持续推进行政审批制度改革。市直31个单位完成“两集中两到位”改革；创新建立重大项目审批代办制，项目审批时限压缩到43个工作日；市、县、乡（街道）、村（社区）四级政务服务体系进一步完善，可受理5000多项行政审批和行政服务事项。规范行政行为，在全省率先建立权力清单，向社会公开市级涉企权力5175项；开展依法行政减轻企业负担专项治理行动，减轻企业负担21.6亿元。二是积极开展财政体制改革。出台《晋中市本级财政预算资金追加管理暂行办法》和《加强财政支出管理硬化预算约束的意见》；50个市直部门实现预算公开；对市级50万元以上的绩效性资金实施绩效目标管理，并将绩效目标纳入预算编制环节；全面推进乡镇国库集中支付制度改革，全市118个乡镇全部实现集中支付。三是加快农村产权制度改革。农村土地确权颁证试点工作取得实质性进展，完成74个村、3万户农户、14.9万亩耕地确权登记颁证工作。创新农村土地流转服务体系，太谷县成立全省首家农村产权交易中心，左权县在全省首创成立“土地银行”。全年流转土地面积达到113.8万亩。榆次、平遥、左权、和顺等6县农村集体产权相关制度改革试点，首批启动25个村，基本完成10个村。四是不断深化土地管理改革。出台《晋中市建设用地节约集约利用考核办法》，将节约集约用地纳入全市年度目标责任考核。加大闲置和低效利用土地处置力度，印发了《晋中市批而未供、供而未用和低效利用土地专项整治行动方案》，盘活存量土地5465亩。积极拓展用地空间，落实土地周转指标3万亩，开发造地验收1.7万亩。五是创新金融服务机制。天津股交所山西运营中心落地晋中市，8户企业挂牌。平遥农信社、介休农信社成功改制为农商行。寿阳农商行具备了发起设立村镇银行的资格。在全国首家试点“企业产业升级贷”，为企业转型发展、创新发展的融资开辟了新的途径。平遥日升隆通过天津股交所山西运营中心成功发行全省首支小贷私募债，拓宽了小贷行业的融资渠道，解决了小贷行业后续资金难题。此外，国有企业、户籍制度、食药监管、工商便利化等改革也进一步深化。

推进“108廊带”区域一体化发展示范区建设。“108廊带”是以108国道晋中段184公里为轴线，涵盖榆次、太谷、祁县、平遥、介休、灵石及晋中开发区的一带区域。该区域国土面积6422平方公里，占全市的39.1%；总人口238.7万人，占全市的73%；共63个乡镇，占全市的53.4%。县与县之间相隔30公里左右。从“十五”开始，经过10多年的重点打造，这一区域已经成为晋中经济发展的核心区和引领区。2014年，省政府将“108廊带”纳入了全省重大发展战略，廊带内6县（区、市）整体享受扩权强县政策。为了落实这一重大战略，晋中市编制了《晋中108廊带区域一体化发展示范区总体规划》，对108沿线四县一市一区一体化发展进行全方位的“顶层设计”，明确了目标任务，即力争通过实施产业一体化布局、生态一体化修复、交通一体化规划、城镇一体化建设、土地一体化管理、政策一体化统筹“六个一体化”，不断夯实人才、政策、科技、生态、文化、开放“六大支撑”，努力将该区域打造成为全省承接东部产业转移的重要基地、新型城镇化的样板区域和对外开放合作的桥头堡。10月10日，省政府第60次常务会同意设立晋中“108廊带”区域一体化发展示范区，决定大力推进廊带内部产业布局、生态修复、交通规划、城镇建设、土地管理和公共政策一体化，原则通过示范区总体规划和相关配套扶持政策。这标志着晋中“108廊带”区域一体化发展示范区建设进入了一个新的历史阶段。2014年，“108廊带区域一体化发展示范区”内榆次、太谷、平遥、祁县、灵石、介休等6县（区、市）

完成地区生产总值781.5亿元，占全市、全省比重分别为75%、6.1%；示范区各县（区、市）平均增速5.1%，分别高于全市、全省水平2.5个和3.6个百分点。

加快推进太原晋中同城化发展。一是加快高校新校区文化娱乐中心、购物广场和创业就业中心等配套服务设施建设。高校新校区周边配套商业项目共有12个，商业面积100.3万平方米。其中，已建成投入使用的项目4个，已竣工即将投入使用的项目2个。二是启动实施山西科技创新城建设项目。三是加快推进太原轨道交通晋中延伸项目。编制完成晋中至太原轨道交通一期工程项目预可行性研究报告。

5. 城乡建设

近年来，晋中紧紧围绕建设全省“四化”（工业新型化、农业现代化、市域城镇化和城乡生态化）率先发展区目标，大力实施“一区两翼”［以主城区为发展龙头，以东山各县建设新型能源基地和平川各县（市）打造“108廊带”为两翼］发展战略，统筹推进主城区、各县（市）城镇群建设，城乡面貌不断改善。其中，主城区建设，大力实施“北进、西联、南扩、东延”和“扩容提质”建设工程，特别是从2012年开始大规模实施“百亿城建重点工程”，推进城市扩容提质和晋中太原同城化进程；各县（市）不断推进大县城、小城镇、中心村建设，形成各具特点的城镇化发展路子。2014年，晋中市城乡建设进一步推进。

主城区扩容提质和与太原同城化建设加速进行。继续实施“百亿城建重点工程”，启动实施了8大类85项城建重点工程，完成投资127.2亿元。其中，北部新区集中连片开发进展加快，规划展示馆建成开放，博物馆、图书馆、科技馆等全面开工；大西铁路晋中站站前广场和通站路建成投用；蕴华街西延工程加快实施；第二污水处理厂二期工程建成投运；中都路北延工程加快推进；山西大学城商业配套实施建设进一步完善，粗具规模。旧城区实现提质大突破，羊毫街、迎宾广场、晋华片区和迎宾东区4大片区以及5个城市棚户区、14个城中村改造完成投资65.6亿元。城市交通道路改造扩建继续推进，锦纶路拓宽改造建成通车，综合整治了汇通路、龙湖街、锦纶路、迎宾街、顺城街等5条城市主干道，维修改造了小街巷19条，人行天桥实现“零”的突破，晋中汽车客运总站建成投用。新建、改造供水管网18公里；

新建、改造供气管网164.7公里，天然气置换人工煤气用户4万户；新建、改造供热管网59公里，新增集中供热面积332万平方米。城市供水普及率达99.57%，集中供热普及率达88.1%，燃气普及率达86.2%，污水处理率达94.6%。城市园林绿化投资8.3亿元，晋商公园三期、社火公园、潇河公园二期、百草坡森林植物园、龙湖公园等重点项目全部开工，新增绿化面积258.2万平方米。主城区连续7年蝉联省级卫生城市。启动实施山西科技创新城建设前期等各项工作，晋中太原同城化进一步推进。

大县城、重点城镇组群建设加快。“108综合发展廊带”和“介（休）平（遥）灵（石）”城镇组群积极推进。介休市被确定为全省唯一的国家新型城镇化综合试点。大县城、示范镇建设完成投资167亿元，其中12个省级示范镇区公共基础设施建设完成投资2.8亿元。榆次东阳、介休张兰、和顺李阳等6个镇新列入全国重点镇，总数达15个。园林城市创建继续推进，平遥、祁县创建成省级园林县城；左权、昔阳创建国家园林县城通过初审。卫生城市创建继续推进，昔阳县启动创建国家卫生县城工作；介休市创建成国家卫生城市。

农村人居环境进一步改善。启动实施改善农村人居环境“四大工程”（完善提质工程、农民安居工程、环境整治工程和宜居示范工程），完成投资17.5亿元，占年度投资计划的107.3%。其中，改造完成农村危房10200套；易地扶贫搬迁完成561户、1544人；在全省率先实施并完成400人以上自然村通水泥（油）路工程，农村县乡公路改造157公里，占计划的157%；改善和提高了5万农村人口和1万学校师生的饮水安全标准；改造不达标公有村卫生所90个，新增标准化公有村卫生所167个，分别占任务的164%和113%。

境内跨城乡的重大交通、水利基础设施建设进一步推进。其中，汾（阳）邢（台）高速公路汾阳至左权段建成通车，左权至和顺段工程继续推进，阳（泉）黎（城）高速阳泉至左权段建成通车，全市高速实现“县县通”目标。筹划推进了晋中太原城同化的重要交通项目——龙城高速（榆次龙白至祁县城赵）高速北延工程建设（从榆次龙白镇向北在阳曲县大盂接大运高速公路）。县乡公路改造224公里，自然村通水泥（油）路建设102公里。寿阳松塔、和顺恋思新水源工程开始供水，东山供水、中部引黄两大水网工程顺利推进。

城乡生态环境建设持续推进。一是积极推进污染减排和节能降耗。完成重点减排计划项目 379 个。完成大气污染防治项目 1542 个。实施重点水污染防治项目 47 项。淘汰黄标车及老旧车 15100 辆。实施新能源替代，更新新能源公交车、出租车 551 辆，完成清洁能源替代燃煤锅炉、工业窑炉 30 项。全年单位 GDP 综合能耗同比下降 3.98%。二是加强水污染治理。完善了污水处理中水回用价格补贴机制；整合提升太谷、平遥等污水处理厂，晋中市城区第二污水处理厂（二期）提前投入运行。全市城镇污水处理率达到 94.6%。三是治理规模化畜禽养殖污染。全年治理企业 192 家，完成率 122.8%。四是加速实施城平川现代林业展示区和东山生态经济林业示范区建设。太谷县创建成省级林业生态县，新增寿阳鹿泉山、昔阳石马寺 2 处省级森林公园。新修森林防火道路 1100 公里；基本完成 33 项市级重点造林绿化工程；高速公路、旅游公路及河道沿线绿化 90 公里。全年造林 50 万亩（其中干果经济林 15.3 万亩），植树 1000 万株；完成育苗 8.8 万亩，林木绿化率增加 1.1 个百分点。

2014 年，晋中市城镇化水平进一步提高，市域城镇化率达 50.5%，同比提高 1.6 个百分点。城镇化率在全省 11 个市中列第 6 位。

2014 年，晋中市新建改建通车里程 278 公里，公路通车总里程达到 15843.5 公里。其中，高速公路 562 公里。

6. 民生社会

2014 年，晋中市统筹推进民生社会事业发展，民生民利不断改善。全年公共财政民生支出达 142.7 亿元，占公共财政预算支出的 83.8%。一是实施积极就业政策。城镇新增就业 3.82 万人，完成全年省定任务的 100.7%；下岗失业人员实现再就业 1.2 万人，困难人员实现再就业 2684 人，创业带动就业 1.01 万人，转移农村劳动力 3.9 万人。城镇登记失业率控制在 1.94% 以内，比全省低 1.46 个百分点。二是提高最低工资标准。一类区介休市的月最低工资标准调整为 1450 元；二类区榆次区、昔阳县、寿阳县调整为 1350 元，昔阳、寿阳 2 县首次由三类区进入二类区；三类区灵石县、左权县、和顺县、太谷县、祁县、平遥县调整为 1250 元；四类区榆社县调整为 1150 元。三是增强社会保障能力。城乡居民养老保险并轨，各类社保补助提标全部到位，全市城镇职工（居民）参保率和新农合参合率分别提高到 98.7% 和 99.5%；

新农合筹资标准由340元提高到390元；城乡居民大病保险和新农合支付方式改革实现全覆盖。建立城乡低保标准动态调整机制，城乡低保标准分别提高到每人每月389元、203元，高于全省平均水平；农村五保集中供养标准提高到4300元。四是推进教育、医疗卫生、养老服务的等社会事业发展。大力推进联盟制、集团化办学，建立了78个教育联盟、22个教育集团。深入推进教育信息化试点，建成数字化校园示范校71所。太谷县、介休市、榆次区、榆社县、左权县、寿阳县、灵石县7县（区、市）通过义务教育发展基本均衡县国家认定。实施全面改善贫困地区义务教育薄弱学校基本办学条件工作，启动第二期“学前教育三年行动计划”，35所农村幼儿园和建设17所公办标准化幼儿园全部完工。北部新城高中、经纬中学等6所学校改扩建进展顺利。推进医药卫生体制改革，左权、和顺、寿阳、灵石、介休5个改革试点县（市）公立医院和全市公办基层医疗卫生机构全面实施基本药物制度。启动全国养老服务业综合改革试点，公办养老机构建设加快推进，灵石、昔阳（一期）投入使用，太谷、介休、平遥、榆社完工，晋中市本级、左权和昔阳（二期）开工。五是推进安居工程建设。全年新开工各类保障性住房13529套，基本建成17603套，完成投资40.1亿元。六是深入实施“百企千村产业扶贫”和干部下乡住村帮扶活动。全年有农村贫困人口3.2万人实现稳定人口脱贫。七是强化安全发展。全年发生生产经营事故381起，死亡139人，分别下降20.1%和2.8%。亿元GDP生产安全事故死亡率0.1335；煤炭生产百万吨死亡率为0.0337。

2014年，晋中市全市居民人均可支配收入17213元，增长9.5%。城镇居民人均可支配收入25652元，增长8.7%；城镇居民人均消费性支出12689元，增长7.3%。农村居民人均可支配收入10100元，增长11%，增速连续四年超过城镇居民；农村居民人均消费支出6851元，增长8.2%。城镇占调查总户数20%的低收入家庭人均可支配收入10045元，增长9.9%；农村居民占调查总户数20%的低收入家庭人均可支配收入2559元，增长14%。城镇居民家庭恩格尔系数（即居民家庭食品消费支出占家庭消费支出的比重）29.4%；农村居民家庭恩格尔系数29.4%。

2014年，晋中市全市居民、城镇居民、农村居民人均可支配收入均高于全省，分别高于全省657元、1583元、1291元。在全省11个市中，晋中市全市居民、城镇居民、农村居民人均可支配收入分别居第 5 位、第 3 位、第 5 位。

7. 经济特区

晋中经济技术开发区、榆次工业园区和祁县经济开发区，是晋中市境内享受特殊政策的三个省级以上经济特区。

晋中经济技术开发区，前身是经批准始建于 1996 年省级经济开发区，2012 年 3 月经批准升级为国家级经济技术开发区。开发区位于榆次区东及东北，地处省城太原市和晋中市城区之间的接壤地带，管辖面积 55.8 平方公里，规划面积 5.2 平方公里。开发区内有 17 个农村，常住人口 6.2 万。开发区区内地势平坦，交通便利，太旧高速、108 国道、汇通路（晋中市城区连接太原太榆路的交通主干线）穿境而过，石太、同蒲、太焦、太中银、大西等铁路在此交汇，具有明显的区位交通优势。经过多年建设和发展，先后创建了山西医药工业园、山西民营（企业）科技园两个省级园区及开发区汽贸园、机械工业园、纺机工业园等，基本形成了医药食品、装备制造、电子信息和现代物流 4 个主导产业。其中，医药产业的代表性企业有德元堂（华辉凯德）、振东安特等，食品产业的代表企业有双合成工贸、古城乳业和田森中央厨房等；装备制造产业主要企业有以鸿基科技为代表的纺织机械整机生产企业、以中航兰田特种车为代表的改装车（整车）生产企业，还有晋能艾斯特空冷设备、亚乐士环保技术公司等为代表的节能环保装备制造企业，以及建设中的国际能源公司脱销催化装置项目、潞安重工特大重型压力容器项目、华纳机械汽车后市场装置项目、泓鼎矿用设备项目等；电子信息产业的代表企业有北方自动控制技术研究所（207 所）、物联谷科技等，以及建设中的云狐电子科技公司特种手机装备项目；现代物流产业三晋国际商贸物流城、新华图书物流、汽贸园等，以及建设中的田森汇和万豪商业综合体项目、苏宁云商山西地区管理总部及配送中心项目、普洛斯晋中现代物流产业园、平安晋中金融电商综合物流产业园等。2014 年，开发区地区生产总值完成 28.37 亿元。其中，第一产业增加值 0.44 亿元，占总量的 1.56%；第二产业增加值 18.17 亿元，占总量的 64.06%；第三产业增加值 9.75 亿元，占总量的 34.83%。

榆次工业园区，始建于 2002 年，2006 年经批准为省级工业园区。园区位于晋中市主城区榆次区西南，总体控制面积 20 平方公里。园区内石太、太焦、同蒲、太中银等多条铁路以及太旧、太长、大运高速和 108 国道等公路主干线在这里交会，立体交通优势明显。“十一五”以来，园区扩区发展，逐步形成“一园区三基地”的构架。“一园”，即工业园区；“三基地”，即位于工业园西侧 13.1 平方公里的寇村高新技术产业基地，位于榆次区修文镇的 9 平方公里的修文能源化工产业基地，位于榆次区东外环 8.9 平方公里的先进装备制造产业基地。其中寇村高新技术产业基地重点发展纺机、液压、煤机、农产品加工、仓储特流和高新技术等产业；修文能源化工产业基地重点发展能源、化工、铬铁、冶金等产业；东外环先进装备制造产业基地重点发展以新能源汽车、发动机、专用车为主的先进装备制造业。至 2014 年，工业园全部入园企业总数达到 290 多家，初步形成以先进装备制造、农副产品加工、冶金制品、新材料和高新技术等五大产业为主导的产业格局。2014 年实现工业总产值 146.38 亿元，销售收入 99.61 亿元，上缴税金 5.17 亿元，外贸进出口总额 4847.03 万美元。

祁县经济开发区，前身是始建于 1999 年的祁县东观科技工业园，2006 年经批准为省级祁县经济开发区。开发区首期规划面积为 2 平方公里，后逐步扩展为 55.25 平方公里，以 208 国道为主轴，东西两侧为双翼，辖“一区三园”（核心区 49.22 平方公里、食品工业园 3.07 平方公里、玻璃工业园 2.96 平方公里）。开发区内国道 108、208 和省道 220（东夏线）交会于此，榆（次）祁（县）高速、大（同）西（安）铁路客运专线穿区而过，交通便利。开发区核心区包括 13 个行政村，耕地面积 5.4 万亩，人口近 1.6 万人。经过多年建设和发展，开发区已形成玻璃器皿、酒类饮品、机械加工、仓储物流、新材料加工五大主导产业。核心园区内有统一公司、今麦郎公司、伊利乳制品等大型食品加工类企业，还有碳素加工等企业。玻璃工业园内有全国最大的人工吹制玻璃器皿企业——大华公司、全省工业旅游示范点——红海玻璃文化艺术园和国家玻璃器皿产品质量监督检验中心等。产品包括酒具、茶具等十大系列 6000 多个品种，远销以欧美市场为主的 80 多个国家和地区。2012 年被授予“中国玻璃器皿之都”称号。食品园区内有北京红星集团六曲香分公司的原酒生产和灌装生产线，有全省农业产业化龙头企业——华祁食品公司和地方特色产品——乔家啤酒有限公司等。开发区工业经济、财政收入在祁县全县占有很大比重，是推动祁县经济发展的重要动力，也是加快承接产业转移、优化产业布局、打造新型工业基地的重要平台。

8. 县域经济

晋中市共辖榆次区、榆社县、左权县、和顺县、昔阳县、寿阳县、太谷县、祁县、平遥县、灵石县、介休市11个县（市、区）。

晋中市11个县（市、区），太谷县、祁县、榆社县是无煤县，平遥县是煤炭产量较小的县，灵石县、介休市、寿阳县、昔阳县、和顺县、左权县是产煤大县，和顺县、左权县还是国家扶贫重点县。各县（市、区）依托区位和资源优势，发展形成了各具特色的产业体系。

2014年，晋中市11县（市、区）实现地区生产总值分别为榆次区224.15亿元、灵石县185.62亿元、介休市141.36亿元、寿阳县95.37亿元、平遥县95.12亿元、太谷县73.01亿元、祁县62.85亿元、昔阳县51.92亿元、和顺县43.51亿元、左权县40.77亿元、榆社县25.14亿元。第一产业增加值分别为榆次区18.95亿元、太谷县17.11亿元、祁县15.88亿元、平遥县15.29亿元、寿阳县11.92亿元、介休市5.48亿元、灵石县4.76亿元、昔阳县4.65亿元、榆社县4.30亿元、左权县3.82亿元、和顺县2.76亿元。第二产业增加值分别为灵石县123.06亿元、榆次区83.02亿元、介休市82.53亿元、寿阳县52.76亿元、平遥县34.60亿元、昔阳县26.93亿元、和顺县23.87亿元、左权县19.92亿元、太谷县18.78亿元、祁县16.62亿元、榆社县10.65亿元。第三产业增加值分别为榆次区122.18亿元、灵石县57.80亿元、介休市53.36亿元、平遥县45.24亿元、太谷县37.13亿元、寿阳县30.69亿元、祁县30.36亿元、昔阳县20.35亿元、左权县17.03亿元、和顺县16.87亿元、榆社县10.20亿元。完成公共财政收入分别为灵石县13.62亿元、介休市12.27亿元、榆次区11.29亿元、寿阳县7.21亿元、昔阳县6.47亿元、和顺县6.36亿元、左权县5.44亿元、平遥县4.89亿元、太谷县4.32亿元、祁县2.97亿元、榆社县2.08亿元。对全市地区生产总值贡献最高的是榆次区，最低的是榆社县；对第一产业贡献最高的是榆次区，最低的是和顺县；对第二产业贡献最高的是灵石县，最低的是榆社县；对第三产业贡献最高的是榆次区，最低的是榆社县。全年地区生产总值在90亿元以上的有榆次区、灵石县、介休市、寿阳县、平遥县5县（市、区），其中榆次区、灵石县地区生产总值突破 150 亿元；公共财政收入在 10 亿元以上的县（市、区）有灵石县、介休市、榆次区 3 县（市、区）。

全年晋中市 11 县（市、区）城镇居民人均可支配收入分别为灵石县 29556 元、寿阳县 27213 元、介休市 26974 元、榆次区 26866 元、祁县 24998 元、平遥县 23778 元、太谷县 23720 元、左权县 20954 元、昔阳县 19966 元、和顺县 19159 元、榆社县 17836 元。灵石县、寿阳县、介休市、榆次区、祁县 5 县（市、区）高于全省平均水平，其余县（市、区）均低于全省平均水平；农村居民人均可支配收入分别为太谷县 14027 元、榆次区 13528 元、灵石县 13222 元、祁县 12926 元、介休市 10921 元、寿阳县 10430 元、平遥县 9706 元、昔阳县 6776 元、和顺县 4875 元、榆社县 4171 元、左权县 4142 元。昔阳县、和顺县、榆社县、左权县 4 县低于全省平均水平，其余各县（市、区）均高于全省平均水平。

2014 年末，晋中市 11 县（市、区）常住人口分别是榆次区 65.19 万人、平遥县 51.41 万人、介休市 41.56 万人、太谷县 30.60 万人、祁县 27.07 万人、灵石县 26.87 万人、昔阳县 23.05 万人、寿阳县 21.34 万人、左权县 16.46 万人、和顺县 14.68 万人、榆社县 13.80 万人。

八　长治市

长治市位于省境东南部太行山脉南段，东倚太行山与河北省邯郸市、河南省安阳市交界，西、北、南与省内临汾市、晋中市、晋城市相邻。下辖 2 区（城区、郊区）10 县（长治县、屯留县、长子县、壶关县、平顺县、黎城县、襄垣县、武乡县、沁县、沁源县）1 市（潞城市）。辖区总面积 1.396 万平方公里，占全省总面积的 8.9%。长治市地处太行山、太岳山环绕形成高原地形的沁潞高原（又称上党盆地），境域地形地貌以丘陵、山地为主，分别占总面积的 31.3% 和 52%，平均海拔高度为 1000 米。境内矿藏资源丰富，煤、铁矿产开发历史悠久，素有“煤铁之乡”的美誉。长治市，古称上党郡、潞安府，其名来自明代以“长治久安”之意置长治县，最初是在抗日战争胜利和全国解放战争爆发之初由中国共产党领导人民命名建市的，后经区划调整，于 1985 年形成现状。2014 年末，全市常住人口 340.4 万人，占全省总人口的

9.3%，居全省 11 个市第 5 位。

1. 发展思路

2014 年，长治市坚持稳中求进、改革创新的总基调，以全面落实“六大发展”（廉洁发展、转型发展、创新发展、绿色发展、安全发展、统筹发展）、务实推进“五五战略”（着力项目建设、扶贫开发、城镇化建设、节能减排、体制机制改革“五大攻坚”，推进民生改善、创优环境、文明提升、本质安全、社会管理“五大工程”，打造全国一流的现代煤化工、先进装备制造、新能源新材料、休闲旅游度假、特色农产品生产加工“五大产业集聚区”，走出资源型经济转型、农村贫困人口脱贫致富、城乡一体化发展、高碳经济低碳发展、创新驱动“五条路子”，建设宜居、宜业、宜游、宜商、宜学“五宜”长治）为统领，深入开展党的群众路线教育实践活动和学习讨论落实活动，迎难而上、坚韧前行，推动经济社会平稳发展。

2. 经济运行

2014 年，长治市实现地区生产总值 1331.2 亿元，增长 5.1%，增幅高于全省 0.2 个百分点，增速在全省 11 个市中居第 4 位。地区生产总值占全省的比重为 10.43%，地区生产总值在全省 11 个市中居第 2 位。人均地区生产总值 39199 元，同比减少 275 元。人均地区生产总值在全省 11 个市中居第 5 位，人均地区生产总值比全省高 4135 元。

公共财政预算收入 136.3 亿元，总量位居全省第 2 位，下降 8.3%。公共财政预算支出 240.7 亿元，下降 2.0%。其中农林水事务支出增长 11.4%，社会保障和就业支出增长 8.4%，医疗卫生支出增长 23.6%，文化体育与传媒支出增长 8.2%，节能环保支出增长 15.9%。

全年固定资产投资完成 1245.6 亿元，增长 14.6%。按经济类型分类，国有及国有控股投资 456.1 亿元，增长 10.9%；非国有投资 789.5 亿元，增长 16.9%。按产业分类，第一产业投资 130.6 亿元，增长 14.1%；第二产业投资 579.3 亿元，增长 6.0%；第三产业投资 535.7 亿元，增长 25.7%。投资结构进一步优化，制造业投资 395.3 亿元，增长 13.1%；交通运输、仓储和邮政业投资 77 亿元，增长 47%；文化、体育和娱乐业投资 23.8 亿元，增长 58.8%；采矿业投资 130.1 亿元，下降 8%；房地产开发投资 75.2 亿元，下降 20.1%。全年在建固定资产投资项目 1334 个。其中，5 亿元以上项目 118

个，计划总投资2464亿元，完成投资599.8亿元。固定资产投资在全省11个市中居第2位。

全年社会消费品零售总额476.9亿元，增长12.0%。按经营地统计，城镇消费品零售额412.1亿元，增长11.7%；乡村消费品零售额64.8亿元，增长13.6%。按消费形态统计，商品批发收入额17.1亿元，增长19.8%；商品零售额414.5亿元，增长11.8%，住宿收入额3.6亿元，下降17.3%；餐饮业收入额41.3亿元，增长15.1%。

全年外贸进出口总额68297万美元，下降35.0%。其中，进口额31847万美元，增长46.7%；出口额36449万美元，下降56.5%。新设立外商直接投资企业4家；合同利用外商投资3410.8万美元，下降15.9%；实际利用外商直接投资34401.5万美元，增长10%。

年末规模以上工业企业340家，比2013年减少17家。规模以上工业增加值737.3亿元，增长5.1%，增幅高于全省2.1个百分点。规模以上工业增加值在全省11个市中居第1位。规模以上工业企业实现主营业务收入1490.2亿元，下降13.8%；实现利税124.7亿元，下降35.9%；实现利润43.1亿元，下降56.6%。

3. 产业发展

2014年，长治市第一产业增加值58.3亿元，增长4.3%，占生产总值的比重为4.4%；第二产业增加值776.5亿元，增长5.4%，占生产总值的比重为58.3%；第三产业增加值496.4亿元，增长4.8%，占生产总值的比重为37.3%。三次产业比重由2013年的4.3∶65.0∶30.7调整为4.4∶58.3∶37.3。

第一产业中，种植业、林业、畜牧业都比较发达，主要农产品有小麦、玉米、谷子、豆类、蔬菜等。近年来，玉米、小杂粮、干鲜果、食用菌、无公害蔬菜、中药材、畜禽养殖等特色产业发展加快。2014年，大力实施新增粮食产能、中低产田改造、重大水利基础设施等重大项目建设，推进现代农业和特色农业产业发展。完成17座小型病险水库的除险加固和3条中小河流治理工程，农田水利灌溉面积达到128.3万亩；水土保持治理面积25.5万亩，改造中低产田23.5万亩；主要农作物综合机械化水平达到73%。新增设施蔬菜10.1万亩，总面积达到46.7万亩，发展速度全省第一；新发展农民专业合作社948家、家庭农场302家，累计达到9695家，发展数量连续6年全省第一；新增省级“一村一品”专业村229个，达到879个；中药材种植面积达到50683.5亩，增加8830.5亩，增长21.1%；建成了以潞党参、连翘、柴胡等为主打品种的中药材基地。“三品一标”（无公害农产品、绿色食品、有机农产品和农产品地理标志）认证产品总数达195个。全年粮食产量达到162.2万吨，增加1.3万吨，增产0.9%，实现“五连增”。粮、经作物种植比由上年的8∶2优化为7∶3。农林牧渔业总产值突破100亿元，增长5.87%。猪牛羊肉总产量7.8万吨，增长8.7%。其中，猪肉产量6.9万吨，增长9.6%；牛肉产量0.3万吨，增长3.0%；羊肉产量0.5万吨，与上年持平；牛奶产量1.67万吨，下降1.8%；禽蛋产量12.5万吨，增长0.4%。

第二产业中，煤炭、焦炭、冶金、电力、机械制造、化工、医药等为支柱型产业。近年来，不断推进工业产业转型升级，传统产业的改造提升和新兴产业的培育发展不断加快。2014年，产业转型升级加速，经济结构逐步优化，发展方式有了新转变。一是传统产业提档升级。煤炭行业加快矿井标准化建设，53座生产矿井达到安全质量标准化，11座矿井建成并竣工投产，新增产能1200万吨。焦化行业加快推进整合重组，共整合焦化产能1600万吨，全市5.5米以上大机焦产能占比由20%提高到55%，焦炉煤气综合利用率达到83%。电力行业新建项目加快推进，欣隆煤矸石电厂一期已获得核准，开工建设；赵庄、高河、华电襄垣3个低热值煤发电项目取得“路条”，“五通一平”有序展开；漳泽电厂“上大压小”项目取得前期“路条”。实施煤电互保政策，组织煤炭企业赴河北、山东、河南等地开展促销活动，地方煤炭销售5106.2万吨，产销率达到96%以上。推进建立大用户直供电交易制度，3家电厂与2家用电大户签订4.3亿度直供电量，降低企业用电成本近1000万元。全年原煤产量1.2亿吨，增长3.9%；发电量335.9亿千瓦时，下降1.8%；规模以上工业企业焦炭产量1523.3万吨，增长6.4%；钢材产量698.2万吨，增长14.3%。二是新兴产业发展加快。现代煤化工、先进装备制造、新能源新材料、生物医药、特色农产品加工等一批成长性好、带动能力强、支柱作用明显的骨干企业得到了培育发展。现代煤化工板块，襄矿40万吨聚氯乙烯、潞宝10万吨己内酰胺、潞安天脊钴基合成油等现代煤化工项目建设，完成增加值21.4亿元，增长11.5%。先进装备制造板块，易通环能低温余热发电成套设备、捷成数控成套设备制造等先进装备制造项目陆续投产，完成增加值36.6亿元，增长15.5%。新能源新材料板块，日盛达光伏玻璃、高科投LED外延芯片及封装、中技金谷新型建材等新能源新材料项目投产发挥效益，完成增加值8.2亿元，增长15.1%。生物医药板块，康宝基因工程疫苗、太行制药制剂、邦仕得制药等生物医药重点项目，完成增加值8.7亿元，增长0.5%。特色农产品加工板块，林盛果业、潞宝金和生等特色农产品加工项目竣工投产，全市农产品加工龙头企业销售收入完成180.1亿元，增长20%，总量位居全省第2位。2014年，长治市工业总量占全省比重达到13.7%，比上年提升0.3个百分点，工业增速超全省平均水平2.1个百分点；非煤产业增加值占工业增加值的比重达到32.5%，比上年提高3.2个百分点。

第三产业中，文化旅游业较为发达，商贸物流业成长较快。近年来，深挖服务业发展潜力，加快推进服务业项目建设，保持了服务业较快增长势头。2014年，服务业增加值占地区生产总值的比重达到37.3%，同比提高2.5个百分点。现代服务业（包括金融业、房地产业和营利性服务业等）实现增加值210.9亿元，增长6%，高于传统服务业（包括交通运输仓储邮政业、批发零售业、住宿餐饮业和非营利性服务业等）1.9个百分点；占服务业比重达到42.6%，同比提高0.6个百分点。大力推进文化旅游业发展，重点打造了红色旅游、峡谷山水、古建文化和神话故事四大文化旅游品牌，开工建设文化旅游项目42个、完成投资32.7亿元，八路军文化园提档升级，太行山大峡谷游客集散中心、沁源山地自行车、北莱沟滑雪场等一批旅游项目进展顺利。新增平顺通天峡、襄垣仙堂山2个4A级景区，4A级景区达到9个。全年共接待入境游客2.3万人次，接待国内游客2691.2万人次，分别增长4.2%和25.3%；旅游外汇收入1475.2万美元，国内旅游收入263.8亿元，旅游总收入264.7亿元，分别增长5.4%、26.0%和25.1%。大力推进现代物流业发展，编制了物流产业发展规划，推动和支持物流企业进行信息化改造，加快建设了一批区域商业中心、大型购物中心、大型综合类仓储式商场、商业综合体和特色商贸街区。长治县太行山农产品物流园电子商务平台建成运行，能交投集团长子南战略装车点基本完工，黎城华驰物流园正式运营。全市已运行的较大规模物流园区达到8个，完成增加值112.3亿元，增长7.2%。

4. 转型综改

2014年是全省转型综改攻坚年，长治市围绕全省转型综改年总体要求，加快推进了重点领域改革。

推进行政审批制度改革。全年共取消市级行政审批项目25项、下放21项、调整7项，确认行政许可110项、非行政许可17项。出台了规范行政审批中介服务的意见，对中介机构开展了全面清理整顿。完善了重大项目审批绿色通道，对房地产开发、固定资产投资等领域审批进行大刀阔斧的流程再造，流程再造后的房地产项目审批时限仅需38天，比法定时限和承诺时限分别减少443天和259天。

进一步规范土地管理。出台了市区土地征收储备供应管理办法，对市区土地在规划、征收储备、补偿标准、供应和登记方面实行“五统一”管理。推进城乡建设用地新机制试点，拓展用地空间1万多亩。深入开展违法占地、违法建设专项治理行动，对排查出的“两违”项目进行了分类处置。农村土地承包经营权确权登记颁证试点工作进展顺利。

创新金融机制体制。支持渤海银行、国信证券等金融机构入驻，各类金融机构达到468家。襄垣、壶关2家农信社成功改制为农商行，潞城农商行创造性引入国际先进微贷技术取得显著成效，并在全省推广复制。大力推广助保贷、信义贷、小微贷等服务中小微企业发展的金融产品，新增各类金融产品100余种，中小微企业新增贷款42.6亿元、增长12.5%，占企业新增贷款的66.6%。第三产业新增贷款42.1亿元，占行业新增贷款的59.8%。全年金融保险业增加值完成68.3亿元，增长5.7%。

提升科技创新能力。深化拓展“政（府）校（院、所）企联合、产学研一体”创新模式，与清华大学、天津大学、华南理工大学、中科院煤化所等国内外知名院校和科研所形成长期稳定合作关系，累计建成院士工作站6个、博士工作站25个、产学研一体基地48个。推动企业创新，累计建成国家、省级企业技术中心16个。多项科技创新实现重大突破，其中低温余热发电机组成套设备、工业烟气净化脱硫脱硝一体化技术、镍锰锂离子动力电池、LED外延芯片及封装、轻钢轻板低碳新型建筑材料、生物雪莲等科技创新项目和产品填补了国内、省内空白，53项工业生产技术达到了国际、国内领先或一流水平。新认定澳瑞特、易通环能等13家国家级高新技术企业，总数达到32家。新认定振东“岩舒”商标为中国驰名商标，中国驰名商标总数达到12件。全年受理专利申请有效发明专利达386件，名列全省前茅；高新技术企业签订技术交易合同2.4亿元；“三新”（新装备、新技术、新工艺）对工业增加值的贡献率达到42%，工业经济发展的创新驱动进一步增强。

加速发展民营经济。深化工商注册登记制度改革，受理办理营业执照的时间由以前的7天至10天缩减至2个小时。全年新注册私营企业4490户、注册资本164.6亿元，分别增长86.8%、239.4%；新增小微企业2854户，培育“小升规”（一定规模的小微企业升级为规模以上企业）企业37户，发展“小巨人”（业绩良好、极具发展潜力和培育价值处于成长初期的小企业）企业18户；全市民营经济增加值增长9.3%。

5. 重点工程

近年来，长治市抓住国家振兴装备制造业和促进中部地区崛起的战略机遇，大力培育现代煤化工、先进装备制造、新能源新材料、现代生物医药、现代物流、文化旅游、特色农产品生产加工等七大新兴产业。集中抓住一批具有全局性、标志性的大项目、好项目、新项目，一批新兴产业的重大项目相继上马投产，全面推进，引领全市经济健康发展，成为长治市转型跨越发展新的增长点。

2014年，长治市共有重点工程项目928项，涵盖铁路、公路、水利、现代煤化工、装备制造、新能源等多个领域，年度计划投资1214亿元。其中，省级重点工程项目113项，年度计划投资448亿元；市级重点工程项目815项，年度计划投资766亿元。

长治市委、市政府坚持按照项目储备、签约、落地、开工、建设、投产“六位一体”推进机制，强力推进项目建设。一是出台《项目见效年工作实施方案》。专门成立了市项目见效服务办公室，并实行“创环境办实事保增长”周报清单制度；建立了“五位一体”（市级领导干部包联县市区、重点镇、中心村、百强企业、贫困村）包联工作制度和“三责四定”（责任到人、责任到岗、责任到底，定职责、定任务、定标准、定时限）的责任追究制度。此外，还开展了市级领导带队解难题、促达效专项服务行动。二是大力招商引资。面向长三角、珠三角、环渤海经济圈、中原经济区等经济发达地区，开展了“一对一”“点对点”的项目招商，引进项目302个、总投资2626亿元。三是加强帮扶企业。认真落实省政府清理规范涉煤收费政策，全部取消市级和市以下涉煤收费项目，累计为地方煤炭企业减负45亿元，平均吨煤减少近

80 元。积极解决企业融资难题，召开了三次政银企洽谈会，达成贷款意向 343.8 亿元。

2014 年省市各项重点工程项目累计完成投资 1231.5 亿元，为年度计划的 101.4%。其中，省级重点工程项目 113 项，累计完成投资 464.35 亿元，为年度计划的 103.7%。市级重点工程项目 815 项，累计完成投资 767.15 亿元，为年度计划的 100.2%。

省级重点工程项目 113 项，包括新建项目 44 个、续建项目 69 个。新建 44 个项目，计划投资 152.29 亿元，实际完成投资 137.16 亿元。其中，晋煤长子赵庄低热值煤电厂一期 2×600MW 工程、潞安矿业（集团）有限责任公司高河电厂一期工程 2×600MW 低热值煤发电项目、长治欣隆煤矸石电厂、协鑫沁县 3×100MW 发电项目 4 个项目取得“路条”，黎城协鑫能源科技有限公司太阳能光伏发电项目、中德型材新建年产 20 万吨铝型材项目、太行山中药材种植加工项目等 35 个项目开工建设，昌晋苑焦油深加工及干熄焦发电项目、山西潞安焦化有限责任公司焦炉煤气高效利用制化学品项目、山西林盛果业有限公司张林梨王种植及深加工项目 3 个项目竣工。续建项目 69 个，计划投资 295.71 亿元，实际完成投资 327.19 亿元。其中，大唐公司平顺风力发电一期建设项目、沁县潞宝金和生农副产品加工二期项目、山西振东制药股份有限公司药品及家庭护理用品生产项目等 7 个项目竣工。

市级重点工程项目 815 项，包括新建项目 494 个、续建项目 321 个。新建 494 个项目，计划投资 361.17 亿元，实际完成投资 351.56 亿元。其中，长治市金桥电力物资有限公司生产锅炉智能化控制设备项目、山西布劳恩电梯有限公司项目、襄垣天兴仓盛光电科技有限公司年产 8000 万只汽车灯泡、年产 6000 万只摩托车灯泡项目、天聚矿物纤维有限公司石膏晶须外墙防火保温材料项目等已全部开工。续建项目 321 个，计划投资 404.83 亿元，实际完成投资 415.59 亿元。其中，潞安集团常村煤矿水平延伸项目、王村矿井项目、沁新精密铸造工程等 247 个项目竣工。

6. 城乡建设

近年来，长治市加大城乡统筹发展力度，深入推进“1+6”（“1”即长治市主城区，“6”即长治县、屯留县、长子县、壶关县、襄垣县和潞城市 6 个县市）上党城镇群建设，城市路网、城市扩容、环境改善等不断取得新进展，城乡一体化发展步伐加快。

主城区扩容提质建设加速推进。长治市委、市政府于2013年提出了主城区建设“一年初见效，两年大见效，三年大变样”的战略目标。紧紧围绕该目标，2014年长治市进一步加快主城区建设步伐，全年开工建设各类城建重点工程123项，完成投资73.5亿元。2013年至2014年两年，共建设各类城建重点工程208项，完成投资121.5亿元；拆迁量110多万平方米，动用土石方1089万立方米；新建扩建市政道路25条（其中打通断头路7条），改造背街小巷84条，总里程64.6公里，新增城市道路面积140万平方米；新建铁路立交桥3座、市政桥梁6座、人行过街天桥10座；敷设供水、排水、供热、燃气、电力、通信等管网214公里；新安装节能高效路灯8036盏，新建改造星级厕所10座、垃圾中转站18座；主城区新增绿化面积50.7万平方米。经过两年的大规模持续建设，市政基础设施综合承载能力显著提升。主城区“三环八纵十二横”路网框架基本成型，人均城市道路面积达到11.23平方米；市区建成区面积达到5930万平方米；集中供热普及率、燃气普及率、污水处理率、生活垃圾无害化处理率分别达到87.1%、92%、92.7%、100%。

上党城镇群建设进一步推进。在大力推进主城区建设的同时，统筹推进以大县城、重点镇和中心村建设为内容的上党城镇群建设。全年重点实施了581项大县城、重点镇和中心村建设工程，完成投资41.2亿元，形成了以城镇为节点、产业为支撑、产城融合发展的城镇化建设新格局。完善城镇交通路网，新建长（治）安（阳）高速连接线、城区至襄垣县快速路2条城际连接线，总里程25.8公里。

农村人居环境进一步改善。启动实施改善农村人居环境“四大工程”（完善提质工程、农民安居工程、环境整治工程和宜居示范工程），完成投资29.3亿元，建设美丽乡村175个，21项年度工作任务全面完成。改造农村困难家庭危房15500户。乡村清洁工程756个行政村达到省级达标考核标准。

城乡生态环境建设持续推进。强力推进治污减排，继续推进“向污染宣战、享碧水蓝天”的环保攻坚行动，加快节能技术在煤、焦、冶、电、水泥等重点领域的推广，淘汰落后产能227万吨、取缔黄标车及老旧车10560辆、拆除土小燃煤锅炉1332台。全年万元地区生产总值能耗下降3.6%，二氧化硫、化学需氧量、氨氮、氮氧化物、工业烟尘、粉尘6项主要污染物减排指标全部完成省下达目标任务；市区二级以上天数达到235天，增加了53天，主要污染物PM10、PM2.5浓度分别下降4.1%和13.9%。加强饮用水源地保护和大河流治理，Ⅲ类水质标准的断面比例达70.6%，城市集中式饮用水源地辛安泉水质达标率100%。继续实施太行山和太岳山“两山”造林工程、干果经济林和生态经济兼用林“两林”富民工程，新增营造林41.2万亩，占省定任务30.6万亩的134.6%。长治市区（城区、郊区）和8个县城、市区（武乡、屯留、长子、壶关、潞城、襄垣、平顺、黎城）创建成国家级园林城市和园林县城，2个县城（沁县、沁源）创建成为省级园林县城。年末，森林覆盖率达30.9%。

2014年，长治市城镇化水平进一步提高，市域城镇化率达48.5%，同比提高1.6个百分点。城镇化率在全省11市中列居第7位。

2014年，长治市新建改建通车里程186.6公里，其中旅游公路完成49.3公里，县乡公路改造工程完成71.4公里，村通水泥（油）路改造工程完成65.9公里。年末公路线路里程11346.0公里，其中高速公路299.8公里。

7. 民生社会

2014年，长治市统筹民生保障和社会发展，民生社会事业全面进步。全年公共财政用于民生支出204.3亿元、增长2.9%，占公共财政支出的比重达到83.7%。新增城镇就业4.34万人，创业带动就业人数9800人，转移农村富余劳动力3.75万人；年末城镇登记失业率控制在1.8%，远低于4.2%的年度控制目标。提高城乡居民低保标准，分别提高7%和12.3%；建立了一级重度残疾人护理补贴和一级贫困重度残疾人生活补贴制度，每人每年补贴480元；建立了全市统一的城乡居民基本养老保险制度，企业养老保险在全省率先实现统收统支。培训新型职业农民10590人，帮扶4.3万贫困人口实现稳定脱贫。新开工建设各类保障性住房12846套，基本建成11149套，完成投资39.2亿元。加大教育经费投入，新建改扩建公办幼儿园18所、改造农村幼儿园35所，实施义务教育学校标准化改造和改善办学条件；启动农村义务教育寄宿制学生营养餐工程，为3万名农村义务教育阶段寄宿制学生提供免费营养餐，每人每天餐费标准由0.8元提高到3元。整合资源，启动实施职教园区建设；推进义务教育均衡发展，探索联盟校办学模式，市实验中学与郊区一中、市一中与市三中分别组成了联盟校。巩固“好娃娃”工程成果，全面开展出生缺陷干预救助健苗工程，免费为3.7万名新生儿进行了听力筛查，对1653名新生儿开展了干预救助。推进养老、医疗、失业、工伤、生育保险“五险”统征，覆盖率进一步提高。新型农村合作医疗覆盖率达100%。在第四届全国文明城市评选中，长治市顺利通过中央文明办复查验收。全市生产形势持续好转，全年各类生产安全事故起数和死亡人数分别下降24.9%和1.7%，保持“双下降”态势。亿元GDP生产安全事故死亡率为0.088，下降1.12%；煤炭百万吨死亡率为0.035，下降62%。亿元GDP死亡率和地方煤矿百万吨死亡率均低于省控目标。

2014年，长治市全市居民人均可支配收入16501元，增长9.5%。城镇居民人均可支配收入24565元，增长8.3%；城镇居民人均生活消费支出13319元，增长6.7%。农村居民人均纯收入10311元，增长11.7%；农村居民人均生活消费支出7996元，增长9.4%。城镇居民家庭恩格尔系数（即居民家庭食品消费支出占家庭消费支出的比重）28%，农村居民家庭恩格尔系数38%。

2014年，长治市全市居民人均可支配收入低于全省37元，城镇居民、农村居民人均可支配收入分别高于全省496元、1522元。在全省11个市中，长治市全市居民、城镇居民、农村居民人均可支配收入分别居第6位、第6位、第3位。

8. 经济特区

长治高新技术产业开发区和壶关经济技术开发区，是长治市境内享受特殊政策的经济特区。

长治高新技术产业开发区，是于1992年经批准成立的以发展高新技术产业为主的省级高新技术产业开发区，为山西省最早成立的5家开发区之一。开发区位于市区北部，规划建设面积9.3平方公里，预留区面积28平方公里，管辖捉马、史家庄、化家庄和小化家庄4个村，常住人口10万人，其中户籍人口2.5万人。经过多年建设和发展，开发区已建成德式工业园、星星标准工业园、科技工业园等3个工业园，共有各类企业1371家，其中工业企业235家，规模以上工业企业13家，限额以上商贸企业17家，世界500强企业4家，高新技术企业7家，三资企业7家，业内技术领先企业10家。区内产业初步形成了五大格局：以山西康宝集团、康宝生物疫苗基地为主导的生物医药产业；以西门子大型特种电机基地、玉华再制造、中德合资博太科电气、德国独资贝克电气为标志的先进装备制造产业；以飞利浦－中池联华、台资崧宇科技、山西福万达等为支撑的光电产业；以山西达利、佰和园、世龙为引领的高档食品产业；以居然之家、金威商贸、益东国际为范式的现代三产服务业。长治高新区被国家工信部认定为国家新型工业化产业示范基地，国家科技部认定为国家级科技企业孵化器。在近年来开展工作的基础上，2014 年长治高新技术产业开发区进一步加速推进扩区升级、提质增效，取得重大进展。全年完成科工贸总收入 225 亿元、工业总产值 205 亿元、工业增加值 115 亿元、地区生产总值 126 亿元、财政总收入 21.32 亿元、地方财政预算收入 6.4 亿元、一般预算收入 2.38 亿元、固定资产投资 6.2 亿元。

壶关经济技术开发区，始建于 2001 年，位于壶关县城北，起初为长治市级壶关常平经济开发区，2006 年批准为省级壶关经济开发区。开发区规划建设面积为 2.6 平方公里，共辖 10 个行政村，占地面积行政管辖范围 20 平方公里。开发区主要依托壶关常平集团，主导产业为钢铁深加工和煤化工。常平集团有限公司，是改革开放以来由几个村办小企业起步，已发展成为一家集冶金、建材、化工、煤气发电、旅游、房地产、农业综合开发等多种经营于一体的大型民营企业。至 2013 年，常平集团连续 7 年入围全国民营企业 500 强。

9. 县域经济

长治市共辖长治县、屯留县、长子县、壶关县、平顺县、黎城县、襄垣县、武乡县、沁县、沁源县、潞城市、城区、郊区 13 个县（市、区）。长治县、襄垣县和潞城市为全省扩权强县试点县（市）。

长治市 13 个县（市、区），除城区、平顺、黎城、沁县外，其余 9 个县（市、区）都有煤炭资源。其中，郊区的产业以现代冶金、电力、煤化工、医药、机械装备业为主，长治县的产业以煤炭、机械制造、医药、新材料、现代物流为主，潞城市的产业以煤化工、煤炭、建材为主，屯留县的产业以煤炭、煤化工、机械制造、医药、新能源新材料为主，长子县的产业以煤炭、电力、医药、化工为主，壶关县的产业以冶金、装备制造、现代农业、文化旅游业为主，平顺县的产业以铁矿、水电、农业、文化旅游业为主，黎城县的产业以冶金、新能源新材料、文化旅游业为主，襄垣县的产业以煤炭、煤化工、机械制造、新能源新材料为主，武乡县的产业以煤炭、电力、金属镁、文化旅游业为主，沁县的产业以农业、农产品加工、文化旅游业为主，沁源县的产业以煤炭、煤化工、机械制造、电力为主。城区的第三产业比较发达，城市化程度较高，服务业是拉动地区经济发展的主要动力。郊区、长治县、襄垣县、屯留县、长子县、沁源县、潞城市7个县（市、区）的工业经济比较发达，第二产业尤其工业是拉动地区经济发展的主要力量。

2014年，长治市13个县（市、区）实现地区生产总值分别为郊区187.2亿元、襄垣县173.5亿元、城区171.1亿元、长治县151.1亿元、屯留县115.2亿元、长子县100.9亿元、潞城市98.5亿元、壶关县49.6亿元、平顺县21.9亿元、黎城县36.6亿元、武乡县61.2亿元、沁县19.5亿元、沁源县95.0亿元。完成公共财政收入分别为襄垣县23.2亿元、长治县15.7亿元、沁源县10.8亿元、长子县10.1亿元、郊区7.2亿元、屯留县6.7亿元、潞城市5.6亿元、城区5.2亿元、武乡县4.6亿元、壶关县2.3亿元、黎城县1.7亿元、沁县0.8亿元、平顺县0.7亿元。对全市地区生产总值贡献最高的是郊区，最低的是沁县；对第一产业贡献最高的是长子县，最低的是城区；对第二产业贡献最高的是郊区，最低的是沁县；对第三产业贡献最高的是城区，最低的是平顺县。全年地区生产总值超百亿元的有郊区、襄垣县、城区、长治县、屯留县、长子县6县（区）；公共财政收入在10亿元以上的有襄垣县、长治县、沁源县、长子县4个县。

全年长治市13个县（市、区）城镇居民人均可支配收入分别为郊区30752元、襄垣县27251元、沁源县26691元、城区26416元、长治县24921元、长子县22635元、潞城市22503元、屯留县21068元、武乡县18473元、平顺县18023元、壶关县17904元、沁县15149元、黎城县14719元，其中郊区、襄垣县、沁源县、城区和长治县5个县（区）高于全省平均水平。农村居民人均可支配收入分别为郊区14008元、长治县13100元、屯留县12041元、襄垣县11900元、长子县10963元、沁源县10952元、潞城市10753元、黎城县6868元、武乡县5052元、沁县4865元、平顺县4678元、壶关县4462元，其中郊区、长治县、屯留县、襄垣县、长子县、沁源县、潞城市7个县（市、区）高于全省平均水平。

2014年末，长治市13个县（市、区）常住人口分别是城区50.5万人、长子县35.9万人、长治县34.8万人、壶关县29.6万人、郊区28.6万人、襄垣县27.6万人、屯留县27.0万人、潞城市23.2万人、武乡县18.3万人、沁县17.5万人、黎城县16.1万人、沁源县16.1万人、平顺县15.1万人。

九　晋城市

晋城市位于省境东南部太行山脉南段，东、南与河南省新乡市、焦作市、济源市交界，西与省内临汾市、运城市相邻，北与省内长治市毗邻。下辖1区（城区）4县（泽州县、阳城县、陵川县、沁水县）1市（高平市）。辖区总面积9424.9平方公里，占全省总面积的6%。境域地形地貌以山地和丘陵为主，山地和丘陵面积达87.1%。境内矿产资源丰富，煤、铁开发历史悠久，是全国和山西最大的无烟煤生产基地之一，素称“煤铁之乡”。晋城市，古称泽州，晋城之名相传来源于此地曾是春秋时期韩赵魏三家分晋后晋君流寓之地，最初在全国解放战争时期由中国共产党领导人民建市，后经区划调整，于1985年形成现状。2014年末，全市常住人口230.89万人，占全省总人口的6.32%，居全省11个市第9位。

1. 发展思路

2014年，晋城市坚持“稳中求进、改革创新”总基调，围绕“一争三快两率先”（争先综改、竞逐中原，加快产业转型升级、加快建设“美丽晋城”、加快城乡一体化进程，率先全面建成小康社会、率先走出资源型地区科学发展新路）总战略，统筹推进工业新型化、农业现代化、新型城镇化、城乡生态化，加快综改试点建设，积极适应经济新常态、应对经济下行压力，推动经济社会稳中有进发展。

2. 经济运行

2014年，晋城市实现地区生产总值1035.8亿元，增长4.7%，增幅低于全省0.2个百分点。地区生产总值占全省的比重为8.2%，地区生产总值在全省11个市中居第7位。人均地区生产总值44943元，同比增加了3元。人均地区生产总值在全省11个市中居第3位，人均地区生产总值比全省多9879元。

全年财政总收入207.3亿元，下降7.1%。公共财政预算收入完成98亿元，增长3.7%。公共财政收入在全省11个市中居第7位。公共财政预算支出160.6亿元，增长2.1%。其中，科学技术支出下降23.8%，教育支出增长2.1%，农林水事务支出增长6.1%，社会保障和就业支出增长7.5%，文化体育与传媒支出增长18.5%，医疗卫生和计划生育支出增长21.8%，节能环保支出下降17.2%。公共财政预算支出在全省11个市中居第9位。

全年固定资产投资974.8亿元，增长16.4%。按经济类型分类，国有及国有控股投资449.2亿元，增长29.4%；港澳台及外商投资53.4亿元，增长37.3%；民间投资472.2亿元，增长4.6%。按产业分类，第一产业投资55.9亿元，下降5.9%；第二产业投资441.7亿元，增长12.9%；第三产业投资447.2亿元，增长23.3%。在第二产业中，工业投资441.6亿元，增长12.9%。其中，煤炭产业投资172.8亿元，增长21.4%，非煤产业投资269.2亿元，增长8.5%；传统产业（煤炭、焦炭、冶金、电力）投资合计186.2亿元，增长22.3%，新兴接替产业投资合计255.8亿元，增长7.4%。全年在建固定资产投资项目1286个。其中，5亿元以上项目84个，计划总投资1457.6亿元，完成投资286.4亿元，占全市固定资产投资的比重为29.4%。固定资产投资在全省11个市中居第8位。

全年社会消费品零售总额332.8亿元，增长12%。按经营地统计，城镇消费品零售额305.6亿元，增长11.6%；乡村消费品零售额27.2亿元，增长17%。按消费形态统计，餐饮收入额40.1亿元，增长14.3%。

全年外贸进出口总额11亿美元，增长19.5%，增幅全省排名第1位。其中，进口额8.1亿美元，增长22.7%；出口额2.9亿美元，增长11.6%。全年新设立外商直接投资企业3家，按全口径统计实际使用外商直接投资金额28425万美元，增长0.1%。

年末规模以上工业企业221家，比2013年减少25家。规模以上工业增加值完成512.78亿元，比2013年增长5%，增幅比全省高2个百分点。规模以上工业企业实现主营业务收入1095.3亿元，下降8.4%。规模以上工业实现利税127.4亿元，下降29.2%；实现利润55.6亿元，下降44.7%。

3. 产业发展

2014年，晋城市第一产业增加值43.8亿元，增长0.6%，占生产总值的比重为4.2%；第二产业增加值608.6亿元，增长5.2%，占生产总值的比重为58.8%；第三产业增加值383.4亿元，增长4%，占生产总值的比重为

37%。三次产业比重由2013年的4.2∶62.4∶33.4调整变化为2014年的4.2∶58.8∶37。

第一产业中，以种植业和养殖业为主，农作物主要有玉米、小麦、谷子、豆类、薯类、蔬菜、瓜果等，林果主要有苹果、核桃等。近年来，畜牧、蚕桑、蔬菜、食用菌、小杂粮、中药材等特色农业发展较快。晋城市是山西省最大的商品猪生产、商品猪外调和种猪繁育基地，也是华北地区最大的蚕茧、丝绸生产基地。2014年，大力实施新增粮食产能、中低产田改造、重大水利基础设施等重大项目建设，推进“一村一品、一县一业”特色农业产业发展。新建“一村一品”省级专业村152个，市级专业村134个。农业产业化龙头企业新上项目50个。新发展农民专业合作社646家，总数达到了4734家，创建国家级示范社12家。农产品加工销售收入超过63.3亿元，亿元以上农产品加工企业达到11家。全年粮食产量73万吨，减少17.5万吨，减产19.3%。全年全市肉类总产量15.8万吨，增长13%。全年猪牛羊肉总产量14.6万吨，增长12.6%。其中，猪肉产量13.9万吨，增长13%；牛肉产量1422.3吨，下降9.5%；羊肉产量5860吨，增长11.7%。年末生猪存栏106.6万头，增长11.1%；生猪出栏185.3万头，增长12%。牛奶产量538吨，下降47.7%；禽蛋产量8.2万吨，增长11.9%；水产品产量1700吨，下降5.6%。设施蔬菜产量14.1万吨，增长16.6%；食用菌2万吨，增长18.4%；蚕茧5442吨，下降4.4%；蜂蜜2050吨，下降4.7%；药材1.1万吨，增长22.9%。

第二产业中，煤炭、电力、化工、建材、冶铸为支柱产业，装备制造业为主导产业。近年来，晋城市加快推进传统产业转型发展和新兴产业培育步伐，结构调整扎实推进。2014年，晋城市结构调整进一步推进。一是减负保稳，促传统产业发展。积极应对煤炭经济下行态势，严格落实省、市惠煤政策，暂停提取煤矿转产发展资金和矿山环境恢复治理保证金，停征煤炭可持续发展基金，压减直至取消煤炭公路经销差价，实施困难企业缓交“五金”，全年减轻煤矿负担20亿元。新建成现代化矿井8座，累计达10座，数量位居全省第一。全年地方煤矿生产原煤3914.4万吨，增加220万吨。同时，推动晋城福盛钢铁、陵川金隅水泥行业准入成功。二是稳步推进工业转型和新兴产业发展。加快“煤电气化”综合能源基地建设，巴公、高平西部、北留周村3个相对集中的煤化工产业园区粗具规模。支持装备制造、高新技术产业发展，沁水力宇燃气动力制造、皇城中道能源有限公司汽车产业园等项目建设顺利；山西海诺科技公司“高性能空心玻璃微珠”项目正式投产运营；富士康晋城A区全面建成投产，富士康晋城园区工业产值连创新高，成为全球精密光机电产品生产基地。新能源煤层气产业发展迅猛，新增投运井数729口，钻井总数达到7643口，地面抽气量达到26.4亿立方米，增长12.3%，实现销售收入36亿元，增长33%。全年原煤产量8612万吨，增长5.7%；规模以上工业发电233亿千瓦时，增长0.2%；水泥253万吨，增长7.0%；农用化肥261万吨，下降3.4%；焦炭54万吨，下降42.4%；钢材产量299万吨，增长9.3%；生铁372万吨，增长7.6%。

第三产业中，以饮食业、旅店业、商业、金融等传统产业为主，近年来在政策扶持和一批重点项目的带动下，金融、旅游、电子商务、文化创意、育幼养老、研发设计、家政服务、医疗保健等新兴服务业发展较快。2014年，晋城市出台了加快金融、旅游、养老、健康服务业发展等一系列办法措施，推进现代服务业的发展。同时，加快推进城市综合体、商贸物流园区、特色街建设和“十五分钟便民商圈”建设，推进商贸物流业发展。2014年4月，晋城国际电子商务公共服务平台（简称晋城IEC平台）上线运营。该平台是以建设国家级电子商务示范基地为切入点，以政府引导、促进、规范地区电子商务发展为工作方向，围绕提升企业品牌价值为主线，助力晋城产业转型升级，带动地区经济发展为建设目标的区域性综合类的电子商务门户平台。全年金融机构进一步布局扩点扩大服务面，重点乡镇和农村地区的金融服务得到强化。年末全市金融机构各项存款余额1812.6亿元，比年初增加53.1亿元，增长3%；各项贷款余额922.1亿元，比年初增加57.3亿元，增长6.6%。全年全市旅游目的地建设和整合、多元化精准营销、文旅农产业融合等取得新进展，累计接待入境旅游者11552人次，增长4.53%；外汇收入633.66万美元，增长6.8%；国内累计接待2715.01万人次，增长25.33%，国内旅游收入241.96亿元，增长23.88%，实现旅游总收入242.36亿元，增长21.95%。扶持推进了特色文化产业的成长与发展，产业发展格局初步形成。其中，重点打造了以珏山文化产业园为主的动漫产业，以吉利尔文化产业园、晋氏织造为主的潞绸、丝麻文化产业，以皇城相府文化产业园为主的古堡文化产业，以泽州铁器、古泽州铁货为主的新兴铸造文化产业，以阳城陶瓷琉璃、高平黑陶为主的陶瓷文化产业，以王莽岭、蟒河为主的太行山水旅游文化产业。2014 年，晋城市第三产业占生产总值的比重达到 37.0%，提高了 3.6 个百分点。

4. 转型综改

2014 年是全省转型综改攻坚年，晋城市转型综改强力推进了“1 +9”综改试点等各项建设。

2013 年，巴公镇被确定为全省首个扩权强镇试点，重点在行政体制机制改革、财税体制改革、产业转型、土地利用、城乡统筹、投融资和低碳发展等方面进行改革实践。为全面推进全市转型综改试验区建设，晋城市确定 9 个具备一定条件的乡镇或园区为市级转型综改试验先行试点，分别为：城区西北片区改造试点、北石店镇“四化同步”推进试点、泽州县金村新区低碳发展试点、高平市马村镇园镇一体化发展试点、米山镇产业转型发展试点、阳城县町店镇产业转型发展试点、陵川县潞城镇民生改善试点、沁水县郑村镇特色城镇化试点、开发区金匠园区新兴产业发展试点。此即为“1 +9”综改试点建设。2014 年，成立了晋城市转型综改“1 +9”试点建设工作推进小组，负责试点建设工作的统一组织、协调推进。到年末，巴公镇财政体制和行政管理体制改革、潞城镇基本医疗卫生保障体制改革和统筹专项资金使用方式、马村镇创新土地利用新机制、町店镇依托资源优势招商引资促进转型等取得了阶段性成效。

全市各项改革全面深化。行政审批制度改革加快推进，市、县两级 10 个部门下放 54 项行政审批权限，实现了市、县、综改试点乡镇三级同权、同职、同责。深化政府职能转变，基本完成新一轮政府机构改革。煤焦公路销售体制改革全面完成，运销票据和检查站点全部取消。工商、质检、文化、城建执法等管理体制和财税、金融等重点领域改革取得新进展。山西兰花保税物流中心、晋城海关正式获批成立。晋商银行、银河证券入驻晋城，城区、泽州、阳城农信社成功改制。成功发行的首支城投债券 14 亿元，票面利率 4.99%，为近三年全省地方债券发行招标的最低利率。招商引资全力推进，通过组织参加全国、全省等大型经贸活动，招商引资签约项目 163 个，资金到位 519.3 亿元。同时，开展招商项目“百日攻坚”，促进了 2011—2013 年签约项目中的未落地项目中123个落地。

发展“飞地经济”是转型综改的重大事项之一，取得突破性进展。晋城市产业结构不平衡，城区、开发区面积小，又集中在城市核心区域，项目摆布在很大程度上受空间限制。而土地利用资源相对丰富的泽州县、高平市、阳城县、陵川县、沁水县5个县（市）却缺少资金和项目。为此，晋城市于2013年开始强力推进“飞地经济”发展。主要举措是：确定阳城县的演礼工业园区、高平市的新能源科技创新园区作为发展“飞地经济”的飞入地；同时推动其他园区参照“飞地经济”发展模式，发展园区经济。2014年，通过经济对接、促开工、建园区，“飞地经济”发展取得新进展。高平米山新能源科技产业园成功引进了科兴LED配套产业园项目。该项目由高平科兴集团与东莞市昆翔光电技术有限公司、厦门冠宇科技有限公司共同投资，专业生产LED配套产品，已具备试生产条件。北京埃夫信科技有限公司环保装备制造、汽车配件以及矿用激光修复项目，落地阳城演礼工业园区并投产。

5. 重点工程

2014年，晋城市共安排重点工程项目409项，总投资3057亿元，年度计划投资872亿元。其中，省级重点工程71项，包括新建项目21个、续建项目50个，年度计划投资320亿元；市级重点工程338项，包括新建项目211个、续建项目127个，年度计划投资552亿元。

晋城市委、市政府深入开展“项目见效年活动”，严格落实“一把手”责任制，实行“一个项目、一位领导、一套班子、一抓到底”的“四个一”工作机制，做到明确责任部门、明确责任人、明确工作目标和明确完成时限的“四明确”，坚持月调度、月考核、月排名制度等一系列行之有效的做法，强力推进重点工程项目建设。

至年末，重大项目完成重点工程投资891.8亿元。308个项目投产，其他项目按计划完成阶段性建设任务。

省级重点工程项目71项，年度计划投资320亿元，实际完成投资297.07亿元。其中，新建项目21个，计划投资91.9亿元，实际完成投资66.78亿元；续建项目50个，计划投资228.1亿元，实际完成投资230.29亿元。新建项目，包括江淮重工民品升级项目、吉田公司新建超高强度高韧性新材料（ADI）项目、晋城市煤业集团长嘉地方铁路、晋煤集团胡底低热值煤电厂

2×350MW 工程项目、清慧年产 5000 万件新型材料高端结构件配套项目等开工建设。续建项目，包括晋城晨康生活性商贸物流项目（一期）、山西凯永生物科技有限公司循环经济综合开发项目、星光陶瓷年产 3600 万平方米高档内墙陶瓷砖项目（一期）、皇城相府中道能源年产 4 亿 AH 锂离子动力电池产业化项目、太原科技大学晋城校区、山西海诺高性能空心玻璃微珠等竣工。

市级重点工程项目 338 项，年度计划投资 552 亿元，实际完成投资 594.87 亿元。其中，新建 211 个项目，计划投资 304.4 亿元，实际完成投资 338.21 亿元；续建项目 127 个，计划投资 247.7 亿元，实际完成投资 256.66 亿元。新建项目，包括晋城市第十一中学项目、晋城市第十二中学项目、丙昌陶瓷年产 1000 万片琉璃瓦项目、万吨果醋饮料加工项目、年产 500 万件传动系法兰项目、年产 10 万套汽车尾气净化装置、浩坤煤层气液化项目等开工建设。续建项目，包括清慧铁路车辆铸钢件自动化生产线、泽州县高级职业中学项目、晋城三馆合一（图书馆、档案馆、美术馆）项目、沁水县城市综合展示馆项目等竣工。

6. 城乡建设

近年来，晋城市坚持推进生态城市战略，强化节能减排、环境治理和生态保护，持续推进市区、各县（市）城区和中心城镇的建设，取得显著成效。2014 年，晋城市继续围绕城市扩容提质等，加快推进城乡建设。

城市主城区、大县城和重点镇建设加快推进。主城区以“一园两环、三纵三横”为重点推进建设和提高综合承载力。“一园”，即 396 平方公里的环城森林公园；“两环”，即 207 国道和陵（川）沁（水）线连接构成的内环和两路改线外移后连接形成的外环两条快速通道；“三纵三横”，即市区的泽州路、文博路、景西路“三纵”路和书院街（太岳街）、凤台街、白水街“三横”街。全年实施了城市道路、管网、生态园林及污水垃圾处理等 41 项基础设施建设，加快了书院街、景西路南段、白水街西段、龙潭路、百灵街、南环路等城市交通网建设，大力度建设了城市给水管网提升工程、10 片街头绿地、污水处理厂二期等市政基础设施项目，新增集中供热面积 160 万平方米，吴王山森林公园建成开园，城市面貌焕然一新。大县城和重点镇建设持续推进。大县城试点工作全面推进，阳城县申报的主城区南部片区供水工程和清林沟道路改造工程按计划推进。14 个镇入选为全国重点镇，分别为城区北石店镇、泽州县周村镇、巴公镇、高平市三甲镇、河西镇、马村镇、阳城县北留镇、润城镇、陵川县崇文镇、礼义镇、附城镇、沁水县中村镇、端氏镇、嘉峰镇。“气化晋城”步伐加快，中心城市规划六区管道燃气普及率达到90%。全年全市（含县城）新增绿化面积179万平方米，建成区绿化覆盖率达到45.8%，绿地率达到43.2%，人均公园绿地面积达到15.5平方米；居民用气普及率达到96%；集中供热普及率达到85%；人均城市道路面积13.55平方米。园林城镇创建取得新进展，6个（北留镇、润城镇、巴公镇、河西镇、町店镇、南村镇）省级园林城镇中，有2个（北留镇、润城镇）升级为国家级园林城镇。高（平）沁（水）高速公路是晋城市城乡建设的重大项目，于2013年4月全面开工，2014年末工程建设取得重大进展，累计完成投资37.94亿元，除特大桥、隧道等工程外，大部分路基工程主体基本完成。

智慧城市建设稳步推进。2013年，晋城市成为第二批国家智慧城市试点市。智慧城市建设，以信息资源整合和基础资源共享为支撑，以实施“13320工程（一项基础设施、三大基础应用体系、三个应用领域、二十项重点工程）”为重点推进智慧基础设施和应用体系建设。2014年，晋城智慧城市试点全面起步，电子政务云平台——“栖凤云”建设加快推进，“市民一卡通”项目开发招标。“市民一卡通”建成开通后，将提供自来水、取暖费、煤气费、电费、电信费、有线电视费、医疗费等公共事业的便民支付服务；打造公交车、出租车、自行车等公共交通惠民生活服务；建立智慧社区、智慧校园、智慧医疗、智慧商圈、智慧工厂等一系列利民和谐的金融服务体系。

农村人居环境进一步改善。2014年，在此前2011年开始实施覆盖泽州、高平、阳城、沁水4个县（市）6个乡镇65个行政村的环境连片整治示范项目基本完成，重点保护了农村饮用水源，分片建设了生活污水、垃圾处理设施。启动了实施农村提质工程、农民安居工程、环境整治工程和宜居示范工程“四大工程”，新农村10个连片示范区和300个新农村实现提档升级。

城乡生态环境建设持续推进。大力开展改善环境质量“十组拳”攻坚行动和改善环境空气质量“百日攻坚”专项行动，推进污染企业的关停和搬迁，改造升级4县县城污水处理厂和建成生活垃圾无害化处理场，淘汰黄标车和老旧车辆9385辆。主要污染物减排任务全部完成，二氧化硫、氮氧化物、烟尘、工业粉尘、氨氮、化学需氧量减排提前完成“十二五”省定指标。市区环境空气质量二级以上天数达到209天，增加67天；PM2.5、PM10浓度和空气质量综合指数分别下降28.1%、16%和19.4%，均超额完成省定指标。地表水环境质量持续好转，沁河继续保持全省最好的水质，丹、沁“两河”10个监测断面水质达标率达70%。

截至2014年底，累计创建2个国家级生态示范区（陵川县、沁水县），共创建国家级生态乡镇3个（巴公镇、西河乡、川底乡），41个省级生态乡镇，102个省级生态村。森林覆盖率提高到38.3%。

2014年，晋城市市域城镇化率达56.49%，同比提高0.97个百分点。城镇化率在全省11市中列居第4位。

2014年末，晋城市新增公路通车里程50公里，总里程达到8960.5公里，公路密度达39.21公里/万人。其中，高速公路318.6公里，高速公路实现县县通。

7. 民生社会

2014年，晋城市民生保障更加有力，社会事业进一步发展。全年公共财政民生支出达142.7亿元，占公共财政支出的88.8%。新增城镇就业岗位4.3万个，完成全年目标任务的122.6%；转移农村劳动力2.9万人，完成全年目标任务的129.5%。城镇登记失业率控制在1.27%以内，低于4.2%以内的年度控制目标，全省排名第一。落实机关事业单位增资政策，发布企业工资指导线，提高最低工资标准，提高调整乡村医生和教师工资待遇，增加了各类就业人员收入。最低工资标准分别调整为1450元、1350元、1150元等三个档次，比调整前均提高160元。提高城乡居民低保标准，幅度分别达到8.75%和17.48%，高于省下达的不低于7%和12%的目标要求，分别达到320元和160元。深入实施“百企千村产业扶贫”和干部下乡住村帮扶活动，对160个重点扶持村开展产业扶贫，带动全市农村居民人均可支配收入突破万元。推进全民医保体系建设，城镇职工基本医疗保险报销最低92%，最高97%，年最高报销额达到60万元；城镇居民基本医疗保险报销最低68%，最高85%，年最高报销额达到50万元，待遇水平均居全省第一；新农合筹资标准由340元提高到390元，新农合参合人数149.02万人，参合率99.25%。连续第十次对企业退休人员基本养老金作出调整，人均月增加230元；再次提高城乡居民基础养老金，城区、开发区达到每人每月100元，泽州、阳城、沁水达到每人每月 90 元，高平、陵川达到每人每月 80 元。建立一级重度残疾人护理和生活补贴制度，每人每年补贴 480 元。全市城镇保障性住房新开工 15528 套，建成 6000 套，配售 3168 套。新（扩）建 8 所中小学，新（改、扩）建农村幼儿园和标准化幼儿园 28 所。城区、高平、阳城通过国家义务教育均衡发展评估验收。提高农村初中、小学生人均公用经费标准，分别为每生每年 760 元、560 元。晋城中专、高平中专国家级改革发展示范校项目通过省级验收。泽州、高平、阳城、沁水 4 个公立医院改革试点县（市）14 所公立医院全部取消“以药补医”，实行药品零差率销售。村卫生室覆盖率 100%，县乡村三级医疗机构达标率均为 100%，乡镇卫生监督站覆盖率达到 100%。全市自来水普及率达到 92.7%。全市生产形势总体平稳，各类安全事故下降 7.9%，事故死亡人数下降 1.7%；亿元 GDP 生产安全事故死亡率 0.081，煤矿百万吨死亡率 0.2299。

2014 年，晋城市全市居民人均可支配收入 17905 元，增长 8.4%，增幅低于全省 1.0 个百分点，但比全省居民可支配收入 16538 元高 1367 元。城镇居民人均可支配收入 24907 元，增长 7.7%；城镇居民人均生活消费支出 14315 元，增长 1.8 %。农村居民人均可支配收入 10087 元，增长 10.4%；农村居民人均生活消费支出 7973 元，增长 4.8 %。城镇占调查总户数 20% 的低收入家庭人均可支配收入 9675 元，增长 8.7%；农村占调查总户数 20% 的低收入户人均可支配收入 3793 元，增长 13.3%。

2014 年，晋城市全市居民、城镇居民、农村居民人均可支配收入均高于全省，分别高于全省 1367 元、838 元、1278 元。在全省 11 个市中，晋城市全市居民、城镇居民、农村居民人均可支配收入分别居第 3 位、第 4 位、第 6 位。

8. 经济特区

晋城经济技术开发区，是晋城市境内享受特殊政策的经济特区。晋城经济技术开发区，始建于 1992 年，1997 年批准为省级经济开发区，2013 年升级为国家级经济技术开发区。开发区位于市区东部 3 公里处，至 2014 年批准规划面积 9.86 平方公里，管辖面积 23.95 平方公里。常住人口约 10 万人。经过多年建设和发展，开发区已成为晋城市一个聚集和承载高科技产业发展的高新技术产业开发区，在促进全市产业转型升级、工业新型化、城市区域发展等方面发挥着重要的带动和示范作用。

2014 年末，晋城经济技术开发区共有各类工商企业 538 户。其中，规模以上工业企业 18 户、限额以上商贸流通企业和有资质的建筑房地产企业 48 户。有 5 家世界 500 强企业入驻开发区，还有美国、英国、日本、南非、萨摩亚等国以及中国台湾、香港的外商投资企业 11 家。涵盖光电子、机械铸造、机电、房地产开发等多个行业。另外，兰花集团、晋煤集团、皇城相府集团等骨干企业的一批重大转型项目在开发区落户。形成了以精密光电制造、装备制造、新能源、新材料、商贸物流、汽车销售、餐饮住宿、房地产为特色的产业发展格局，拥有 5 个中国乃至世界之最的龙头项目。其中，精密光电制造产业是第一大主导产业，主要产品有光通讯部件、光学镜头模组、相机模组、半导体照明光源等。装备制造产业是第二大主导产业，主要企业有富晋精密工业有限公司、汉通机械有限公司、盛固精工有限公司、兰花汉斯瓦斯抑爆公司等，主要产品包括精密刀具、精密模具、自动化数控机床、工业机器人、移动终端关键机构件、煤机装备、汽车零部件、机械部件、铁路部件、工业制动器、核电部件等。新能源产业是第三大主导产业，以中道能源、唐一能源、铭石煤层气、通豫煤层气、中联煤层气、华美瑞泽等企业为代表，主要产品包括锂离子电池、煤层气、燃料电池等。

2014 年，晋城经济技术开发区完成地区生产总值 66.28 亿元，增长 13.65%；工业总产值 153.7 亿元，增长 13.76%；规模以上工业增加值增长 30.15%；外贸进出口完成 6.03 亿美元，增长 57.52%，其中进口 3.87 亿美元，出口 2.16 亿美元；全年全社会固定资产投资 57.51 亿元，增长 30.2%。高新技术领域企业实现工业总产值完成 137.6 亿元，实现增加值 38.4 亿元，占全区工业经济总量的 90%。财政总收入完成 17.45 亿元，公共财政预算收入完成 3.16 亿元，增长 5.36%。新增高新技术企业 5 家，授权专利 23 项。

9. 县域经济

晋城市共辖城区、泽州县、高平市、阳城县、陵川县、沁水县 6 个县（市、区）。

晋城市 6 个县（市、区），除城区外，其余 5 个县市都有煤炭资源。其中，泽州县的产业以煤、冶铸、装备制造、煤化工、新兴产业、科技文化和现代物流为主，高平市的产业以煤、化学工业、丝麻、冶铸、装备制造、新型建材为主，阳城县的产业以煤、冶铸、化工、建材、食品、机械制造为主，陵川县的产业以煤炭、冶铸、化工、建材为主，沁水县的产业以煤炭、煤层气、煤化工、煤电气、冶铸、食品加工、发电、建材、装备制造为主。近年来，各县（市、区）一些绿色、环保的特色产业发展较快，如丹河、沁河流域设施蔬菜，城区的工厂化食用菌产业，泽州县、高平市的生猪产业，阳城的陶瓷、蚕桑产业，陵川县的中药材产业，沁水县的蚕桑、苗木花卉、核桃种植产业等。城区的第三产业比较发达，城市化程度较高，服务业是拉动地区经济发展的主要动力。泽州县、高平市、阳城县、陵川县、沁水县 5 个县（市、区）的工业经济比较发达，第二产业尤其是工业是拉动地区经济发展的主要力量。

2014 年，晋城市 6 县（市、区）实现地区生产总值分别为城区 229.92 亿元、泽州县 217.93 亿元、高平市 214.99 亿元、沁水县 172.33 亿元、阳城县 166.70 亿元、陵川县 33.33 亿元。第一产业增加值分别为高平市 12.62 亿元、泽州县 11.05 亿元、阳城县 9.13 亿元、沁水县 5.42 亿元、陵川县 4.52 亿元、城区 1.10 亿元；第二产业增加值分别为泽州县 147 亿元、高平市 144.57 亿元、沁水县 126.47 亿元、阳城县 99.93 亿元、城区 84.50 亿元、陵川县 10.67 亿元；第三产业增加值分别为城区 144.31 亿元、泽州县 59.88 亿元、高平市 57.80 亿元、阳城县 57.64 亿元、沁水县 40.45 亿元、陵川县 18.15 亿元。完成公共财政收入分别为泽州县 12.38 亿元、高平市 12.14 亿元、沁水县 11.54 亿元、阳城县 11.09 亿元、城区 10.46 亿元、陵川县 1.94 亿元。

对全市地区生产总值贡献最高的是城区，最低的是陵川县；对第一产业贡献最高的是高平市，最低的是城区；对第二产业贡献最高的是泽州县，最低的是陵川县；对第三产业贡献最高的是城区，最低的是陵川县。全年地区生产总值在 150 亿元以上的有城区、泽州县、高平市、阳城县、沁水县 5 个县（市、区）；公共财政收入在 10 亿元以上的有泽州县、高平市、沁水县、阳城县、城区 5 个县（市、区）。

全年晋城市 6 县（市、区）城镇居民人均可支配收入分别为城区 26696 元、泽州县 25662 元、高平市 25134 元、阳城县 22968 元、沁水县 21939 元、陵川县 15260 元；农村居民人均可支配收入分别为泽州县 11257 元、高平市 10714 元、阳城县 9978 元、沁水县 8816 元、陵川县 6824 元。城区、泽州县、高平市城镇居民人均可支配收入均高于全省平均水平。除陵川县之外，其余各县（市）农村居民人均可支配收入均高于全省平均水平。

2014 年末，晋城市 6 县（市、区）常住人口分别是高平市 49.04 万人、泽州县 48.99 万人、城区 48.84 万人、阳城县 39.08 万人、陵川县 23.43 万人、沁水县 21.51 万人。

十　临汾市

临汾市位于省境西南部，西以黄河为界与陕西延安市毗邻，东与省内长治市、晋城市接壤，北与省内吕梁市、晋中市相邻，南与省内运城市交界。下辖 1 区（尧都区）14 县（曲沃县、翼城县、襄汾县、洪洞县、古县、安泽县、浮山县、吉县、乡宁县、大宁县、隰县、永和县、蒲县、汾西县）2 市（侯马市、霍州市）。境内有 2 个省级开发区（临汾经济开发区、侯马经济开发区）。辖区南北长约 170 公里、东西宽约 200 公里，总面积 2.03 万平方公里，占全省 13%。境域四周环山，中部为盆地平川，地形地貌以丘陵、山地为主，丘陵占 51.4%，山地占 29.2%。境内矿产资源丰富，煤、铁、石膏、石灰岩、白云岩、膨润土、花岗石、大理石、油页岩、耐火黏土等在省内及全国均占重要地位；矿产资源综合优势度为 0.73，居全省第二；煤炭探明储量占全省的 14%，是我国优质主焦煤基地之一。临汾市，古称平阳，系唐尧古都，因地处汾水之滨而得名。新中国成立后，长期为专区、地区建制并有区划调整，2000 年撤地建市。2014 年末，全市常住人口 441.46 万人，占全省总人口的 12%。排在全省 11 个市中第 2 位。

1. 发展思路

2014 年，临汾市坚持稳中求进的总基调，深入开展改革创新年、转型攻坚年、环境提升年、服务群众年“四个年”活动，大力实施“六大惠民工程”（学前教育优质普惠工程、乡村医疗服务提质工程、农业强基工程、饮水安全工程、城市综合整治工程、就业创业援助工程），统筹推进稳增长、促改革、调结构、惠民生，努力加快建设文明开放、富裕和谐的新临汾。

2. 经济运行

2014 年，临汾市实现地区生产总值 1213.24 亿元，增长 4.6%，增幅低于全省0.3个百分点。地区生产总值占全省的比重为9.51%，地区生产总值在全省11个市中列居第3位。人均地区生产总值27557元，增长4%。人均地区生产总值比全省低7507元，是全省的78.6%。人均地区生产总量在全省11个市中居第9位。

全年财政总收入197.3亿元，下降1.1%。公共财政预算收入118.3亿元，增长0.1%。公共财政预算收入在全省11个市中列居第4位。公共财政预算支出283.1亿元，增长6.9%。其中，农林水事务支出下降1.65%，社会保障和就业支出增长11.1%，医疗卫生支出增长26.2%，文化体育与传媒支出增长59.1%，公共安全支出下降0.7%，节能环保支出下降24.1%。公共财政预算支出在全省11个市中居第2位。

全年全社会固定资产投资1229.43亿元，增长18.6%。按经济类型分，其中，国有及国有控股投资完成596.9亿元，增长11%；非国有投资703.29亿元。按产业分类，第一产业投资77.1亿元，增长42.5%；第二产业投资505.7亿元，增长8%；第三产业投资646.7亿元，增长25.8%。在第二产业中，工业投资505.7亿元，增长8.1%。其中，煤炭工业投资148.6亿元，下降11.5%；非煤产业投资351.5亿元，增长21.4%。传统产业（煤炭、焦炭、冶金、电力）投资合计242.9亿元，下降1.6%，非传统工业（食品、建材、化工、装备制造等）投资合计262.8亿元，增长18.9%。固定资产投资在全省11个市中列居第3位。

全年社会消费品零售总额545亿元，增长14.6%。按经营地统计，城镇消费品零售额446.0亿元，增长11.0%；乡村消费品零售额83.5亿元，增长13.2%。按消费形态统计，商品零售额489.1亿元，增长11.4%；餐饮收入额40.4亿元，增长11.3%。

全年外贸进出口总额39949万美元，下降44.3%。其中，进口额22348万美元，下降59.7%；出口额17601万美元，增长8.6%。全年新设立外商直接投资企业2家；按全口径统计实际使用外商直接投资金额14913万美元，增长7.4%。

年末规模以上工业企业362户，比2013年减少10户。规模以上工业增加值完成466.8亿元，增长3.0%，增幅与全省持平。规模以上工业企业实现主营业务收入1594.33亿元，下降15.6%；实现利税70.21亿元，下降32.5%；

实现利润0.08亿元，下降99.7%。

3. 产业发展

2014年，临汾市第一产业增加值949.3亿元，增长5.1%，占生产总值的比重为7.8%；第二产业增加值659.2亿元，增长4.1%，占生产总值的比重为54.4%；第三产业增加值459.1亿元，增长5.5%，占生产总值的比重为37.8%。三次产业比重由2013年的7.1∶59∶9∶33优化到7.8∶54.4∶37.8。其中第一、第三产业比重比上年提高0.7、4.8个百分点。

第一产业中，种植业、林业、畜牧业比较发达。农作物主要有玉米、小麦、谷子、豆类、薯类、油料、棉花、蔬菜，林果主要有苹果、红枣、核桃等。临汾市是山西农业大市，也是华北地区重要的粮棉生产基地，素有“棉麦之乡”的美誉。近年来，不断夯实农业基础地位，以高产、优质、高效、生态为方向，推进新增粮食产能、中低产田改造、水利基础设施等项目建设，不断提升农业综合生产能力。2014年，实施农业强基工程，推进“大水网”工程，完成洪洞曲亭水库修复和11座中小型病险水库治理，改造中低产田32.5万亩。加快推进曲沃晋之源太子滩、洪洞天泽等十大现代农业示范区、“一县一业”“一村一品”“四个百万亩”（西山百万亩水果、平川百万亩蔬菜、双百万亩干果和百万亩中药材）、农产品加工企业培育等建设。新发展设施蔬菜3.9万亩、水果11万亩、干果10万亩、中药材26万亩。市级以上标准化规模健康养殖企业达到79个，农业机械化率提高到70.5%。新认定家庭农场950个，新注册农民专业合作社8728家，农业产业化龙头企业达到394家，农产品加工销售收入达70亿元，增长16.1%。其中，翼城大众饲料、乡宁戎子酒庄、山西澳坤量子、浮山玉杰食用菌、汾西洪昌肉鸡养殖等产业不断壮大；尧都生态产业园区、曲沃磨盘岭现代农业示区、霍州西张垣现代农业循环示范园区、洪洞天泽现代农业示范园、吉县隰县现代果业标准化示范园区、安泽蔬菜种植示范园区、蒲县现代马铃薯高新技术示范园区等现代农业园区辐射带动效果明显。全年农林牧渔总产值182.6亿元。粮食总产量达275.7万吨，增产6.8%，再创历史新高，实现“五连增”。水果产量67.2万吨，增长16%；蔬菜产量129.4万吨，增长10.3%；猪牛羊肉总产量11.3万吨，增长8.1%；牛奶产量4.0万吨，增长5.0%；禽蛋产量11.1万吨，下降2.2%；水产品产量0.7万吨，增长13.2%。

第二产业中，煤、焦、铁、电力、化工五大产业为支柱产业。近年来，不断推进工业经济结构优化升级，传统产业的改造提升和新兴产业的培育发展不断加快。2014年，临汾市加快工业转型升级步伐。一是积极化解过剩产能。制订出台化解钢铁、焦化、水泥产能严重过剩行业的实施方案，全面完成2014年目标任务，分别淘汰焦化产能370万吨、炼钢产能260万吨、炼铁产能33万吨。二是推动传统产业升级改造。实施焦化、冶金、电力等传统产业改造项目13个，完成投资40亿元。曲沃通才钢铁公司以2×1860立方米高炉产能置换原有小高炉，提高了钢铁行业发展水平；煤矿基本建设进一步加快，新竣工矿井21座，煤电一体化项目进展顺利。三是大力培育战略性新兴产业和高新技术发展。实施装备制造、新能源、新材料等新兴产业项目74个，完成投资262.7亿元，占工业项目总投资的51.9%。四是加快新能源基地和工业信息化建设步伐。西佳盛能源古县30兆瓦光伏发电项目并网发电；华润浮山四十岭10万千瓦风电项目开工建设；洪洞京能2×35万千瓦煤矸石热电厂煤矸石发电项目获批路条；古县正泰1亿立方米焦炉煤气制天然气已并入天然气主网。平阳重工产品管理信息系统、同世达煤化工集团企业管理信息系统、光宇半导体照明的企业信息管控系统和工艺设计信息系统升级等31个信息化建设项目进展顺利。五是进一步推进园区化循环化发展。25个工业园区累计入驻企业249户，实现销售收入1067亿元，占全市工业总产值的62.4%。全年规模以上工业企业原煤产量5011.1万吨，增长2.6%；发电量206.3亿千瓦时，增长7.8%；焦炭产量1892.42万吨，下降6.4%；钢材产量1312.87万吨，下降0.6%。

第三产业，以饮食业、旅店业、商业、金融等传统产业为主。近年来在政策扶持和一批重点项目的带动下，商贸服务、电子商务、现代物流、文化创意、旅游休闲等产业发展提速。一是推进传统商贸转型发展。锦悦城、居然之家、嗨嘟国际广场等重点商贸转型项目开业运营，奥特莱斯芭蕾雨、新百汇、生龙国际等城市商业综合体项目加快实施。二是培育壮大本土商贸物流企业。山西国际陆港园区、临汾空港物流园区、临汾城北物流园区、城南生活物流园区、临汾开发区（洪洞·甘亭）工业园物流园区、霍州联源现代物流园等一批物流园区建设步伐加快。三是大力发展电子商务。34户电商平台入驻侯马开发区国家电子商务示范基地，电商交易额达到30亿元；综合性电子商务交易平台“马上购”正式运行；大型综合交易服务类平台宝得网完成平台搭建等前期准备工作。四是推进文化产业发展。曲沃晋国青铜玉器文化产业园、侯马晋园文化城等一批重点文化产业项目加快实施。五是出台加快推进健康服务业发展、促进信息消费的政策举措，推进了养老、健康等新兴服务业发展。六是推进旅游业发展。洪洞大槐树、吉县壶口创建国家5A级景区；汾河公园、侯马彭真故居、蒲县东岳庙创建成国家4A级景区，全市4A级景区达到9个；乡宁云丘山景区、曲沃晋国博物馆相继建成，霍州七里峪景区扩建取得新进展；龙澍峪、兴唐寺等旅游景区加快建设；成功举办洪洞寻根祭祖节、古县牡丹节、云丘山中和文化旅游节等旅游宣传活动；开展2014年临汾金秋游（北京）推介会等旅游宣传活动。全年接待海外游客3.4万人次，接待国内游客2626.74万人次，分别增长5.7%和23.07%；旅游外汇收入1430.21万美元，国内旅游收入241.44亿元，旅游总收入242.3亿元，分别增长5.8%、25%和24.2%。此外，邮政快递业也快速发展。快递业务量完成361.48万件，增长64.21%。2014年，全市第三产业增加值完成459亿元，增长5.5%，占生产总值的比重为37.8%，为2001年以来最高比重。

4. 转型综改

2014年是全省转型综改攻坚年，临汾市以开展“改革创新年、转型攻坚年”活动为抓手，不断推进各项改革创新，取得重要进展。

推进重点领域改革。一是深化行政审批制度改革。把握“接、放、管”三条主线，承接省政府审批事项30项，下放县级行政审批事项14项，取消行政审批事项4项，取消行政事业性收费19项，市本级保留行政许可审批事项减少到102项，精简了39%。进一步推进“六权治本”，实行“两集中、两到位”[各部门、单位把分散在各个科室的审批职能向一个科室（行政审批科）集中，审批科室向政务大厅管理中心集中；各部门、单位所有审批事项在政务大厅办理到位，各部门、单位向首席代表授权到位]、“一委一办三中心”（政务服务中心管理委员会、政务服务中心管理办公室，行政审批管理中心、公共资源交易管理中心、行政服务监察中心）的管理体制，市本级行政审批事项全部完成流程再造，审批时限缩短了66.7%。市级公共资源交易平台建成运行，完成各种交易事项548场次，总成交额近30亿元。二是统筹推进煤炭管理体制改革。清理规范涉煤收费项目，五大类42项涉煤收费项目全部完成清理和规范，为煤炭企业减负36亿元；推进煤炭资源税从价计征改革；实施煤焦公路销售体制改革，撤销煤检站79个。三是积极稳妥推进农村土地改革。在全市30个乡镇51个村开展土地确权试点，在侯马市、尧都区、蒲县、洪洞县、襄汾县、隰县等6个县市区搭建了农村土地流转服务平台，全市土地流转面积达到67万亩，占全部家庭承包经营土地面积的11.3%。四是推进融资体制改革。澳坤生物股份有限公司在全国“新三板”挂牌上市，实现了临汾市地方企业在全国股权转让系统上市“零的突破”。加快资本市场发展，支持企业在省股权交易中心挂牌，挂牌企业数量达到100家。积极引进新的金融机构，光大、兴业银行落户临汾。积极创新生态环境保护修复市场化投融资模式，构建起了政府、企业、市场、个人等全社会参与、多元化投入的生态环境保护修复模式。五是推进医药卫生体制改革。全市县级公立医院综合改革实现全覆盖，农村基层卫生机构实现了基本药物零差价销售。六是在全省率先开展了非煤矿山收费清理规范工作。此外，市县两级政府机构改革、工商登记制度改革、国有企业改革、财税体制改革、开发区扩区改革、招商机制改革等有序推进。

大力实施创新驱动战略。制定实施《国家创新驱动发展战略临汾行动计划（2014—2020年）》和《临汾市低碳创新行动计划》。积极支持高新技术企业发展，9家企业被新认定国家级高新技术企业，高新技术企业发展到28户；新增2户省级技术中心、8户市级技术中心，企业技术中心达到64户。光宇电源交流直接驱动LED光源、汤荣汽配特定恶劣区域新品制动鼓等24个项目被列入省技术创新项目计划。

推进黄河金三角产业转移示范区建设。与运城市共同搭建了“晋南钢铁现货交易中心”平台，吸引20家大中型实体企业、300余家贸易企业、3000余家会员单位加盟，实现了企业采购、物流、销售“三统一”，每年可节约成本20亿元。

积极扶持小微企业发展。全年创办小微企业1880户，新增个体工商户14033户，培育“小升规”企业24户、“小巨人”企业11家。

5. 重点工程

2014年，临汾市实施了省、市、县重点工程903项。其中，省市重点工程383个项，包括重大基础设施类79项，产业投资类208项，城镇化和生态环保类40项，民生社会事业56项。

其中，省级重大基础设施类项目，包括大同—运城—西安客运专线、山西中南部铁路通道、山西永鑫煤焦化有限责任公司铁路专用线、青岛至兰州国家高速公路长治至临汾段、吉县至河津高速公路、霍（州）永（和）高速公路永和至永和关段、临汾飞机场复航改造工程、大水网骨干工程、农村饮水安全工程、临汾市百公里汾河治理与生态修复工程项目、中小型病险水库除险加固项目等。

省级产业投资类项目，包括山西煤销集团煤电一体化项目、山西煤销集团四通煤业公司资源整合项目、山西乡宁焦煤集团光华煤业有限公司改扩建500万吨/年洗煤项目、古县华康铸造焦有限公司年产200万吨铸造焦项目、山西省吕梁山生态脆弱区林业生态建设工程、山西电网输变电工程、同煤集团侯马发电厂2×300MW发电项目、山西省农网升级改造工程、襄汾县新兴重工绿色铸造园区鸿达钢铁年产60万吨一期30万吨高端铸件项目、山焦烯烃项目、曲沃县山西长林环保压力容器建设项目、临汾—长治输气管道工程、霍州液化天然气调峰储气设施项目、国新能源全省CNG/LNG加气站建设、山西压缩天然气集团临汾有限公司C/LNG加气站项目、侯马开发区年产2万台电梯生产项目、侯马开发区阀门集成生产基地项目、侯马开发区恒威新生电子商务产业园、侯马市模范公司年产50万吨汽车、内燃机精密铸件项目、奥特莱斯芭蕾雨现代服务产业园项目、临汾经济技术开发区新能源汽车产业服务基地项目、临汾市中信空港仓储物流园项目、山西方略保税物流中心有限公司国际陆港物流中心、临汾市百业物流有限公司物流商贸中心建设项目、侯马公路枢纽货运中心一期建设项目、翼城县大众饲料有限公司千万只无公害蛋鸡养殖基地建设项目、乡宁县双凤祥综合生态农业项目等。

省级城镇化和生态环保类项目，包括临汾市涝洰河生态建设工程、山西省通道绿化工程、霍州市热电联产集中供热管网工程、大唐安峪热电厂热电联产翼城热网工程等。

省级民生社会事业类项目，包括各类保障性安居住房、山西师范大学整体搬迁建设工程、临汾市奥林匹克体育中心建设项目、临汾图书馆、博物馆建设项目、东城教育园区及师大文理学院迁建项目、山西师范大学临汾学院、翼城县人民医院迁建工程项目等。

为了推进全市各项重点工程的建设，临汾市按照全省“项目见效年”活动的部署要求，采取多项措施，不断加大项目工作力度。一是强化领导包联，实施领导包联项目责任制和“一对一”帮扶服务。全市 383 项省市重点工程全部落实了包联领导、包联部门。二是完善推进机制。增加重点项目“六位一体”指标在全市年度目标责任制考核中的权重，加强对重点项目工作的目标考核。三是加大服务协调力度。协调解决项目建设中存在的前期手续、土地、资金等困难和问题。四是强化督促检查。成立了重点项目联合督查组，进行定期督查，并实行“月督查，季通报”制度。

全年，省市县重点工程完成投资 1297.44 亿元，其中省级重点工程完成投资 324.29 亿元，市级重点工程完成投资 973.15 亿元；投产项目 701 个，投产项目总投资 1253.74 亿元。

6. 城乡建设

近年来，临汾市“产城融合、城乡一体”的思路，统筹城乡发展，大力推进以尧都区、襄汾县城、洪洞县城连片发展的“一城三区”建设和推进“侯马曲沃同城”建设为主要内容的都市圈建设，城乡面貌不断改善。其中，“百里汾河新型经济带”的建设，带动了霍州、洪洞、尧都、襄汾、曲沃、侯马 6 个县（市、区），以及临汾经济开发区和侯马经济开发区的城乡建设。2014 年，临汾市城乡建设进一步加快。

推进主城区基础设施等各项建设。新建改造市区道路 11 条，其中，五一路贯通、秦蜀路南延拓宽改造、景观大道、滨河西路北延、新高中南路等道路竣工通车，推进了二中路、规划三街南段、中大街南段等工程建设。市规划展览馆建成投用，临汾机场建设基本完成，临汾城西客运站基本建成；推进了市博物馆、图书馆建设，推进了市奥体中心、临汾学院、山西师大搬迁等项目。加快推进了城中村改造。全年市区新建公交站点 42 个，新增公交车 78 辆、线路里程 54 公里；新建城市供水网 8.3 公里，改建 3.5 公里；天然气置换人工焦炉煤气改造完成 5 万余户，用户使用上更清洁、更高效的天然气能源；新增集中供热面积 110 万平方米，总量达 1630 万平方米，主城区集中供热面积跃升至 1310 万平方米；城市生活垃圾无害化处理率连续三年达到 100%；新增绿化面积 25.32 万平方米，人均公共绿地面积达到 10.44 平方米，主城区绿化覆盖率达到 39.8%，成功创建为省级园林城市。

推进百里汾河新型经济带建设。该项目是全省转型综改重大标杆项目，也是尧都区、洪洞县、襄汾县“一城三区”同城化发展的重要基础工程。项目建设以汾河生态修复治理为切入点，以道路交通建设、产业园区建设、文化旅游景区开发和城镇化建设为一体，2012 年以来持续推进。2014 年，百里汾河生态经济带建设进一步推进，取得重大进展。总体规划纳入《晋陕豫黄河金三角区域合作发展规划》并获国务院批复，6 个专项规划通过国家级专家评审；投资 43 亿元的汾河河道生态治理工程全面竣工，投资 42 亿元的滨河东路贯通工程基本竣工，投资 38 亿元的涝洰河生态环境综合治理初见成效，投资 32 亿元的尧都尧庙片区、投资 10 亿元的洪洞甘亭“六村连片”等 11 个“两区同建”工程扎实推进。经几年持续推进百里汾河新型经济带建设，至 2014 年末，临汾都市圈内以环城高速、108 国道、滨河东西路为主体的“一城三区”交通网已基本形成。

进一步改善农村人居环境。启动实施农村提质工程、农民安居工程、环境整治工程和宜居示范工程“四大工程”，完成投资 17.77 亿元，推进了农村人居环境的改善。其中，新改建农村公路 270 公里，实施农村危房改造 14100 户、易地扶贫搬迁 7840 人，完成乡村清洁工程垃圾处置年度目标任务。

境内跨城乡的重大交通基础设施建设进一步推进。其中，大（同）西（安）高铁、中南铁路、霍永高速东段和西段一期建成通车，吉（县）河（津）高速完成路基工程，霍（州）永（和）高速西段二期全面启动；跨全年建设高速公路 182 公里，完成国省干线公路改造 52 公里。

推进城乡生态环境建设。一是强力推进节能降耗减排。完成 45 个节能降耗改造项目，节能量 3887 吨标煤。万元地区生产总值能耗下降 3.5%，万元地区生产总值二氧化碳排放下降 3.7%，化学需氧量排放量下降 2.23%，二氧化硫排放量下降 2.49%，氨氮排放量下降 2.35%，氮氧化物排放量下降 6.46%，节能减排约束性指标全部超额完成年度目标。加快推进资源综合利用和清洁生产重点项目实施，大量矿渣、水渣、粉煤灰等工业固废得到转化利用，全年工业固废综合利用率达到 68.5%。成功入选国家 30 个节能减排财政政策综合示范城市，为全省唯一入选城市。二是狠抓大气污染防治。深入开展了煤烟污染治理、建筑施工工地扬尘治理、道路扬尘治理、工业企业污染治理、机动车污染治理和油气治理“六大工程”。淘汰黄标车和老旧车

34800 辆。全市集中供热普及率 78.02%，提高 13.37 个百分点。三是积极推进水环境污染防治。实施饮水安全工程和城市综合整治工程，开展水源地安全隐患排查、供水水质督查和供水管网改造提升工程，全市改建新建供水管网 97 公里，建设完成安全饮水工程 216 处。临汾市第一污水处理厂改扩建一期进入调试。全市城市污水处理率 82.65%，提高 0.5 个百分点。全市主要河流地表水水质持续改善，饮用水源地水质达标率达到 100%。四是大力开展造林绿化。全市建成区新增绿化面积 264.34 万平方米，绿化覆盖率达到 34.56%，人均公共绿地面积 9.88 平方米。全市完成营造林 46 万亩，年末森林面积 953 万亩，森林覆盖率 31.3%。

城乡建设获得多项国家和省政策支持。一是《晋陕豫黄河金三角区域合作规划》获国务院批复，临汾、运城、陕西渭南、河南三门峡 4 市在国家战略框架下区域一体化进程步伐加快。二是临汾市入选首批“国家信息惠民试点城市”。三是临汾市入选国家第三批节能减排财政政策综合示范城市，成为全省唯一入选的城市。四是临汾市西山地区乡宁县、吉县、蒲县、大宁县、永和县、隰县、汾西县 7 县入选国家主体功能区建设试点，成为全国 73 个试点市中县市区最多的市。五是吉县、大宁县、汾西县 3 县入选国家光伏扶贫示范县，占全省 5 个入选县的 60%，占全国 30 个入选县的 1/10。六是尧都区城东老工业区搬迁改造纳入国家试点。七是浮山县入选国家第二批资源综合利用“双百工程”示范基地县。八是乡宁县采煤深陷区治理、古县低碳经济发展入选省级试点。

2014 年，临汾市市域城镇化率达 47.14%，同比提高 1.47 个百分点。城镇化率在全省 11 市中列居第 8 位。

2014 年，临汾市新增公路通车里程 86 公里，总里程达到 18111 公里，其中国道 813 公里、省道 1221 公里、县道 2513 公里。高速公路 464 公里。

7. 民生社会

2014 年，临汾市保障和改善民生提速，社会事业全面进步。全市公共财政民生支出占总支出的比重达 84.4%。全年城镇新增就业 5.19 万人，就业困难人员就业 3309 人，创业就业 9638 人，下岗失业再就业 10402 人，转移农村劳动力 5.26 万人，全部超额完成省定目标。年末城镇登记失业率为 2.9%，远低于 4.2% 的控制目标。落实机关事业单位增资政策，发布企业工资指导线，提高最低工资标准，增加了各类就业人员收入。机关事业单位最低工资标准月人均增加160元；企业工资基准线增长13%；企业退休人员养老金实现“十连涨”，月人均养老金达到2110元。提高困难群体和特殊人群保障标准，为失业人员发放了取暖补贴，调整了定期领取工伤待遇人员标准。建立了全市统一的城乡居民基本养老保险制度。“新农合”人均筹资标准由340元提高到390元，参合率99.3%，重大疾病医疗保障范围增加到23种。开展干部住村联户、片区开发、易地扶贫搬迁等工作，实现脱贫6.1万人。全市新开工棚户区改造项目12040套，总面积120万平方米，惠及人口4.2万余人；新开工保障性住房项目71个，累计开工18682套。加强基础教育发展，新改扩建幼儿园63所，完成5个县薄弱学校改造，安泽、浮山2县义务教育均衡发展通过国家验收。临汾市人民医院新院区顺利开诊；县级公立医院改革实现全覆盖。便民惠民实施建设进一步推进，“万村千乡”（城市连锁店和超市等流通企业向农村延伸发展“农家店”）、社区商业“双进”（便利消费进社区、便民服务进家庭）、15分钟便民商圈、蔬菜直销店等建设取得新进展。年末全市广播人口覆盖率96.65%，电视人口覆盖率98.86%，有线电视村村通覆盖率达81%。全市安全生产形势持续稳定好转，全年共发生生产经营性安全事故310起，死亡123人；亿元GDP生产安全事故死亡人数为0.1014人；煤矿百万吨死亡人数为0.0732人，比省下达年度控制指标（0.0968）低0.0236人。

2014年，临汾市全市居民人均可支配收入15052元，增长9.2%。城镇居民人均可支配收入23610元，增长8.2%；城镇居民人均消费支出10522元，增长0.16%。农村居民人均可支配收入8755元，增长11.4%；农村居民人均消费支出6009元，增长17.5%。城镇占调查总户数20%的低收入家庭人均可支配收入10454元，增长9.5%；农村占人口20%的低收入者收入2831元，增长13.7%。城镇居民家庭恩格尔系数（即居民家庭食品消费支出占家庭消费支出的比重）26.8%，农村居民家庭恩格尔系数27.5%。

2014年，临汾市全市居民、城镇居民、农村居民人均可支配收入均低于全省，分别是全省的91%、98%、99.4%。在全省11个市中，临汾市全市居民、城镇居民、农村居民人均可支配收入分别居第8位、第7位、第7位。

8. 经济特区

临汾经济开发区和侯马经济开发区，是临汾市境内两个享受特殊政策的经济特区。朔州经济开发区始建于1992年，1996年批准为省级经济开发区。开发区区域总面积86.9平方公里。

临汾经济开发区，是1997年批准成立的省级经济开发区。开发区位于临汾市区北郊，行政管辖面积9.867平方公里，城市规划面积7.8平方公里，是一个以清洁型一类工业为主体、以科技和商贸为双翼的新型生态园林式经济区。开发区按三片区规划，西部为主中心片区，用地规模4.5平方公里，区内北部为工业区、中部为中心区，南部为商住区；东部为居住片区，用地规模2.0平方公里；北部为生态观光片区，用地规模1.3平方公里。开发区建区以来，一直担负着临汾市发展新兴产业、带动传统产业改造升级和推进城市扩张、强化临汾中心城市地位的双重使命。多年来，该开发区积极实施“环境立区、项目兴区、创新强区、和谐富区”战略，主攻基础设施、优化发展环境、扩大招商引资、狠抓项目落实。2010年以来，开发区采取“飞地经济”模式，与洪洞县合作建设（洪洞·甘亭）工业园，形成了在老区（现有区域）打造“临汾市高端商务中心和总部经济基地”、在异地工业园发展工业的新发展模式。（洪洞·甘亭）工业园，位于洪洞县甘亭镇，处于临汾市百公里经济带区域范围内，规划总面积96.5平方公里，一期规划面积24.8平方公里，起步区面积5平方公里，是一个高科技生态工业经济示范园。

2014年，临汾经济开发区全区共有各类工商业企业1200多家，规模以上企业30多家。其中，老区“五大产业板块”粗具规模，基本形成以建行、中行、兴业银行为代表的现代金融服务业板块；以居然之家、嗨嘟广场为代表的高端商业服务业板块；以天鹅酒店、五洲为代表的高端餐饮服务业板块；以新东方、广奇财富中心为代表的新型总部楼宇经济服务业板块；以临开一中、新医院为代表的现代教育、卫生、社会服务业板块。（洪洞·甘亭）工业园整体规划为“六大产业功能区”（装备制造产业区、电子信息产业区、新材料产业区、农业及深加工产业区、生产性服务区、高新技术产业区）。该工业园已入驻总投资10亿元的华翔精密铸造和机加工项目、总投资16.5亿元的飞虹微纳米光伏电项目等大型工业项目10多个。园区发展初步形成了“六大工业产业基地”，即以华翔为代表的精密制造加工基地；以梅亿为代表的新能源汽车基地；以鸿鼎、华正为代表的新材料基地；以玉柴、龙信达为代表的现代物流基地；以飞虹微纳米为代表的光电产业基地；以红番茄为代表的农副产品深加工基地。

2014 年，临汾经济开发区全区地区生产总值完成 67 亿元，增长 14%；固定资产投资完成 31.28 亿元，增长 12%；外贸进出口完成 5741 万美元，增长 10%。财政总收入完成 9.16 亿元，增长 37%；公共财政预算收入完成 2.39 亿元，增长 70%。

侯马经济开发区，是 1997 年批准成立的省级经济开发区。开发区位于临汾市辖县级市——侯马市区东部，规划面积为 8.16 平方公里，起步区面积 2 平方公里。经过多年建设和发展，开发区在全省率先搭建起山西方略保税物流中心平台、加工贸易梯度转移重点承接地平台、中国现代物流产业基地平台、国家电子商务示范基地平台 4 个国家级发展平台，成为全国唯一享有保税物流、加工贸易、电子商务等多重国家优惠政策的经济开发区。同时，开发区依托 4 大平台进行园区建设，先后建设 CBD 商务办公园区、现代物流产业园区和承接产业转移示范园区三个园区。

2014 年，侯马经济开发区共有各类工商企业有 798 家，其中工业企业 49 家，商贸物流、电子商务等现代服务类企业 740 余家。开发区初步形成了“大机电”“大电商”“大健康”三大产业群。在大机电产业方面，引进了全省最大的光伏组件出口企业志盛新能源光伏项目、全省首家专业生产电梯整机和全国唯一实现远程监控的铃木电梯项目、全国唯一掌握核心技术的远航太阳能助力车项目等电子电气类企业。在大电商产业方面，围绕大宗商品交易、外贸服务、内贸服务、电商配套四大行业，引进了全省首家电商综合配套商恒威新生网络科技、全球最大的 B2B 在线交易平台敦煌网、国内最大的专业从事 B2B 的服务商中国网库、全省首家专业现货电子交易平台黄河金三角工业品交易中心等 32 家国内知名电商，服务周边企业 3000 余家。在大健康产业方面，建成了世界 500 强旺旺集团工业园、晋南最大的快餐生产基地百思富食品加工配送项目、专业从事医药研发和生产的旺龙药业等绿色食品和健康医药企业，以及 30 余家医疗器械类相关企业入区发展。

2014 年，侯马经济开发区完成地区生产总值 46.5 亿元，增长 20.5%；固定资产投资 36.7 亿元，增长 11.4%；外贸进出口总额 763.1 万美元，减少 97.9%。财政总收入 2.44 亿元，增长 3.41%；公共财政预算收入 1.25 亿元，增长 11.6%。

9. 县域经济

临汾市共辖曲沃县、翼城县、襄汾县、洪洞县、古县、安泽县、浮山县、吉县、乡宁县、大宁县、隰县、永和县、蒲县、汾西县、侯马市、霍州市、尧都区17个县（市、区）。隰县、吉县、汾西县、大宁县、永和县是国家扶贫开发工作重点县及集中连片特殊困难地区县，洪洞县、侯马市是省级综改试点县（市）。

临汾市17个县（市、区），除曲沃县、侯马市2县（市）没有煤炭资源外，其余15县（市、区）均有煤炭资源，其中霍州市、洪洞县、乡宁县、汾西县、翼城县、古县、安泽县、襄汾县、浮山县、吉县、大宁县、蒲县、尧都区13县（市、区）均为产煤大县。尧都区产业以煤电、煤化工、钢铁、铸造、建材、医药、电子等产业为主，特色农业和旅游业发展较快。侯马市产业装备制造、医药化工、冶炼、电力、商贸物流为主。霍州市产业以煤炭、煤化工、电力、旅游业为主。曲沃县产业以钢铁、建材、焦化为主，粮食、蔬菜种植业发达。翼城县产业以钢铁、煤电、制造为主。襄汾县产业以焦铁、化工、炼钢、铸造业为主。洪洞县的产业以煤焦、化工、制造业、旅游业为主。古县产业以煤炭、铝矿开采和核桃种植为主。安泽县以煤焦循环产业为主。浮山县产业以煤炭、煤焦化、陶瓷、冶炼为主，杂粮等特色农业明显。吉县是享誉全国、世界知名的优质苹果生产基地，苹果产业特色显著。乡宁县主导产业是煤炭及核桃、花椒等特色林果业。大宁县以苹果与有机蔬菜为主导主业。隰县是“中国金梨之乡”，梨果产业特色明显。永和县主导产业以红枣、核桃、苹果为主。蒲县以建材、煤化工、循环经济和核桃、脱毒马铃薯为主要产业。汾西县以肉鸡养殖为主导产业。

2014年，临汾市17县（市、区）实现地区生产总值分别为尧都区249.5亿元、洪洞县165.6亿元、襄汾县122.2亿元、霍州市89亿元、曲沃县87.3亿元、侯马市85.2亿元、乡宁县83.4亿元、翼城县68.8亿元、蒲县52.5亿元、浮山县47亿元、安泽县46.3亿元、古县45亿元、汾西县18.9亿元、吉县18.7亿元、隰县12.6亿元、永和县6.5亿元、大宁县4.8亿元。第一产业增加值分别为襄汾县14.14亿元、曲沃县12.53亿元、洪洞县11.88亿元、尧都区9.99亿元、翼城县8.57亿元、吉县5.49亿元、浮山县4.52亿元、安泽县4.08亿元、霍州市3.73亿元、隰县3.50亿元、侯马市3.30亿元、汾西县

3 亿元、永和县 2.49 亿元、乡宁县 2.74 亿元、古县 2.47 亿元、蒲县 1.98 亿元、大宁县 1.56 亿元。第二产业增加值分别为尧都区 71.65 亿元、襄汾县 68.11 亿元、霍州市 64.52 亿元、乡宁县 62.75 亿元、曲沃县 52.84 亿元、蒲县 40.98 亿元、安泽县 35.45 亿元、古县 33.71 亿元、浮山县 33.40 亿元、翼城县 30.06 亿元、侯马市 25 亿元、洪洞县 10.57 亿元、吉县 8.54 亿元、汾西县 6.40 亿元、隰县 2.01 亿元、永和县 0.69 亿元、大宁县 0.48 亿元。第三产业增加值分别为尧都区 167.87 亿元、侯马市 56.92 亿元、洪洞县 47.97 亿元、襄汾县 39.99 亿元、翼城县 30.16 亿元、曲沃县 21.9 亿元、霍州市 20.77 亿元、乡宁县 17.94 亿元、蒲县 9.53 亿元、汾西县 9.5 亿元、浮山县 9.03 亿元、古县 8.82 亿元、隰县 7.14 亿元、安泽县 6.74 亿元、吉县 4.68 亿元、永和县 3.37 亿元、大宁县 2.73 亿元。完成公共财政收入分别为尧都区 15.96 亿元、乡宁县 12.92 亿元、洪洞县 11.47 亿元、蒲县 10.00 亿元、襄汾县 7.47 亿元、霍州市 7.21 亿元、安泽县 4.88 亿元、古县 4.78 亿元、翼城县 4.50 亿元、侯马市 4.38 亿元、曲沃县 3.02 亿元、浮山县 1.98 亿元、汾西县 1.41 亿元、吉县 1.20 亿元、隰县 0.93 亿元、永和县 0.44 亿元、大宁县 0.35 亿元。对全市地区生产总值贡献最高的是尧都区，最低的是大宁县；对第一产业贡献最高的是襄汾县，最低的是大宁县；对第二产业贡献最高的是尧都区，最低的是大宁县；对第三产业贡献最高的是尧都区，最低的是大宁县。全年地区生产总值在 80 亿元以上的有尧都区、洪洞县、襄汾县、霍州市、曲沃县、侯马市、乡宁县 7 县（市、区），其中尧都区、洪洞县和襄汾县在 100 亿元以上；公共财政收入在 10 亿元以上的有都区、乡宁县、洪洞县、蒲县 4 县（区）。

全年临汾市 17 县（市、区）城镇居民人均可支配收入分别为尧都区 26258 元、古县 24450 元、曲沃县 24287 元、襄汾县 24190 元、霍州市 23594 元、翼城县 23541 元、浮山县 23063 元、乡宁县 22865 元、侯马市 22791 元、安泽县 22050 元、洪洞县 21615 元、蒲县 21606 元、汾西县 20219 元、隰县 18368 元、永和县 16589 元、吉县 15842 元、大宁县 15466 元；农村居民人均可支配收入分别为侯马市 11823 元、尧都区 11306 元、曲沃县 11361 元、霍州市 10868 元、襄汾县 10391 元、洪洞县 9194 元、翼城县 8975 元、古县 7991 元、乡宁县 7611 元、安泽县 7300 元、浮山县 6993 元、蒲县 6959 元、隰县

4432 元、吉县 3978 元、汾西县 2952 元、大宁县 2541 元、永和县 2761 元。尧都区、古县、曲沃县、襄汾县 4 县（区）城镇居民人均可支配收入高于全省平均水平。侯马、尧都区、曲沃县、霍州市、襄汾县、洪洞县、翼城县 7 县（市、区）农村居民人均可支配收入高于全省平均水平。

2014 年末，临汾市 17 县（市、区）常住人口分别是尧都区 96.6 万人、洪洞县 74.9 万人、襄汾县 45.4 万人、翼城县 31.79 万人、霍州市 28.9 万人、侯马市 24.5 万人、曲沃县 24.3 万人、乡宁县 23 万人、汾西县 14.8 万人、浮山县 13 万人、蒲县 11 万人、吉县 10.9 万人、隰县 10.6 万人、古县 9.4 万人、安泽县 8.4 万人、大宁县 6.6 万人、永和县 6.5 万人。

十一 运城市

运城市位于省境西南端，西、南以黄河为界与陕西省渭南市、河南省三门峡市毗邻，北与省内临汾市相接，东与省内晋城市接壤。下辖 1 区（盐湖区）10 县（临猗县、万荣县、稷山县、新绛县、绛县、闻喜县、垣曲县、夏县、芮城县、平陆县）2 市（河津市、永济市）。辖区总面积 1.4 万平方公里，占全省总面积的 9%。运城市地处运城盆地，东、南一带为横贯中条山山脉。境域地形地貌以盆地、平原、山地、丘陵为主，盆地、平原占 58.2%，山地、丘陵占 41.8%。境内自然条件良好，是全省乃至全国的主要粮棉生产基地，有“山西的乌克兰”的美誉；矿产资源丰富，探明主要有铜、铁、铝、煤、原盐、芒硝等，是全国第六大铜矿基地，也是全国最大的无机盐生产基地。运城自古为晋、陕、豫黄河金三角交通要道，是山西西南部门户。运城，古称河东，因元代在此筑城置盐运使署衙而得名。新中国成立后，长期为专区、地区建制并有区划调整，2000 年撤地建市。2014 年末，全市常住人口为 525.23 万人，占全省总人口的 14.39%，是山西人口第一大市。

1. 发展思路

2014 年，运城市坚持稳中求进、改革创新的总要求，以转型综改试验区和晋陕豫黄河金三角承接产业转移示范区建设为统领，适应政治经济新常态，全面深化改革，强化创新驱动，统筹推进工业新型化、农业现代化、市域城镇化、城乡生态化和文化旅游产业“五大战略重点”，大力推进落实“三个方案”（工业集群化、农业现代化、新型城镇化），为建设美丽河东、大美运城努力奋斗。

2. 经济运行

2014 年，运城市实现地区生产总值完成 1201.6 亿元，增长 5%，增幅高于全省 0.1 个百分点。地区生产总值占全省的比重为 9.4%，地区生产总值在全省 11 个市中居第 4 位。人均地区生产总值 22940.7 元，增长 4.4%，人均地区生产总值在全省 11 个市中居第 10 位，人均地区生产总值是全省的 65.4%。

全年财政总收入首次突破百亿元大关，达到 101.7 亿元，增长 11.4%。公共财政预算收入 52.8 亿元，增长 16.2%。公共财政收入在全省 11 个市中居第 10 位。公共财政预算支出 238.8 亿元，增长 4.1%。其中，农林水事务支出 36.5 亿元，增长 10.2%；教育支出 51.7 亿元，下降 1.1%；社会保障和就业支出 34.4 亿元，增长 12.5%；医疗卫生与计划生育支出 30.7 亿元，增长 19.4%；节能环保支出 8.3 亿元，下降 3.7%。公共财政预算支出在全省 11 个市中居第 5 位。

全年固定资产投资 1202.7 亿元，增长 19.2%。按经济类型分类，非国有投资 1032.3 亿元，增长 21.8%，其中民间投资 999.6 亿元，增长 23.0%；国有投资 170.4 亿元，增长 5.5%。按产业分类，第一产业投资 130.2 亿元，增长 68.9%；第二产业投资 606.7 亿元，增长 4.3%；第三产业投资 465.8 亿元，增长 33.1%。

全年社会消费品零售总额 620.3 亿元，增长 12.3%。按规模统计，限额以上消费品零售额 320.4 亿元，增长 11.6%；限额以下消费品零售额 299.9 亿元，增长 13.2%。按经营地统计，城镇消费品零售额 507.7 亿元，增长 11.2%；乡村消费品零售额 112.6 亿元，增长 17.9%。按行业统计，商品批发业 118.9 亿元，增长 26.9%；商品零售业 440.3 亿元，增长 19.2%；住宿餐饮业 61.2 亿元，增长 10.8%。

全年外贸进出口总额 149813 万美元，下降 14.2%。其中，进口 101775 万美元，下降 19.4%；出口 48038 万美元，下降 0.4%。全年合同利用外资总额 2948.2 万美元，实际利用外资 1658.4 万美元。新设立外商直接投资企业 3 家。

年末规模以上工业企业477户，比2013年增加11户。规模以上工业增加值完成386.9亿元，增长3.8%。规模以上工业实现主营业务收入1540.9亿元，下降4.6%；实现利税60.4亿元，下降38.8%；实现利润27.3亿元，下降50.3%。

3. 产业发展

2014年，运城市第一产业增加值197.2亿元，增长4.7%，占生产总值的比重为17.2%；第二产业增加值496.7亿元，增长5.9%，占生产总值的比重为44.3%；第三产业增加值507.7亿元，增长4.1%，占生产总值的比重为38.5%。三次产业比重与2013年一样，没有发生变动。

第一产业中，种植业、林果业、畜牧水产业都比较发达，农作物主要有小麦、玉米、棉花、油料、蔬菜、烟叶等，林果主要有苹果、葡萄、樱桃、梨、红枣、桃、柿子、山楂、杏、核桃等，养殖业主要有猪、牛、羊、禽等。运城市气候温和，土壤肥沃，农业生产条件得天独厚，小麦、棉花和苹果产量分别占全省的59%、89%和81%，是山西的麦棉基地、果业基地。近年来，大力实施“一县一业、一村一品”工程和规模化的产业基地建设，不断推进现代农业发展，形成了初具规模的粮、棉、果、菜、畜五大主导产业和红枣、芦笋、核桃、樱桃、山楂、中药材、烟叶等一批特色产业。2014年，农业产业进一步发展。研究制定了《运城市推进农业现代化实施方案》，对全市农业现代化发展作出顶层设计，提出“稳粮、强果、优菜、壮畜、兴林，建立现代特色农业”的产业发展举措。以土地规模化打造优势基地特色板块，以组织企业化培育新型农业经营主体，以技术现代化建设高效型科技农业，以经营市场化建立农业生产、流通和服务体系，加快推进农业大市向农业强市转变，农业现代化建设取得了新进展。新增土地流转面积81.9万亩，累计达到204.6万亩。现代农业示范园区发展到259个。新增农民专业合作社368家，各类专业合作社累计达到1万家，总数位居全省第一；认定家庭农场1015个。夏县润恒、芮城大汉等农产品物流项目加快建设。农产品电子商务加快发展，通过电子商务平台实现农产品销售收入上亿元。全年粮食总产量31.6亿公斤，增加0.5亿公斤，增长1.6%，创历史最高水平。水果总产量53亿公斤，出口1亿公斤，增长52%。农产品加工企业实现销售收入230亿元。肉类总产量16.9万吨，增长6.3%。其中，猪肉产量12.1万吨，增长

6.6%；牛肉产量0.3万吨，下降9.4%；羊肉产量0.77万吨，增长5.5%；禽肉产量3.7万吨，增长3.0%。禽蛋产量22.97万吨，增长9.2%；奶类产量4.6万吨，增长2.2%。水产品产量2.37万吨，增长22.4%。农林牧渔服务业总产值达394.8亿元，增长5.0%。

第二产业中，钢铁、有色冶炼、焦炭、电力、建材等传统支柱产业，煤电铝材、装备制造、金属镁、医药、农产品加工、新型化工等新型产业。2013年运城市制订了《运城市主攻产业园区化发展集群化招商工作方案》，大力实施"5+15"工业园区（5个省级开发区、15个县级工业园区）产业聚集和产业链发展战略，不断推进了工业的新型化。2014年，坚持以此工作方案引领，加快推进传统产业转型发展和培育发展新兴产业。一是加快发展产业集群。其中，百万吨铝循环产业基地建设有力推进，复晟铝业80万吨氧化铝当年开工、当年建设、当年建成，华泽铝电低热值煤发电一期省发改委已批复"路条"，新上50万吨电解铝产能置换工作积极推进。全年，煤电铝材、煤焦化、金属镁、运输装备制造、医药、化工、农副产品加工、新型材料、家具制造等九大产业集群，完成工业总产值915.7亿元，占到全市工业的57%，增长7%，增速高出全市工业平均水平9.6个百分点，产业集群成为全市工业经济发展的主引擎。"5+15"园区工业总产值占到全市工业的70.1%，比重提高3.1个百分点。二是加快布局新兴产业。推进国家新能源示范城市建设，平陆、绛县等风电项目建成，全市风电装机达到40万千瓦。全省轨道交通装备制造基地、永济新时速机电加工中心等新兴产业大项目加快推进。新增高新技术企业15家。大运汽车1万辆专用车、亚宝药业新生产线、大西高铁运城段等一批重点项目陆续建成投入使用。深圳北方家具产业基地、空港汽配产业园等项目加快建设。全年规模以上工业中，五大支柱行业增加值205.2亿元，下降0.9%。其中，黑色金属冶炼和压延加工业下降11.4%，有色金属冶炼和压延加工业增长28.1%，炼焦业下降8.6%，化学原料和化学制品制造业增长8.5%，电力、热力生产和供应业下降5.1%。新型替代产业增加值170.1亿元，增长16.8%。其中，汽车制造业增长35.5%，农副食品加工业增长29.8%，医药制造业增长23.9%，通用设备制造业增长20.4%，电气机械和器材制造业增长11.6%，非金属矿物制品业增长11.5%。

第三产业中，以饮食业、旅店业、商业、金融、交通运输、仓储和邮政等传统产业为主，近年来在政策扶持和一批重点项目的带动下，文化旅游、物流等新兴服务业发展较快。2014 年，新型服务业进一步发展。一是深化推进旅游目的地建设。提出了以“打造古中国为标识的国际旅游目的地”的战略构想，“古中国”概念得到学术界的高度认同和旅游界的强烈反响，激发了旅游开发商的投资热情。积极推进关圣文化建筑群申报世界文化遗产，完成了申遗文本编制和申报审核，并全面开展了建筑群周边环境整治。加快推进古城保护，鼓楼修复主体工程完工，盐池东、中、西三禁门及部分禁墙修复保护工程全面展开。举办第 25 届关公文化旅游节，进一步打造旅游节庆品牌和宣传推介关公故里旅游品牌。全年接待国内游客 3464.8 万人次，增长 19.9%；接待入境旅游者 2.9 万人次，增长 4.1%。旅游总收入 268.8 亿元，增长 26.4%。其中，国内旅游收入 268.3 亿元，增长 28.0%；旅游外汇收入 773.6 万美元，增长 4.6%。二是稳步推进信息化建设。编制了《运城市信息化发展五年规划》，全面启动智慧城市建设，“宽带运城”项目建设加快实施。运城市入选国家首批信息惠民试点城市。万荣县智慧城乡系统平台成功运行。三是大力推进物流产业发展。运城义乌国际商贸城项目和夏县润恒、芮城大汉、新绛晋南、盐湖晋善晋美等农产品物流项目加快建设。晋陕豫黄河金三角智慧物流城奠基。农产品电子商务快速发展，全年通过电子商务平台实现农产品销售收入上亿元。

4. 转型综改

2014 年是全省转型综改攻坚年，运城市以转型综改试验区建设为统领，进一步深化改革和扩大开放。

推进重点领域改革。一是深化推进行政审批制度改革。承接落实省政府取消和下放的行政审批事项 105 项，市政府自主取消和下放行政审批事项 71 项，取消行政事业性收费项目 3 项。推行预先审办，实行联审联批，加强电子监察，行政审批时效提速 30%。二是全面改革工商登记制度。新登记注册市场主体 2.4 万户，增长 15.1%。三是深入推进食品药品监管体制改革。乡镇一级食药监管机构组建运行。四是创新政银企合作。在全省率先建立信贷融资风险补偿基金、企业应急转贷基金，引导金融支持实体经济发展，缓解企业融资难、成本高问题。其信贷融资风险补偿基金由市财政按年预算出资 2000 万元和县（市、区）、开发区各出资 300 万元设立，重点支持银行业金融机构向“5＋15”工业园区建设中的企业发放贷款。企业应急转贷基金由市级财政出资3000万元、各县（市、区）财政分别出资300万元作为引导资金，吸引社会资本参与，组建企业转贷资金，用于企业“应急”还贷。五是全面推进农村信用社改制，继盐湖区、河津市、夏县3个信用社改制为农商行之后，临猗县信用社改制获批；万荣县汇民村镇银行荣河支行挂牌营业，永济市、临猗县和新绛县3家村镇银行获批。六是深化国有企业改革。运城大酒店、夏县制胶厂等6家企业改制工作基本完成，山西农药厂、永济纺织厂等企业改制工作有序进行。七是盐湖、新绛在全省率先成立农村产权交易服务中心。

加快推进区域合作。2014年3月31日国务院批复《晋陕豫黄河金三角区域合作规划》，地处“黄河金三角”的山西运城市、临汾市和陕西渭南市、河南三门峡4个市的区域合作上升为国家战略。之后，运城市及时成立工作机构，积极开展与其他3市的合作。制订出台了《运城市贯彻落实晋陕豫黄河金三角区域合作规划实施方案》，制定了《黄河金三角商贸物流城总体规划和产业发展规划》。合作成立了晋陕豫黄河金三角宣传思想文化工作联盟、果业产业发展协会等合作组织，先后签订了检验检疫合作备忘录、全面加强旅游合作协议、智慧物流城项目框架协议等12项合作机制。参与合作，于11月上中旬在三门峡市举办了黄河金三角区域合作论坛暨中国第三届特殊商品博览会，于12月上旬在北京召开了《晋陕豫黄河金三角区域合作规划》实施工作协调会。

进一步扩大对外开放。一是推进“飞地经济”发展。自2013年4月省政府确定运城市为全省发展飞地经济示范城市后，市委、市政府多方面努力不断推进“飞地经济”发展。2013年10月制订出台了《运城市飞地经济工业园实施方案》，确定在空港经济开发区以“一区多园”的形式，创新“飞地经济”发展模式。到2014年末，先后相继签约了运城义乌国际商贸城综合工业园、运城中国北方家居产业基地、中国国际印刷包装城、空港汽配产业园、东莞华厦医药工业园、浙江化纤工业园6个“飞地经济”工业园项目，部分项目已开工建设。其中，运城中国北方家居产业基地项目是运城市改革开放以来最大的招商引资项目。二是推进运城海关、出入境检验检疫局机构的筹备和办公设施建设。2012年4月，国家批复同意设立运城海关、运城出入境检验检疫局，承担运城市辖区的海关业务和出入境检验检疫业务。经过两年多的筹备和基础设施建设，到2014年末，运城海关、出入境检验检疫局即将投入运营。三是推进运城机场航线建设。新开通了青岛、贵阳、沈阳、大连、南宁航线。至2014年末，开通北京、上海、广州、天津、重庆、深圳、成都、长沙、乌鲁木齐、郑州、合肥、贵阳、南京、海口、厦门、三亚、贵阳等20多条。全年飞机起降12028架次，增长1.0%。

5. 城乡建设

近年来，运城市坚持中心城市、大县城、小城镇、新农村“四位一体、功能各异”，不断优化新型城镇化空间布局，推进城乡建设，取得显著成效。其中，中心城市大力实施“八区联动”建设战略（北部高新区、中心区、老城区、运城经济开发区、空港经济开发区、东部新区、南部生态智慧区、西部关圣旅游景区八大区域联动发展），面貌不断翻新。2014年，运城市城乡建设继续推进。

统筹推进中心城市、大县城、小城镇、新农村建设。中心城市建设以“城市功能完善、产业空间拓展、土地集约利用、市民方便宜居”四个目标一个过程实现为原则，着力提升中心城市辐射带动作用。在建项目106项，完成投资42.4亿元。大县城建设着眼于通过产业集聚，实现人口集聚的功能，狠抓公共服务设施建设，实施在建项目203个、完成投资86.5亿元。小城镇着眼于繁荣农村市场和提升农村公共服务功能，15个重点镇建设顺利推进，完成投资5.4亿元。20个建制镇入围全国重点镇名单。新农村着眼于推动土地规模经营和作为“一村一品”空间节点的功能，启动了26个美丽宜居示范村建设。全年，中心城市工农街解放路高架桥建成投入使用，河东西街延长线改造工程开工建设；新增绿化面积59.9万平方米，绿化覆盖率达到39.1%，创建成省级园林城市；污水处理率达到91.0%；生活垃圾无害化处理率达到95.5%；集中供热普及率达到89.1%。全年，全市（含县城）生活垃圾无害化处理率已达到64%；新增绿化面积243万平方米，绿化覆盖率达到38.3%，提高1个百分点；永济市建成省级园林城市。

启动实施智慧城市建设。2014年，运城市与中兴通讯股份有限公司签订《运城市智慧城市建设合作框架协议》。根据协议，中兴集团在运城市建设中兴智慧产业园，并负责招商、运营。整个项目投资30亿元，分为两期建设，4年建成。一期建设智慧城市运营中心、云计算数据中心、智慧城市产业研发基地、智慧城市体验中心等；二期建设产业集群，使信息产业从空间上聚集，在产业上链接。其中，智慧城市投资运营采取BOO、BOT模式，由中兴集团投资建设，政府和相关企业购买服务。

进一步改善农村人居环境。启动实施农村提质工程、农民安居工程、环境整治工程和宜居示范工程“四大工程”，推进了农村人居环境的改善。全年完成投资6.385亿元。其中，新改建农村公路922公里，实施农村公路完善提质工程，319公里；改造农村危房1.84万户，贫困人口易地搬迁12411人；乡村清洁工程配套资金、清运车辆、设施全部到位。

继续推进城乡生态环境建设。一是大力推进节能减排和大气污染防治。中心城区推进燃煤锅炉“煤改气”或使用清洁能源，改造完成涉及210家用户的燃煤锅炉200多蒸吨。治理机动车尾气，环检机动车17万多辆，增长37.3%；淘汰黄标车及老旧车2.589万辆。全年化学需氧量、氨氮、二氧化硫、氮氧化物、烟尘和工业粉尘分别净减排2400吨、380吨、8500吨、10000吨、1720吨和1130吨。二是治理重点流域水环境。涑水河、姚暹渠“一河一渠”综合整治成效显著。

2014年，运城市市域城镇化率达44.45%，同比提高1.39个百分点。城镇化率在全省11市中列居第11位。

2014年，运城市公路线路里程15984公里。其中，国道289公里，省道1456公里，县道2784公里，乡、村道及专用道11454公里；高速公路596公里。公路密度113公里/百平方公里。

6. 民生社会

2014年，运城市大力发展社会事业，着力保障和改善民生，民生事业持续改善。全年公共财政民生支出达202.2亿元，占公共财政支出的84.7%。新增城镇就业人员58100人，转移农村劳动力72828人，城镇下岗失业人员再就业13300人，就业困难人员实现就业3830人。年末城镇登记失业率2.57%。落实机关事业单位增资政策，着力解决政府历年的民生欠账，在2013年偿还1.7亿元的基础上，2014年又偿还了2.8亿元，特别是把教师和医生的工作待遇作为涉及千家万户的基本民生问题来解决，优先理顺了长期遗留的700余名专业人员的基本待遇，保障了教师和医护人员队伍稳定。提高最低工资标准，其中盐湖区、河津市由1290元提高到1450元，永济市由

1190 元提高到 1350 元，临猗县、稷山县、绛县、新绛县、芮城县由 1090 元提高到 1250 元，闻喜县、平陆县、垣曲县、夏县、万荣县由 990 元提高到 1150 元。实施百企千村产业扶贫工程和干部下乡帮扶工作，3.3 万农村贫困人口新实现稳定脱贫。新开工各类保障性住房 20824 套，基本建成 13606 套，完成全年任务的 113.4%。加强社会保障，全面落实社会保障与物价上涨联动机制，城乡低保、农村五保、企业养老保险、城乡居民养老保险和医疗保险各项领取标准稳步提高。统一城乡居民基本养老保险制度，将被征地农民符合条件人员纳入城镇居民和职工养老保险保障范围。推进教育事业发展，新改扩建公办标准化幼儿园 28 所，改造农村幼儿园 40 所；中等职业教育免学费和助学金政策全面落实，惠及学生 10.5 万人次。推进医疗卫生事业改革发展，率先在全省实现了县级公立医院综合改革全覆盖；在基层非政府办社区卫生服务机构全面启动基本药物制度，实行药品零差价销售；按每人每月 100 元标准提高乡村医生待遇；12 家县级医院建成远程会诊系统，运城市第一医院开工建设，运城市儿童医院启动建设；提高新农合财政补助标准，由每人每年 280 元提高到 320 元，惠及 392.5 万人，新农合参合率达 99.3%，新农合大病保险全面推行。开展“戏曲惠民”、电影免费下乡活动，受益群众 300 余万人次。新建老年人日间照料中心 200 家。在全国率先实行农村分类综合电价管理和一票收取水费的管理办法，积极争取到国家、省对引黄引汾电价水价补贴政策，每年直接减轻农民灌溉负担 2.3 亿元，推动“三农”增收 8 亿元。全年安全生产形势稳定好转，各类安全生产事故起数和死亡人数未超出控制指标。食品安全放心城市创建工作成效明显，食品安全放心城市创建工作稳步推进，未发生较大及以上食品安全事故。

2014 年，运城市全市年居民人均可支配收入 13697 元，增长 9.8%。城镇居民人均可支配收入 22226 元，增长 8.9%；城镇居民人均消费支出 13273.7 元，增长 11.8%；农村居民人均可支配收入 8125 元，增长 11.5%；农村居民人均消费支出 6216.2 元，增长 10.0%。城镇占调查总户数 20% 的低收入家庭人均可支配收入 6890 元，增长 9.1%；农村占人口 20% 的低收入者收入 2148 元，增长 13.4%。城镇居民家庭恩格尔系数（即居民家庭食品消费支出占家庭消费支出的比重）30.3%，农村居民家庭恩格尔系数 31.9%。

2014 年，运城市全市居民、城镇居民、农村居民人均可支配收入均低于全省，分别是全省的82.8%、92.3%、92.2%。在全省11个市中，晋城市全市居民、城镇居民、农村居民人均可支配收入分别居第9位、第9位、第8位。

7. 经济特区

运城经济开发区、运城空港经济开发区、运城盐湖工业园区、绛县经济开发区、风陵渡经济开发区，是运城市境内享受省级特殊政策的经济特区。

运城经济开发区，始建于1992年，1997年经批准为省级开发区。开发区位于运城的主城区东部，管辖面积4平方公里，开发面积15平方公里。2014年，运城盐湖区17个村划归运城经济开发区管理，开发区面积进一步扩大。经多年建设和发展，开发区形成了新型工业园区、区域总部基地、现代商贸物流园区和技术应用研发中心“三大板块一个中心”发展格局，主要产业为新型装饰材料、汽车零配件加工制造、现代商贸物流、总部研发暨高端商务四个产业集群。其中，新型装饰材料产业集群以金博雅壁纸和奥圣管业为龙头，汽车零配件加工制造产业集群以600万只铝轮毂、卡乐仕汽车科技产业园、海博贝马消毒液、汽车前桥后桥为龙头，现代商贸物流产业以居然之家、美特好商超物流配送中心、豪德贸易广场和正在建设的百盛百贸为龙头，总部研发暨高端商务产业集群以运城职业技术学院、西北工业研究院运城分院、中国三系杂交小麦研发中心、阳煤丰喜总部、移动总部、煤运总部、翔宇总部等为龙头。2014年，开发区常住人口10.64万人，从业人员5.38万人；工商企业1303家，其中规模以上企业22家，外商企业6家，进出口企业23家，世界500强企业4家，高新技术企业3家，民营科技企业8家。其中，有高新技术企业2家，民营科技企业8家，省、市级技术中心9家。2014年，开发区实现地区生产总值162.3亿元，增长34.5%；完成工业总产值134.5亿元，增长16.3%；财政收入7.45亿元，增长15.7%。

运城空港经济开发区，始建于2002年，2012年经批准为省级开发区。开发区位于运城市区东郊，距市中心11公里，规划面积30平方公里，已建成13平方公里。2013年，开发区理顺管理体制，面积拓展为68平方公里。开发区北临运城机场，大（同）运（城）、运（城）风（凌度）、运（城）三（门峡）3条高速绕区而过，同蒲铁路穿越其间，交通十分便利。至2014年，开发区有企业300多家，其中大企业有大运重卡、华雄纺织、雪花啤酒、中鑫洋麻、卓里挂车、中远机械、华龙方便面、康师傅矿物质水、恒运制衣等，初步形成了汽车制造、轻工食品、现代物流三大主导产业。2014 年开发区工业总产值完成 70.4 亿元，增长 20.1%；工业增加值完成 14.8 亿元，增长 24.5%；实现利润总额 6.1 亿元，增长 32%；财政收入 2.68 亿元，增长 61.7%。

运城盐湖工业园区，始建于 2003 年，2006 年经批准为省级开发区。发区位于运城市主城区北郊，原规划面积 6.67 平方公里，2007 年规划面积扩展为 13.08 平方公里。初步形成了生物制药、彩印包装、塑料化工、机械电子、食品加工、新型建材、商贸流通等主导产业。截至 2014 年底，园区入驻企业 124 家，其中规模以上工业企业 25 家，高新技术企业 7 家。2014 年，园区完成地区生产总值 22.43 亿元，其中工业增加值 20.12 亿元；完成工业总产值 75.93 亿元，其中规模以上工业企业总产值 60.74 亿元；园区企业主营业务收入 86.28 亿元，其中规模以上工业企业主营业务收 62.98 亿元；园区企业实现利润总额 6.82 亿元，其中规模以上工业企业利润总额 5.35 亿元。

风陵渡经济开发区开发区，是 1992 年经批准设立的省级开发区。开发区位于运城市芮城县西南端的历史名镇风陵渡，依托风陵渡镇而起步建立，规划范围为风陵渡镇行政辖区范围，总面积 188.5 平方公里。开发区规划面积 17.2 平方公里，已开发面积 6 平方公里。经多年建设和发展，开发区初步形成了医药化工、电力、绿色食品、新型材料等主导产业。其中，医药产业以亚宝药业为代表，化工产业以嘉生药化为代表，电力产业以大唐电厂为代表，绿色食品产业以联侨食品为代表，新型材料产业以金水河金属材料为代表。至 2014 年，开发区共有工商企业 230 多户，其中工业企业 66 户，规模以上企业 6 户。亚宝药业集团股份有限公司为上市企业。2014 年，开发区地区生产总值完成 16.97 亿元，增长 9.34%；完成工业总产值 48.79 亿元，增长 3.19%。规模以上工业总产值完成 42.53 亿元，增长 1.8%；工业增加值完成 14.04 亿元，增长 9.82%；财政总收入 2.2339 亿元，增长 18.34%；公共财政收入 0.4946 亿元，增长 63.73%。

绛县经济开发区，曾为始建于 1997 年的省级山西省华信经济技术开发区，2006 年更名。开发区位于运城市东北的绛县县城以东 8.5 公里处，是依托国家特大型企业中信机电制造公司（原五四一军工企业）而起步建立，规划面积 14.98 平方公里。2013 年，理顺管理体制后，管辖面积达到 21.79 平方公里。经多年建设和发展，开发区初步形成了铸造、机加、信息和新能源材料、食品药品、化工、冶炼等主导产业。开发区是以铸造为主的装备制造业基地，是新型光电原材料 砷化镓生产基地，还是全国七大炭黑生产基地之一。至 2014 年，开发区拥有注册企业 123 家，企业职工 3 万余人。2014 年，开发区规模以上企业工业总产值完成 36.62 亿元，增长 16.09%；工业增加值完成 7.48 亿元，增长 16.87%；销售收入 34.86 亿元，增长 9.25%；实现利润 2.2 亿元，增长 37.73%；财政总收入 5070 万元，增长 9%；公共财政收入 1616 万元，增长 4%。

8. 县域经济

运城市共辖临猗县、万荣县、闻喜县、稷山县、新绛县、绛县、垣曲县、夏县、平陆县、芮城县、永济市、河津市、盐湖区 13 个县（市、区）。

盐湖区以生物医药、新型材料、盐化工、高效节能电机和家居产业为主，河津市以煤电铝、煤焦化、铁钢铸为主，永济市以铝深加工、机电制造、农副产品加工为主，芮城县以现代医药、文化旅游和生态农业为主，临猗县以煤化工、农产品深加工、汽车装备制造为主，稷山县以农产品深加工、印刷包装、文化旅游为主，新绛县以精细化工、煤焦油深加工、无公害蔬菜、中药材加工为主，万荣县以磁材、医药、化工建材、金属镁、农副产品加工为主，闻喜县以钢铁、金属镁、玻璃、建材、机械制造为主，绛县以新型能源（风电、光伏产业）、优特钢产业、炭黑综合利用、农产品深加工为主，垣曲以低碳循环经济、铜镁深加工、特色农业、文化旅游为主，夏县以青铜制造、医药化工、金属加工、食品加工为主，平陆以煤电铝材、新型能源、生态旅游、观光农业为主。

2014 年，运城市 13 县（市、区）实现地区生产总值分别为盐湖区 204.44 亿元、河津市 189.16 亿元、永济市 133.99 亿元、临猗县 128.33 亿元、芮城县 77.65 亿元、新绛县 76.78 亿元、稷山县 73.01 亿元、闻喜县 64.61 亿元、绛县 62.48 亿元、万荣县 61.82 亿元、垣曲县 47.79 亿元、夏县 44.95 亿元、平陆县 34.42 亿元。第一产业增加值分别为临猗县 43.83 亿元、芮城县 23.51 亿元、永济市 21.33 亿元、夏县 17.08 亿元、万荣县 16.65 亿元、新绛县 16.17 亿元、盐湖区 12.67 亿元、稷山县 11.96 亿元、闻喜县10.33亿元、平陆县9.16亿元、绛县8.82亿元、河津市7.84亿元、垣曲县3.97亿元。第二产业增加值分别为河津市121.29亿元、永济市72.24亿元、盐湖区63.30亿元、临猗县37.73亿元、新绛县35.98亿元、稷山县29.99亿元、绛县29.04亿元、芮城县25.35亿元、垣曲县24.94亿元、闻喜县23.01亿元、万荣县21.44亿元、平陆县11.70亿元、夏县9.84亿元。第三产业增加值分别为盐湖区128.47亿元、河津市60.03亿元、临猗县46.78亿元、永济市40.42亿元、闻喜县31.28亿元、稷山县31.06亿元、芮城县28.79亿元、新绛县24.63亿元、绛县24.62亿元、万荣县23.72亿元、垣曲县18.87亿元、夏县16.17亿元、平陆县13.55亿元。完成公共财政收入分别为盐湖区9.30亿元、河津市7.15亿元、永济市3.28亿元、垣曲县2.07亿元、临猗县2.01亿元、新绛县2.00亿元、闻喜县1.88亿元、平陆县1.82亿元、芮城县1.67亿元、稷山县1.50亿元、万荣县1.35亿元、夏县1.18亿元、绛县0.94亿元。对全市地区生产总值贡献最高的是盐湖区，最低的是平陆县；对第一产业贡献最高的是临猗县，最低的是垣曲县；对第二产业贡献最高的是河津市，最低的是夏县；对第三产业贡献最高的是盐湖区，最低的是平陆县。全年地区生产总值在100亿元以上的有盐湖区、河津市、永济市、临猗县4县（市、区），其中盐湖区、河津市地区生产总值突破150亿元；公共财政收入在7亿元以上的有盐湖区、河津市2区（市）。

全年运城市13县（市、区）城镇居民人均可支配收入分别为盐湖区23799元、永济市23135元、芮城县22807元、河津市22737元、临猗县22062元、闻喜县22053元、新绛县21830元、稷山县20564元、垣曲县20266元、绛县20189元、夏县20104元、万荣县19528元、平陆县18352元。全部低于全省平均水平；农村居民人均可支配收入分别为河津市10686元、永济市10205元、临猗县9908元、盐湖区9349元、新绛县8860元、芮城县8605元、稷山县8488元、闻喜县7451元、绛县7339元、万荣县7098元、夏县5979元、平陆县5365元、垣曲县5342元。河津市、永济市、临猗县、盐湖区、新绛县5县（市、区）高于全省平均水平，其余各县（市、区）均低于全省平均水平。

2014年末，运城市13县（市、区）常住人口分别是盐湖区69.46万人、临猗县 58. 50 万人、永济市 45. 44 万人、万荣县 44. 92 万人、闻喜县 41. 33 万人、河津市 40. 53 万人、芮城县 40. 44 万人、夏县 36. 08 万人、稷山县 35. 58 万人、新绛县 34. 08 万人、绛县 28. 81 万人、平陆县 26. 38 万人、垣曲县 23. 66 万人。

第五篇

大事纪要

2014 年是山西全面深化改革的开局之年，也是综改试验区建设的攻坚推进之年。这一年，全省历史进程极不平凡，经济、政治、文化、社会、生态等领域呈现出许多新的变化。研究和梳理 2014 年山西发展变化的大事要事，是研究和认识 2014 年山西发展变化之省情的一个重要切入点。

一月

1 日 新修订的《山西省高速公路管理条例》施行。该条例于 2013 年 9 月 29 日省十二届人大常委会第 5 次会议修订通过。

同日 全省恢复征收焦炭生产排污费。对焦炭生产征收排污费始于 2007 年，是一项旨在发挥排污费经济杠杆作用和改善环境质量的重大政策。2009 年以来，受国际金融危机影响，为减轻焦化企业负担，曾多次实施收费减免、缓缴等措施，以帮助焦化企业渡过难关。

2 日 2010—2012 年度“赵树理文学奖”评选揭晓，共 26 部（篇）优秀作品、2 名文学新人、3 名优秀编辑获此殊荣。该奖项后于 3 月 27 日召开的山西省作协第六届全省委员会第二次全体会议上颁发。“赵树理文学奖”始设于 1985 年，2004 年由山西省委、省政府恢复重新设立，是山西省具有最高荣誉的文学奖项，每 3 年评选一次。2010—2012 年度“赵树理文学奖”评选，是 2004 年“赵树理文学奖”恢复设立以来，继 2004—2006 年度、2007—2009 年度评奖后的第三次评奖，累计有 78 部作品、7 名文学新人、8 名优秀编辑获此殊荣。

6 日　首批 145 家国家农业部农产品质量安全风险评估实验站依托单位名单公布。山西有太原、长治、晋城 3 市农产品质量安全检测中心入选，具体承担授权主产区范围内相应农产品质量安全风险评估的定点动态跟踪和风险隐患摸底排查等工作。

7 日　省政府第 34 次常务会议原则通过《山西省国家资源型经济转型综合配套改革试验 2014 年行动计划》。该行动计划后于 1 月 22 日由省政府办公厅印发，提出和部署了全省和各市、各试点县、各省级试点企业的转型综改试验重点任务，其中全省综改试验的重点任务是深入推进 30 项重大改革、60 项重大事项、70 个重大项目和 5 个重大课题。

9 日　全省开展“基层组织提升年”活动电视电话动员会召开。会议对在全省范围内开展此项活动进行了安排部署。省委确定 2014 年为全省基层组织提升年，主要目标是实现“五个提升”，即通过扩大组织覆盖、加强队伍建设、创新工作载体、落实党建责任等方式，提升基层组织覆盖水平、提升基层干部队伍素质、提升党员队伍生机活力、提升基层党组织战斗力、提升基层党组织服务水平，实现基层党组织普遍晋位升级。此后，5 月 30 日在大同市召开了全省“基层组织提升年”工作推进会。

11 日　2013 年度国家科学技术奖励大会在北京举行，山西有 5 项科研成果获得国家科技奖。其中，太原科技大学等承担的“大吨位系列履带起重机关键技术与应用”、晋城无烟煤矿业集团有限责任公司等承担的“煤矿岩巷全断面高效掘进关键技术与装备”、山西省农业科学院承担的“旱作农业关键技术与集成应用”3 项研究项目，获国家科学技术进步奖二等奖；山西杏花村汾酒厂股份有限公司等承担的“基于风味导向的固态发酵白酒生产新技术及应用”、太原航空仪表有限公司等承担的“高性能谐振式传感器关键技术及其应用”2 项研究项目，获国家技术发明奖二等奖。

12 日　大同市广灵剪纸艺术博物馆通过国家 3A 级景区评审验收，成为山西唯一一处国家级非物质文化遗产 3A 级特色景区。该博物馆由广灵剪纸创始家族传人张多堂、张栋父子投资兴建，始建于 2007 年。2008 年，广灵剪纸被列入国家级非物质文化遗产名录。

14 日　国家住建部公布 2013 年国家园林城市、县城和城镇命名名单。山西大同市、朔州市2个地级市被命名为国家园林城市，黎城县、长子县、灵石县、古县4个县城被命名为国家园林县城，汾阳市贾家庄镇被命名为国家园林城镇。此前，山西已有太原、晋城、长治、阳泉4个地级市和侯马、潞城、孝义、介休4个县级市获国家园林城市称号；怀仁、武乡、襄垣、屯县、平顺5个县城获国家园林县城称号；阳城县北留镇、润城镇2个城镇获国家园林城镇称号。

15日 山西省卫生和计划生育委员会、山西省新闻出版广电局（山西省版权局）正式挂牌成立。山西省卫生和计划生育委员会是在整合原山西省卫生厅、山西省人口和计划生育委员会的机构和职责的基础上新组建的省政府工作部门。山西省新闻出版广电局（山西省版权局）是在原山西省新闻出版局和山西省广播电影电视局基础上，重新整合组建成立的省政府直属机构，加挂山西省版权局牌子。

同日 全省“千村万人”就业培训行动计划启动电视电话会议召开。会议对启动开展此项行动计划进行了安排部署。该行动计划是在2013年启动实施百企千村产业扶贫开发工程取得阶段性成效的基础上，省委、省政府决策部署实施的加大扶贫攻坚力度的又一重大举措。主要内容是：以带动贫困村劳动力稳定就业为核心，瞄准全省数千个贫困村的劳动力，主要依托百企千村产业扶贫开发工程创造的就业岗位，通过对吸纳劳动力就业给予培训补助，建立完善政府主导、企业和市场等多方面力量共同参与的就业培训机制，做到培训就业紧密衔接、产业开发和就业增收相互促进。“下要保底，上不封顶”，每年确保有5万名以上贫困村劳动力实现稳定就业。通过连续几年的努力，基本消除贫困地区农村“零就业”家庭，基本实现贫困村妇女劳动力有半年时间务工就业，贫困地区农民就业收入占到总收入的60%以上。在以往劳动力转移培训的基础上提高补助标准，每就业培训一名男贫困劳动力补助1000元，就业培训一名女贫困劳动力补助1200元。

同日 “责任中国——人民网2013年度评选”颁奖典礼举行。山西临汾市第三人民医院院长兼临汾红丝带学校校长郭小平荣膺“十大责任公民”荣誉称号。

16日 省委印发《关于深入贯彻党的十八届三中全会精神，加快推进转型综改试验区建设的若干意见》。该意见从以转型综改试验区建设为切入点深入推进改革、大力推进政府职能转变、发挥市场配置资源的决定性作用、深化国有企业改革和大力发展混合所有制经济、健全科技创新体制机制、深化财税体制改革、构建统筹城乡发展新机制、创新区域经济发展和对外开放管理体制、推进文化体制机制创新、创新民生建设和社会治理体制机制、创新资源型地区生态文明建设体制机制、加强对全面深化改革的领导等12个大方面，提出了56条重大措施。目标要求是：力争到2015年，初步建立起促进资源型经济转型的体制机制，初步形成“以煤为基、多元发展”的产业体系；到2020年，在转型综改的重要领域和关键环节改革上取得决定性成果，形成具有鲜明山西特色的系统完备、科学规范、运行有效的制度体系，全面深化改革走在中西部地区前列，探索出一条资源型地区实现科学发展、建成全面小康社会的新路。

同日　省中小企业局和省证监局签订战略合作协议。该协议提出双方将在积极扶持和培育中小企业挂牌上市、培育和发挥基金的作用、探索建立中小企业多元化融资服务机制、建立推动资本市场工作合作机制、加强资本市场各层次人才培训等5个方面全面开展战略合作，以进一步打通产业资本和中小微企业之间的对接通道，努力缓解中小微企业融资难的问题，更好地发挥金融对经济结构调整和转型升级的支持作用。

17日　省政府办公厅转发省经信委《加快推进工业节能环保产业发展行动方案》及2014年推进工业节能产业、工业资源综合利用与清洁生产、工业节能环保装备制造业发展等三个行动计划。该方案提出的发展目标是：到2015年，全省工业节能环保产业总产值达到1000亿元以上，年均增长20%以上；全省万元GDP能耗降到1.53吨标准煤以下；培育20家左右产值超10亿元的节能环保企业。产业技术装备水平显著提升，形成一批拥有自主知识产权、具有核心竞争力的节能环保装备；高效节能产品、资源综合利用和环保产品市场占有率大幅提高；服务产业快速发展，采用合同能源管理机制的节能服务业产值年均增长30%以上，形成10个年产值在1亿元以上的节能服务公司。该方案还从培育壮大节能产业、加快发展资源综合利用产业、做大做强节能环保装备产业3个方面，明确了在工业领域实施22项重点节能环保产业工程的主要任务。

17~21日　省政协十一届二次会议在太原举行。会议认真审议并通过了省政协常委会工作报告、提案工作报告、各项决议等。

18～23日 省第十二届人民代表大会第二次会议在太原举行。会议听取和审议并通过了省政府工作报告、省人大常委会工作报告、省高院工作报告和省检察院工作报告，审议并通过了计划书面报告、预算书面报告；补选金道铭为山西省十二届人大常委会副主任。

24日 全省党的群众路线教育实践活动第一批总结暨第二批部署会议召开。会议对第一批教育实践活动进行了回顾总结，对第二批活动进行了动员部署。参加第二批教育实践活动的单位主要是：市、县机关及其直属企事业单位，乡镇、街道和农村、社区，非公有制经济组织、社会组织和其他基层组织，未参加第一批教育实践活动的部分省属企事业单位。

25日 全省党风廉政建设干部大会暨省纪委十届四次全会电视电话会议召开。会议传达贯彻了习近平总书记在十八届中纪委三次全会上的讲话精神和十八届中纪委三次全会精神，部署了全省党风廉政建设和反腐败斗争工作。

26日 吕梁机场正式通航。该机场是国家“十一五”规划建设的重点基础设施项目，为国内支线机场，于2006年启动建设，2007年完成选址，2009年奠基开工，位于方山县大武镇西北，占地2671亩，总投资10亿元。机场设计规模为到2020年旅客年吞吐量达到20万人次，年货邮吞吐量达到900吨。至此，山西已建成通航的机场有太原、长治、运城、大同、吕梁5个，正在建设或筹建的机场有五台山、临汾、朔州3个。

同日 全省2014年“文化惠民在三晋”活动在晋中太谷县启幕。该项活动贯穿2014年全年，将广泛动员全省文化系统人员和资源，组织公共文化机构、文艺院团、群众文化团队以及文化志愿者，开展文艺演出、文化艺术知识普及教育、文化艺术技能指导、文化展览展示、文化市场咨询等形式多样的文化活动，力求讲好山西故事，唱响山西品牌。主要包括以下10项活动：“送欢乐下基层”文化服务活动、“中国梦·三晋情”节日纪念日文化活动、“爱心接力”关爱特殊群体服务活动、“润物无声”公共图书馆服务活动、“快乐生活”文化馆（站）服务活动、“美丽三晋”美术馆服务活动、“意·境”展示展览服务活动、“文化e行”数字文化工程服务活动、“幸福使者”文化企业优惠服务活动、“精彩无界”社会共建文化服务活动。

二月

8日 全省综改攻坚、创新驱动、项目见效工作电视电话大会召开。会议对这三项工作进行了动员部署。

10日 “感动中国”2013年度人物颁奖典礼在北京举行。山西省长治市襄垣县王桥镇返底村党支部书记、村委会主任段爱平荣膺“感动中国2013年度十大人物”称号。此前，山西省临汾市人、山西师范大学女学生孟佩杰曾获“感动中国2011年度十大人物”称号。

同日 国家林业局作出决定，准予山西晋城陵川县设立棋子山国家级森林公园。这是山西自1996年以来新批建的第一处国家级森林公园，至此，全省国家级森林公园总数达到19处。

11日 中共山西省委常委会召开会议，研究讨论省委全面深化改革领导机构、工作规则等事项。会议决定：省委全面深化改革领导小组下设6个专项小组，分别是经济体制与生态文明体制改革小组、民主法制领域改革小组、文化体制改革小组、社会体制改革小组、党的建设制度改革小组和纪律检查体制改革小组，同时成立省委全面深化改革领导小组办公室。

12日 全省检察机关实施“阳光检察”工程电视电话会议召开。会议对全面实施“阳光检察”工程进行了部署。“阳光检察”工程包含“争做阳光检察官”“争创阳光检察集体”“推广阳光检察业务”三个方面的内容。按计划，实施该项工程，全省检察机关力争用三年时间，使50%以上的检察干警成为“阳光检察官”，60%以上的检察院、处（科）室成为“阳光检察集体”，全省一半以上的县级检察院实现“阳光检察业务”。

13日 国家质检总局批准安泽县“安泽连翘”为国家地理标志产品。此后，4月16日，国家质检总局批准浑源县“恒山黄芪”为国家地理标志产品。

同日 《山西省专职消防队伍建设管理办法》施行。该办法（草案）于2014年1月2日经省政府第33次常务会议通过，1月13日省政府第235号令公布。

17~18日 全国电子商务工作会议在太原召开。会议期间，商务部开通了全国电子商务信息管理分析系统和全国农产品商务信息公共服务平台。

19日 国家住房城乡建设部和文物局公布第六批中国历史文化名镇（村）名单。全国有71个镇、107个村入选，其中，山西1镇9村。至此，山西有国家级中国历史文化名镇、名村40个（中国历史文化名镇8个、中国历史文化名村32个），总数位居全国第一。晋城市有18处，晋中市7处，阳泉市3处，吕梁市3处，临汾市3处，运城市2处，大同市1处，太原市1处，忻州市1处 ，长治市1处。

同日 全省文物局长会议在太原召开。会议确定2014年全省实施8项重点文物保护工程，分别是：南部早期建筑保护工程、世界文化遗产保护工程、应县木塔加固保护工程、彩塑壁画保护工程、晋国遗址考古保护研究工程、太原西山文化带文物保护工程、古村落古民居抢救保护工程、濒危文物建筑抢险维修工程。

同日 山西省检务督察局挂牌运行。山西省检务督察局隶属于省检察院，职责包括对贯彻党的路线方针政策和落实检察工作重大部署进行督察，确保检察工作正确政治方向；对顺应人民群众新要求新期待依法履行法律监督职责进行督察，促进司法公平正义；对检察队伍建设情况进行明察暗访，促进建设过硬检察队伍；对重大案件的办理情况进行督察，促进执法规范化建设等。山西省检务督察局是全国检察机关成立的首个检务督察局。

19～20日 2014年国际炼焦煤资源与市场高峰论坛在太原举行。来自国内外知名煤炭焦化钢铁企业、行业协会、物流贸易和金融投资机构的近300名代表参加。与会代表围绕“宏观经济与煤炭市场运行”“炼焦煤资源与市场形势分析”“煤炭金融投资及期货市场”“国际炼焦煤进出口市场分析”等热点问题，进行了讨论和交流，并通过供需对接平台开展了供需衔接和合作。

20日 省政府印发《关于进一步推进全省林业生态建设提质增效再上新台阶的意见》。该意见进一步明确了全省林业生态建设的指导思想、目标任务、重点工作、政策支持、保障措施。目标任务是：以吕梁山生态脆弱区植被恢复为重点，科学实施“两山”造林、“两网”绿化、“两林”富民、“两区”增绿、“双百”精品、“双保”管护等省级林业六大工程和国家林业重点工程，每年完成营造林400万亩以上，森林覆盖率年均增加1个百分点，到2015年森林覆盖率达到23%，森林蓄积量达到1.3亿立方米，力争到2020年森林覆盖率达到26%以上，森林蓄积量达到1.5亿立方米。每年发展经济林100万亩以上，到2015年全省经济林总面积达到1800万亩，实现农村常住人口人均1亩经济林的目标。林业生产总值2015年达到500亿元，力争到2020年再翻一番，达到1000亿元。实现森林面积、森林蓄积、农民林业收入“三增”目标，使林业生态建设步入全国先进行列，基本达到生态良好标准。

24日 中央第六巡视组向山西省反馈巡视情况。此前，根据中央统一部署，2013年10月30日至12月29日，中央第六巡视组对山西省进行了巡视。

25日 省政府印发《国家创新驱动发展战略山西行动计划（2014—2020年）》。目标任务是：到2020年，创新型山西建设取得显著成效。低碳创新发展成为主导模式，煤基产业自主创新能力大幅提升。重点领域核心关键技术创新和标准制定取得突破，传统产业得到有效提升。科技供给能力有效增强，社会创新潜力更好释放，科技与经济结合更加紧密，形成创新驱动发展新格局。主要指标是：研究与试验发展（R&D）经费占地区生产总值（GDP）的比重在2012年1.09%的基础上，年均增长10.9%，到2020年达到2.5%以上；有效发明专利拥有量在2012年4383件的基础上，年均增长10.9%，到2020年达到1万件以上；技术合同交易总额在2012年124.16亿元的基础上，年均增长10%，到2020年达到265亿元；高新技术产业增加值占地区生产总值（GDP）比重在2012年4.7%（按照现有的高新技术产业目录统计）的基础上，到2020年达到全国平均水平；科技成果转化率每年达到全国平均水平；科技进步对经济增长的贡献率每年达到全国平均水平，到2020年达到60%以上。

同日 省政府印发《山西省低碳创新行动计划》。总体目标是：到2015年，单位地区生产总值（GDP）二氧化碳排放下降率较2010年累计下降17%，到2020年较2005年累计下降45%；到2015年，单位GDP能源消耗下降率较2010年累计下降16%，到2020年完成同期国家下达指标；到2015年，煤炭消费占一次能源消费的比重由2010年的90%下降至82%，到2020年下降至73%；到2015年，燃气消费占一次能源消费的比重由2010年的2.1%增加至8%，到2020年增加至12%；到2015年，非化石能源消费占一次能源消费的比重由2010年的0.9%增加至4%，到2020年增加至10%~12%。与此同时，重点工作初见成效，低碳产业体系基本形成，低碳科技支撑和引领能力显著增强，能源结构进一步优化。低碳发展的体制机制基本完善，政策体系基本健全。公众参与应对气候变化的意识明显提高，低碳消费和生活方式初步形成。

同日 省政府印发《关于围绕煤炭产业清洁安全低碳高效发展重点安排的科技攻关项目指南》。目标任务是：通过围绕煤炭产业链部署创新链，围绕创新链完善资金链，实现煤炭产业在“清洁、安全、低碳、高效”发展领域的关键技术突破；使山西尽快实现由“煤老大”向“煤科老大”转变，显著提升煤炭产业自主创新能力、产业发展水平和经济社会效益。

27 日 全省工商系统注册资本登记制度改革工作会议在太原召开。会议安排部署了从 3 月 1 日起全省全面实施注册资本登记制度改革的事项。改革措施主要包括四项：注册资本变认缴制、放宽注册资本登记条件、放宽市场主体住所（经营场所）登记条件、年检制度改为年报制度。此前，从 2013 年 12 月 1 日开始在省级综改试验县、扩权强县试点县和太原市 6 个城区等 32 个县区开展公司注册资本登记制度改革试点工作。

同日 中央纪委监察部网站发布消息，山西省人大常委会副主任金道铭涉嫌严重违纪违法，接受组织调查。

28 日 全省 2013 年度目标责任考核总结表彰大会召开。大会通报了 2013 年度全省目标责任考核情况，对优秀单位进行了表彰。经考核，2013 年全省 11 个市和 94 个省直部门中，3 个市、30 个省直单位获评优秀，5 个市、50 个省直单位获评良好，3 个市、12 个省直单位获评一般，2 个省直单位获评较差。

三月

1 日 《山西省志愿服务条例》施行。该条例于 2013 年 11 月 28 日由省十二届人大常委会第六次会议通过。

同日 14 时 45 分许，位于晋城市泽州县的晋（城）济（源）高速公路晋城段岩后隧道发生特别重大道路交通危化品燃爆事故。后据调查，在该隧道内，当时两辆运输甲醇的铰接列车追尾相撞，前车甲醇泄漏起火燃烧，隧道内滞留的另外两辆危险化学品运输车和 31 辆煤炭运输车等车辆被引燃引爆，造成40人死亡、12人受伤和42辆车烧毁，直接经济损失8197万元。

4日　国家农业部农产品加工局（乡镇企业局）在贵州黔西南州兴义市发布2013年10个中国最有魅力休闲乡村和108项中国美丽田园推介名单。山西省有2项景观入选，大同市阳高县大嘴窑村杏园荣登中国美丽田园“果园景观”榜首，灵丘县空中草原入列“草原景观”第二名。

10日　省委办公厅、省政府办公厅印发《山西省“三公”经费管理和公开规定》。该规定要求，全省范围内的行政事业单位，以及向同级财政部门编报部门预算的社会团体和其他单位，加强因公出国（境）费、公务接待费、公务用车购置及运行费管理，进一步节省行政支出、降低行政成本；全省所有市和50%的县级政府2014年要公开本级“三公”经费预决算，2015年底之前所有县级以上政府全部公开本级“三公”经费预决算。

11日　山西省文物保护标准化专业技术委员会在太原成立。该委员会是我国成立的第一个省级文物保护标准化专业技术委员会，主要职能是打破以往文物保护的传统经验模式，建立科学规范的文物保护新机制，并结合山西的文物资源优势，建立具有地方特色的文物保护标准体系，填补国家标准和行业标准的空白。

同日　山西“双百”出版工程专家论证会召开。会议论证了“双百”出版工程2014年和2015年工作规划和项目。山西“双百”出版工程于2013年11月15日启动，计划从2014年到2018年5年间完成两大系列大型丛书“三晋百部长篇小说”和“三晋百位历史文化名人传记丛书”的编辑出版，其中“百部长篇”收入经典和原创各50部。

17日　省委印发《山西省贯彻落实〈建立健全惩治和预防腐败体制2013—2017年工作规划〉的实施办法》。《办法》对贯彻落实中央《工作规划》，加强惩治和预防腐败体系建设，推进山西省党风廉政建设和反腐败斗争，提出具体要求。

同日　省政府印发《山西省主体功能区规划》。该《规划》将全省国土空间细分为重点开发区域、限制开发的农产品主产区、限制开发的重点生态功能区和禁止开发区域4类，并赋予不同的功能定位、发展方向及目标、开发指引，同时制定了区域政策和规划职责等方面的保障措施。该《规划》数据采集基期为2008年，提出推进形成主体功能区的主要目标时间是2020年，按照推进形成主体功能区的总体要求，力争到2020年全省国土空间的主体功能更加突出，实现生产空间高效、生活空间舒适、生态空间宜人、能矿空间集约，构建科学合理的区域总体布局框架。重点开发区域占省域面积的20.15%，主要包括太原都市圈中的重点开发区域、三大城镇群中的重点开发区域；未来功能定位为：支撑全省乃至全国经济发展的重要增长极，提升综合实力和产业竞争力的核心区，引领科技创新和推动经济发展方式转变的示范区，全省重要的人口和经济密集区。限制开发的农产品主产区，占全省面积的28.65%；未来规划为：着力保护耕地，稳定粮食生产，提高农业综合生产能力。禁止开发区域主要包括各级自然保护区、文化自然遗产、风景名胜区、森林公园、地质公园、水产种植资源保护区、重要湿地（湿地公园）、重要水源地等，占全省面积的14.2%。

18日　省政府第38次常务会议原则通过山西省2014年最低工资标准调整方案，决定按程序报国家有关部门批复后，从2014年4月1日起实行。

20日　山西省政策性森林保险工作启动电视电话会议召开。会议对全省启动开展森林保险保费补贴试点工作进行了统一部署。此前，2013年国家财政部将山西纳入中央财政森林保险保费补贴试点范围。根据试点办法，全省国有林场、集体、个人经营的公益林参加保险，全部由财政给予保费补贴，其中，中央补贴50%、省级补贴30%、市县两级各补10%，省直林局林场由中央和省级各补50%。参保的公益林因火灾、暴雨、暴风、暴雪、冰雹、霜冻、虫灾等原因造成损失的，保险公司都将按照认定标准进行理赔。

同日　全省政法系统开展“一村（社区）一警”联系走访活动电视电话会议召开。会议对开展该项活动进行了动员部署。活动的主要内容包括：全省政法系统组建1198个“混合编队”，围绕“知民情、解民忧、护民安”的活动主题，为所有乡（镇、街道）提供政法工作服务，同时在每个行政村和社区派驻一名政法干警，在年底前实现“一村一警”全覆盖。

同日　国家科技部公布2013年创新人才推进计划入选名单。山西有5位科研人员入选创新创业领军人才，分别是：中北大学刘俊教授、太原理工大学李文英教授、中科院山西煤化所房倚天研究员、山西太钢不锈钢股份有限公司刘承志教授、汾阳市金土地生物科技有机肥有限公司郝秀海高级工程师。

21日　全省政府职能转变和机构改革电视电话会议在太原召开，对统筹推进省级政府机构改革和市县政府机构改革进行了动员部署。

同日　全省首批67家焦化行业兼并重组主体企业名单公布。此后，经过努力，到年末12月第一批67家焦化兼并重组主体及所属企业正式确定，全省焦化行业兼并重组取得重大进展。全省焦化行业整合的目标之一为大幅度提升产业集中度，打造4个1000万吨级的焦化园区或集中区，3个1000万吨级和10个500万吨级特大型企业。

22日　国家高粱产业技术创新战略联盟代表大会在晋中召开。来自全国20多个高粱企业、大专院校、科研院所的40余位代表、专家，围绕“引导产业发展、推动技术创新”的联盟宗旨，共商联盟发展大计。该联盟是国家科技部于2013年10月批准的第三批国家产业技术创新战略试点联盟之一，由山西省农科院牵头组建。同期批准的国家黄芪产业技术创新战略联盟，由山西振东制药股份有限公司牵头组建。

25日　省政府召开第39次常务会议，原则通过山西省改善农村人居环境（2014—2020年）规划纲要和2014年行动计划，审议通过政府信息公开规定。

28日　省政府发出《关于2014年新实施强农惠农富农补贴政策的通知》。该《通知》决定：在继续执行中央及山西省现行各项强农惠农富农政策的基础上，2014年新实施10项强农惠农富农政策：杂粮良种补贴、耕地综合生产能力补助、牛羊产业发展及牧草基地建设补助、加大设施蔬菜扶持力度、新型农业社会化服务体系试点建设补助、农田水利灌溉工程和农村饮水工程维修养护建设补助、移民搬迁产业扶持奖补、开展森林保险保费补助试点、干果经济林管理和林下经济示范基地及林木良种补助、农机深松整地作业补贴。

29日　国家发改委和财政部、商务部等8部门联合下发通知，同意全国30个城市创建国家电子商务示范城市。太原市位列其中，是2011年国家开展此项工作以来山西入选的首个城市。

同日　山西省物流商会成立。

31日　国务院批复《晋陕豫黄河金三角区域合作规划》。山西省运城市、临汾市，河南省三门峡市和陕西省渭南市，共同构成了晋陕豫三省边缘“黄河金三角区域”，总面积5.2万平方公里，2013年末总人口1700多万。该区域位于我国中、西部交界地带，通华北、联西北、接中原，在全国流通中，可以承东启西、贯通南北。但是，由于受行政边界分割的影响，区域统筹协调发展受到制约。在2009年的全国两会上，河南、山西、陕西三省代表团联合呼吁：建立国家晋陕豫黄河金三角区域协调发展综合试验区。2012年国家发展改革委批复建立《晋陕豫黄河金三角承接产业转移示范区》。在此前示范区建设的基础上，国务院批复《晋陕豫黄河金三角区域合作规划》，以探索省际交界地区合作发展新路径，推动晋陕豫黄河金三角地区合作发展。

同日 国家发展改革委发出《关于做好城区老工业区搬迁改造试点工作的通知》，确定全国21个老工业区纳入城区老工业区搬迁改造试点，山西省太原市万柏林区和平老工业区位列其中。万柏林和平老工业区，东至和平路东侧，西至西环街高速公路西侧，南至小井峪村、太原平板玻璃厂南界、大井峪街，北至太原重型机械集团有限公司渣场北侧，总面积12.69平方公里。区内有26家工业企业，存在着产业结构单一、空间布局不合理、工业企业污染严重、城市基础设施匮乏、居民居住条件差、社会就业矛盾突出等问题，亟须进行调整改造。该区是我国“一五”期间国家投资建设项目最为集中的地区之一，苏联援建我国的156项重点工程中，太原有11项，万柏林区就占了8项。其中，既有新中国自行设计、建造的第一座生产重型机器并创造了340余项国内外第一的太原重型机械集团有限公司，又有我国首家研制生产火控指挥系统的山西国营大众机械厂。未来，该区将改造成为以先进装备制造业、科技创新产业、现代服务业为主的高端产业聚集区，宜居、宜业、宜商的新城区，带动太原西部城区发展的新引擎。

四月

1日 省委巡视工作动员部署会在太原召开。会议对上半年山西省委巡视组开展对省直11个厅局及6个省属企事业单位的第一轮巡视工作进行了安排部署。

4日 “山西省六大盆地重点地区浅层地热能调查评价”项目成果报告通过专家评审。该项目自2011年开展，成果报告基本查明山西六大盆地重点地区浅层地热能赋存条件。报告显示，仅朔州一市的浅层地热能开发利用的总能量就达到2.279×1014千焦，为全省各市之最。各盆地浅层地热能一旦实现开发利用，年可节约原煤量6830万吨，二氧化硫、二氧化碳排放每年分别可减少1458万千克和20.47亿千克。

5日 第二十四届洪洞大槐树文化节寻根祭祖大典隆重举行。来自河南、河北、山东、陕西、上海、广东等全国十八省市及海外的上万名移民后裔齐聚大槐树下，共祭移民先祖。洪洞大槐树文化节每年3月29日至4月7日举办，为期10天。

13日 中共山西省委、省政府印发《关于全面深化农村改革加快推进农业现代化的实施意见》。该《意见》从切实落实国家粮食安全战略、大力发展特色现代农业、不断深化农村改革、完善新型城镇化推进机制、开展农村人居环境治理、加大扶贫开发力度、加大农业支持保护力度、加强党委和政府对“三农”工作的领导8个方面，对2014年及今后一个时期全省农业农村的改革发展作出安排部署。

同日 第四届全国生态文明建设发展论坛暨全国生态文明先进县（镇）成果发布会在北京召开。大同阳高县大白登镇被授予“全国生态文明先进镇”称号，这是山西唯一获此殊荣的乡镇。

14日 省委办公厅印发《关于加强农村和社区基层服务型党组织建设的若干意见》。主要目标是：力争用3年时间，使全省农村和社区基层党组织实现组织体系健全、骨干队伍过硬、活动经常有效、工作制度完善、投入保障稳定的目标，建设一批“六有”目标（有坚强有力的领导班子、有本领过硬的骨干队伍、有功能实用的服务场所、有形式多样的服务载体、有健全完善的制度机制、有群众满意的服务业绩）的基层服务型党组织。

同日 美国—山西投资合作对接会在太原举行。对接会上，参会的双方企业、项目等负责人围绕能源及相关领域的投资合作，进行了交流对接。该次对接会是继2011年11月和2013年9月之后的第三次对接会。

同日 全省旅游资源整合暨管理体制改革座谈会在壶关县召开。会议交流了2013年以来长治市、壶关县在全省率先推进太行山大峡谷旅游资源整合和管理体制改革的经验。之前，壶关太行山大峡谷景区划分为10个景区，由10家单位经营管理，经过资源整合和管理体制改革，由新组建的太行山大峡谷股份公司出资接管，实现了统一规划、统一管理、统一开发、统一品牌、统一经营，形成了“一个品牌、一个公司、一张门票”的发展模式。

15日 省人大常委会启动对《中华人民共和国未成年人保护法》和《山西省未成年人保护条例》《山西省信访条例》贯彻执行情况的执法检查。此后，4月下旬到5月中旬，省人大常委会检查组在大同、朔州、临汾、吕梁等市对贯彻执行《中华人民共和国未成年人保护法》和《山西省未成年人保护条例》的情况进行了执法检查；4月中旬至6月中旬，省人大常委会检查组，先后到省高院、省检察院、省公安厅以及大同、朔州、晋中、太原、运城、忻州等6市10县的43个部门调研、座谈，对《山西省信访条例》贯彻落实情况进行了执法检查。

17日 全省严厉打击环境污染违法犯罪"百日会战"专项行动电视电话会议召开。会议对全省范围开展此项行动进行了动员部署。该项行动由政法、公安、检察、法院、监察、环保6部门联动，以重点排查和重点打击为主，对环境违法行为展开大围剿。

同日 从凌晨起，太原市环境监测中心对市区空气质量的监测推出以小时浓度计算的"实时空气质量指数"。之前，太原市的空气质量监测是24小时发布一次。

同日 省旅游局在山东省济南市举行晋善晋美·美丽山西休闲游（山东）推介会。此后，又先后于4月18日在江苏南京、4月22日在浙江杭州、6月20日在福建福州、6月24日在广西南宁、6月26日在湖南长沙举行了相应活动。

同日 2014年"山西品牌中华行"活动首站在南京启动。此后，"山西品牌中华行"活动，又先后于5月9日在天津、5月23日在西安、6月6日在昆明、8月14日在香港、8月22日在澳门、9月16日在南宁、11月6日在福州、12月12日在海口举行了相应活动。全年9站活动现场销售近1000万元，签订供货合同突破10亿元。"山西品牌中华行"系列活动由省商务厅、省财政厅等部门举办，于2013年6月开始，每站活动时间3~5天，主旨是将山西的好产品、好特产推向全国，让全国人民认识山西、了解山西、品味山西、享用山西。2013年，先后在北京、呼和浩特、广州、成都、上海、重庆、南昌、武汉举办了8站活动。

18日 省委、省政府印发《关于全面深化农村改革加快推进农业现代化的实施意见》。《意见》从切实落实国家粮食安全战略、大力发展特色现代农业、不断深化农村改革、完善新型城镇化推进机制、开展农村人居环境治理、加大扶贫开发力度、加大对农业支持保护力度、加强党委和政府对“三农”工作的领导 8 个方面，提出了 35 项重大举措。

同日　全省改善农村人居环境工作电视电话会议在太原召开。会议对全省全面启动此项工作进行了动员部署。

20 日　文化部发布第二批国家级非物质文化遗产生产性保护示范基地公示名单，山西广誉远国药有限公司的龟龄集传统制作技艺、定坤丹制作技艺等中医传统制剂方法，稷山赵氏四味坊传统面点传习中心的传统面食制作技艺，分别入选。

21 日　省发改委批复《太原市城市轨道交通 2 号线一期工程（人民南路—西涧河）初步设计》，标志着太原市轨道交通工程进入全面建设实施阶段。太原市城市轨道交通 2 号线是山西省第一条批准建设的轨道交通线路，对全省未来修建轨道交通具有示范和指导意义。

21～25 日　世界大学生超级计算机竞赛 ASC14 总决赛在广州中山大学举行。经过决赛角逐，山西省太原理工大学 TUT 超算团队获一等奖，并与上海交通大学、清华大学、北京航空航天大学共同获得应用创新奖。ASC14 于 2013 年 11 月启动，全球有 82 所高校报名参赛。经过两个月初赛，来自中国、美国、俄罗斯等国家和地区的 16 支高校代表队进入决赛。此次太原理工大学 TUT 超算团队获奖，是山西省高校在国际性大学生课外学术科技竞赛中的历史性进步。

22 日　由省妇联、省妇女儿童基金会主办的“幸福起航·小儿脑瘫康复和三晋光明行”两项公益慈善项目，分别在省脑瘫康复医院和太原市爱尔医院正式启动。省妇女儿童基金会与省脑瘫康复医院、太原爱尔眼科医院分别签署项目实施协议，两家医疗机构将开展对家庭困难妇女儿童的医疗资助。山西省妇女儿童发展基金会是由山西省妇联发起、经省民政厅民间组织管理局批准成立的公募基金会，于 2013 年 11 月成立，主要业务是利用公募基金兴办有关妇女和儿童的各种培训、咨询及社会教育事业。

22～24 日　第十三届（2014 年）太原煤炭工业技术装备展览会举行。期间，来自全国各个省市和澳大利亚、中央企业 226 家煤炭技术装备厂商参展，展出技术设备涉及煤炭采掘、运输、提升、排水、通风、洗选加工、安全检测监控、防爆机电、信息化工程等多个领域。太原煤炭工业技术装备展览会始办于2002年，每年一届。

27日 全省第一次全国地理国情普查动员誓师大会召开。会议对全省开展首次全国地理国情普查工作进行了动员部署，主要任务是查清全省范围内的地表自然和人文地理要素的现状与分布情况。全省第一次全国地理国情普查分两阶段进行，从动员部署会即日起至2015年6月为普查工作第一阶段，主要完成普查底图制作、数据采集与处理、外业调查与核查、数据集建设等工作；2015年7月至2015年12月为普查工作第二阶段，主要完成普查信息的整理、汇总、统计分析，形成普查报告，上报普查结果。开展第一次全国地理国情普查工作，是国务院于2013年2月决定部署的一项重大的国情国力调查。

27～28日 山西省《晋祠泉复流工程实施方案》经国内知名水利专家组评审并通过审查。晋祠泉是山西省19个岩溶大泉之一，泉域分布于太原西山一带，于1994年4月30日断流。通过多年来汾河河道渗漏补给、水源置换和关井压采、煤炭资源整合压采减少矿坑排水等一系列措施，晋祠泉水水位近距离泉口由2004年的27.76米上升至9.03米，为晋祠泉复流创造了一定的基础条件。根据《实施方案》，未来3年至5年时间，要在泉域范围进一步实施关井压采和煤矿禁采限采措施，建设汾河及其支流的补源工程，加大对晋祠泉域的渗漏补给量，同时加强晋祠泉域生态环境的修复与治理，增加泉域内植被覆盖面积，促进降水入渗，实现泉水复流。

28日 省委、省政府印发《山西省改善农村人居环境规划纲要（2014—2020年）》。总体目标是：到2020年农村危房基本消灭，不适宜居住的山村基本完成搬迁；农村路水电气等基础设施基本完善。大部分村庄生产生活条件明显改善，建成一批家园美、田园美、生态美、生活美的美丽宜居乡村；农民普遍住安全房、喝干净水、走平坦路，更多农户用上清洁能源，城乡基础设施和基本公共服务差距逐步缩小，农民群众过上文明、舒适、便捷的好日子。主要任务是：实施以农村基础设施和公共服务为重点的完善提质工程；以采煤沉陷治理、易地搬迁、危房改造为重点的农民安居工程；以垃圾污水治理为重点的环境整治工程；以美丽乡村建设为重点的宜居示范工程。

29日 山西省劳动模范表彰大会在太原山西大剧院隆重召开。大会表彰了104个“山西省模范单位”、99个“山西省模范集体”、96名“山西省特级劳动模范”、591名“山西省劳动模范”。

30日 省政府办公厅印发《山西省妇女儿童健康行动计划（2014—2015年）》。《行动计划》明确了发展妇女儿童健康事业的指导思想、工作目标、工作重点、工作措施、部门职责等。目标任务是：（一）建立健全政府主导、部门协作的保障妇女儿童健康的长效工作机制。（二）建立和完善政府投资、医疗保障、社会资金参与多渠道筹资的妇女儿童健康保障制度和机制。（三）建立健全保障妇女儿童健康的医疗保健服务网络体系。（四）降低孕产妇和婴儿死亡率，保障母婴安全；控制和减少出生缺陷，提高出生人口素质；解决妇女儿童健康突出问题，改善妇女儿童健康状况。确保到2015年全省孕产妇死亡率、婴儿和5岁以下儿童死亡率分别下降到20/10万、12‰、14‰；降低出生缺陷率和神经管畸形率；妇女儿童健康水平达到或超过全国中等水平。工作重点是：实施母婴安全、降低出生人口缺陷、妇女儿童健康关爱和妇幼服务能力提升四大行动。此后，6月10日，召开的全省妇女儿童健康行动计划暨“妇幼健康服务年”活动启动电视电话会议，对全省妇女儿童健康行动计划暨“妇幼健康服务年”活动进行了安排部署。

同日 省政府召开山西焦煤、同煤、阳煤、潞安、晋煤五大集团安全生产工作座谈会，对全省开展“千名干部与万名矿长谈心对话”活动进行了动员部署。开展“千名干部与万名矿长谈心对话”活动，是国家安全监管总局、国家煤矿安监局部署开展的一项旨在推进矿长安全生产职责落实的重要工作。此后，到6月30日，省政府和各设区市政府分管安全生产工作负责人及省市有关煤监、煤炭部门的负责人，与全省172个煤炭主体企业、1022个有组织机构的保留煤矿共计1276名负责人进行了谈心对话。

五月

5日 省政府批准设立古交市金牛森林公园等15处省级森林公园。自此，全省省级森林公园达到51处。

6日 全省公安机关启动武装巡逻警务机制。该机制要求各地将武装巡逻民警和车辆摆上街面、摆到重要部位，重点加强对中心区、重点繁华区域、火车站等人流集中场所的巡逻防控，最大限度增加巡逻编组和覆盖面。巡逻警力一律按要求携带武器。

7 日 山西政银企项目对接月活动启动暨首场对接会在运城举行。该项活动由省金融办统一组织、各市人民政府主办，旨在充分发挥政府引导作用，促进优质企业与金融机构对接，扩大社会融资，服务实体经济。此后，临汾、吕梁、长治、阳泉、晋中、忻州等市先后举办了各具特色的对接洽谈会。6 月 10 日，举行了对接月活动总结大会暨太原投融资洽谈会。整个对接月活动期间，省内 43 家、省外 7 家金融机构积极参加，成功推介企业项目 2172 个，近千家企业与各金融机构达成融资合作意向，促成 364 家企业现场签署融资协议。

同日 省政府召开省级以下工商质监行政管理体制调整工作会议。会议对市县工商质监行政管理体制改革工作进行了部署，主要任务是将工商、质监由省级以下垂直管理调整为地方政府分级管理。

8～12 日 全国政协副主席卢展工率领全国政协社会和法制委员会“养老保险制度改革”专题调研组在山西调研。

9 日 山西省政府代表团在天津举行晋津产业协同发展对接会。山西省发改委、商务厅等 8 部门和太原、大同、朔州、阳泉、忻州、长治、晋中 7 市的有关负责人，与天津市各对口部门和 80 多家企业、行业协会、商协会进行了主动对接。

同日 第五届中国·运城舜帝德孝文化节在运城市正式启动，运城市的道德模范、孝顺媳妇、志愿者代表等 500 多人参加了启动仪式。此后，文化节围绕“德政千秋、孝行天下”的大主题，展开一系列单元主题活动，一直持续到 10 月初结束。舜帝是开创中华民族人类文明的五帝之一和道德文化的创始人。舜帝的道德品质更被后人誉为“民师帝范”“人伦楷模”，被后人尊为“人文始祖”。山西运城是舜帝的故里，运城市政府于 2010 年推出以“德政千秋，孝行天下”为主题的中国·运城舜帝德孝文化节，每年举办一届。经过几年连续举办，舜帝德孝文化节已成为运城市传承优秀传统文化、彰显独特人文魅力的知名文化品牌。

9～11 日 2014 全国文物艺术品山西交流会在太原文庙（省民俗博物馆）

举行。来自全国各省（市、区）和香港、台湾地区的各地艺术品专业经销商共120余家参会交流，有近20万件文物艺术品亮相，种类涵盖了瓷器、玉器、文房、供器、鎏金佛像、木器牙雕、珊瑚等。全国文物艺术品山西交流会从2008年开始举办，每年一次。

10日　运城河津市王家岭铁路运煤专线正式开通，洗精煤开始通过铁路运输向市场大规模投放。该铁路专线起点为王家岭煤矿，终点为侯（马）西（安）线铁路清涧站，全长12.9公里。王家岭煤矿是国家和山西省重点工程，于2007年正式开工，2009年投产，是一个煤—电—煤化工产业链循环发展的大型现代化综合性煤矿。

13日　太重集团与芬兰Skinest公司签订了为期5年的战略协议，并签订了金额超过4000万元的订单合同，产品包括车轮、车轴以及轮对。Skinest公司是芬兰乃至北欧地区规模最大的轨道设备成套厂商之一，实力和技术均属欧洲最高水平。此次太重轨道产品进入芬兰市场，标志着太重轨道交通设备技术水平和加工制造能力得到了欧洲用户认可。

14日　山西省政府代表团在北京举行晋京产业协同发展对接会。山西省发改委、商务厅等8部门和太原、大同、朔州、阳泉、忻州、长治、晋中7市的有关负责人，与北京市各有关部门和北京40余家企业、科研院所、商协会进行了对接洽谈。这是山西省对接京津冀经济一体化、加快融入环渤海经济圈的重大举措。

14~15日　全国政协副主席、民盟中央常务副主席陈晓光在山西就民盟基层组织建设等进行调研。

15日　全省食品安全抽检监测工作正式启动。全省抽检监测地区覆盖各市、县、乡镇和农村，同时对食品生产聚集区、食品及食用农产品集中交易市场、食品问题多发区、大型集体餐饮场所，以及农村、城乡接合部、中小学校园及周边等重点区域食品加强抽检监测。到年末，全省全年共完成抽检监测4425批次，其中国抽检2575批次，省抽检1850批次，发现问题532批次，问题发现率为12%；核查处置问题样品497批次，核查处置率为93.4%；查处各类食品案件贡献率达5.3%，问题发现率和案件贡献率均名列全国前茅。

同日　全省首家社会稳定风险评估所——运城市临猗县社会稳定风险评

估所挂牌成立。临猗县社会稳定风险评估所在业务上隶属于县政法委，由社会第三方筹集组建，主要工作是对全县66个重大项目工程实施全程跟踪，及时掌握动态信息，并对影响社会稳定的问题及时发现、控制和化解。

16日 山西省政府和中国铝业公司在太原举行《建设中铝山西铝循环产业基地战略合作框架协议》签约仪式。根据框架协议，2020年前，中国铝业将在山西投资570亿元，通过内部产能置换发展200万吨先进电解铝产能，配套建设年产1000万吨煤矿及洗煤厂、350万千瓦低热值煤自备电厂和100万吨高端铝加工等项目，构建煤—电—铝—高端铝加工及资源综合利用产业链，形成运城、吕梁两个具备核心竞争力的铝循环产业基地。

同日 国家文化部公布第二批57家国家级非物质文化遗产生产性保护示范基地名单。山西广誉远国药有限公司中医传统制作方法（龟龄集传统制作技艺、定坤丹制作技艺）、稷山赵氏四味坊传统面点传习中心传统面食制作技艺（稷山传统面点制作技艺）位列其中。此前，2012年山西老陈醋集团有限公司老陈醋酿制技艺（美和居老陈醋酿制技艺）入选第一批41家国家级非物质文化遗产生产性保护示范基地名单。至此，山西有3家单位成为国家级非物质文化遗产生产性保护示范基地。

16~18日 山西省第十一次妇女代表大会在太原召开。大会回顾总结了2009年省第十次妇女代表大会以来全省妇女运动的进步与成就，规划了未来五年山西妇女发展的目标和任务，选举产生省妇联第十一届领导班子，王维卿当选本届山西省妇联主席。

17日 “晋台海峡两岸炎帝文化交流暨炎帝陵修复保护工程”在晋城高平市神农镇庄里村启动。该工程占地70余亩，建筑面积6782平方米，投资1.4亿元。炎帝神农在高平神农镇一带留下许多遗址遗迹、风俗习惯、历史瞻顾、碑记石刻，全国罕见。中华炎帝文化是两岸同胞共同的根，两岸同胞一道携手重修神农炎帝陵，进而构筑起两岸同胞“文化认同、民族认同、国家认同”的新平台，对新时代两岸共圆“中国梦”意义重大。

同日 中国工业大奖第三届表彰大会在北京举行，全国有41家企业和24个项目获奖。山西省太钢集团荣获“中国工业大奖”。太钢集团是山西历史上唯一获得此奖项的企业，也是本届评选中唯一获“中国工业大奖”的冶金企业。中国工业大奖是国务院批准于2004年设立，2007年进行了首届评奖，是我国工业领域最高奖项，被誉为中国工业的“奥斯卡”，代表我国工业化的方向、道路和精神，代表工业发展最高水平。大奖包括“中国工业大奖”“中国工业大奖表彰奖”和“中国工业大奖提名奖”三个层次奖项，由中国工业经济联合会联合12家全国性行业协会共同组织实施，每三年评选、表彰一次。此前《太钢不锈钢开发与应用项目》曾在2011年获“中国工业大奖表彰奖”。

18日　省政府办公厅印发《2014年省属国资国企改革工作计划》。该《计划》部署了11项改革任务和时间节点，涉及推行企业财务等重大信息公开、企业负责人薪酬管理、履职待遇和业务支出、企业领导班子及领导人员综合考评、收益共享制度改革等。

同日　山西地质博物馆开馆。该博物馆位于太原市汾河西畔，2007年3月1日奠基开工，总建筑面积约为31000平方米，总投资1.5亿元，2014年竣工。

19日　国家科技部公布2014年第一批认定国家火炬特色产业基地名单。全国有10家基地入选，山西太原信息安全特色产业基地位列其中。此前，山西已有7家国家火炬特色产业基地，分别是：太原经济技术开发区煤机装备特色产业基地、永济电机产业基地、太原钕铁硼材料产业基地、大同医药产业基地、迎泽高端包装装备及材料产业基地、原平煤机配套装备特色产业基地、临猗运输配套装备特色产业基地。国家火炬特色产业基地，是国家级创新平台建设的有机组成部分，旨在依托一批产业特色鲜明、产业关联度较大、产业链较完整、技术水平较高以及创新能力较强的骨干企业和相关科技型中小企业建立高新技术产业基地。

20日　省政府召开第45次常务会议。会议原则通过关于开展全省“十三五”规划编制的工作方案，决定启动规划编制工作；同意申办2019年全国青年运动会。全国青年运动会于2013年由全国城市运动会更名而来，第一届全国青年运动会于2015年10月在福州举行。

同日　省政府办公厅印发《山西省推进新型城镇化2014年重点任务》。总体思路是：坚持以人为本、提升质量的总要求，紧紧围绕“一核一圈三群”城镇化总体布局，以太原晋中同城化为牵引，区域中心城市为龙头，上党城镇群、孝汾平介灵城镇组群、临汾百里汾河经济带为先行，着力发展“大县城”，加快建设小城镇，积极推进农业转移人口市民化、公共服务均等化、基础设施标准化、产业发展集群化、资源环境集约化，力争在重点领域和关键环节取得实质突破，大力推动山西新型城镇化沿着正确方向发展。

同日 山西省中小企业公共服务平台正式上线试运行。该服务平台以省服务平台为枢纽，以11个市综合服务窗口平台、18个产业服务窗口平台为支撑，以分布在全省各地的100多个小微企业服务站为延伸触角，以中小企业服务联盟为支持，为全省中小微企业提供一站式、全方位公益性服务。

21日 省政府召开就业工作部门联席会议，公布《关于扶持高校毕业生创业的意见》《关于鼓励小微企业吸纳劳动者就业的意见》《关于政府购买基层公共服务岗位吸纳高校毕业生就业的意见》《关于帮扶困难企业稳定就业岗位的通知》4个文件，明确一系列政策措施，拓宽就业渠道，稳定就业岗位。

同日 国家工信部启动全国区域工业绿色转型发展试点。全国10个地级市入选，山西朔州市位列其中。

22日 全省城镇化工作电视电话会议召开。会议贯彻落实党的十八届三中全会和中央城镇化工作会议精神，总结部署了全省城镇化工作，讨论了《关于科学推进新型城镇化的实施意见（征求意见稿）》。

23日 省旅游局公布，未来三年内，全省每年从煤炭可持续发展基金中切出1500万元专项资金，重点扶持乡村旅游的停车场、厕所、咨询中心、垃圾污水处理、步道、绿化等配套设施建设。

同日 山西省第二批“青年拔尖人才”名单公布，10名优秀青年人才入选。2012年，山西启动“青年拔尖人才支持计划”，每年在自然科学、哲学社会科学和文化艺术等重点学科领域，遴选10名左右35周岁以下、一般应获得博士学位、在山西工作1年以上的青年创新人才，给予财政支持。此前，2013年有6名优秀青年人才入选首批山西省“青年拔尖人才”。

26日 山西省投资基金业协会成立大会在太原召开。新成立的山西省投资基金业协会首批吸纳了包括证券投资基金、股权投资基金、创业投资基金及基金销售、服务机构和企业家等各类机构和个人共167名会员。该协会旨在做好行业自律管理、促进山西投资基金产业规范健康发展、有效防范发生区域性系统性金融风险，在引领全省投资基金机构转型创新发展等方面发挥积极作用。

27日 省政府办公厅印发《山西省加强地方消耗臭氧层物质淘汰能力建

设实施方案》。总体目标任务是：进一步提高地方政府和公众淘汰 HCFCs 等消耗臭氧层物质和履行保护臭氧层国际公约的认识，继续加强地方政府履约队伍能力建设，巩固中央及地方协调配合的工作机制，深入贯彻落实国务院《消耗臭氧层物质管理条例》，如期实现阶段性履约目标，保证蒙特利尔议定书可持续履约。

同日　国家教育部批准成立山西工程技术学院。该学院是在原太原理工大学阳泉学院基础上成立的，填补了阳泉市没有本科层次高等院校的空白。

28 日　山西省高级人民法院网上申诉信访平台（shanxify. chinacourt. org/index. shtml）开通。该平台主要受理属于省高院依法处理的案件，进一步拓宽和畅通申诉信访渠道，创新司法便民、利民、惠民措施。

同日　太钢集团第一个冷轧卷在不锈钢冷连轧生产线成功下线。该生产线是山西省“十二五”重点工程，是世界上最先进的不锈钢冷连轧生产线，于 2013 年 1 月全面开工建设。新生产线可生产铁路、汽车、石油化工、核电、工程机械、家电、电梯、医药卫生、食品加工、造币等各行业和领域所需的系列高端不锈钢产品，可完全替代进口。

29 日　省十二届人大常委会第十次会议表决通过关于修改《山西省人口和计划生育条例》的决定，并发布实施。这标志着 2013 年 11 月党的十八届三中全会提出“启动实施一方是独生子女的夫妇可生育两个孩子的政策”后，山西省“单独两孩”政策正式实施。

同日　全省改善农村人居环境农民安居工程“一启动三加快”电视电话会议召开。会议对全省启动开展此项工作进行了安排部署。“一启动三加快”，即启动采煤沉陷区治理，加快农村地质灾害治理、农村危房改造和易地扶贫搬迁。采煤沉陷区治理是在国家第一轮国有重点煤矿采煤沉陷区治理的基础上，启动的新一轮采煤沉陷区治理，首先在太原古交市嘉乐泉乡、万柏林区王封乡、大同南郊区口泉乡、忻州原平市轩岗镇、阳泉盂县路家村镇、晋中灵石县两渡镇、临汾乡宁县西坡镇、吕梁孝义市柱濮镇 8 个乡（镇）开展试点。“三加快”是近年来已经开展或正在开展的工程，2014 年要完善措施、加快推进。

同日　国家林业局公布国家珍贵树种培育示范县、市名单，全国 65 个县（市、区、旗、场、局）入选。临汾市乡宁县是山西省唯一入选县。乡宁县地处吕梁山南端，境内森林资源丰富，乔、灌、草生态系统复合多样，森林覆盖率31.7%，野生植物共86科267种，其中国家二级重点保护植物翅果油树是中国独有、山西特有、乡宁富有的树种，野生面积共有3万余亩。

同日 太钢万邦炉料有限公司一期年产30万吨铬铁项目1号矿热炉顺利出铁，标志着这个新材料项目全线建成。该项目位于山西省晋中市修文工业园区，是省、市“十二五”重点项目，由太钢集团与万邦公司合作投资建设，项目总投资13亿元。项目一、二期全部建成后，将成为国内最大、最先进的铬铁合金生产基地，结束太钢不锈钢铬铁生产原料外购历史。

30日 全省开展无烟校园创建活动启动。按照创建活动要求，全省各级各类学校将通过建立健全控烟制度、开展戒烟指导、教师作学校控烟表率等方面加强控烟工作。全省中等职业学校和中小学校及托幼机构室内及校园全面禁烟，高等学校教学区、办公区、图书馆等场所室内全面禁烟。

同日 “山西省出生缺陷基因芯片数据库”建设项目通过鉴定。我国是新生儿出生缺陷的高发国家之一，而山西省又是全国出生缺陷的高发地区。“山西省出生缺陷基因芯片数据库”建设项目，对于有效降低新生儿出生缺陷发生率和提升出生缺陷临床诊疗水平，具有重要意义。

31日 太佳高速公路（太原至陕西佳县）黄河特大桥正式通车运营。至年末，全省先后有10条高速公路正式通车运营，分别是：7月25日，朔州环城西南段和山（阴）平（鲁）高速公路通车运营；7月28日，阳（泉）左（权）高速公路通车运营，9月23日，天（镇）大（同）高速公路通车运营；9月25日，神（池）河（曲）高速公路通车运营；10月16日，岢（岚）临（县）高速公路通车运营；11月19日，繁（峙）大（营）高速公路通车运营；11月25日，忻州环城高速公路通车运营；12月29日，阳泉西环高速公路通车运营；12月30日，霍（州）永（和）高速公路通车运营。这些高速公路都是前几年陆续开工建设进入扫尾阶段的工程项目。

六月

1日 《山西省政府购买服务暂行办法》施行。该《办法》于5月13日由省政府第44次常务会议通过。

1~2日　“第十七届全国社会科学院院长联席会议暨首届河东盐文化历史与开发研讨会”在运城召开。来自全国30多个省（市、区）社科院的领导和专家学者100多人参会，围绕“全面深化改革，推进创新工程”“地方智库服务地方发展”“河东盐文化历史与开发”3项专题进行了交流、研讨。运城盐池是我国最古老的盐池之一，有“千古中条一池雪”之誉，与美国犹他州大盐湖、俄罗斯西伯利亚库楚克盐湖并称为世界三大硫酸钠型内陆盐湖。运城盐湖拥有五个“全国唯一”，即盐池封神全国唯一，皇帝赐号全国唯一，盐庙规制全国唯一，禁墙恢宏全国唯一，盐运设城全国唯一。2013年5月，运城盐池和池神庙、古禁垣、虞坂古盐道一起被列为全国重点文物保护单位。

5日　省政府印发《关于加快发展养老服务业的意见》。目标任务是：到2020年，全面建成以居家为基础、社区为依托、机构为支撑的，功能完善、规模适度、覆盖城乡的养老服务体系。全省养老机构超过1500家，民办养老机构和公办民营养老机构占70%以上。全省养老床位达到19.5万张，每千名老人拥有床位达到35张。农村60%以上社区完成日间照料幸福工程，119个县（市、区）全部建立区域性养老服务中心；城市社区全部建成日间照料机构，60%以上社区建立居家养老服务中心。社会养老服务组织和社会工作者、志愿者等基本覆盖老年人所需的生活照料、医疗护理、精神慰藉、紧急救援等诸多需求。涌现出一批具有影响力和带动力的骨干企业，培育一批具有活力和特色的中小企业，逐步形成产业集群，养老服务业增加值在服务业中的比重显著提高。

同日　全省第二次全国地名普查暨加强地名管理电视电话会议召开，对全省开展地名普查工作、加强地名管理工作进行了动员和安排部署。按照第二次全国地名普查工作统一安排，山西普查工作于7月1日开始，至2018年6月30日结束。

7日　省委发出《关于巡视整改情况的通报》，中央第六巡视组向山西反馈意见整改落实情况向社会公布，接受广大干部群众的监督。根据中央统一部署，2013年10月30日至12月29日，中央第六巡视组对山西省进行了巡视。2014年2月24日，中央巡视组向山西省委反馈了巡视意见。

7~8日　全国统一高考进行。山西共设312个考点、11533个考场，有341642名考生参加考试。

9～10日 美国怀俄明州众议院议长卢博诺率领代表团访问山西。山西省自2004年和美国怀俄明州建立清洁能源合作伙伴关系以来，双方在清洁能源、旅游等领域开展了卓有成效的合作。

10日 省政府印发《关于深化国资国企改革的实施意见》。该《意见》从指导思想和总体要求、主要内容和重点任务、保障措施三方面，对全省深化国资国企改革提出要求，标志着山西省开启新一轮国资国企改革。总体要求是：公有制实现形式进一步丰富，全面完成国有企业公司制改革，积极发展混合所有制经济；现代企业制度进一步完善；国有资产管理体制进一步健全。

同日 太重集团焦化设备分公司自主研发生产的我国首套6.25米分体捣固焦炉成功下线并顺利通过验收。

11日 省政府印发《关于建立统一的城乡居民基本养老保险制度的实施意见》。该《意见》于7月1日起施行，统一全省城镇居民社会养老保险、新型农村社会养老保险两个制度的缴费档次、财政补助标准和养老金待遇水平，建立全省统一的城乡居民基本养老保险制度。

同日 2014跨国公司进山西——投融资项目对接会在太原召开。对接会上，全省11市招商载体、30余家企业与受邀的沃尔玛、普莱克斯、美国GAP、红星美凯龙、香港逸飞集团公司及华人财富集团、烟台思迈普网络科技有限公司等世界500强、跨国公司及投融资机构，进行了现场对接。

12日 省人大常委会启动《中华人民共和国大气污染防治法》和《山西省大气污染防治条例》执法检查。到6月底，执法检查组以省、市、县三级人大常委会联动方式，对晋中、阳泉、朔州3市大气污染防治法律法规的实施情况进行了检查。

同日 省政府发出《关于2013年度县域经济发展考核评价结果的通报》，通报2013年度全省县域经济发展考核评价结果。22个A类非国家扶贫开发工作重点县中的煤炭大县（市）评价结果依次为：孝义市、灵石县、柳林县、怀仁县、沁水县、襄垣县、山阴县、沁源县、高平市、长治县、长子县、泽州县、原平市、屯留县、盂县、介休市、阳城县、霍州市、寿阳县、洪洞县、乡宁县、昔阳县。38个B类非国家扶贫开发工作重点县中的无煤县（市）或煤炭产量较小的县（市）评价结果依次为：太谷县、临猗县、曲沃县、襄汾县、汾阳市、古县、潞城市、永济市、左云县、蒲县、祁县、侯马市、清徐县、河津市、安泽县、应县、翼城县、交城县、阳曲县、闻喜县、平遥县、稷山县、平定县、定襄县、新绛县、交口县、垣曲县、古交市、浮山县、芮城县、绛县、夏县、万荣县、榆社县、陵川县、黎城县、文水县、沁县。36个C类国家扶贫开发工作重点县及集中连片特殊困难地区范围内的县评价结果依次为：和顺县、河曲县、右玉县、武乡县、中阳县、繁峙县、代县、保德县、岢岚县、五寨县、左权县、宁武县、偏关县、静乐县、壶关县、五台县、吉县、灵丘县、娄烦县、隰县、兴县、浑源县、平陆县、阳高县、神池县、广灵县、大同县、岚县、平顺县、临县、方山县、天镇县、汾西县、大宁县、石楼县、永和县。23个市辖区评价结果依次为：太原市小店区、晋城市城区、太原市迎泽区、朔州市朔城区、大同市南郊区、太原市杏花岭区、长治市郊区、长治市城区、晋中市榆次区、大同市城区、太原市万柏林区、临汾市尧都区、太原市尖草坪区、阳泉市城区、朔州市平鲁区、运城市盐湖区、大同市矿区、忻州市忻府区、吕梁市离石区、阳泉市矿区、大同市新荣区、阳泉市郊区、太原市晋源区。

12～14日　省政府组织9个督查组，对全省11个市、16个省直牵头部门贯彻落实稳增长促改革调结构惠民生政策措施落实情况进行了全面督查。

14日　全省“德润三晋，共筑梦想”主题实践活动电视电话会议在太原召开。会议发布了省文明委《关于开展“德润三晋 共筑梦想”主题实践活动的实施意见》，对全省开展这项主题活动进行了动员部署。该项主题实践活动主要包括7项：节俭养德全民节约行动、全民读书行动、道德规范制定和完善行动、文明礼仪培育行动、诚实守信创建行动、志愿服务进社区行动、德孝文化弘扬行动。

15日　第20届国际氢能大会在韩国光州举行。山西国新能源发展集团有限公司获得鲁道夫·A. 艾茌奖，成为国内首家获得该奖项的企业。国际氢能大会是全球最有影响力的环保氢能源展览会，每两年举办一届。鲁道夫·A. 艾茌奖以20世纪初英国著名的热力学专家、氢燃料汽车创始人鲁道夫·A. 艾茌命名，专门授予在氢能热利用方面有突出贡献的企业和个人。

17日　山西省政府与国家电网公司在太原举行工作会商，共同商讨了推进晋电外送工程建设等工作。

同日 中国（太原）煤炭交易中心豫北交收仓库正式启动运行。这既是交易中心“走出山西”建设的首个省外交收仓库，也是全国首家煤炭现货交易交收仓库。豫北交收仓库位于焦枝、侯月等省际铁路交会处，交通优势明显，是晋、陕、内蒙古、豫煤炭物流配送枢纽，可辐射到苏、鲁、浙等地。该交收仓库以交易中心电子交易平台为载体，可为区域煤炭生产、经营、消费企业提供煤炭仓储、物流配送、金融配套支持等服务。

18～20日 省人大常委会对太原、大同、长治3市实施《中华人民共和国农产品质量安全法》和《山西省农产品质量安全条例》情况进行执法检查。

19日 省委常委会召开（扩大）会议，宣布中共中央决定：楼阳生同志任山西省委委员、常委、副书记。

同日 山西应用科技学院成立。该学院经国家教育部于5月16日复函批准，在原山西兴华职业学院的基础上组建，为本科层次的民办普通高校，主要为区域经济社会发展培养所需要的应用型、技术技能型人才。

同日 中央纪委监察部网站消息，山西省委常委、副省长杜善学，山西省政协副主席令政策涉嫌严重违纪违法，接受组织调查。

19～22日 第八届APEC中小企业技术交流暨展览会在浙江省义乌市举行。山西代表团11个市共102家中小企业参会，参展产品涉及电子机械、高端装备、生物科技等12个行业及中小企业“专精特新”产品共206种。展会期间，山西代表团共签约23个项目，投资总额12.76亿元；忻州市飞鸣节水设备有限公司荣获“APEC中小企业最佳创新实践”企业奖，是山西唯一获此奖项的中小企业。

20日 全省第二次畜牧业大会暨新一轮雁门关生态畜牧经济区建设启动仪式在大同召开。会议总结回顾了2012年全省第一次畜牧大会以来畜牧业发展的经验，进一步明确实现“十二五”畜牧业翻番的目标任务，并启动了新一轮雁门关生态畜牧经济区建设。雁门关生态畜牧经济区建设自2001年启动以来，区域内经济、生态、社会效益得到显著增强。新一轮雁门关生态畜牧经济区建设，坚持“以牧为主”的发展理念，计划用6年时间，布局八大产业优势，推进以“饲草料、畜禽良种、龙头企业培育、生态建设”等为重点的七大工程，在2020年实现肉蛋奶总产量“翻两番”。

20～22日 全省中考统一进行，43万余考生在各地考场参加考试。

22日　国家发改委等六部委公布了国家首批55个生态文明先行示范区名单。山西运城芮城县、太原娄烦县位列其中。根据相关要求，先行示范区要通过5年左右的努力，基本形成符合主体功能定位的开发格局，资源循环利用体系初步建立，耕地质量稳步提高，物种得到有效保护，覆盖全社会的生态文化体系基本建立，绿色生活方式普遍推行，最严格的耕地保护制度、水资源管理制度、环境保护制度得到有效落实，形成可复制、可推广的生态文明建设典型模式。

同日　“山西最美乡镇干部”评选结果揭晓。吕梁市交口县温泉乡副乡长李喜爱等10人荣获“山西最美乡镇干部”称号。该项评选活动于5月12日启动。

23日　省政府召开涉煤收费清理规范电视电话通报会，通报部署贯彻执行省政府于6月19日印发的《涉煤收费清理规范工作方案》。《方案》决定：从2014年1月1日起，取缔除中央和省定项目以外的一切涉煤违规收费，取缔行业协会、省直部门及有关单位的超标准、超范围收费，对煤炭可持续发展基金各煤种征收标准降低3元/吨；从2014年7月1日起，取消煤炭稽查管理费，降低煤炭产品质量监督检验费征收标准；从2015年1月1日起，取消省直有关部门向省属煤炭企业集团收取的服务费；改革公路煤炭运销体制，禁止向煤炭企业收取差价、服务费。

23~25日　国家发改委等六部委联合调查组在山西调研采煤沉陷区治理工作。这次调研缘于2014年3月召开的十二届全国人大二次会议上山西代表团提交的《关于支持山西深化采煤沉陷区治理的建议》。该建议受到全国人大常委会的重视，被列为2014年重点督办的建议之一。

24日　省政府召开第50次常务会议。会议要求进一步加大棚户区改造力度，到2017年全部开工建设剩余的70万户棚户区。

25日　省委召开人才工作领导组第九次会议和海外高层次人才引进工作领导小组第八次会议。会议审议了山西科技创新城人才管理改革试验区指导意见，审议通过了山西省第七批“百人计划”海外高层次人才和第二批新兴产业领军人才入选人员名单。

同日　山西省地方性标准《城市公共自行车运营管理规范》和《城市公共自行车运营服务规范》开始在太原市实施。太原在制定公共自行车地方标准服务规范方面走在了全国前列。

27日 省政府印发《关于加强城市基础设施建设的实施意见》。该《意见》对加强重点设施建设、提升城市综合承载能力做出规范，包括完善城市道路交通体系、加快城市管网建设改造、推进城市污水和垃圾处理设施建设、加快城市生态园林建设4个方面10项内容。

29日 山西晋药集团医药物流产业园在太原清徐县正式开工建设。该产业园占地面积500亩，建设工期五年，总体投资规模达40亿元。项目全部建成后，预计年运营吞吐量可达300亿元，将成为我国规模最大的第三方医药物流产业园区。

30日 省政府印发《山西省加快推进健康服务业发展实施方案》。该《方案》从发展目标、主要任务、政策措施等方面，对加快推进全省健康服务业发展作出部署。发展目标是：到2020年，全省医疗卫生服务能力显著提升，健康管理与促进服务水平明显提高，健康保险服务进一步完善，健康服务业发展环境不断优化，健康服务产业规模达到2000亿元左右。在基本满足全省人民群众健康服务需求的同时，基本建立覆盖全生命周期、内涵丰富、结构合理的健康服务业体系，形成一批具备核心竞争力的健康服务产品、一批拥有良好口碑的健康服务品牌、一批具有较强发展潜力的健康服务产业集群。主要任务是：努力完善医疗卫生服务体系、加快形成多元办医格局、持续推动服务模式转变、积极推动健康管理转变、着力推动医养融合发展、丰富健康养老内涵质量、发挥商业健康保险功能、提升中医药健康服务能力、推广中医药保健知识及产品、促进全民体育健身发展、融合发展健康文化和旅游、加速发展医药保健产业和体育用品制造业。

七月

1日 大（同）西（安）高铁太原南至西安北段正式开通运营。太原至西安旅客列车的运行时间由原先的10小时左右压缩至3小时左右。大西高铁于2010年3月开工建设，是我国中长期铁路规划网的重要组成部分，也是2014年全国率先完成的跨省铁路重点工程项目。开通运营的太原南至西安北段总长567公里，双线电气化，设计时速250公里。

同日　《山西省政府信息公开规定》施行。该《规定》于3月25日经省政府第39次常务会议通过，6月10日省政府令第237号公布。

同日　《太原市电梯安全监督管理办法》施行。该《办法》是山西出台实施的第一部电梯安全管理地方法规。

1~4日　全国政协副主席、全国工商联主席王钦敏一行在山西就落实企业投资自主权和示范项目第三方评估工作进行调研指导。

2日　国家工信部公布第一批（2011年）认定国家技术创新示范企业考核评价结果，全国55家认定企业通过考核。山西太原重型机械集团有限公司、太原钢铁（集团）有限公司位列其中。

同日　国家发改委等部门发布《关于第四批餐厨废弃物资源化利用和无害化处理试点拟选城市名单的公示》，全国17个城市入选。山西省晋中市位列其中。此前，山西已有太原市（2011年第一批）、大同市（2012年第二批）入选为国家餐厨废弃物资源化利用和无害化处理试点城市。

2~8日　第十六届山西省美术作品展在太原美术馆举行。该届展览共收到来自全省各地的作品1838件，经过评委们严格评审，精选出包括国画、油画、版画、水彩、水粉、漆画、雕塑、综合材料等各类美术作品共883件参展。并最终选出84件作品参加第十二届全国美术作品展览。

3日　山西省政府与中国海洋石油总公司在太原举行工作会商，双方共同商讨了进一步加强能源领域合作等工作。

3~4日　国家农业部在天津举办全国大中城市郊区推进主食加工业现场交流活动会。会上，公布了第三批100家全国主食加工业示范企业名单，山西有太原市金大豆食品有限公司等4家企业入选。至此，从2012年农业部开展此项工作以来，山西先后共有12家企业入选全国主食加工业示范企业。

4日　国家安全监管总局公布“2013年度全国安全文化建设示范企业”名单。全国69家企业入选，山西有大同煤矿集团有限责任公司忻州窑矿、山西西山煤电股份有限公司镇城底矿、山西阳城阳泰集团伏岩煤业有限公司3家企业入选。至此，自2010年以来山西已有18家企业入选全国安全文化建设示范企业。

同日　省煤矿安全监察局向中石油煤层气公司忻州分公司等5家煤层气企业颁发安全许可证。对煤层气企业实行安全许可制度，山西在全国尚属首家。山西是全国煤层气资源最为富集的地区，资源储量超过10万亿立方米，占全国的1/3。为了规范煤层气企业安全生产行为、促进煤层气综合开发利用，国家安全监管总局、国家煤矿安全监察局于2013年批准山西先行开展煤层气地面开采安全生产许可及建设项目“三同时”工作。

5～7日 第十一届“全国武术之乡”武术套路比赛在湖南永州市东安县举行。临汾洪洞县代表队的16名选手在比赛中获得2金11银15铜共28块奖牌，代表队荣获“武德风尚奖”。山西有3个县先后被命名为“全国武术之乡”，分别是晋中市太谷县（1996年）、临汾市洪洞县和吕梁市文水县（2001年）。

6日 省考古所公布临汾西赵遗址考古发掘重大成果。该遗址位于临汾市尧都区西赵村，2013年11月至2014年1月对建设范围内遗址进行了发掘。新发现遗迹62处，遗迹和遗物的年代包括了夏、东周、汉、唐、元、明、清等多个时代。其中，出土的篆书题写“大唐晋州洪洞县何君墓志铭”，是山西首次发现有唐代纪年的墓葬。

6～14日 “情系三晋——两岸文化联谊行”大型文化交流活动举行。该项活动由中华文化联谊会、山西省政府联合主办，是山西省近年规模最大、规格最高的一次对台文化交流活动。活动期间，参会的98位台湾文化界、教育界、新闻界和艺术界的嘉宾与国家文化部中华文化联谊会、山西省文化领域的专家学者在太原市、运城市、临汾市、晋中市、大同市、忻州市等地展开了一系列文化参访、学术交流和联谊活动。“情系”系列两岸文化联谊行活动自2001年开展以来，国家文化部以中华文化联谊会名义和有关省级政府合作已相继在11个省、自治区成功举办了“情系三峡”“情系黄山”“情系香格里拉”“情系敦煌”“情系中原”“情系湖湘”“情系长安”“情系八桂”“情系巴蜀”“情系齐鲁”和“情系燕赵”等大型两岸文化联谊活动。

7日 山西欧美同学会·山西留学人员联谊会第二届理事会第一次会议在太原召开。山西欧美同学会·山西留学人员联谊会于2008年成立。会议通过了第一届理事会向大会作的工作报告，选举产生了第二届理事会领导班子及工作机构，对章程进行了修改。

同日 美国《财富》杂志公布了2014年世界500强企业名单。山西6户省属国有煤炭企业入围，在排名上较2013年都有大幅提升，均在400名以内。山西焦煤以营业收入 38398.1 百万美元排名 290（2013 年排名 403），晋能集团以营业收入 37085.6 百万美元排名 309（2013 年排名 390），同煤集团以营业收入 32458.1 百万美元排名 369（2013 年排名 432），潞安集团以营业收入 32332.4 百万美元排名 372（2013 年排名 430），晋煤集团以营业收入 31324.3 百万美元排名 386（2013 年排名 435），阳煤集团以营业收入 31193.5 百万美元排名 391（2013 年排名 407）。

同日　国家工信部和发改委公布国家低碳工业园区试点名单（第一批）。全国 55 个园区入选，在 2014～2016 年进行试点。山西太原高新技术产业开发区位列其中。

8 日　省委常委会召开会议，研究讨论《山西省贯彻落实第二次中央新疆工作座谈会精神进一步做好援疆工作计划方案》，要求各级各部门不折不扣完成中央交给山西省的援疆任务。

同日　全球最大的旅游网站 TripAdvisor 发布中国最受欢迎的标志性旅游景点 TOP－10。山西大同云冈石窟景区排名第 10。第 1 至第 9 分别为北京慕田峪长城、北京颐和园、香港天坛大佛、北京天坛公园、西藏布达拉宫、故宫博物院、广西龙脊梯田、香港志莲净苑、上海环球金融中心。

10 日　省委办公厅、省政府办公厅印发《山西省评比达标表彰活动管理实施细则（试行）》。该《细则》规定，山西省评比达标表彰工作将实行中央和省两级审批制度，各部门不得擅自设立和批准评比达标表彰项目。

同日　山西国新正泰公司的焦炉煤气制备天然气项目完成投产，天然气从古县分输站进入山西天然气管网。这是山西首个焦炉煤气制天然气项目，项目达产后年产气量可达 1 亿立方米，可替代煤炭 145 万吨，减排二氧化碳 21.75 万吨、二氧化硫 1.21 万吨、氮氧化物 0.91 万吨。

同日　全省启动开展打击网络侵权盗版“剑网 2014”专项行动。该项行动是根据国家版权局等相关部门的安排，从 7 月开始至 11 月底结束，主要任务是：加强网络环境下版权执法监管工作，打击网络侵权盗版行为，依法整理网络空间，净化网络版权环境。

10～14 日　首届中国（太原）国际茶产业博览会暨紫砂、陶瓷、茶具用品、工艺品展举行。来自全国 69 个名茶产区的 500 余家知名茶企参展，展品包括黑茶、白茶、绿茶等六大茶系茶品以及茶服、茶点、紫砂陶瓷、红木茶具、根雕等。此次博览会还开展了品牌推介、观众品鉴、茶艺表演、茶文化宣讲等茶事活动，营造浓厚茶文化氛围。

11 日　我国第六次北极科学考察队队员乘“雪龙”号科学考察船从上海启程。太原理工大学研究生刘磊以科考队队员身份参加，是山西省首位参加北极科考的在校学生。我国这次北极科考的考察区域包括白令海、白令海峡、楚科奇海和海台、加拿大海盆等，计划考察时间为 76 天，总航程 11057 海里。

12 日　山西省首家医疗联合体——山西省中医院医疗集团成立。该医疗联合体按照 6 月 26 日省卫生和计划生育委员会出台的《关于医疗联合体建设的指导意见》组建而成。该《意见》对在全省大力开展医疗联合体建设做出部署，山西省中医院等 10 家三级甲等医院为核心试点开展 2014 年医疗联合体建设工作，2015 年全面推开。截至 2014 年 11 月，以省人民医院、山西医科大学第二医院、省肿瘤医院、山西中医学院附属医院、太原市中心医院、大同市第三人民医院、长治市人民医院、临汾市人民医院、运城市中心医院为核心的其他 9 家医疗联合体组建成立。在联合体内，各医疗机构之间以管理为纽带，通过人才、技术、专科、信息等资源的纵向流动，提升基层医疗机构的医疗水平，缓解群众“看病难、看病贵”的问题。

12 ~ 13 日　2014 年中国龙舟公开赛（太原站）的比赛在太原汾河景区举行。来自全国的 12 支专业龙舟竞赛队伍、300 余名运动员参加了 200 米、500 米直道竞速和 5000 米绕标赛三个项目的比赛，广东、山西和山东的代表队分获前三甲。

14 日　省旅游局决定投入 1000 万元，在长（治）晋（城）、晋（城）焦（作）、运（城）三（门峡）、运（城）风（凌渡）、太（原）离（石）、晋（城）侯（马）6 条重点高速公路上建设旅游交通标识牌。按计划，建设的旅游交通标识牌为铁红色的国际标准旅游景点指示牌，将醒目地悬挂在高速公路出口处，用中英文标注景区图示、方向及公里数，为游客提供清晰、醒目、易懂的旅游标识服务。

同日　《财富》中文网发布了 2014 年中国 500 强排行榜，山西有 11 家上市公司入围。较 2013 年增加 2 家。入围的 11 家公司为：山西太钢不锈钢股份有限公司（第 44 位）、山煤国际能源集团股份有限公司（第 64 位）、大秦铁路股份有限公司（第113位）、山西西山煤电股份有限公司（第187位）、阳泉煤业（集团）股份有限公司（第203位）、阳煤化工股份有限公司（第212位）、山西潞安环保能源开发股份有限公司（第256位）、大同煤业股份有限公司（第402位）、永泰能源股份有限公司（第442位）、太原重工股份有限公司（第449位）、山西漳泽电力股份有限公司（第464位）。其中，山西漳泽电力股份有限公司、阳煤化工股份有限公司为新入围企业。

17日　上海证券交易所股票“联华合纤”变更为“国新能源”，相应股票所属公司“上海联华合纤股份有限公司”变更为“山西省国新能源股份有限公司”。这标志着山西省国新能源发展集团所属山西天然气有限公司与上市公司上海联华合纤股份有限公司完成资产重组，并成功借壳上市。山西省国新能源股份有限公司成为2012年以来山西唯一上市的公司。

同日　全国第一个“计生家庭创业基地”在大同广灵县剪纸文化产业园区揭牌。该基地由中国计生协剪纸社设立，将对计生户家庭实行就业方面优先、工资方面优惠、福利方面优待的“三优”政策。近年来，广灵县剪纸文化产业园区设计制作的计生工作方面的剪纸作品，曾获国家、省、市、县多种奖项。

17～18日　中共中央政治局委员、国务院副总理汪洋在山西考察调研农业农村工作。

18日　山西商品电子交易平台启动运营。该平台是山西综合型大宗商品电子交易商务平台。

同日　省公安厅向全省发出《关于严禁携带易燃易爆、腐蚀性危险品和管制刀具乘坐公共交通工具的通告》。

21日　国家住建部等七部委公布全国新一轮重点镇名单。山西有138个镇入选，占全省镇总数的24.5%。全国重点镇是小城镇建设发展的重点和龙头，是当地县域经济的中心，承担着加快城镇化进程和带动周围农村地区发展的任务。山西138个全国重点镇的分布情况是：太原市6个，大同市8个，阳泉市5个，长治市10个，晋城市14个，朔州市8个，晋中市15个，运城市20个，忻州市21个，临汾市16个，吕梁市15个。

23日　第五届山西·右玉西口风情生态旅游文化节开幕。该文化节为期6天，主要活动有10项，包括2014年全国马术三项锦标赛、中国戏曲剪纸大赛颁奖活动、山西省健美精英赛、右玉精神油画摄影展、国家主流媒体和全国网络媒体西口采风活动、骑游露营大会、西口地方戏曲展演、旅游推荐洽谈会等。中国戏曲剪纸大赛颁奖活动于此前一天举行，并展出获奖作品。从2010年开始，作为文化节的重要活动，右玉县与中华文化促进会先后举办了中国婚俗剪纸大赛、中国年俗剪纸大赛、中国“四花（窗花、墙花、灯花、绣花样）”剪纸大赛、中国民间信俗剪纸大赛活动。

同日 2014年中国城市分类优势排行榜新闻发布会在香港世贸中心举行。在主办方中国城市竞争力研究会发布的2014年中国省区、直辖市综合竞争力排行榜（含港、澳、台）上，山西居第24位，介于江西与贵州之间；发布的2014年中国省区、直辖市成长竞争力排行榜（含港、澳、台）上，山西居第29位，介于西藏与甘肃之间。此外，在发布的2014年中国30个最美丽县排行榜上，山西晋中平遥县居第15位，美态定位为“古晋遗风美”。在发布的2014年中国十大美丽乡镇排行榜上，山西晋城阳城县北留镇居第10位，美态定位为“皇城相府美”。

同日 首届中国工业版画新秀展在阳泉市开幕。该展览到8月3日结束，来自全国19个省市、80多位版画创作者的360余件优秀作品参展。由此开始，中国工业版画新秀展将每两年举办一次，均在阳泉举行。阳泉市的版画创作兴起于20世纪70年代，多年来形成了具有鲜明煤矿特色的地区文化品牌，许多优秀作品被载入中国和山西版画史册。

25～27日 第四届山西省节能减排、低碳发展博览会在太原举行。展会共设置了节能减排与低碳发展成果展、工业节能减排技术及产品展、建筑节能（公共机构、民用）展、清洁能源、新能源与新能源汽车展、交通运输节能减排展、技能服务展、绿色照明展及民用节能展八大展区，来自省内外数百家企业携产品和技术参展。博览会期间达成交易意向1.2亿元。

28日 “山西最美旅游村”评选活动名单揭晓。该项评选活动从2013年5月开始，经过各市推荐、网上展示、专家评分、公众投票、综合评分、征求各方意见等环节，最终确定了昔阳县大寨村、阳高县大泉山村、泽州县东四义村等65个“山西最美旅游村”。“山西最美旅游村”的产生，标志着山西省以历史文化、特色景观、生态文明、绿色小康、设施农业等为主的乡村旅游，正在向广度和深度发展。

同日 全省新型职业农民培育工程管理培训班在太原开班。该培训班的举办，标志着新型职业农民培育工程在山西正式启动。2014 年初国家农业部确定山西为全国新型职业农民培育整体推进试点省，7 月 23 日省政府办公厅印发了《山西省新型职业农民培育工作方案》。《方案》提出的目标任务是：从 2014 年起，在继续实施百万农民素质提升工程的基础上，组织开展新型职业农民培育工作。到 2020 年，培训新型职业农民 70 万人，并逐步认定一批新型职业农民。

同日 全省各级公安交管部门启动集中开展为期一个月的“打四非、查四违”专项行动。此次行动根据公安部交管局的统一部署进行。“打四非”是指打击非法改装危化品运输车、为非法运输车辆灌装危化品、未取得运输许可的车辆非法运输危化品以及不具备从业资格的人员非法驾驶和押运危化品运输车等行为。“查四违”是指查处客运车辆违反夜间停运规定、违反接驳运输规定、严重交通违法和违反动态监控制度的行为。

28~29 日 全省非公有制企业产业扶贫推进会在晋中市左权县召开。会议总结了非公企业参与产业扶贫开发工作的进展情况，对下一步工作作了安排。自 2013 年省委、省政府决策部署实施全省“百企千村产业扶贫开发工程”以来，全省非公企业实施的项目占到百企千村产业扶贫开发总项目的 80% 以上。

28~30 日 2014 年中国（北京）国际能源峰会暨第三届中国能源经济论坛在北京举行。太重煤机有限公司总经理张克斌被授予“2014 中国能源装备十大优秀管理者”称号，是山西获此殊荣的第一人。

28~30 日 全国人大常委会副委员长沈跃跃率队在山西太原、晋中、阳泉等地开展大气污染防治法执法检查。

30 日 山西省首届百名“好军嫂”和“优秀兵妈妈”表彰大会在太原召开。该项评选活动于 7 月初开展，经过自下而上的层层推荐和评选，评出“好军嫂”和“优秀兵妈妈”各 50 名。

同日 2014 山西名优特产·品牌战略发展研讨会暨《2014 山西名优特产年鉴》新闻发布会在太原召开。《2014 山西名优特产年鉴》由山西省特产贸易促进会主办、编辑出版，是首部全面介绍山西特产及相关资料的图书。该书共 3 册，以地域为主线，全面介绍山西各地市特产形成的历史、地域因素、发展现状，涉及食品、土特产品、酒类、工艺品、旅游区等五大类，共计700多种名优特产。

同日 2013年度山西省科学技术奖评选揭晓。12个项目获一等奖，99个项目获二等奖，79个项目获三等奖。

八月

1日 省科术厅发布《2014年度山西省煤基重点科技攻关项目招标公告》，对76个煤基重点科技攻关项目进行公开招标。山西省煤基重点科技攻关项目是在年初以来调研编制形成煤层气、煤电、煤焦化、煤化工、煤机装备、煤基新材料和富碳农业等7个重点产业的煤基产业创新链基础上，凝练、遴选出的。至9月1日招标受理结束，共有189家次投标单位，平均每个项目2.5家次。项目产学研合作单位490家次，平均每个项目6.4家次。在这490家产学研合作单位中，企业有247家次、大学有179家次、科研院所有64家次。

同日 全省党管武装工作述职电视电话会议在太原召开。会上，兼任各市军分区（警备区）党委第一书记等11名领导通过视频会议系统进行工作述职。

1~3日 2014年全国BMX小轮车冠军赛（第4、5站）、全国BMX小轮车锦标赛暨全国青年锦标赛在太原举行。来自北京、河北、山西、辽宁、甘肃、四川、浙江、新疆、香港等地的16支代表队进行了激烈的争夺，共产生8枚金牌，其中，山西队3枚。2014年全国BMX冠军赛（第1、2、3站）于5月10日至12日在甘肃省临洮县举行。

2日 第十二届全国学生运动会在上海闭幕。该届运动会于7月28日开幕，山西派出198人的代表团参赛，共参加了田径、游泳、篮球、排球、乒乓球、武术、健美操等七大项比赛，还参加了体育科学论文科报会和全国学生体育博览会等活动。此次比赛，山西代表团共夺得2枚金牌、1枚银牌、1枚铜牌，总分134.5，奖牌榜排名第11，总成绩排名第12，取得了历史最好成绩。

4日 2013年度中国建筑业“双百强企业”评价结果揭晓。山西建筑工程（集团）总公司、山西四建集团有限公司2个企业入围。山西建筑工程（集团）总公司位列2013年度中国建筑业“竞争力百强企业”第13名，位列省级建工集团第6名；山西四建集团有限公司位列2013年度中国建筑业“成长性百强企业”第3名。双百强企业指“竞争力百强企业”和“成长性百强企业”，中国建筑业协会于2011年起组织开展建筑业“双百强企业”评选活动，通过衡量企业的建筑业总产值、利润、税收、科技进步以及人才等指标，全面反映企业的生产经营情况和综合实力。最具成长性百强企业主要彰显企业综合实力和成长特色，促进引导和促进行业企业科学发展，重点考评企业未来的发展潜力。

6日　全省矛盾纠纷大调解工作推进会议在晋中市左权县召开。会议就全省构建矛盾纠纷大调解体系进行了安排部署。按照省综治委《关于进一步加强矛盾纠纷大调解工作的意见》要求，全省将构建形成以三级调解平台、四大调解组织为支撑，以分级分类负责、对接联动联调为动力，以打造队伍、强化激励为保障的科学化、规范化大调解工作格局。按照部署，在2014年底之前，全省首批72个县（市、区）将率先完成大调解体系建设任务；到2015年底，全省所有县（市、区）全面完成建设任务，实现“3456”四大目标，即县、乡、村“三级调解平台”全面建成，人民调解、行政调解、司法调解、社会调解“四大调解组织”更加有力，诉调对接、检调对接、公调对接、政调对接、访调对接“五大对接机制”密切协作，调解中心统一受理、集中梳理、归口管理、依法办理、限期处理、司法确认“六项工作制度”高效运行，为平安山西建设发挥基础性支撑作用。

同日　国家旅游局公布第三批全国全面推进旅游标准化试点单位名单。山西晋城阳城县入列，这是继晋中平遥县之后，山西入选的第二个全国旅游标准化试点县。

同日　晋中市政府向社会公开《晋中市市级涉企行政权力清单》。该《清单》包括市级涉企行政权力清单、市级涉企收费项目清单、市级政府性基金清单，包括1874项。这标志着全省首个市级权力清单正式落地。此前，晋中市从5月开始集中清理市级涉企行政权力。通过清理，市级5175项涉企权力，保留了1874项，占比仅36.2%，其余3301项权力事项将被“挂起”，不再公开使用或暂停使用。

8日 省政府办公厅印发《关于推进全省燃煤发电机组超低排放的实施意见》。总体目标是：到2020年，全省单机30万千瓦及以上常规燃煤、低热值煤发电机组大气主要污染物排放确保达到超低排放标准Ⅰ、Ⅱ。四项任务是：提高准入，从2014年8月30日起，全省新建常规燃煤和低热值煤发电机组全部分别执行超低排放标准Ⅰ、Ⅱ；现役改造，依照超低排放标准Ⅰ、Ⅱ，对全省单机30万千瓦及以上燃煤机组全部或部分主要污染物环保设施进行改造；关停淘汰，在不影响供热和社会稳定的基础上，加快关停单机20万千瓦级及以下燃煤机组；扶持产业，通过超低排放标准的执行，扶持环保技术服务产业迅速壮大，进而带动山西环保设备制造业进入全国先进行列。

同日 省发改委发出《关于首批基础设施领域鼓励社会投资项目的通告》。该《通告》向社会公布了全省在基础设施领域首批推出的40个项目，规划总投资2036亿元，涵盖公路、铁路、轨道交通、民航、输气管道和城市综合管廊基础设施领域，鼓励和吸引社会资本以合资、独资等方式参与建设及营运。

同日 山西省第五次自强模范暨助残先进集体和个人表彰大会在太原召开。大会授予35个集体“山西省助残先进集体”荣誉称号，34名同志“山西省助残先进个人”荣誉称号，25个单位“残疾人之家”荣誉称号，41名残疾人“山西省自强模范”荣誉称号，35名同志“山西省残联系统先进工作者”荣誉称号。

8~9日 第一届全国武术运动大会在天津举行。来自全国各省、市、自治区共36个代表团参加大会。山西代表团19名运动员参加了套路传统、特色拳种展示、武术段位制展示、学校武术健身操等共计23个项目的比赛，共获得一等奖5个、二等奖11个、三等奖7个。

8~18日 山西省第十四届运动会在太原举行。省运会每四年举办一次。该届省运会共设16个竞技项目、15个群众项目。竞技项目包括：田径、游泳（含跳水）、射击、射箭、国际式摔跤（含女子摔跤）、柔道、举重、自行车、击剑、体操（含蹦床）、武术（含散打）、跆拳道、拳击、乒乓球、网球、篮球，4000余名运动员、1500余名裁判员及工作人员参与比赛。群众项目设有职工组、老年人组、大专院校组，有3000余名运动员、1000余名裁判员和工作人员参与比赛。经过比赛，竞技体育项目共决出金牌818枚，3人3次打破

2 项全省最高纪录，太原、大同、长治、阳泉、晋城、运城位列金牌榜前六位；全群项目赛事，长达3 个月，产生集体一等奖65 名、二等奖66 名、三等奖72 名，个人一等奖 75 名、二等奖 78 名、三等奖 96 名，体育道德风尚奖115 个，优秀组织奖21 个。

9 日　山西省体育工作先进集体和先进个人表彰大会在太原召开。大会授予115 个单位“山西省体育工作先进集体”称号，授予119 名同志“山西省体育工作先进个人”称号。

9 ~ 11 日　2014 全国物流园区工作年会在大同市召开。该年会分设大同市推介板块，国家政策发布板块，物流园区经济分享板块，物流论坛板块四大板块，专题论坛就京津冀协同发展、长江经济带、丝绸之路经济带以及城乡和区域物流合作等议题进行研讨交流。

10 日　环太行山连翘产业协同创新联盟在太原成立。该联盟由山西、陕西、河南、河北等地的医药企业、科研院所组建，旨在探索和推动连翘产业的规范化发展，加强连翘生产企业与专家、市场的对接，创造良好的市场经营氛围，促进企业自律，引导连翘产业健康稳步发展。我国连翘资源非常丰富，尤以山西、陕西、河南、河北等环太行山区域野生连翘最为丰富，占全国储量的80% 以上。

11 日　第六届鲁迅文学奖揭晓，全国有34 部作品获奖。山西作家吕新创作的中篇小说《白杨木的春天》获中篇小说奖。鲁迅文学奖创立于 1986 年，首次评奖从 1997 年开始，评选 1995—1996 年的作品。第六届评选 2010—2013 年的作品，共设置中篇小说奖、短篇小说奖、报告文学奖、诗歌奖、散文杂文奖、文学理论评论奖、文学翻译奖七大类，每个奖项获奖作品不超过五篇（部）。此前，山西省作家王祥夫的《上边》获第三届短篇小说奖、赵瑜的《革命百里洲》获第三届报告文学奖、女作家蒋韵《爱的树》和葛水平的《喊山》获第四届中篇小说、李骏虎的《前边就是麦季》获第五届中篇小说奖。

12 日　全省“六打六治”打非治违专项行动视频会议召开。会议动员部署在全省煤矿、金属与非金属矿山、危险化学品、油气管道、交通运输、建筑施工、消防等重点行业领域，集中开展“六打六治”专项行动。该项行动从即日起，至12 月底结束。

同日 山西省第八次社会科学研究优秀成果评奖揭晓。该次评奖从2013年8月启动，经过多层次评选，最终共评出282项获奖成果，其中荣誉奖1项，一等奖20项，二等奖75项，三等奖99项，优秀奖87项。

同日 “中国山西美食走进联合国”系列活动总结会在太原举行。此前，4月30日至5月9日“中国山西美食走进联合国”系列活动在美国纽约举办，全方位、立体式、多层次展示了山西餐饮文化的一次尝试，受到了联合国各常驻代表团官员及纽约侨界的一致好评。

14日 山西省耐火材料产业技术创新战略联盟成立大会暨第一次会员代表大会在阳泉市召开。该联盟是由40余家耐火企业、高等院校和科研院所共同发起成立的行业性组织，旨在加快建立以企业为主体、市场为导向、产学研相结合的技术创新体系，推动全省耐火材料产业的健康快速发展。阳泉是全国重要的耐火材料生产基地，境内铝矾土资源储量大、品质优、易开采。

17日 山西大同火山群国家地质公园正式揭碑开园。大同火山群是我国六大著名火山群之一，属世界稀有的黄土高原区板内裂谷系火山群，已知火山30余座，在全国各火山群中名列榜首。大同火山群1929年首次被发现后，一直备受世人关注。2009年8月，国土资源部批准建设大同火山群国家地质公园，经过3年建设，2012年12月大同火山群国家地质公园被正式命名，同年被山西省政府公布为省级风景名胜区。该地质公园总面积129.8平方公里，群集典型的地质遗迹、奇美的自然风光、独特的人文景观于一园，被誉为“东亚大陆稀有的自然遗产”和“火山地质博物馆”。

18日 全国工商联发布“2014中国民企500强”名单，山西省有4家民营企业入围。分别为：山西潞宝集团（第266位）、山西安泰控股集团有限公司（第285位）、山西通达（集团）有限公司（第311位）、永泰能源股份有限公司（第466位）。其中，位居山西第一的山西潞宝集团2013年年营业收入总额为152.58亿元。这四家企业所属行业分别为石油加工、炼焦和核燃料加工业，黑色金属冶炼和压延加工业，汽车制造业，煤炭开采和洗选业。与2013年相比，山西省入选数量减半（山西运城海鑫钢铁集团、山西立恒钢铁股份有限公司、山西常平钢铁有限公司、美锦能源集团有限公司、山西建邦集团有限公司出局），且无一企业进入前200强。

18～19日 蒙晋冀（乌大张）长城金三角合作区首届联席会议在内蒙古

乌兰察布市召开。会议以“建设蒙晋冀（乌兰察布市、大同市、张家口市）长城金三角合作区，加快融入京津冀协同发展进程”为主题，进行了研讨和交流，三市共同签署《蒙晋冀（乌大张）长城金三角合作区共建协议》及5个专项合作协议。

19日　省政府印发《山西省推进文化创意和设计服务与相关产业融合发展的行动计划》。重点任务是：提升工业设计产业创新能力，推进工业设计公共服务平台建设；加快数字内容产业发展；提升人居环境质量；提升旅游发展文化内涵；挖掘特色农业发展潜力；拓展体育产业发展空间；提升文化产业整体实力。政策措施是：增强创新动力，强化人才培养，壮大市场主体，培育市场需求，引导集约发展，加大财税支持，加强金融服务，优化发展环境。

同日　省政府召开第56次常务会议讨论通过关于缓解企业资金困难促进经济稳定增长的两项财政措施。一是加强省财政与人民银行合作，有效运作省级国库存款，激励金融机构增加贷款投放。二是筹措资金5亿元，采取以奖代补方式，支持创新中小微企业融资模式，缓解中小微企业融资困难。

同日　我国分辨率最高的光学遥感卫星——“高分二号”在太原卫星发射中心成功发射。“高分二号”卫星是我国分辨率最高的光学民用卫星，光学遥感卫星空间分辨率首次精确到1米，标志着我国遥感卫星进入了亚米级“高分时代”，对我国遥感卫星技术及应用产业发展具有重大的里程碑意义。该卫星主要用于我国现代农业、资源环境、防灾减灾等战略需求。

20~29日　山西代表队参加国家旅游局组织的赴英国、丹麦和瑞典开展的“美丽中国－古老长城”主题推广活动。

21日　山西紫林醋工业园开园。该园区位于太原市清徐县徐沟镇高花村，规划总投资9.1亿元，占地300多亩，项目一期顺利达产，该园区是山西首个集低碳全景生态园、产能最大酿醋园、自动化智能循环经济园为一体的醋工业园。

21~22日　省委召开2014年第一轮巡视工作情况汇报会，专题听取4月以来省委6个巡视组对省直11个厅局及6个下属单位开展的第一轮巡视工作情况汇报。

22日　阿尔及利亚、贝宁、科摩罗等11个非洲国家的19名农业官员在山西考察农业发展情况。

同日 中国煤炭工业协会发布2014年中国煤炭企业100强分析报告。该报告以企业2013年度营业收入为标准。前十强中过半数为山西企业，山西焦煤集团以2361亿元的营业收入排名第二。山西共有17家企业入围。这17家企业分别是：山西焦煤集团有限责任公司（第2位）、晋能有限责任公司（第5位）、大同煤矿集团有限责任公司（第7位）、山西潞安矿业（集团）有限责任公司（第8位）、山西晋城无烟煤矿业集团有限责任公司（第9位）、阳泉煤业（集团）有限责任公司（第10位）、山西煤炭进出口集团有限公司（第14位）、山西国新能源发展集团有限公司（第24位）、山西兰花煤炭实业集团有限公司（第57位）、太原重型机械集团煤机有限公司（第70位）、山西沁新能源集团股份有限公司（第79位）、山西乡宁焦煤集团有限责任公司（第84位）、山西义棠煤业有限公司（第86位）、山西葫芦堂煤业有限公司（第87位）、山西怀仁联顺玺达柴沟煤业有限公司（第90位）、山西玉和泰煤业有限公司（第95位）、山西安泽玉华煤业有限公司（第100位）。

23日 省政府印发《山西省支持文化产业加快发展的若干措施》。该《措施》共13条48项内容，涵盖了市场准入、财政税收、金融保险、对外贸易、土地利用、人才培养等，涉及文化产业发展的重点领域和关键环节，多项内容是结合山西省情提出的创新性条款。

同日 国家煤矿安全计量器具产品质量监督检验中心在太原成立。该中心是在山西省计量科学研究院基础上筹建的，是全国唯一的煤矿安全计量器具产品国家级质检中心。

同日 中央纪委监察部网站消息，山西省委常委、秘书长聂春玉涉嫌严重违纪违法，山西省委常委、太原市委书记陈川平涉嫌严重违纪违法，接受组织调查。

25日 2014年山西省夏秋季农产品网上购销对接正式启动。对接活动根据国家商务部的统一部署，由省市县三级商务部门组织，通过全国农产品商务信息公共服务平台进行产销衔接，到9月25日结束。在此期间，全省实现农产品购销总成交7589.3万元，排名全国第八。

25～30日 山西省第十届残疾人运动会在太原举行。来自全省11市代表团的400多名运动员参加了田径、游泳、乒乓球、羽毛球等11个大项的比赛。经过激烈角逐，共产生金牌 189 枚、银牌 88 枚、铜牌 59 枚。太原、长治、晋中、运城、临汾、阳泉代表团分列第一至第六名。长治代表团以 44 金、10 银、43 铜的成绩居奖牌榜榜首，太原、晋中、运城、忻州、朔州代表团分列第二至第六名。省残运会四年举办一次。

26 日 省政府召开第 57 次常务会议。会议原则同意设立山西省战略新兴产业、文化产业和旅游文化体育产业三支基金，决定成立山西省低碳发展专家咨询委员会。山西省战略新兴产业、文化产业和旅游文化体育产业三支基金，初步安排战略新兴产业基金总规模 100 亿元，分两年到位，政府资金 20 亿元；文化产业和旅游文化体育产业基金每只 10 亿元，首期 5 亿元，政府资金 1 亿元。其后，山西省低碳发展专家咨询委员会于 9 月 16 日成立。

27～28 日 全省造林绿化现场推进会在吕梁市召开。会议要求继续落实省政府造林绿化“三加三不减”要求，即“造林绿化的领导力度只加大不减小，资金支持只增加不减少，目标考核只加强不减弱”，全力推动全省林业生态建设再上新台阶。

29 日 金融支持山西经济转型升级座谈会在太原召开。会上，省内 17 家金融机构与 213 个项目对接，达成授信意向 2834.03 亿元，其中与 21 个重点项目进行了现场签约，签约金额 972.72 亿元。

同日 中央纪委监察部网站消息，山西省委常委、统战部部长白云涉嫌严重违纪违法，接受组织调查。

30 日 山西国信投资集团有限公司揭牌。该公司由省政府所属原全民所有制企业山西省国信投资（集团）公司改制而成，为省政府单一投资主体的集团有限责任公司，是山西省唯一的地方金融控股集团。

九月

1 日 《山西省电力设施保护条例》施行。该《条例》由省第十二届人大会常委会第十二次会议于2014 年7 月25 日通过，是山西省第一部规范电力设施保护管理的地方性法规。

同日 省委召开全省领导干部大会，宣布中共中央关于山西省委主要负责同志职务调整的决定。中共中央政治局常委、中央书记处书记刘云山出席会议并作重要讲话。中共中央政治局委员、中央书记处书记、中央组织部部长赵乐际在会上宣布中央决定：王儒林同志任山西省委委员、常委、书记；袁纯清同志不再担任山西省委书记、常委、委员职务，另有任用。

同日 国务院公布第一批80处国家级抗战纪念设施、遗址名录。山西有5处纪念设施、遗址位列其中，分别是：大同市灵丘县白崖台乡平型关大捷遗址，阳泉市狮脑山百团大战纪念馆（碑），长治市武乡县韩北乡王家峪村八路军总部王家峪旧址和纪念馆，忻州市忻府区高城乡忻口村忻口战役遗址，晋中市左权县麻田镇北艾铺村十字岭左权将军殉难处。

同日 中央纪委监察部网站消息，山西省副省长任润厚涉嫌严重违纪违法，接受组织调查。

1～4日 第二届晋商大会在太原召开。来自17个国家（地区）、26个省（区、市）及省内各市的270余名晋商代表参加大会。截至9月5日，第二届晋商大会共签约项目156个，总投资额1903.8亿元；签订科研成果转化应用合作协议22个；会审通过网站发布各类项目1340个。

2～4日 柬埔寨国王诺罗敦·西哈莫尼在山西进行友好访问。

10日 山西省庆祝第30个教师节暨表彰大会在太原召开。大会表彰了全省63个先进集体和1607名先进个人。

同日 2013年度中国建筑业“双百强”企业发布会在贵州省贵阳市召开。山西建工集团荣获2013年度中国建筑业“竞争力百强企业”第13名，山西四建集团入选2013年度中国建筑业“成长性百强企业”第3名。

11日 省政府召开第58次常务会议研究决定按照服务棚改、规范运作、保值增值的原则，采取省政府全额出资的方式组建山西省保障性安居工程投资有限公司。

11～12日 十届全国人大常委会副委员长顾秀莲在山西调研老龄服务事业和产业。

12日 全国首批消防应急工作队在太原市迎泽区成立。该工作队由40名专职消防队员组成，以5人一组分成8支队伍到8个派出所辖区执勤，主要任务是每天巡查居民住宅区、城中村、棚户区、个体工商户和“九小场所”消防安全，协助社区民警开展消防监督检查、开展消防安全教育、扑救初期火灾等。这种由区政府出资、消防大队指导、人员依托派出所管理的全新建队模式，在全国尚属首创。

12～15日　2014山西第八届老年健康产业博览会在太原举行。该届博览会共设125个展位，分为护理、辅具用品展区，治疗、康复设备展区，老年生活用品及保健展区，老年地产、金融、保险、旅游、休闲文化展区，养老机构、服务展区，全方位、多角度展示了国内外以及山西老年健康产业成果。同期举办的省城第五届老年文体艺术节，汇集了省城中老年文艺团队表演的合唱、声乐器乐、艺术舞、广场舞、模特走秀等5个专场、80多个精品节目。“山西老年健康产业博览会”于2008年开始举办，是全国举办最早的老年产业展览会之一。

12～15日　山西·太谷第四届“中远威”杯国际形意拳交流大会在太谷县举行。来自国内外的65支代表队近千人参加交流活动。太谷县是“全国武术之乡”，2008年开始举办国际形意拳交流活动，每2年一次。

13日　第十三届精神文明建设“五个一工程”表彰座谈会在北京召开，“五个一工程”优秀作品评选结果揭晓。山西有5部原创作品上榜。分别是舞剧《粉墨春秋》、电视剧《幸福生活万年长》、动画片《终极大冒险》、广播剧《种树人》、图书《少年的荣耀》。该届“五个一工程”评选的是2012年至2014年全国首次播映、上演、出版的文艺作品，共有186部作品获奖，包括27部电影、30部电视剧、6部动画片、9部电视纪录片、33部戏剧、31首歌曲、22部广播剧、28种图书。精神文明建设“五个一工程”评选活动，由中共中央宣传部组织，自1992年起评选。

同日　2014年太原国际马拉松赛暨全国马拉松锦标赛第四站比赛在太原举行。该届赛事共有30167人参赛，为历届之最，来自埃塞俄比亚的“90后”小将莱米·海尔夺得男子冠军、肯尼亚老将爱丽丝·恩格里奇摘得女子桂冠。太原国际马拉松赛自2010年开始，每年举行，参赛人数逐年增加，赛会纪录也屡次刷新，2013年被国家体育总局授予“金牌赛事”称号。

14～16日　第二届中国晋中国际柔力球交流大会在晋中市举行。晋中国际柔力球交流大会于2012年始办，每两年举办一届。来自北京、天津、河北、山西、辽宁、黑龙江、江苏、福建、江西、山东、湖北、重庆、四川、陕西14个省（市）的36支代表队和德国、俄罗斯、匈牙利、乌克兰、美国、荷兰、意大利、奥地利以及中国港澳台等11个国家和地区的14支代表队共

400多名运动员参赛。比赛设境外组和境内组，竞技设团体、双打、单打等项目，套路设集体规定和自选套路、个人和双人自选套路等项目。柔力球是发源于晋中且得到国内外广泛认可的少数现代体育项目之一。

15日 山西省金融支持特色产业发展富民扶贫工程签约仪式在太原举行，省扶贫办分别与省农村信用社、省邮政储蓄银行签订战略合作协议，同时发布《山西省金融支持特色产业发展富民扶贫工程2014—2018年实施方案》。根据方案要求，财政扶贫专项资金将向每个贫困县注入500万元风险补偿金，资金存入选定的合作金融机构后，金融机构要按照存入额的八倍以上放大扶贫贷款。省金融扶贫工程，2014年先在包括静乐、神池、五寨、岢岚、兴县、临县、岚县7个省级试点县在内的21个集中连片国家扶贫工作重点县进行；2015年到2018年将在全省58个贫困县全面开展。

15～16日 2014中美洁净能源合作会议在太原召开。会议由国家能源局、美国能源部、山西省政府、美国西弗吉尼亚州政府联合主办，主要就“二氧化碳污染治理和利用”“煤转化技术的发展和挑战”“先进发电系统”等专题进行研讨，来自国内外的政府、企业、研究部门的200余人参会。中美洁净能源合作会议始自2004年，已成功举办五届。

16～19日 省委书记王儒林在吕梁市及兴县、方山县、中阳县、离石区、文水县就贯彻落实以习近平同志为总书记的党中央对山西工作指示要求的情况、老区经济社会发展和群众生产生活情况、党风廉政建设和反腐败工作情况进行调研。这是党中央调整省委主要领导后，新任省委书记王儒林首次到基层调研。此后，至年底，省委书记王儒林又先后到太原、大同、朔州、忻州、阳泉、晋中、长治、晋城8市进行了工作调研。

16～17日 2014年第二届中国灵石国际版画双年展在灵石县王家大院举行。中国、意大利、秘鲁、韩国、澳大利亚等19个国家和地区艺术家的100件作品参展。国内外版画作品数量分别为60幅和40幅。其中，11幅为灵石本地版画创作者的作品。山西灵石，是我国现代版画开拓者、奠基人之一力群和现代著名版画家牛文的故乡。

16～18日 第五届中国（太原）国际能源产业博览会暨2014低碳发展高峰论坛在太原举行。该届能博会突出“绿色能源、低碳发展”主题，坚持“节俭、务实、创新”原则，实行网上办展与线下举办论坛活动相结合的方式，改变了以往单一举办实体展会的传统做法。来自美国、英国、德国、俄罗斯等28个国家和地区的嘉宾，清华大学等65所高校、中国科学院等69个科研院所的专家学者600余人参会；来自13个国家和地区的230家能源领域的世界500强、中央大型企业、知名民营企业、投资机构和科研院所参展。其中，世界500强企业27家，发布招商项目1538个，外省项目480余个。2014低碳发展高峰论坛一共邀请了125位国内外知名专家学者、政府要员出席，参会人总体规模约2000人次。能博会期间，有关单位、部门签订合作协议11份，协议各方计划投资将近20亿元。

17日　全省继续推进打黑除恶专项行动电视电话会议召开。该专项行动重点打击5类势力，包括：侵害、威胁基层政权建设，操纵把持基层政权，插手、破坏农村基层选举、征地拆迁的黑恶势力和破坏农村发展、涉足基层政权、危害当地治安的黑恶势力；盘踞在矿产、建筑、交通、物流、风景旅游景区等重点行业和领域，实施垄断经营的黑恶势力；侵害群众利益、欺压残害百姓的宗族恶势力和危害一方的乡霸、村霸、地霸、路霸、街霸、市霸等黑恶势力以及带有暴力色彩的集团型犯罪；操控娱乐场所，从事黄、赌、毒、枪等犯罪活动的黑恶势力；非法放贷、暴力讨债、“职业医闹”“地下出警队”等黑恶势力。

18～20日　省第十二届人大常委会第十四次会议召开。会议决定接受袁纯清因工作变动辞去省人大常委会主任职务的请求，决定免去任润厚副省长职务，审议通过《山西省企业工资集体协商条例》，自2015年1月1日起施行。

19日　大型情境剧《又见五台山》在五台山举行全球首演。《又见五台山》由著名导演王潮歌执导，是国内首部佛教主题大型情境剧。该剧以五台山的佛教典故、仪规为创作基点，180个演员通过90分钟演出，在旋转的舞台演绎了人生百态。

同日　山西省首个旅游电子商务平台——“四季风旅游网”上线。“四季风旅游网”由山西太原四季风旅游有限公司创建，融合了传统旅游业务与电子商务的特点，快速构建线上线下一体化电子商务解决方案。该旅游网已在全国34个省、市建有服务网站，在山西省已建立了20余家服务网站。

19～25日　2014年第14届中国平遥国际摄影大展（PIP）举行。平遥国际摄影大展创办于2001年，每年举办一次。该届摄影大展以“影像生活·梦想世界”为主题，共有32个国家和地区的2100多名摄影师参展，以5大板块、19个单元为脉络举办了国内外展览400多个，展出图片2万多幅。此次展览，参观人数达到3.5万人次，平遥古城门票收入217万元。

20日 2014年世界浙商华北峰会（山西）在太原举行。来自世界各地的浙江商会会长、浙商代表近千人参加峰会，签约项目11个，总投资额126.72亿元，包括晋城义乌小商品城、山西大宗商品交易中心、唐风晋韵文化旅游度假区、红枣加工等项目，涉及农业、服务业、旅游业、轻工纺织等行业。

22日 第五届全国杰出专业技术人才表彰大会在北京举行。会议表彰了99名全国杰出专业技术人才和96个专业技术人才先进集体。山西省山西大学张靖教授、太原理工大学许并社教授荣获“全国杰出专业技术人才”称号，太原科技大学重型机械教育部工程研究中心、中北大学微纳光机电惯性传感器件及集成测量系统创新团队荣获“第五届全国杰出专业技术人才先进集体”称号。

22~25日 2014年中国式摔跤、挠羊、搏克全国冠军赛在忻州举行。期间，来自全国各省市30多支代表队400余名选手参加了比赛。这是山西忻州挠羊赛继2013年被列入全国非物质文化传承推广项目之后，2014年被国家体育总局纳入三大赛事（全运会、冠军赛、锦标赛）项目后，将首次在其发源地亮相。此前，6月7日至10日在内蒙古和林格尔县举行2014年全国中国式摔跤、搏克、挠羊锦标赛上，挠羊赛首次被纳入比赛项目。

22~27日 运城市第25届关公文化旅游节举行。该届文化节活动内容有“关圣杯”折子戏大赛、历代关公圣像展、关公文化全国巡展运城展、关公文化书画展、“弘扬关公文化”摄影展、旅游推介会和招商引资项目推介会等。运城是关公的故里，关公文化旅游节始办于1990年，每年一次。

23日 省政府印发《山西省省级财政科研项目和资金管理办法（试行）》。该《办法》对科技计划的设立、项目立项、项目完成和项目资金监管等作出规定，并对省级科技计划进行了优化整合和科研项目分类。

同日 道易行电动车网络商城山西省启动仪式暨新商业模式发布会在晋城市举行。该项目由杭州道易行电子商务有限公司与晋城银行合作打造，用户在享受O2P新型经营模式带来的便捷与实惠的同时，也将获得全新的金融服务，该项目是山西省首个银企合作电商项目。O2P 商业模式采用互联网思维，将传统厂商—销售商—门店—消费者的价值链改变为厂商—平台—消费者，消费者可在其门店内的 32 英寸触摸屏上直接选择产品并下单购买，随后以优惠价格在门店提车。

同日　《山西日报》消息，智利农业部致函国家质检总局，同意山西苹果向智利出口。智利是一个动植物检疫制度十分严格的国家，山西苹果获准进入智利市场，是山西水果“走出去”的新突破。此前，7 月 2 日至 5 日，应国家质检总局邀请，智利农业部派专家对山西苹果产区果园和包装厂进行了实地考察。

25 日　山西省政府与中国保监会在太原举行工作会谈，并签署《关于加快山西保险业改革创新服务资源型经济转型的合作备忘录》。根据合作备忘录，山西省政府与中国保监会将围绕增强山西保险业整体实力、探索保险服务资源型经济转型的有效路径、提升保险对山西经济社会转型跨越发展的贡献度等目标，建立高层沟通与工作协调、日常工作联系和信息共享以及干部与人才交流等 3 项机制，加强在保险资金投资、保险市场体系建设、资源型经济转型升级、农业保险发展、运用保险机制创新社会管理、完善多层次社会保障体系、区域性系统性风险防范等八大领域的合作。

同日　2014 年第二轮山西省委巡视工作动员部署会在太原召开。会议对省委巡视组开展对临汾、长治 2 个市和 48 个县以及山西医科大学汾阳学院等 9 所高校共 59 个单位的第二轮巡视工作进行了动员部署。

同日　第十二届全国美术作品展雕塑作品展览在太原美术馆举办。第十二届全国美术作品展在全国分 13 个展区举办，包括天津中国画展区、广州版画展区、太原雕塑展区、武汉水彩粉画展区、西安陶艺展区、浙江嘉兴综合画种动漫展区、杭州油画展区、西安艺术设计展区、北京壁画展区、福州漆画展区、石家庄综合材料绘画展区、北京实验艺术展区、辽宁盘锦港澳台（包括海外华人）作品展区。太原雕塑展区采用由雕塑家直接报送作品的方式，先后共收到全国各地 2689 件作品，经过评委会认真严格初评和复评，共评选出参展作品 350 件，最后再从中选出 35 件进京展览暨获奖提名作品。太原雕塑展区展览为期 1 个月。

同日　2014 年山西百佳休闲旅游产品新闻发布会在太原举行，会上公布了推选名单。2014 年山西百佳休闲旅游产品涵盖了十佳旅游休闲度假酒店、十佳工业旅游示范点、十佳旅游文化小镇、十佳文化旅游街区、十佳旅游休闲度假区、十佳乡村旅馆民俗客栈、十佳红色旅游景区、十佳森林旅游景区、十佳旅游休闲食品、十佳文化体育娱乐产品，共 10 大类，100 种旅游产品。

25～26 日 2014 年中国技能大赛——山西省第五届女职工职业技能大赛决赛在太原举行。该届大赛设安全仪器监测工、电力调度员、法院书记员、检察院公诉人四种行业技能比赛项目。大赛从 2014 年 7 月开始，经过层层选拔，共有 46 支代表队、138 名选手参加了决赛。山西省女职工职业技能大赛自 2008 年开赛以来，先后组织了煤质化验、纺织细纱、医疗护理、10086 话务员、服装设计定制工、家政服务、导游员、会计等 16 个工种的比赛，已成为广大女职工岗位练兵、技术比武的重要平台。

25～27 日 亚洲粉煤灰及副产石膏处理与利用技术国际交流大会在朔州市召开。该大会是继 2013 年之后第二次在朔州市召开。来自美国、法国、德国、西班牙、澳大利亚、日本、印度、泰国、俄罗斯、乌克兰等 10 余个国家的专家、学者及企业界代表，清华大学、北京大学、中国科学院、中国矿业大学等国内知名院校和科研机构的专家、教授，国内各省市企业界的代表共 550 余人参加会议。来自国内外科研院所的专家学者、固废利用企业的工程技术人员及企业家 500 余人参会。大会广泛交流了国际、国内粉煤灰处理利用领域最前沿的学术成果和应用实践经验，推广了粉煤灰、脱硫石膏行业的先进适用技术和装备。

26 日 第五届山西道德模范授奖仪式在太原举行。该届山西道德模范选活动于 2014 年 3 月启动，各市、省直各工委推荐候选人 149 名。经筛选、评议，公示了 49 名正式候选，分别以短信、网上投票等方式进行投票评议。按照群众支持率占 60%、专家评委支持率占 40%，最终确定梁香草等 25 名（含群体 1 个）、秦同和等 24 名提名奖获得者。25 名（含群体 1 个）“山西道德模范”，包括“助人为乐模范”梁香草、李拴州、大同雷锋车队、刘跃、常慧珍；“见义勇为模范”康永涛、冯黎明、阳军、张丹华、姬文明；“诚实守信模范”沙万里、武雄、刘平贵李继林夫妇、杨俊梅、张明义；“敬业奉献模范”段爱平、赵迎路、辛变兰、常明昌、王智伟；“孝老爱亲模范”秦香娥、陈秋花、韩会林、夏占海、王玲霞。

26～28日　山西省首次LED企业产品推广展示会在太原举行。来自省内的17家企业参展，展出产品数百种，涵盖工业、民用两大领域，充分展示了山西LED产业的最新发展成就，扩大了行业影响力，加强了企业间技术交流和市场协作。

27日　山西省粉煤灰行业协会成立。山西是煤炭大省，粉煤灰历史堆积量为全国最大。该行业协会的成立，旨在集合企业和社会的力量，大力推进全省粉煤灰的综合利用和科学发展。

27～29日　山西省第五届残疾人职业技能竞赛在太原举行。来自全省各地的159名参赛选手，参加了计算机与电子工程类、工艺美术类、手工制作类、服装类、生活服务类等五大类11个项目的竞赛。

28日　山西省中小企业产业信息大数据应用服务平台开通运行。该平台是全国首个为中小企业提供产业信息服务的大型专业平台，规划分三期完成40多个行业的产业情报信息即时发布和应用查询，首期开通了造纸、纺织、机械制造、化工、家电、电子计算机、医药、钢铁、汽车、水泥、玻璃、陶瓷共十二大行业及相关产业。

29日　省十二届人大三次会议在太原召开。会议选举省委书记王儒林为山西省第十二届人大常委会主任。

30日　省委召开常委（扩大）会议，宣布中共中央关于山西省领导同志调整的决定：黄晓薇同志任山西省委委员、常委和省纪委书记；吴政隆、孙绍骋、王伟中、付建华同志任山西省委委员、常委；免去李兆前同志的山西省委常委、委员和省纪委书记职务。

同日　山西省庆祝全国人民代表大会成立60周年暨地方人大设立常委会35周年大会在太原召开。

同日　在我国首个“烈士纪念日”，省党政军领导与省城各界代表一起，向太原革命烈士纪念碑敬献花篮，深切缅怀革命烈士的不朽功绩，表达继承先烈遗志，致力富民强省的坚定信念。

本月　全省启动开展“非煤矿山主要负责人谈心对话”活动。该项活动是按照国家安全监管总局的统一部署进行的，为期3个月，至11月底结束，主要活动是省市县安监部门负责人等与非煤矿山主要负责人就正确地履行好安全生产第一责任人职责进行谈心对话。

十月

1日　《山西省土地整治条例》施行。该《条例》于2014年5月由省十二届人大常委会第十次会议审议通过，是继2011年贵州之后，全国第二个实施的省级土地整治法规。

同日　《山西省政府投资项目竣工验收管理办法》施行。该《办法》于2014年8月4日由省政府第55次常务会审议通过，8月11日省长李小鹏签署第238号省人民政府令公布。

同日　山西老陈醋开始执行新的国家标准。山西老陈醋新标准取消了保质期，总酸度由原来的4.5度调整为6度及以上；原来的5项指标增加到10项，新增加的5项指标集中体现了山西老陈醋特有的属性特征。

同日　全省各类企业、个体工商户和农民专业合作社开始实行年度报告公示制度。该项制度是指企业、个体工商户和农民专业合作社应当按年度在规定的期限内，通过信用信息公示系统向工商行政管理部门报送年度报告，并向社会公示，供社会公众查询的制度，是注册登记制度改革的一项配套制度。其中，企业、个体工商户年度报告公示制度于即日实施，农民专业合作社年度报告公示制度于2015年1月1日起实施。

同日　第22届“中华建筑金石奖”评选结果在台湾发布。吕梁孝义市“天福广场”项目荣获“杰出城市地标奖”，是山西省首个获此殊荣的项目，同时开创了全国县级城市项目获得此奖项的先河。“中华建筑金石奖”是亚洲地区最负盛名、最具权威的建筑界顶尖级奖项，被誉为“建筑界的奥斯卡”。

同日　山西省工程建设地方标准《住宅小区配套供电工程技术规程》施行。该《规程》适用于省内新建、改建的住宅小区配套供电工程的设计、设备材料选型、施工和验收。

同日　临汾曲沃县晋国博物馆正式开馆。该博物馆是依托全国重点文物保护单位“曲村—天马遗址”兴建的山西省第一座专题性遗址类博物馆，也是我国唯一一座完整展示晋文化的平台，博物馆于2009年8月31日正式动工，占地220余亩，总投资1.98亿元。馆内工程主要包括晋国历史展厅、遗址发掘史展厅、遗址保护展厅、多功能厅等，三大展厅分别向世人呈现了晋国由兴至衰长达600余年的历史以及中国考古学人长达半世纪的考古历程。

4日　第17届亚运会在韩国仁川闭幕。该届运动会于9月19日开幕。山西10名运动员参加了射击、游泳、蹦床、乒乓球、击剑、篮球、武术、空手道、自行车9个大项14个小项的比赛，获得金牌5枚、银牌4枚、铜牌3枚，创造了历史最好成绩。

9日　国家发展改革委公布第二批国家资源综合利用"双百工程"示范基地名单。山西省朔州市、临汾市浮山县位列其中。国家资源综合利用"双百工程"，是指"十二五"期间全国重点培育和扶持的百个资源综合利用示范基地和百家资源综合利用骨干企业。该项工程于2012年起实施，山西省太原钢铁（集团）有限公司入选首批国家资源综合利用"双百工程"骨干企业。

10日　省政府召开第60次常务会议研究通过晋中108廊带区域一体化发展示范区总体规划和相关支持政策。该示范区以108国道晋中段184公里为轴线，涵盖榆次、太谷、祁县、平遥、介休、灵石四县一市一区，区域面积6422平方公里，常住人口241万人。示范区将通过廊带区域产业一体化布局、生态一体化修复、交通一体化规划、城镇一体化建设、土地一体化管理、政策一体化统筹，创新区域开发秩序、开发模式和发展形态，破解"县域为主、节点发展"传统模式的共性问题，加快推进工业新型化、农业现代化、市域城镇化、城乡生态化建设。

同日　《山西日报》消息，在山西省第一次全国可移动文物普查过程中，当地文博专家在运城稷山县青龙寺发现完整的《永乐南藏》大藏经，有800～900册。《永乐南藏》是佛教大藏经系统中非常重要的一部藏经，内容较宋元藏经多近一倍，目前国内收藏大约10部，分藏于国有图书馆和佛教寺院。

10～11日　中华五岳六届四次年会、五岳联盟第十二次会议暨旅游推介会在大同举行。五岳年会和五岳联盟会议是五岳之间加强交流合作、共商发展大计的重要平台，也是五岳风景名胜区相互学习、增进友谊、促进发展的桥梁和纽带。五岳年会制度始于1985年，按照五岳东、西、南、北、中的顺序每年轮流举办，会议五年一届，一年一次。经过多年合作，五岳联盟已成长为我国最具品牌价值和影响力的区域旅游联盟。该届年会以"五岳智慧 中华精神"为主题，分"文化之源""生态之巅""神州五岳""美丽中国"四大分主题，与会代表进行了深入探讨、交流。

11日 国家能源局、国务院扶贫办印发《关于实施光伏扶贫工程工作方案》，决定利用6年时间（2015—2020年）在全国范围内开展光伏扶贫工作。山西、宁夏、安徽、河北、甘肃、青海6省被确定为开展首批光伏扶贫工程试点省（区）。11月，山西临汾汾西县、大宁县、吉县和大同天镇县、浑源县5个贫困县被确定为全国试点县。

14日 全省党的群众路线教育实践活动总结大会在太原召开。大会深入学习贯彻习近平总书记在中央党的群众路线教育实践活动总结大会上的重要讲话精神，总结回顾了2013年7月以来全省教育实践活动，对巩固和拓展教育实践活动成果、全面落实从严治党八项要求进行了动员部署。

15日 全省推进善行义举榜现场会在晋中昔阳县大寨镇召开。善行义举榜也叫“善行义举四德榜”，以“孝、诚、爱、仁”为主题，让善行义举上榜，为凡人善举立传，是山东省在基层弘扬社会主义核心价值观的典型经验。2014年中宣部开始在全国推广山东省的这种经验。

同日 全省林业部门启动严厉打击非法盗挖大树、古树等违法犯罪行为的专项行动。该项行动从即日起，到12月25日止，为期40天。

16日 中交兴路（山西）全国货运平台对接、车旺物流平台落地启动仪式在太原举行。自此，北斗卫星定位、道路运输车辆动态监管项目正式在山西启动，同时涉及我国乘用车联网、商用车联网、汽车安全、北斗民用化、物流信息化等技术的中国货运车辆平台服务商龙头企业——中交兴路车联网科技有限公司在山西正式开始运行服务。

同日 央视2014年“寻找最美村官”大型公益活动颁奖晚会在北京密云县举行。山西晋中昔阳县三都乡井沟村村委会主任马怀兰入选全国十大“最美村官”。马怀兰夫妇为带领井沟村村民脱贫致富花光了全部积蓄，还不惜卖掉了城里的房子。在夫妇俩的带领下，村里不但发展起了养殖业，成了远近闻名的“花灯之乡”，全村人均年收入达到5000多元，周围的荒山秃岭上，也植树30多万株。

同日 全省农村“两委”换届工作动员会召开，对全省村党组织和第十届村民委员会换届选举工作作出安排部署。到2015年1月，全省农村“两委”将集中进行换届，涉及28104个村。截至2014年12月，全省村党组织换届任务基本完成，村委会换届选举已完成3/4。

16～18 日　中国（太原）国际煤炭工业博览会在太原举行。国内外 200 多家企业、全国 30 多个地市政府组团参展，参观采购人流超 4 万人次，现场意向签约和成交额达 13.78 亿元。

17 日　省十二届人大常委会第十五次会议在太原举行。会议决定任命付建华为山西省副省长。

同日　中国黄河旅游市场推广联盟在太原成立。该联盟由山西省旅游局倡议发起，联盟秘书处设在山西。联盟成立后，沿黄青海、四川、甘肃、宁夏、内蒙古、陕西、山西、河南、山东 9 省（区）部门将围绕“美丽中国、天下黄河”的主题，整合开发以黄河为纽带的适合境外游客的系列旅游产品，打造国际知名旅游品牌，促进文化发展与交流。

同日　《2014 中国中小城市绿皮书》发布会在北京举行。发布会公布了“中国中小城市科学发展百强县市”“中国‘十佳’两型中小城市”“中国最具投资潜力中小城市百强县市”和“中国科学发展百强区”“中国最具投资潜力百强区”“中国科学发展百强镇”，以及“中国新型城镇化质量百强县市”“中国新型城镇化质量百强区”评选结果。山西省柳林县（第 96 位）、高平市（第 98 位）被评为科学发展百强县市，柳林县（第 65 位）、高平市（第 71 位）、阳高县（第 90 位）、沁源县（第 94 位）4 县市被评为最具投资潜力中小城市百强县市，太原市小店区（第 50 位）、大同市南郊区（第 84 位）、朔州市城区（第 99 位）被评为最具投资潜力百强区，太原市小店区（第 37 位）、迎泽区（第 63 位）、万柏林区（第 93 位）被评为新型城镇化质量百强市辖区。

20 日　国家民政部第 18 次“千年古县”专家评定会确认山西省晋城市沁水县为“千年古县”。此前，山西已有临汾市安泽县、长治市长子县和襄垣县、吕梁市交城县 4 县获“千年古县”称号。

同日　山西省医疗纠纷人民调解委员会对全省医疗纠纷人民调解员进行等级评审考核。该等级评审分设助理调解员、初级调解员、中级调解员、高级调解员、特级调解员五个等级八个档次，每年进行一次，旨在建立能上能下的调解员管理制度。这种对医疗纠纷人民调解员进行的等级评审考核，在全国尚属先例。

20～21 日　全国独立学院协作会 2014 年年会、独立学院第九次峰会暨中国民办教育专业委员会高等教育协会独立学院工作部第一次代表大会在太原召开。来自全国200余所独立学院负责人和有关部门领导与会。我国第一所独立学院——浙江大学城市学院于1999年成立。截至2014年6月，全国共有独立学院283所。山西省第一所独立学院——山西大学商务学院于2001年成立，后来全省独立学院发展到7所。

21日 山西省首家环保产业园区——定襄县聚力集团环保产业园区启动运营。该园区首创全国“环保超市”经营模式，为入园企业提供“无须投资、拎包入驻”的硬件和软件设施，彻底解决了以往环境污染治理模式中治理不彻底和售后无保障的弊端。

23日 全省检察机关职务犯罪追逃追赃专项行动电视电话会议召开。会议认真贯彻落实全国检察机关开展职务犯罪国际追逃追赃专项行动部署会议精神，部署全省检察机关追逃追赃工作。该专项行动从2014年10月开始，至2015年3月结束。

同日 山西省小浪底引黄工程板涧河水库大坝封顶，主体工程完工。板涧河水库位于运城市垣曲县板涧河村下游约1.5公里处，是山西大水网骨干工程之一——小浪底引黄工程的调蓄水库，于2013年10月开工，主要作用是在黄河小浪底水库汛期调水调沙运行期间，保障小浪底引黄工程为运城垣曲、闻喜、绛县、夏县、盐湖等5县（区）不间断供水。

同日 山西省房地产商会成立。

24日 国家第三批节能减排财政政策综合示范城市评审会在北京召开。会议通过竞争性评审，全国12个城市入选国家第三批节能减排财政政策综合示范城市。山西临汾市以第二位列其中，成为2011年国家开展这项示范政策以来山西第一个入选城市。作为示范城市，在2015年到2017年3年综合示范期内，临汾市将实施纳入规划的六大类72个节能减排示范项目，能争取到不少于12亿元的国家财政补贴资金。

24～26日 第二届世界健康大会在太原举行。大会以“品质生活源于健康”为主题，共设置健康、儿科、妇产科、老年病学、营养与健康五大平行分会，包含85个专场，100个议题，还有项目成果展示、高端人才项目洽谈会等活动。来自40多个国家和地区的千余人参会，其中外宾300余人。

25日 全省开始开展环境保护大检查。此次大检查从即日起至2015年1

月 31 日为止，为期 3 个月，检查对象覆盖全省各类工业园区和所有排污企业。

26 日　省政府印发《关于落实和承接国务院取消和调整一批行政审批项目等事项的通知》。《通知》决定取消行政审批项目 8 项，承接行政审批项目 11 项，取消职业资格许可和认定事项 6 项，改为后置审批的工商登记前置审批事项 23 项。

同日　中国民营企业联合会、中国统计协会、中国管理科学研究院企业研究中心联合发布 2014 年中国民营 500 强企业名单。山西省有 8 家民营企业上榜，分别是美锦能源集团有限公司（第 235 位）、山西大昌汽车集团有限公司（第 253 位）、山西建邦集团有限公司（第 260 位）、山西安泰控股集团有限公司（第 282 位）、山西通达（集团）有限公司（第 311 位）、山西沁新能源集团股份有限公司（第 375 位）、山西通洲煤焦集团股份有限公司（第 388 位）、永泰能源股份有限公司（第 463 位），产业涉及服务业、黑色金属冶炼、制造业、采矿业。与 2013 年相比，2014 年山西有 4 家企业出局，分别是：山西海鑫钢铁集团有限公司、山西省立恒钢铁有限公司、山西常平集团钢铁有限公司、山西潞宝新能源集团。

27 日　山西省第四批创新型试点企业名单发布，山西中电科新能源技术有限公司等 33 家企业入围。山西于 2008 年启动创新型企业试点工作，试点企业首批有 44 家，2011 年第二批有 26 家，2013 年第三批有 37 家。2013 年 12 月山西省国新能源发展集团有限公司等 105 家企业被确定为全省第一批创新型企业。

28 日　省政府办公厅印发《山西省加快推进新能源汽车产业发展和推广应用的若干政策措施》。《措施》规定：2014—2016 年，太原、晋城属地范围内的党政机关和公共机构，以及公交车、出租车等城市客运与环卫、物流、机场通勤、公安巡逻等公共服务领域新增或更新的车辆中，新能源汽车比例不低于 40%（其中电动汽车比例不低于 30%）；大同、晋中、长治、运城不低于 30%；其他市 2014 年不低于 10%，2015 年不低于 20%，2016 年不低于 30%；省属国有及国有控股企业集团本部购买的新能源汽车占当年配备更新车辆总量的比例不低于 20%，2017 年以后逐年提高新能源汽车推广应用比例。

同日　全国公安机关爱民模范先进事迹报告会在北京召开，会上表彰了100个全国公安机关爱民模范集体、100名全国公安机关爱民模范。山西省有3个公安局基层单位、3名优秀民警获得表彰。荣获全国公安机关爱民模范集体的是：太原市公安局交通警察支队万柏林一大队、定襄县公安局季庄派出所、吕梁市公安消防支队孝义市大队。荣获全国公安机关爱民模范的是：平陆县公安局党委委员、治安大队大队长梁康，柳林县公安局留誉派出所指导员袁子捷，壶关县公安局鹅屋派出所指导员兼内勤申飞飞。

同日　太原铁路枢纽（北六堡）物流中心项目正式开工建设。该项目是三晋综合保税物流港和晋中现代物流产业园的核心项目，位于太中银铁路北六堡车站西北侧，距离太原市约15公里，距晋中市区约5公里，占地2919亩，总投资22亿元，建设工期18个月。项目以多式联运为切入点，将形成涵盖太原都市圈、辐射全省及陕北、蒙西的重要物流枢纽，近期运量1600万吨/年，远期运量预计达2150万吨/年。

30日　省政府办公厅印发《山西省黄标车及老旧车淘汰工作实施方案》。《方案》提出的总体目标是：2014年淘汰黄标车及老旧车21.6万辆，2005年底前注册的营运类黄标车2015年底前全部淘汰，2015年、2016年继续完成国家下达的黄标车及老旧车淘汰任务，2017年基本淘汰全省范围内的黄标车。截至2014年12月26日，通过开展集中整治清理黄标车及老旧车工作，全省已提前完成国务院下达的21.6万辆淘汰任务，共计淘汰黄标车及老旧车220623辆，完成任务总量的102.14%，超额完成4616辆。

同日　第二届国医大师表彰大会在北京召开，全国29名医生被授予“国医大师”荣誉称号。山西名医、山西中医学院教授、省针灸研究所原所长吕景山名列其中，是山西省获此殊荣的第一人。第一届国医大师表彰大会于2009年召开，有30名医生受表彰。

30～31日　山西省军民融合成果展示暨推进会在太原召开。会议围绕军民融合发展的新技术、新产品、新项目，开展了成果展示、对接交流、发展论坛等活动。

31日　省政府印发《关于贯彻落实＜社会救助暂行办法＞的实施意见》。该《意见》从完善最低生活保障、特困人员供养、受灾人员救助、医疗救助、教育救助、住房救助、就业救助、急难救助等8项制度和引导支持社会力量参与社会救助工作方面进行了规范，并从健全完善社会救助工作机制等方面提出了明确要求。

同日　中国摄影艺术发展专项基金设立。该专项基金是中国首个国家级摄影专项基金，为全国性公募基金，由中国摄影家协会与山西省晋中市、平遥县共同发起设立。在该基金框架下，中国摄影家协会与晋中市、平遥县将展开密切合作，合力打造平遥古城摄影艺术创作基地。

十一月

1日　省经信委发布14项节能地方标准，其中6项为强制性单位产品能耗限额标准，8项为推荐性标准，于2014年12月1日起实施。6项强制性单位产品能耗限额标准是：《煅烧煤系高岭土单位产品综合能耗限额》《日用陶瓷单位产品综合能耗限额》《高炉炼铁煤气放散率和炉顶余压发电量定额》《转炉炼钢煤气和蒸汽回收量定额》《白酒单位产品综合能耗限额》《食用植物油单位产品综合能耗限额》。8项推荐性标准是：《公共机构办公用房节能改造规范》《国家机关人均综合能耗定额》《发电企业能源管理体系实施指南》《水泥企业能源管理体系实施指南》《焦炭产品能耗监测方法》《水泥产品能耗监测方法》《节能技术改造项目节能量审核指南》《公路隧道节能照明设施验收与养护规范》。山西于2010年启动节能标准制定工作，先后出台了镁冶炼、电石、铁合金、水泥、氧化铝、电解铝、合成氨、烧碱、钢铁、风电法兰、铸钢件等27项单位产品能耗限额地方标准和推荐性标准。

3日　国务院公布第四批国家级非物质文化遗产代表性项目名录。山西有21项非遗项目入列。至此，山西共有157个非遗项目进入国家级名录，包括第一批32个项目、第二批64个项目和第三批40个项目。

4~5日　首届（2013年度）全国十佳文物保护工程评选终评会在北京召开，揭晓评选结果。山西高平市二郎庙保护修缮工程入选“全国十佳文物保护工程”。高平二郎庙是一处保存完整的道教建筑群，庙内共保存清代建筑14座，金代建筑1座，其中，建于金大定二十三年（1183年）的戏台是我国迄今为止发现的最早的戏剧舞台。2006年6月，高平二郎庙被公布为第六批国家重点文物保护单位。2008年被列入山西南部早期建筑保护工程项目。

5日 国家发改委等七部委联合公布了第一批通过验收的国家循环经济试点示范单位名单。山西省太原钢铁（集团）有限公司、山西焦化集团有限公司、山西焦煤集团西山煤矿总公司、山西潞安矿业（集团）有限公司、山西丰喜肥业（集团）股份有限公司、山西安泰集团股份有限公司6家企业入选。此前，2005年山西焦煤集团西山煤矿总公司、山西焦化集团有限公司2家企业入选并开展试点，2007年太原钢铁（集团）有限公司、山西潞安矿业（集团）有限公司、山西丰喜肥业（集团）股份有限公司、山西安泰集团股份有限公司4家企业入选并开始试点。

6日 省政府印发《关于加快发展现代保险服务业的实施意见》。发展目标是：到2020年，基本建成保障全面、功能完善、安全稳健、诚信规范、体系健全，与山西经济社会发展需求相适应的现代保险服务体系，使保险成为政府、企业、居民风险管理和财富管理的基本手段，成为提高保障水平和保障质量的重要渠道，成为政府改进公共服务、加强社会管理的有效工具。力争保险深度（保费收入/国内生产总值）达到5%，保险密度（保费收入/总人口）达到3500元/人。

同日 2014年“山西企业100强排行榜”发布。山西企业100强评选于2004年开始，已连续发布了10次。2014年山西企业100强评选，依据企业自愿申报的原则，选择2013年企业的营业收入、净利润、所有者权益、总资产、从业人数、纳税总额、研发费用等7项指标，并按照国际惯例以2013年企业的销售收入作为排名标准，经专家委员会审定评选。2014年山西企业综合100强总体保持了稳中有升的运行态势，100强销售（营业）收入总额2013年合计为20398.49亿元，比2012年度的营业收入总额增加了2529.55亿元，增长率为14.16%，年销售额1000亿元以上的企业共有8家。

同日 中国北车集团大同电力机车有限责任公司研制的和谐2F型大轴重电力机车在长治试验取得成功。这标志着我国在建铁路重载列车牵引重量达到质的飞跃，技术创新实现重大突破。

6日 太钢集团公司矿业分公司东山石灰石矿等25家企业被命名为“省级安全文化建设示范企业”。至此，全省已有34家企业被命名为“省级安全文化建设示范企业”。

9日 我省公布第一批省级低碳市县试点名单，确定在太原市、朔州市、大同市阳高县、忻州市忻府区、吕梁市文水县、晋中市昔阳县和祁县、阳泉市平定县、长治市黎城县和沁县、晋城市高平市和泽州县、临汾市古县、运城市万荣县和垣曲县等15个市县（区）开展试点工作。试点地区将进行先行先试，建立以低碳、绿色、环保、循环为特征的低碳产业体系、建立温室气体排放数据统计和管理体系。

11～12日　荷兰王国—中国山西农业企业对接会在晋中市举行。省内各地40余家企业、荷兰12家机构和企业负责人、代表，130余人参加对接会，双方企业或建立联系或达成合作协议，取得重要成效。荷兰是世界上第二大农产品出口国，花卉和园艺生产、设施农业、马铃薯加工、奶牛养殖、奶制品加工在世界都处于领先地位。

15～17日　第三届“万里茶道”与城市发展中蒙俄市长峰会在福建南平市武夷山市举行。峰会期间，山西晋中市祁县与武夷山市缔结为友好市县。17世纪，武夷茶与祁县商人结缘，成就了“万里茶道”的国际古商道。为纪念两地茶商共同谱写的辉煌历史，2006年5月晋中市政府与武夷山市政府在武夷山下梅村旁竖立了“晋商万里茶路起点”纪念碑。

16日　世界旅游城市市长联盟在河南郑州宣告成立。晋城市是山西唯一应邀参加世界旅游城市市长联盟的创盟成员。该联盟是在2014年中国（郑州）世界旅游城市市长论坛上，由来自国内和美国、英国、加拿大、德国等全球25个国家的63个城市的市长及代表共同签署《世界旅游城市市长联盟公约》创立的。

同日　中国山西首届国际旅行商采购大会在太原举行。由国家旅游局邀请，来自美国、英国、爱尔兰及北欧、瑞士、澳大利亚等32个国家和地区的旅行商240余人参加洽谈会、推介会。参加采购大会的旅行商还对晋祠、平遥古城、乔家大院、五台山、云冈石窟、悬空寺、应县木塔等山西旅游资源进行了考察。

17日　国家住建部、国家文化部等七部局联合公布第三批994个中国传统村落名录。山西有59个村落位列其中。至此，山西共有中国传统村落129个。

20日　“2014年山西省百姓最放心食品品牌大型公益调查活动”结果揭晓，“六味斋”等90个品牌、“山西杏花村汾酒集团有限公司”等85个企业品牌、“运城空港大酒店”等20个酒店品牌、“贺老人羊杂割”等19个餐饮品牌，分别被授予“2014年山西省百姓最放心食品品牌”“2014年山西省道德诚信食品企业”“2014年山西省百姓最放心大众化酒店品牌”和“2014年百姓最放心大众化餐饮品牌”荣誉称号。该项调查活动于6月23日启动，经过百姓海选，短信、微信、问卷投票，大范围、深层次、全方位向百姓征集意见，结果由组委会根据百姓投票、专家评审团意见、公示无异议之后确定。2014年调查活动，是继2013年之后全省开展的第二次调查活动。

同日 全省煤矿隐患排查治理行动动员部署电视电话会议召开。会议对全省开展此项行动进行了安排部署，主要任务是从11月至2015年6月全省集中近万名煤矿专业技术及管理人员，对1077座煤矿开展隐患排查治理。

同日 国家能源充填采煤技术重点实验室山西工作站成立。继山东、河北之后，山西是第三个被确定为全国实施煤矿充填开采技术的重点推广地区。煤炭充填开采是保护地下水系，控制顶板岩层及地表沉陷，减少矸石山用地的新型采煤技术。该工作站的建立为全省煤矿企业充填开采技术科研和技术的实施，创造了有利平台。

同日 太行三村生态博物馆暨豆口认知中心正式挂牌开放。太行三村生态博物馆，以村寨为单位，融山区生态景观和山民文化主题为一体，是我国北方汉民族地区第一家“活体博物馆”、山西省首座生态博物馆。豆口认知中心是由一座建于20世纪50年代的三层阁楼式人民礼堂改造而成，建筑面积450.82平方米，陈展内容再现了享誉晋冀豫三省交界的民俗红火。

同日 国家质检总局公布全国188个国家级出口食品农产品质量安全示范区名单。山西新增了2个示范区，分别是隰县出口水果质量安全示范区和汾阳市出口核桃质量安全示范区。此前，山西已有7个国家级出口食品农产品质量安全示范区，分别是：万荣县出口果品质量安全示范区、永济市出口芦笋质量安全示范区、临猗县出口水果质量安全示范区、吉县出口苹果质量安全示范区、岢岚县出口红芸豆质量安全示范区、祁县出口酥梨质量安全示范区、平陆县出口苹果质量安全示范区。总数量居全国第5位。

22~23日 2014山西·太原人才智力交流大会举行。大会吸引3万多人进场求职，达成就业意向1.8万人次。太原人才智力交流大会是山西规模最大、层次最高、影响最广的综合性人才智力交流活动，始办于2012年。

23～27 日 国家教育督导检查组在山西督导检查 21 个县（市、区）义务教育发展基本均衡工作，评估均达到国家规定的义务教育发展基本均衡县（市、区）认定标准。21 个县（市、区）包括：大同市新荣区，阳泉市矿区、郊区、盂县，晋城市城区、高平市、阳城县，朔州市平鲁区，晋中市榆次区、介休市、榆社县、左权县、寿阳县、太谷县、灵石县，运城市永济市、临猗县、垣曲县，临汾市安泽县、浮山县，吕梁市孝义市。此前，太原市迎泽区于 2013 年率先通过了国家义务教育发展基本均衡认定。

24 日 朔州安荣至忻州原平 220 千伏输变电Ⅱ线顺利投运。该线全长 83.49 千米，投资 7000 余万元，是 2014 年山西投资最大的电网技改工程。

24～28 日 省十二届人大常委会第十六次会议召开。会议审议通过了《山西省建设工程抗震设防条例》《山西省专利实施和保护条例》（新修订）和《关于修改部分地方性法规的决定》《关于废止部分地方性法规的决定》。新制定的《山西省建设工程抗震设防条例》和新修订的《山西省专利实施和保护条例》自 2015 年 1 月 1 日起实施。《关于修改部分地方性法规的决定》对 11 件地方性法规进行了部分修改，包括《山西省职工劳动权益保障条例》《山西省农民工权益保护条例》《山西省废旧金属收购业治安监督管理暂行条例》《山西省安全技术防范条例》《山西省涉及国家安全事项建设项目管理条例》《山西省水路交通管理条例》《山西省爱国卫生管理条例》《山西省公民献血条例》《山西省农业投资条例》《山西省基本农田保护条例》《山西省燃气管理条例》。《关于废止部分地方性法规的决定》，废止了 8 件地方性法规，包括《山西省市县区人民代表大会组织通则》《山西省工业劳动卫生管理条例》《山西省保护公民举报权利的规定》《山西省个体经营户和私营企业管理条例》《山西省实施〈中华人民共和国母婴保健法〉办法》《山西省行政事业性收费管理条例》《山西省预算外资金管理条例》《山西省焦化产业管理条例》。《关于修改部分地方性法规的决定》和《关于废止部分地方性法规的决定》于 11 月 30 日在《山西日报》发布施行。

25 日 2014 年中国百强福利企业评选揭晓。该项评选活动由中国社会福利协会组织开展。山西有 6 家企业位列其中，分别是太钢福利总厂、太原西山福利厂、山西阳煤平喜肥业（集团）有限责任公司包装分公司、山西鑫源电线电缆有限责任公司、清徐县通达稀土金属材料责任公司、交城县山河活性炭有限公司。

27日 全省煤炭焦炭公路销售体制改革动员部署电视电话会议召开。会议对全省贯彻实施《山西省煤炭焦炭公路销售体制改革方案》进行了动员部署。该《方案》于26日印发，主要任务是：从2014年12月1日起，全部取消相关企业代行的煤炭、焦炭公路运销管理行政授权，全部取消煤炭、焦炭公路运销票据，全部撤销省内煤炭、焦炭公路检查站、稽查点；2014年12月31日前，省内各类公路煤炭、焦炭检查站、稽查点的岗楼、挡杆等设施全部拆除；妥善安置转岗职工，在改革过渡期间，做到一线职工不下岗、不欠薪、不减收、不断保；建立政府依法监管煤炭的信息平台，于2015年底前启动运行。

同日 第三批山西省学术技术带头人人选193名确定。山西省学术技术带头人是全省经济社会发展重点领域、优势产业、特色产业学术技术方面的领军人才。2012年第一批397人、2013年第二批202人入选学术技术带头人。入选山西省学术技术带头人的，可享受相应的人才政策支持，专项资金一次性发放特殊津贴2万元。

28日 全国旅游景区质量等级评定委员会发布公告，批准全国9个景区为国家5A级旅游景区。山西省晋中市乔家大院文化园区位列第一。今年5月，大同市华严寺景区、阳泉市桃林沟景区、晋城市阳城天官王府景区、朔州市崇福寺景区、忻州市定襄凤凰山景区、朔州市怀仁金沙滩景区、临汾市汾河公园景区、临汾市东岳庙景区、临汾市侯马彭真故居景区9个景区被全国旅游景区质量等级评定委员公布为国家4A级旅游景区。至此，山西省5A级旅游景区达到5个，分别是：五台山、云冈石窟、皇城相府、介休绵山和乔家大院景区；4A级景区达到73个。

29日 运（城）（灵）宝高速公路黄河大桥开工建设。运（城）（灵）宝高速公路黄河大桥是山西省高速公路规划网“三纵十二横十二环”中“西纵”的重要组成部分，也是国家高速公路规划网南北纵线呼和浩特至北海的重要组成环。该高速公路黄河大桥是打通晋西南和豫西北出境公路“断头路”的重要一环，投资概算9.65亿元，建设工期30个月。

同日 山西境内首趟旅游专列“晋善晋美·东湖号”从太原出发。该旅游专列纵跨山西南北，相继抵大同、临汾和平遥三地，总里程超过1200公里，历时两天，开创了集“吃、住、行、娱、游”五位于一体的“流动宾馆”旅游新模式。

30 日 全省学习讨论落实活动动员大会召开。会议对在全省各级党组织和广大党员干部中开展以“深入学习习近平总书记系列重要讲话精神，净化政治生态、实现弊革风清，重塑山西形象、促进富民强省”为主题的学习讨论落实活动进行了动员部署。活动从2014 年12 月开始到2015 年3 月底结束，学习讨论落实活动的主体是全省各级党组织和广大党员干部，重点是乡镇（街道）以上领导机关、领导班子和领导干部。

十二月

1 日 全省煤焦公路销售体制改革启动实施，取消企业代行的煤炭焦炭公路运销管理行政授权，取消全部煤炭焦炭公路运销票据，全部撤销省内煤炭焦炭公路检查站、稽查点。这标志着始于20 世纪80 年代，已经延续30 多年的山西煤炭焦炭公路销售管理体制、上千个煤检站正式退出历史舞台。

同日 全省开采原煤停止征收煤炭可持续发展基金。煤炭可持续发展基金是省政府为实现煤炭产业可持续发展而设立的基金，于2007 年开始征收。

同日 全国寻找“最美清洁工”公益活动在北京举行颁奖典礼。山西有3 名环卫清洁工人获全国“最美清洁工”殊荣，分别是太原市晋源区清运队清运女司机于荣改，阳泉市矿区环境卫生管理处清掏组赵泉祥，吕梁市柳林县城乡环境卫生管理中心环卫工张文燕。寻找“最美清洁工”公益活动，由中国中小商业企业协会清洁行业分会、山西省城市环境卫生协会等十余家行业协会于8 月共同发起，历时3 个月，最终评选出20 名全国“最美清洁工”。

同日 《山右丛书·初编》点校本发行暨捐赠仪式在太原举行。山右，乃山西之别称，因地处太行山屏障之右而得名。《山右丛书·初编》是在民国25 年（1936 年）山西文献委员会所编辑的《山右丛书初编》基础上，经山西省山右历史文化研究院组织学者做了多版本校勘、增补，由上海古籍出版社出版发行。

《山右丛书初编》是一部汇集晋人学术著作的大型古籍丛书，收入自唐迄清历代28 位晋籍学者、作家的重要著作38 种和附录5 种，共355 卷。《山右丛书·初编》点校编纂历时5年，收入上起隋唐下迄晚清31位晋籍学人著述32种和附录9种，共372卷，加标点及校勘记共计500余万字。

2日 省政府召开第65次常务会议，对《山西文华》丛书编纂出版工作作出部署。至此，被业界誉为山西“四库全书”的《山西文华》出版工程正式启动。该丛书分为“三编”：“著述编”，主要收录山西历代名人专著及今人有关晋文化的研究性著作；“史料编”，为山西历代文献汇集；“图录编”，为壁画、彩塑等山西文化遗产图集。丛书预计出版1500册，以3年为一期，分3期完成，并实现纸质出版与数字出版同步推进。

同日 品牌山西高峰论坛暨2014年度人物颁奖盛典在山西太原举行。论坛主题为“2014，谁为山西赢得尊敬”，全国业界泰斗、品牌专家、知名经济专家及山西省内300余家企业代表参会，交流探讨了山西品牌建设、市场营销等话题。论坛现场揭晓了首届“2014品牌山西年度人物功勋奖”“2014品牌山西十大年度人物”以及“2014品牌山西年度人物·元素大奖”三类奖项，38人获奖；宣布成立了品牌山西产业联盟。

3日 省政府印发《山西省省属国有企业财务等重大信息公开办法（试行)》。该《办法》规定，从2015年1月1日起，山西省省属国企将面向社会公开财务、企业生产经营情况、企业年度大额支出；公开董事等高管年薪、员工收入水平；公开企业领导公务用车配备、车贴发放等。这在全国省级行政区域中属首创。

3~5日 全国人大常委会副委员长、农工党中央主席陈竺在山西调研乡村医生队伍建设工作。

4日 应县木塔抢险加固工程开工启动。工程计划对应县木塔严重倾斜部位及严重残损构件进行研究性加固，于2016年6月竣工。应县木塔，高64.8米，建于辽清宁二年（1056年），至今已有958年的历史，全部架构均由卯榫咬合而成，千年承重数千吨而不下沉，这样的奇迹让应县木塔和法国埃菲尔铁塔、埃及金字塔一起蜚声世界。1989年，有关部门正式启动应县木塔的保护工程，但因修缮是采取落架、支撑还是抬升，一直争论了25年。

同日 省农科院主持的2012年国家星火计划重大项目——“内陆盐碱地改良与作物高产高效技术示范推广”项目，通过专家验收。这标志着山西和我国内陆盐碱地改良利用技术取得新突破。山西共有盐碱地450万亩，其中以大同盆地面积最大，达300万亩，占全省盐碱地面积的2/3以上，是最重要的后备耕地储备区域之一。省农科院在多年研究的基础上，2012年主持承担了国家星火计划重大项目——“内陆盐碱地改良与作物高产高效技术示范推广”项目，在山西省天镇、怀仁、山阴、应县、浑源等县建立20个不同类型的盐碱改良技术示范基地，辐射推广131万亩，实现了土壤改良和作物栽培全程机械化，使农作物增产12.8%～23.5%。该项目推广新技术21项，筛选出9种作物46个品种，制定技术规程12套，发布山西省地方标准6项；申请国家专利10项，其中1项获国家发明专利授权。该项目技术在山西推广的同时，已推广到新疆、甘肃、宁夏、内蒙古、吉林等地，并在商务部的支持下输出到阿尔及利亚。

5日　“山西省注册志愿者标识”应用推广及移风易俗倡议活动在太原市举行。“山西省注册志愿者标识”，是2014年初以来面向社会公开征集，经过相关部门、志愿者代表和平面设计专家的评审以及公证机构的公证，最终评选出来的。该标识将“山西”两字笔画变形为两条红色纽带，相互交织成为一颗大大的“爱心”，中间“手”的心形为全国志愿者标识，象征山西省注册志愿者的拳拳爱心，也表明山西省志愿者是全国志愿者的组成部分。标识寓意为“心心相印、心手相连”，既诠释了“奉献、友爱、互助、进步”的志愿精神，又突出了山西注册志愿者的特点。标识主色为正红色，表现了山西省注册志愿者火一般的热情与活力，也象征山西志愿服务事业薪火相传、红红火火。

同日　中午时分，运城市绛县、万荣、闻喜等地发生大面积震动。对此，运城市地震部门表示，从2005年起，运城类似现象时有发生，经监测，这种现象并非地震，初步推断是当地特殊地质构造造成的一种震动。

7日　省委十届六次全会在太原召开。会议听取了省委常委会工作报告，审议并通过《中共山西省委关于贯彻落实党的十八届四中全会精神加快推进法治山西建设的实施意见》，部署了当前和今后一个时期的工作，动员全省各级党组织团结带领广大党员干部和人民群众奋力开创弊革风清、富民强省的新局面。会议部署的当前和今后一个时期工作任务是：加快推进法治山西建设，为全省改革发展稳定提供坚强法治保障；实施“六权治本”，深入推进反腐败斗争；全面深化改革扩大对外开放，加快资源型经济转型综改试验区建设；适应经济发展新常态，着力推进“六大发展”；认真落实新时期从严治党要求，切实加强党的建设。其中，实施“六权治本”，即实施依法确定权力、科学配置权力、制度约束权力、阳光行使权力、合力监督权力、严惩滥用权力，从源头上把制度的“笼子”织密、编牢、扎紧，努力形成不能腐的长效机制。推进“六大发展”，即推进廉洁发展、转型发展、创新发展、绿色发展、安全发展、统筹发展，其中转型发展要做好煤炭和非煤产业发展“两篇大文章”。切实加强党的建设，即严明党的政治纪律，维护中央权威；落实“两个责任”，强化党风廉政建设；严把用人标准，匡正选人用人风气；强化日常监督，从严教育管理干部；坚决刹住“四风”，持续推进作风建设；狠抓基层党的建设，不断夯实基层基础；始终坚持思想建党，不断强化思想政治工作。此外，会议还鲜明地提出了大力弘扬山西源远流长的法治文化、博大精深的廉政文化、光耀千秋的红色文化的要求。省委十届六次全会是在山西处于重要历史关头召开的一次重要会议，是中央对省委班子作出重大调整后召开的第一次省委全会，对于推进山西改革发展，对于推进山西党的建设和法治山西建设，都具有重要而深远的意义。

同日 11时26分，太原卫星发射中心用长征四号乙运载火箭，成功将中国和巴西联合研制的地球资源卫星04星发射升空。中巴地球资源系列卫星是中国和巴西政府间开展的合作项目，由中国航天科技集团公司和巴西空间研究院联合研制，主要应用于国土、林业、水利、农情、环境保护等领域的监测、规划和管理。

8日 省政府印发《关于开展厂办大集体改革工作的实施意见》，对全省开展厂办大集体改革工作提出了具体的实施意见。

同日 中国煤炭工业协会和中国煤炭学会联合公布“2014年度中国煤炭工业协会科学技术奖”项目名单。山西煤炭企业主持和参与的项目斩获多项成果，获特等奖1项，二、三等各奖30多项。

8~10日 省管主要领导干部学习讨论落实活动专题研讨班在省委党校举办，全省360余名省管主要领导干部集中参加培训。

9日 省高院向社会发布2013年度全省法院行政案件司法审查情况报告（白皮书）。这是省高院首次公开发布行政审判白皮书。

同日 全国工商联社会扶贫工作座谈会在北京召开。山西省开展民企社会责任工作的经验和做法，在会上得到推广。

同日　大同展览馆平移1402米，在国内外建筑物平移领域创下了体量最大、平移量最大、行走路线最长的历史纪录。该览馆始建于1969年，总建筑面积1.82万平方米，总重量5.8万吨，是大同市承载历史记忆，具有代表性的现代建筑，平移工程启动于2012年6月。

11日　山西省“乡村好青年”发布暨首场分享会在太原市古交市举行。丁龙等28名优秀青年获得“乡村创富好青年”称号，徐键等22名优秀青年获得“乡村道德好青年”称号。该活动是团中央于2014年6月发起，由省、市、县、乡团组织共同推进的大型公益活动，旨在寻找、宣传农村青年身边的优秀典型，分享他们的故事，引导农村青年践行社会主义核心价值观，传递向上、向善的青春正能量。此次活动，全省有近12000名乡村青年参加。

同日　太原矿山机器集团有限公司生产的型钢生产线在危地马拉科马干姆公司建成并顺利过钢。太原矿山机器集团有限公司为危地马拉科马干姆公司生产型钢生产线的合同签订于2012年8月。该生产线是我国首次出口进入中美洲地区的型钢生产线，实现了冶金产品在中美洲市场零的突破。

12日　省委常委会召开会议，研究讨论《关于贯彻落实〈深化党的建设制度改革实施方案〉的意见（讨论稿）》。

同日　省政府印发《山西省加快发展生产性服务业促进产业结构调整升级实施方案》。发展目标是：推动重点行业领域加快发展，促进生产性服务业结构进一步优化，产业领域逐步拓宽，竞争力不断提升，生产性服务企业集中化、规模化、专业化和社会化程度大幅提高，形成融合配套、错位分工、优势互补的“天字形”生产性服务业空间发展格局。到2020年，全省生产性服务业增速不低于地区生产总值年均增速；服务业增加值占GDP的比重达到47%，生产性服务业占服务业比重逐年提高。空间布局是：遵循生产性服务业发展规律，依托大秦线、同蒲线、太焦线、太中银线、大西客运专线、石太客运专线等重大交通轴线，主动对接京津冀经济圈、环渤海经济圈、欧亚贸易通道、中原经济区和丝绸之路经济带建设，结合全省产业布局和城镇化发展，充分发挥区域比较优势，着力推动生产性服务业创新发展、集聚发展、多元发展，按照“天字形”布局生产性服务业，打造中部、北部和南部三大生产性服务业密集区。

15 日　省政府印发《山西省社会信用体系建设规划（2014—2020 年）》。总体目标是：到 2020 年，政务诚信、商务诚信、社会诚信、司法公信等四大重点领域诚信体系基本建立，覆盖全社会的征信系统框架基本建成。信用法规制度进一步完善，信用监管体系基本确立，试点行业和试点地区信用信息系统及网络平台基本建成，并带动其他行业信用体系建设深入开展，信用信息征集、整理、发布、使用等各环节运行机制基本建立，信用服务市场初具规模。与经济社会生活密切相关的社会信用奖惩联动机制发挥作用，诚实守信观念得到加强，全社会文明守信的良好风尚基本形成。

同日　全省公务用车制度改革电视电话会议召开。会议对 2015 年底前按时保质保量完成全省公务用车制度改革进行了动员部署。

同日　全省旅游市场秩序专项整治工作电视电话会议召开。会议对从 2014 年 12 月中旬开始至 2015 年 3 月底在全省开展此项工作进行了动员部署。

18 日　中国·山西首届医卫行业社会责任峰会在太原举行。该峰会是我国医卫行业首个以社会责任为主题的峰会，来自全省医疗卫生系统的部门领导、医院院长及省内外药企代表近 200 人参加。此次峰会成立了"山西医卫行业社会责任联盟"，并公布《山西医卫行业社会责任公约》，启动"三晋好医院""三晋好医生""三晋好护士"等寻找推举活动。

19 日　山西省 2013—2014 年度"安康杯"竞赛总结表彰暨经验交流会在太原召开。会议对全省 2013—2014 年度"安康杯"竞赛活动中涌现出来的先进集体和先进个人进行了表彰。"安康杯"是取"安全"和"健康"之意设立的安全生产荣誉奖杯，竞赛活动主要在企事业单位开展。2014 年，全省竞赛参赛企业达 14900 家，参加竞赛活动职工有 450 多万人。

22 日　第六届山西省十佳中青年科技工作者、第六届全国优秀科技工作者山西代表表彰大会在太原召开。大会表彰了 10 名第六届山西省十佳中青年优秀科技工作者、18 名第六届全国优秀科技工作者山西代表。山西省十佳中青年科技工作者评选始于 2004 年，每两年评选表彰一次，从山西省优秀科技工作者中择优遴选。山西省优秀科技工作者评选始于 2001 年，每两年评选表彰一次。第六届山西省十佳中青年优秀科技工作者遴选于 2014 年 11 月揭晓。"全国优秀科技工作者"评选始于 1997 年，第六届全国优秀科技工作者评选于 2014 年 12 月揭晓。

22～26日 2015年度中国（太原）煤炭交易大会暨煤炭高峰论坛举行。400多家大型企业、上千户交易商代表参会；此次大会举办了25场交易专场和专题会的交流洽谈会，签订年度交易合同6.54亿吨，其中，铁路5.54亿吨、公路1亿吨；中心新增注册交易商95户，总数达到9763户。

23日 省政府召开第67次常务会议。会议原则通过2015年财政收支计划建议、关于贯彻落实国家能源发展战略行动计划（2014—2020年）的实施意见、山西省市场主体住所（经营场所）登记管理办法。

24日 全省推进县级统战部门合署办公现场会在寿阳县召开。会议学习推广了寿阳县统战部、工商联、侨联合署办公的经验做法，对全省推进县级统战部门合署办公进行了安排部署。

同日 八路军研究会成立大会在太原举行。八路军研究会由126名开国将帅后代签名发起，于2014年9月在山西省正式注册成立。

同日 国家农业部、国家旅游局公布2014年全国休闲农业与乡村旅游示范县和示范点名单。山西省有1个县、3个点入选。分别是：阳城县、忻州市凤凰山生态植物园、阳泉市华北奕丰生态园、长治市襄垣富阳绿盈休闲农业观光示范园。此前，山西省已有清徐县、长治市郊区、运城市盐湖区、晋中市榆次区4个县（区）入选示范县；昔阳县大寨村、文水县苍儿会休闲农业园区、山西世泰湖休闲农业旅游开发中心、临汾市尧都区卧虎山特色农业文化旅游区、晋城市城区仕帝生态农业观光园、晋城市阳城县皇城生态农业区、太原市小店区华辰农耕园、吕梁市柳林县昌盛农场、曲沃县磨盘岭农业观光园、晋城市现代都市农业示范园10个点入选示范点。至此，山西省共有4个全国休闲农业与乡村旅游示范县，13个全国休闲农业与乡村旅游示范点。

25日 省政府办公厅印发《关于全面清理行政权力推行权力清单制度的通知》。《通知》要求，各级各部门在全面摸清底数的基础上，按照职权法定和简政放权的要求，对现有行政权力进行清理规范；凡是没有法律法规、规章等法定依据的行政权力一律予以取消。

26日 全省机关事业单位“吃空饷”问题治理工作电视电话会议召开。会议对在全省范围内开展此项工作进行了动员部署。

同日 山西与北京、天津、河北、山东、上海、安徽、江苏、浙江、江西、福建、湖南、辽宁、陕西13个省市高速公路ETC正式联网运行。

27日 第九届中国话剧金狮奖暨第六届戏剧奥林匹克奖颁奖典礼在太原举行。107个话剧艺术研究会理事单位、近300人参加，共颁发125个中国话剧金狮奖项和80个戏剧奥林匹克奖项。山西省话剧院共获得5项大奖，话剧《立春》获得金狮奖新剧目奖，话剧《美丽女孩》获得戏剧奥林匹克分会场展演代表剧目奖。“中国话剧金狮奖”创立于1989年，是当前中国话剧艺术唯一的专业奖项，评奖周期为3年。在太原举行金狮奖颁奖典礼，是金狮奖创立以来继2012年武汉之后第二次在京外举行。“戏剧奥林匹克”是唯一获准冠以“奥林匹克”殊荣的国际文化项目，是国际学术地位最高的戏剧交流活动和世界各国高水平戏剧演出、学术研讨的盛会。“第六届戏剧奥林匹克”于11月1日至12月25日在北京主会场与全国各地分会场举行。

29日 全省经济工作会议在太原举行。会议深入学习贯彻落实习近平总书记系列重要讲话精神，贯彻落实中央经济工作会议和省委十届六次全会精神，分析了新常态下全省经济发展面临的形势，总结了2014年经济工作，对2015年经济工作任务进行了安排部署。

同日 山西省首个海运码头——太重集团自建重件码头在天津港正式启用。该码头于2013年8月1日开工建设，是京津冀地区承载力最大的海运码头，拥有30000吨重件出运通道。

同日 省委办公厅印发《关于对违规收送礼金、红包问题开展专项整治的通知》，决定从即日起到2015年3月10日，对全省各机关、团体、事业单位和各国有（含国有控股）企业、金融机构的党员、干部违规收送礼金、红包问题开展专项整治。

30日 省委召开市委书记、工（党）委书记抓基层党建工作专项述职会议，评议各市市委书记和工（党）委书记抓基层党建工作情况。

同日 省政府召开第68次常务会议，研究讨论并原则通过《关于进一步推进户籍制度改革的实施意见》。该《意见》提出了统一全省城乡户口登记制度、全面实施居住证制度的改革任务和措施。

同日 省高院在太原公开宣判一起发回吕梁中院重审的民事案件。该次宣判，在全国法院系统首次公开了发回重审的详细理由和具体依据，标志着省高院全面启动发回重审案件的司法公开改革。

30～31 日　省十二届人大常委会第十七次会议在太原召开。会议决定任命刘杰为山西省副省长。

31 日　全国爱卫会发出《关于 2014 年国家卫生城市（区）、乡镇（县城）复审结果的通报》，山西省长治市被重新确认为国家卫生城市，长治市长治县城、襄垣县城、屯留县城、长子县城和忻州市繁峙县城、临汾市古县北平镇被重新确认为国家卫生县城（镇）。至此，山西省已有长治市、晋城市、长治市辖潞城市，共 3 个国家卫生城市；有朔州市怀仁县城，忻州市繁峙县城、定襄县城、河曲县城、五台县城、宁武县城、保德县城，吕梁市岚县县城，晋中市灵石县城、左权县城，长治市长治县城、襄垣县城、屯留县城、长子县城、黎城县城、壶关县城、平顺县城、武乡县城、沁源县城，临汾市古县县城、洪洞县城，共 21 个国家卫生县城；忻州市忻府区奇村镇、宁武县东寨镇、定襄县河边镇、五台县台怀镇、繁峙县砂河镇，临汾市古县石壁乡北平镇，共 7 个国家卫生镇。

31 日　国家林业局批复同意山西省长子县精卫湖湿地公园、运城市稷山县汾河湿地公园、吕梁市孝义市孝河湿地公园、忻州市静乐县汾河川湿地公园开展国家湿地公园试点建设。此前，山西已有 8 处国家湿地公园开展试点建设，包括 2011 年被批准的运城市垣曲县古城湿地公园、晋城市沁县千泉湖湿地公园、晋中市祁县昌源湿地公园，2013 年被批准的临汾市襄汾县双龙湖湿地公园、吕梁市文水县文峪河国家湿地公园、晋中市介休市汾河国家湿地公园，2014 年初批准的大同市浑源县神溪湿地公园、长治市沁源县沁河源湿地公园。至此，山西共有 12 处国家湿地公园。

本年全省实现地区生产总值 12759. 4 亿元，增长 4. 9%。人均地区生产总值 35064 元，按 2014 年平均汇率计算为 5708 美元。公共财政收入 1820. 1 亿元，增长 7. 0%。粮食产量 1330. 8 万吨，增加 18. 0 万吨，增产 1. 4%。年末规模以上工业企业有 3720 家，减少 226 家。规模以上工业增加值增长 3. 0%。原煤产量 9. 27 亿吨，下降 3. 4%；发电量 2642. 8 亿千瓦时，增长 0. 7%。规模以上工业企业焦炭产量 8722. 3 万吨，下降 3. 5%；钢材产量 4701. 0 万吨，增长 4. 8%。向省外运输煤炭 6. 6 亿吨，增长 7. 6%；向省外输送电力 820. 2 亿千瓦时，增长 3. 4%；向省外运送焦炭 7281. 18 万吨，增长 12.4%。全社会固定资产投资 12354.5 亿元，增长 11.5%。全省社会消费品零售总额 5549.9 亿元，增长 11.3%。年末全省公路线路里程 14.0 万公里，其中高速公路 5011.1 公里。年末全省常住人口 3647.96 万人，比 2013 年末增加 18.16 万人，增长率为 0.50%。年末全省森林面积 282.4 万公顷，森林覆盖率 18.0%。

附　录

2014 年山西省国民经济和社会发展统计公报

2014 年，面对严峻复杂的经济形势，全省上下在省委、省政府的坚强领导下，坚持稳中求进和改革创新，主动适应经济发展新常态，认真做好稳增长、促改革、调结构、惠民生、防风险各项工作，全省经济发展总体平稳，人民生活水平稳步提高，社会保持和谐稳定，全面建成小康社会迈出坚实步伐。

一、综合

据 2014 年人口抽样调查，年末全省常住人口 3648 万人，比上年末增加 18 万人。全年全省出生人口 39.7 万人，人口出生率 10.92‰；死亡人口 21.6 万人，死亡率 5.93‰；自然增长率 4.99‰。

初步核算，全年全省生产总值 12759.4 亿元，按可比价格计算，比上年增长 4.9%。其中，第一产业增加值 788.1 亿元，增长 3.8%，占生产总值的比重 6.2%；第二产业增加值 6343.3 亿元，增长 3.7%，占生产总值的比重 49.7%；第三产业增加值 5628.0 亿元，增长 7.0%，占生产总值的比重 44.1%。

人均地区生产总值 35064 元，按 2014 年平均汇率计算为 5708 美元。

全年全省公共财政收入 1820.1 亿元，增长 7.0%。税收收入 1133.8 亿元，下降 0.3%，其中国内增值税、营业税、企业所得税、个人所得税、资源税和城建税共计完成税收 924.4 亿元，下降 4.3%。公共财政支出 3096.3 亿元，增长 2.2%。其中，教育、医疗卫生、社会保障和就业、住房保障、公共交通运输、节能环保、城乡社区事务等民生支出 2583.1 亿元，增长 3.1%，民生支出占全省公共财政支出的比重 83.4%。

居民消费价格比上年上涨 1.7%，其中，食品价格上涨 2.8%。商品零售价格上涨 0.6%。固定资产投资价格下降 0.4%。工业生产者出厂价格下降

8.6%，其中生产资料价格下降9.0%，生活资料价格上涨1.3%。工业生产者购进价格下降3.8%。农业生产资料价格下降0.8%。

全年全省城镇新增就业51.4万人。转移农村劳动力37.7万人。年末城镇登记失业率3.4%。

二、农业

全年全省农作物种植面积3840.5千公顷，比上年减少57.8千公顷。其中，粮食种植面积3286.4千公顷，增加12.1千公顷；油料种植面积129.7千公顷，减少10.6千公顷；棉花种植面积18.7千公顷，减少4.7千公顷。在粮食种植面积中，玉米种植面积1676.5千公顷，增加6.5千公顷；小麦种植面积673.9千公顷，减少3.6千公顷。

全年粮食产量1330.8万吨，增加18.0万吨，增产1.4%。其中，夏粮260.3万吨，增产12.3%；秋粮1070.5万吨，减产1.0%。

全年完成造林307.9千公顷，增长1.7%。其中，荒山荒地造林面积303.5千公顷，增长1.6%。全年木材产量15.6万立方米，增长31.2%。

全年全省猪牛羊肉总产量76.7万吨，增长5.6%。其中，猪肉产量64.2万吨，增长4.9%；牛肉产量5.8万吨，增长11.5%；羊肉产量6.7万吨，增长8.1%。年末生猪存栏514.7万头，生猪出栏837.3万头。牛奶产量96.2万吨，增长11.6%。禽蛋产量83.7万吨，增长4.8%。水产品产量5.1万吨，增长12.3%。

年末全省农业机械总动力3286.2万千瓦，增长3.2%。机械耕地面积2683.1千公顷，增长2.8%；机械播种面积2622.3千公顷，机械收获面积1810.7千公顷，分别增长4.2%和6.3%。全省农机化经营总收入131.1亿元，增长7.6%。

三、工业和建筑业

年末全省规模以上工业企业3720家，减少226家。全年规模以上工业增加值增长3.0%。

全社会发电量2642.8亿千瓦时，增长0.7%。规模以上工业企业焦炭产量8722.3万吨，下降3.5%；钢材产量4701.0万吨，增长4.8%。

规模以上工业企业实现主营业务收入 17119.9 亿元，下降 6.1%。其中，装备制造和医药工业分别实现主营业务收入 1582.1 亿元和 158.9 亿元，分别增长 9.4% 和 14.8%；煤炭、焦炭、冶金、电力、化学、建材和食品工业分别实现主营业务收入 6781.0 亿元、1026.4 亿元、3768.2 亿元、1597.2 亿元、844.9 亿元、358.6 亿元和 701.4 亿元，分别下降 8.0%、21.9%、8.3%、0.6%、2.8%、3.0% 和 1.0%。

规模以上工业实现利税 973.4 亿元，下降 32.6%；实现利润 210.6 亿元，下降 61.4%。

全年全省建筑业实现增加值 825.7 亿元，增长 7.1%。具有建筑业资质等级的总承包和专业承包建筑业企业实现利润 90.2 亿元，增长 0.6%。

四、能源

全年全省一次能源生产折标准煤 7.2 亿吨，增长 2.4%；二次能源生产折标准煤 4.9 亿吨，增长 1.0%。

全年全省向省外运输煤炭 6.6 亿吨，增长 7.6%。在外运煤炭中，铁路运输 5.0 亿吨，增长 4.7%；公路运输 1.6 亿吨，增长 17.8%。向省外输送电力 820.2 亿千瓦时，增长 3.4%。

全年全省全社会用电总量 1822.6 亿千瓦时。其中，第一产业用电 37.9 亿千瓦时，占全社会用电量 2.1%；第二产业用电 1471.5 亿千瓦时，占 80.7%，其中工业用电 1452.1 亿千瓦时；第三产业用电 160.1 亿千瓦时，占 8.8%；城乡居民生活用电 153.3 亿千瓦时，占 8.4%。

五、固定资产投资

全年全社会固定资产投资 12354.5 亿元。其中，固定资产投资（不含跨省、农户）11977.0 亿元，增长 11.5%。

在固定资产投资（不含跨省、农户）中，国有及国有控股投资 4858.7 亿元，下降 0.2%；民间投资 6977.5 亿元，增长 20.5%。

分登记注册类型看，内资企业和个体经营投资 11800.0 亿元，增长 11.2%；外商及港澳台商企业投资 177.0 亿元，增长 33.2%。

分产业看，第一产业投资 887.7 亿元，增长 34.5%；第二产业投资

5009.5 亿元，增长 7.6%；第三产业投资 6079.8 亿元，增长 12.0%。

全省工业投资 5054.0 亿元，增长 7.5%。其中，煤炭工业投资 1088.1 亿元，下降 6.0%，非煤产业投资 3965.8 亿元，增长 12.0%；传统产业（煤炭、焦炭、冶金、电力）投资合计 2303.9 亿元，增长 4.0%，非传统产业投资合计 2750.1 亿元，增长 10.6%。

全年全省在建固定资产投资项目 12815 个。其中，亿元以上项目 3541 个，计划总投资 23149.6 亿元，完成投资 7631.2 亿元。

全年房地产开发投资 1403.6 亿元，增长 7.3%。其中，住宅投资 1010.7 亿元，增长 5.4%；商业营业用房投资 191.3 亿元，增长 4.8%。

六、国内贸易

全年全省社会消费品零售总额 5549.9 亿元，增长 11.3%。按经营地统计，城镇消费品零售额 4600.8 亿元，增长 11.2%；乡村消费品零售额 949.1 亿元，增长 11.7%。按消费形态统计，商品零售额 5036.7 亿元，增长 11.5%；餐饮收入额 513.2 亿元，增长 9.2%。

七、对外经济

全年全省海关进出口总额 162.5 亿美元，增长 2.9%。其中，进口额 73.1 亿美元，下降 6.3%；出口额 89.4 亿美元，增长 11.8%。

全年出口煤炭 45.0 万吨，下降 57.2%；出口焦炭 98.9 万吨，增长 81.3%；出口镁及其制品 8.8 万吨，增长 57.4%；出口钢材 144.2 万吨，增长 87.2%，其中不锈钢 61.5 万吨，增长 67.1%。出口机电产品 51.1 亿美元，增长 10.0%；出口高新技术产品 37.6 亿美元，增长 16.6%。

全年进口铁矿砂 1616 万吨，下降 31.1%，进口金额 15.5 亿美元，下降 47.7%；进口机电产品 28.6 亿美元，增长 34.2%。

全年全省新设立外商直接投资企业 50 家；按全口径统计实际使用外商直接投资金额 29.5 亿美元，增长 5.2%。

全年全省对外经济合作新签合同额 3.5 亿美元，增长 47.0%，完成营业额 7.4 亿美元，下降 4.0%。

八、交通、邮电和旅游

年末全省公路线路里程14.0万公里，其中高速公路5011.1公里，与上年末持平。

年末全省民用汽车保有量429.8万辆（包括三轮汽车和低速货车5.5万辆），比上年末增长3.4%，其中私人汽车372.3万辆，增长14.0%。本年新注册汽车58.8万辆，下降1.7%。年末轿车保有量255.0万辆，增长15.8%，其中私人轿车234.8万辆，增长17.9%。

全年全省完成邮电业务总量431.2亿元，增长11.4%。其中，邮政业务总量36.6亿元，增长7.2%；电信业务总量394.6亿元，增长11.8%。年末移动电话用户3332.3万户，其中，3G移动电话用户1139.6万户。全省宽带接入用户571.1万户，增长9.6%。

全年全省商业住宿设施接待入境过夜游客56.5万人次，接待国内旅游者3.0亿人次，分别增长4.9%和21.7%；旅游外汇收入2.8亿美元，国内旅游收入2829.3亿元，旅游总收入2846.5亿元，分别增长5.1%、25.5%和23.5%。

九、金融

年末全省金融机构本外币各项存款余额26942.9亿元，比年初增加675.5亿元，比年初增长2.6%。各项贷款余额16559.4亿元，比年初增加1488.0亿元，增长9.9%。

年末全省农村金融合作机构（农村信用社、农村合作银行、农村商业银行）人民币贷款余额3367.6亿元，比年初增加232.6亿元，增长7.4%；人民币存款余额5268.2亿元，比年初增加254.9亿元，比年初增长5.1%。

年末全省共有上市公司35家。全省辖区证券市场各类证券成交额20465.5亿元，增长67.7%。其中股票成交额14037.0亿元，增长77.4%；基金成交额730.0亿元，增长228.6%；债券成交额5698.5亿元，增长39.9%。年末投资者资金账户累计开户数179.5万户，增长9.0%。

全年全省保费收入465.4亿元，增长12.9%。其中，寿险业务保费收入271.9亿元，增长13.4%；健康险业务保费收入28.7亿元，增长42.4%；意外险业务保费收入 8.7 亿元，增长 9.4%；财产险业务保费收入 156.0 亿元，增长 7.9%。全年支付各类赔款及给付 182.5 亿元，增长 7.8%。

十、教育和科学技术

年末全省共有幼儿园 6183 所，增加 301 所；小学 6885 所，减少 2061 所；普通初中 1919 所，减少 72 所；普通高中 499 所，减少 5 所；中等职业学校 526 所，增加 19 所；普通高等学校 71 所，增加 1 所；成人高等学校 12 所，与上年持平。全省学前三年毛入园率 86.0%，小学学龄儿童净入学率 99.9%，高中阶段毛入学率 93.0%，全省高等教育毛入学率 37.0%。

全年全省专利申请量与授权量分别为 15684 件和 8372 件，分别下降 16.8% 和 2.3%；其中发明专利申请量与授权量分别为 6107 件和 1559 件，分别增长 1.4% 和 17.0%。全年新登记科技成果 383 项。获得国家科学技术奖 6 项。国家认定企业技术中心 26 家。省级企业技术中心 208 家。按照国家高新技术企业认定办法，年末累计高新技术企业 520 家。

全省 25 个经济开发区（包括高新区）入区企业 17218 家，其中 500 强投资企业 107 家。区内税收收入 191.5 亿元，增长 18.9%；企业主营业务收入 5895.3 亿元，增长 8.6%。

年末全省共有省、市、县产品质量监督检验和计量检定技术机构 220 个，国家检测中心 5 个。监督抽查了 1882 家企业 59 类 249 种 11484 批次的产品和商品。全年完成强制检定计量器具 182 万台件。

全省有气象台站 121 个，全省开展电话天气自动答询的台站 121 个。全省气象系统开展人工影响天气业务的单位 116 个，防雹、增雨累计受益面积 224.9 万平方公里，增雨量 30.4 亿立方米。全省有天气预报服务 Intel 网站 4 个，卫星云图接收站 15 个。

全省有专业综合地震台站 10 个，省级地震台网中心 1 个，省级数字测震地震台网 1 个。全年 M3.0 ~ M3.9 级地震 7 次，M4.0 ~ M4.9 级地震 0 次，最大震级 M3.7 级。

十一、文化、卫生和体育

年末全省共有群众艺术馆 12 个，文化馆 119 个，文化站 1407 个（其中：

乡镇综合文化站 1196 个），农村文化活动场所 2.8 万个。专业艺术表演团体 163 个。公共图书馆 118 个。出版报纸 60 种（不含高校校报）20.5 亿份，各类杂志 198 种、3215.8 万册，各类图书 5306 种、11908.5 万册。广播电视台 114 座，电视台 2 座，中短波转播发射台 15 座，调频转播发射台 119 座，一百瓦以上电视转播发射台 145 座。广播人口覆盖率 98.04%，电视人口覆盖率 98.95%，有线电视用户 514.8 万户。山西影视集团拍摄的电影《黄河喜事》荣获第 14 届韩国光州国际电影节"最受观众喜欢影片奖"；电视剧《幸福生活万年长》荣获中宣部第十三届精神文明建设"五个一工程"优秀作品奖。

年末全省共有卫生机构（含诊所、村卫生室）40744 个，床位 18.1 万张。卫生防疫、防治机构 134 个，妇幼保健院（所、站）133 个。全省卫生机构共有卫生技术人员 21.0 万人；卫生院卫生技术员 2.3 万人，社区卫生服务中心（站）卫生技术人员 1.1 万人，其中农村乡镇卫生院 2.0 万人；防疫、防治卫生技术员 0.4 万人，妇幼保健（所、站）卫生技术人员 0.6 万人。全省 115 个县（市、区）开展了新型农村合作医疗工作，有 2191.2 万农民参加了合作医疗。

全省有体育场 99 个，体育馆 87 个。全年全省运动员在国内外重大比赛中获金、银、铜牌分别为 75 枚、62 枚和 46 枚（包括非奥运项目比赛）。全省销售中国体育彩票 19.0 亿元，增长 21.5%。

十二、人民生活和社会保障

全年居民人均可支配收入 16538 元，增长 9.4%。按常住地分，城镇居民人均可支配收入 24069 元，增长 8.1%，城镇居民人均消费支出 14637 元，增长 6.4%；农村居民人均可支配收入 8809 元，增长 10.8%，农村居民人均消费支出 6992 元，增长 8.3%。城镇占调查总户数 20% 的低收入家庭人均可支配收入 9487 元，增长 9.1%；农村占人口 20% 的低收入者收入 2719 元，增长 13.4%。城镇居民家庭恩格尔系数（即居民家庭食品消费支出占家庭消费支出的比重）26.0%，农村居民家庭恩格尔系数 29.4%。

年末参加城镇职工基本养老保险 692.0 万人，增加 19.5 万人；参加城乡居民社会养老保险 1537.4 万人，增加 3.7 万人；参加城镇基本医疗保险 1100.7 万人，增加 14.4 万人；参加失业保险 407.7 万人，增加 7.0 万人；参加工伤保险 563.1 万人，增加 14.2 万人；参加生育保险 454.2 万人，增加 8.6 万人。

全年得到城市最低生活保障救济人数 72.6 万人，全年共发放城市最低保障资金 26.3 亿元。16 万人纳入农村五保供养。

年末全省城镇有各种社区服务设施 3227 个，其中综合性社区服务中心 529 个，各类收养性单位床位数 72110 张，收养人数 4.1 万人，国家抚恤、补助各类优抚对象 18.2 万人。全年销售福利彩票 40.9 亿元，筹集社会福利资金 11.9 亿元，接受社会捐赠款 0.1 亿元。

十三、资源、环境和安全生产

年末全省 10 座大型水库蓄水总量为 10.4 亿立方米。

年末全省森林面积 282.4 万公顷，森林覆盖率 18.0%。

按《环境空气质量指数（AQI）技术规定（试行）（HJ633－2012）》评价，太原市环境空气达标天数 197 天；其余 10 个地级城市环境空气达标天数范围在 96～300 天。

黄河、海河流域山西段共监测 96 个断面，达到Ⅲ类以上水质标准的断面占 47.9%，达到Ⅳ类水质标准的断面占 24.0%，达到Ⅴ类水质标准的断面占 3.1%，有 25.0% 的断面超过Ⅴ类水质标准。

全年各类自然灾害造成直接经济损失 51.1 亿元，减少 66.5%；农作物受灾面积 72.0 万公顷，减少 60.4%，其中，绝收面积 11.4 万公顷，减少 55.4%。

全年全省共发生各类生产经营性事故 1947 起，下降 9.1%；死亡 1127 人，下降 4.7%。全年全省煤炭百万吨死亡率 0.036%。

公报注释：

1. 本公报部分数据为初步统计数据。

2. 地区生产总值、各产业增加值绝对数按现价计算，增长速度按不变价格计算。

3. 除注明外，所有增长或下降速度均为同上年相比较。

4. 部分数据因四舍五入的原因，存在与分项合计不等的情况。

5. 邮电业务总量（包括邮政业务总量和电信业务总量）按 2010 年不变价

计算。

6. 森林资源数据为2010 年山西省第六次森林资源清查结果。

7. 考虑到我国劳动年龄下限为16 周岁，从2014 年开始公布16～59 岁（含不满60 周岁）人口数据。即人口构成中“0～14 岁”和“15～59 岁”指标变动为“0～15 岁（含不满16 周岁）”和“16～59 岁（含不满60 周岁）”。

8. 节能降耗指标将单独发布。

9. 2012 年第四季度，国家统计局实施了城乡一体化住户调查改革。原有指标“农村居民人均纯收入”和“城镇居民人均可支配收入”变更为“居民人均可支配收入”“城镇居民人均可支配收入”和“农村居民人均可支配收入”。

山西省统计局 国家统计局山西调查总队

2015 年2 月27 日

后 记

《山西省情报告（2015）》，是省地方志办公室牵头，联合省政府发展研究中心、省社科院、省发改委宏观研究院、省统计局和各市有关部门的专家、专业工作者，在2014年启动按年度序列研究省情的“创新工程”并研创出版《山西省情报告（2014）》之后，研创出版的第二部《山西省情报告》。该年度“创新工程”课题，由省地方志办公室主任李茂盛研究员主持，副主任张晓光分管日常工作，具体由专志处处长冯林平研究员统筹研究和组织团队开展研究。

课题研究按照总体与部分相结合的方式展开，冯林平负责总体研究和部分子课题的研究，其他成员按分工负责各子课题的研究和参与研究。各部分子课题初稿完成后，冯林平逐一对各项子课题初稿进行了审改和充实提高，形成送审稿，送有关领导和专家审读、审改。省社科院资深研究员谭克俭对课题研究给予了有力指导，审改了部分文稿。省地方志办公室综合处处长杨建中研究员参与了课题的论证和研讨。省地方志办公室副主任赵群虎、刘益龄审改了部分文稿。李茂盛、李劲民、张晓光审改了全部文稿，李茂盛最后审定。

全省性各项子课题具体研究和撰写者是：地理历史、政治建设，冯林平；经济建设，冯林平和崔鸿雁、李刚、刘琪（省发改委宏观研究院）；文化建设，冯林平、郭秀兰（省社科院）；社会建设，冯林平、李小伟（省社科院）；生态建设，冯林平、崔晋生（省社科院）；居民生活，崔云朋（省政府发展研究中心）、冯林平；发展比较，陈培文、田振兴（省统计局）；大事纪要，冯林平、高利佳。各市子课题的研究，由冯林平设计框架，指导并与各市子课题研创人员一起协同研创撰稿。各市子课题具体参与研究撰写者是：魏建庭和李芳（太原市政府发展研究中心）、史波和康辰（大同市政府发展研究中心）、赵金山和曹刚（朔州市政府发展研究中心）、薛双平和冯德生（忻州市政府发展研究中心）、张红刚和曹俊伟（阳泉市政府发展研究中心）、王文立和任彦怀（吕梁市政府发展研究中心）、赵献春和赵永宏（晋中市发改委）、孙曙英和王爱军（长治市政府办公厅）、邵俊生和李娜（晋城市地方志办公室）、靳水旺和李艳杰（临汾市地方志办公室）、雷英铎和武建华（运城市地方志办公室）。

课题的研究，得到了省直有关部、委、厅、局和各市有关部门的大力支持和帮助，同时参阅了相关研究者的文献资料。在文稿通改、通审、修改、编辑过程中，省地方志办公室专志处调研员吴晓峰、主任科员刘瑞花和实习研究生高利佳、张超帮助查阅、核实了有关资料，校对了全部文稿。在文稿送审出版过程中，社会科学文献出版社的领导给予了热情帮助，责任编辑陈颖对书稿进行了认真编校。在此一并表示感谢。

受资料、水平所限，书中疏漏舛误之处在所难免，希望读者批评指正。

课题组

2015 年 11 月

图书在版编目(CIP)数据

山西省情报告.2015/李茂盛，李劲民主编.—北京:社会科学文献出版社,2015.12
（山西省情智库丛书）
ISBN 978-7-5097-8628-4

Ⅰ.①山… Ⅱ.①李… ②李… Ⅲ.①区域经济发展-研究报告-山西省-2015 ②社会发展-研究报告-山西省-2015 Ⅳ.①F127.25

中国版本图书馆CIP数据核字(2015)第308608号

·山西省情智库丛书·
山西省情报告(2015)

主　　编／李茂盛　李劲民

出 版 人／谢寿光
项目统筹／陈　颖
责任编辑／陈　颖　陈晴钰

出　　版／社会科学文献出版社·皮书出版分社(010)59367127
地址：北京市北三环中路甲29号院华龙大厦　邮编：100029
网址：www.ssap.com.cn
发　　行／市场营销中心（010）59367081　59367090
读者服务中心（010）59367028
印　　装／北京季蜂印刷有限公司

规　　格／开 本：787mm×1092mm　1/16
印 张：27.75　字 数：454千字
版　　次／2015年12月第1版　2015年12月第1次印刷
书　　号／ISBN 978-7-5097-8628-4
定　　价／99.00元